Wilhelm Teudt
Germanische Heiligtümer
Beiträge zur Aufdeckung der Vorgeschichte,
ausgehend von den Externsteinen, den Lippequellen
und der Teutoburg

SEVERUS

Teudt, Wilhelm: Germanische Heiligtümer. Beiträge zur Aufdeckung der Vorgeschichte, ausgehend von den Externsteinen, den Lippequellen und der Teutoburg
Hamburg, SEVERUS Verlag 2013
Vollständig überarbeitete Neuausgabe nach der Originalausgabe von 1931

ISBN: 978-3-86347-652-6
Druck: SEVERUS Verlag, Hamburg, 2013

Der SEVERUS Verlag ist ein Imprint der Diplomica Verlag GmbH.

Bibliografische Information der Deutschen Nationalbibliothek:
Die Deutsche Nationalbibliothek verzeichnet diese Publikation in der Deutschen Nationalbibliografie; detaillierte bibliografische Daten sind im Internet über http://dnb.d-nb.de abrufbar.

© **SEVERUS Verlag**
http://www.severus-verlag.de, Hamburg 2013
Printed in Germany
Alle Rechte vorbehalten.

Der SEVERUS Verlag übernimmt keine juristische Verantwortung oder irgendeine Haftung für evtl. fehlerhafte Angaben und deren Folgen.

SEVERUS

Abb. 1. Im heiligen Hain (Leistruper Wald)

Wilhelm Teudt
Germanische Heiligtümer

Beiträge zur Aufdeckung der Vorgeschichte,
ausgehend von den Externsteinen,
den Lippequellen
und der Teutoburg

Der Berliner Gesellschaft
für Geschichte der Naturwissenschaften Medizin und Technik
dankbar gewidmet

Inhalt

1. Warum und Wie 1
2. Das Gestirnheiligtum auf dem Externstein 25
   Der Turmfelsen (Eggesterenstein) mit dem Sazellum 27
   Die große Brücke vom Felsen 4 zum Felsen 3 43
   Die untere Grotte und ihr Runenzeichen 44
   Felsensarg 50
   Geschichte der Externsteine 56
3. Irminsul und Felsenbild 67
4. Um die Lippequellen 80
   Die Feststraße 86
5. Eine Pflegstätte der Astronomie in Oesterholz 91
   Germanische Astronomie 91
   Oesterholz 95
6. Die Marken und die Geschichte der Mark Oesterholz 124
   Die Geschichte von Oesterholz 130
   Hethi 144
7. Das kultische Steinbauwerk in Kohlstädt 154
   Germanische Bauweise - Veledaturm 154
8. Heilige Rosse von Lopshorn 173
9. Rennbahn im Langelau 191
10. Hügelheiligtum zwischen den Lauen 210
    (Fanum Ostarae Deae prope Oesterholz?) 210
    Eckelau, Lindelau, Königslau 220
11. Teuderi und Truc 225
    eine germanische „Stadt" und ein Feld 225
    Das Feld Truc 233
12. Theotmalli 240
    Leistruper Wald – Detmold 240
    Das spätere Theotmalli-Detmold 250
13. Teutoburg und Teutoburgiensis saltus 261
14. Gesuchte Heiligtümer 289
    Tanfana 290
    Marklo 296
15. Heilige Linien 300
    Ortung germanischer Bergheiligtümer 300
    Weitere Ortungsbeispiele 319
    Ergebnis 359
16. Germanen in Germanien 364
17. Der Zerstörer der Heiligtümer 381
    Karl, Westfrankenkönig, römischer Kaiser 381
    Die Sachsen 388
    Karl 395
18. Objektivität und germanische Kultur 425

1. Warum und Wie

In einer der Besprechungen der ersten Auflage dieses Buches wird von mir gesagt: „Da er mit dem Blick aufs Ganze begann, vermochte er dann jedes einzelne, das er fand, sinnvoll als Glied des Ganzen zu deuten." Ich nehme das darin liegende Lob an. Wenn mein Buch Interesse und Freude an unserer verdunkelten und kläglich vernachlässigten germanischen Vergangenheit wachgerufen hat, so wird das freilich dem zu verdanken sein, daß ich alles mit dem gleichzeitigen Blick auf das Ganze geschrieben habe. Er beruhte darauf, daß ich veranlaßt durch den Überblick über die Ergebnisse und Arbeitsmethoden der verschiedenen an der Germanenkunde beteiligten Einzelwissenschaften einschließlich der Vererbungslehre die unhaltbar gewordene alte Auffassung vom Germanentum erkannte und von der mir persönlich am nächsten liegenden zentralen religiösen Frage aus durch eigene Nachforschung überprüfen wollte. Ich hatte das Glück, seit einigen Jahren ein einzigartiges Untersuchungsobjekt - den Externstein - in der Nähe zu haben, in welchem in gewaltig-deutlicher steinerner Urkunde eine Antwort auf wichtige und wichtigste Grundfragen der germanischen Geschichte beschlossen liegt, und durch den der Blick aufs Ganze geradezu herausgefordert wird.

Beides tut not, Spezialistentum und der Blick aufs Ganze. Ohne das Spezialistentum hätte die Wissenschaft unserer Zeit nie und nimmer ihre erstaunlichen Fortschritte machen können. Eine Doktorarbeit über die Atmungsorgane der Larven der Kriebelmücken wird nur dem überflüssig erscheinen, der sich von den mühsamen, aber notwendigen Wegen der Biologie zur Erkenntnis der Lebensvorgänge keine Vorstellung machen kann. Zahllos sind im Bilde der Gesamtwissenschaften die Sondergebiete, auf denen kluge und fleißige Menschen ihre abgegrenzte Aufgabe haben, über die sich ihre Sachverständigkeit nicht hinauszuwagen braucht. Der Steinzeitarchäologe wird eine bestimmte Antwort ablehnen, wenn ihm römische Keramik vorgelegt wird; der Germanist für Indogermanisch hält mit seinem Urteil zurück, wenn es sich um eine Frage des Angelsächsischen handelt. Das ist weit entfernt davon, ein Vorwurf zu sein.

Aber auch, wenn wir vom Spezialistentum innerhalb einer Wissenschaft absehen, so muß - im Durchschnitt gesehen - der Vertreter eines der großen Wissenszweige im Verhältnis zum Ganzen als ein Sonderling gerechnet werden, was wiederum natürlich nichts weniger als einen Vorwurf bedeutet. Ja, es ist Schicksal, daß jede stark überwiegende langjährige Beschäftigung mit abgegrenzten Aufgaben neben einem oft unverkennbaren allgemeinen Gepräge dem Menschen auch eine bestimmte Berufsperspektive aufdrängt. Wer dann sein Auge nicht mit zäher Absichtlichkeit über die Berufsperspektive hinauszureichen gewöhnt, dem bleibt der Blick aufs Ganze getrübt. So mag denn mein Lebensweg, der mich durchschnittlich alle sieben Jahre meine Lebensaufgabe wechseln ließ, - und zwar in wesentlich zusammenhängender innerer Entwicklung - neben Nachteilen auch den Vorteil gebracht haben, daß mir ein Blick aufs Ganze ohne berufsbestimmte Beeinflussung zugetraut und zugeschrieben werden kann.

Lebensführung und Neigung ließen die Hauptfrage nach dem bisherigen Geschick und nach der Zukunft unseres deutschen Volks nicht ruhen. Das Kommen des Christentums, sein Einfluß auf die Entwicklung und das Ergebnis nach 1150 Jahren, die Gestaltung der sozialen und kulturlichen Verhältnisse, der Einfluß des naturwissenschaftlichen Denkens auf das Gesamtgeistesleben, die Kriegskatastrophe mit nachfolgender politischer Lage nach innen und nach außen, das Weltbürgertum und der gegenwärtige seelische Zustand unseres Volks, - das waren die Themen meiner Studien gewesen.

Dabei konnte die Frage nicht ausbleiben, ob wohl die zweifellos auch in der wissenschaftlichen Fortentwicklung enthaltenen, dem seelischen Gedeihen förderlichen Momente in gebührender seelisch aufbauender Weise, d. h. in der Richtung auf wertvolle Hochziele, verwertet worden sind. Denn was wahr ist, muß ja doch auch gut sein; wenn es anders wirken sollte, kann das nur auf menschlichen Unverstand zurückzuführen sein. Das war die Fragestellung in meiner Keplerbundzeit.

Wo ernste Männer sich mit diesen ernsten Fragen beschäftigen und den Niedergang auf den bisherigen Entwicklungswegen sehen, da gibt es keine Hoffnung auf eine lichtere Zukunft, ja auch nur auf die Erhaltung unseres Volkstums ohne innere Erneuerung.

Aber ist es nicht schon so weit, daß der Ruf nach innerer Erneuerung eine leere Forderung bleiben muß, von welcher Seite auch immer angefaßt wird? Ist es nicht so, als ob wir uns in einem fehlerhaften Kreise bewegen? Denn schon zum Betreten eines Weges durch den einzelnen wie durch die Masse, auf die es jetzt ja leider schließlich ankommt, bedarf es nicht nur der freudigen Anerkennung eines erstrebenswerten Zieles, sondern es gehören dazu auch innere Kräfte des Entschlusses und des Beharrens, die nicht mehr da zu sein scheinen. Von wo sollen die inneren Kräfte kommen, an die anzuknüpfen wäre? Religion, Sittengesetz, Rechtssinn, Vaterland, Berufszucht, Gefolgstreue, Verwachsung mit dem Heimatort, Familienhalt - wer kann heute (immer auf den für unser Geschick noch maßgeblichen Massendurchschnitt gesehen) auf seelische Kräfte bauen, die aus diesen Kraftquellen fließen könnten und sollten und einst flossen? Nicht eilig genug haben ja die im Volke bisher sieghaft gebliebenen Mächte ihr Werk vollenden können, und die Gesetzgebung ist überall gefolgt. Was die Jahre 1789, 1848 und 1918 an Gutem hätten bringen können, ist in menschlicher Verirrung erstickt.

Dennoch ist uns ein noch unverbrauchtes hohes Gut geblieben, unverbraucht, weil es in der uns bekannten tausendjährigen Geschichte noch niemals bewußt, folgerichtig und stetig eingesetzt worden ist, weder in friedlichen Zeiten noch in den Daseinskämpfen, weder in der politischen noch in der kulturlichen Entwicklung.

Das ist die deutsche Eigenart, d. h. die wesenhaften Sonderkräfte, die Dominanten der seelisch-geistigen Struktur in ihrer volksmäßigen Ausprägung. Dieser Zug des Blutes, wie wir die Eigenart auch nennen können, naturhaft und gottgegeben, beeinflußt, wenn er nicht unterdrückt wird. Denken, Fühlen und Wollen. Er zieht über Hemmnisse individueller und allgemeiner Art hinweg vorwärts zu den in seiner Richtung liegenden guten und schlechten Zielen. Er ist die naturgegebene Energiequelle für Hochziele, ohne den nur Krankhaftes erreicht werden kann.

Der Zug des Blutes ist im Deutschen verschieden stark, je nach dem Maße der Einmischung fremden Blutes, an der nahezu jeder Deutsche beteiligt ist, aber im ganzen noch so überwiegend germanisch, daß mit ihm als mit einem greifbaren Faktor gerechnet werden kann.

Trotz verhängnisvoller Nichtachtung und Unterdrückung ist der Blutstrieb nie ganz tot gewesen. Wie schnell er wieder erweckt werden kann, hat sich 1914 gezeigt. Er ringt fort und fort nach Befreiung, wenn auch oft in bedenklichen Formen, in ausfälligen Maßen, zu unbedachtsamen Zielen, weil weder verantwortliche Volksführung noch Wissenschaft noch tonangebende Sitte ihn zu erkennen, zu werten, in möglichen und ersprießlichen Bahnen zu halten und zu nutzen bereit gewesen ist.

Im Altertum wird seine Verwertung im Allgemeinen unbewußt und selbstverständlich vor sich gegangen sein, wie es aus etlichen uns überlieferten Reden germanischer Männer herausklingt. Seit elfhundert Jahren aber war die Stimme des Blutes zunächst bewußt, dann unbewußt politisch, kirchlich, kunstlich, kulturlich ausgeschaltet, in der Meinung der Minderwertigkeit des Germanischen - ausgeschaltet, sofern nicht dem Aufbäumen der germanischen Seele auf Einzelgebieten Zugeständnisse gemacht werden mußten. Ungerufen und ungekannt hat sie sich überall eingeschlichen, selbst wenn ihr der Zugang nach Möglichkeit verbaut war, oder wenn ihr Einfluß nur in verschrobenen Leitungsrohren herankommen konnte. Es gibt kein ideales Tun des Mittelalters und der Neuzeit, an dessen Streben und Zustandekommen der Zug des Germanenblutes keinen Anteil gehabt hätte. Darum sind wir noch nicht ganz undeutsch geworden.

Als Objekt der Wissenschaft hat der naturhafte Zug des Blutes in seiner Verschiedenartigkeit bei den verschiedenen Völkern noch keine oder nur eine geringe Rolle gespielt. Die Erörterungen sind meist über die grobe Unterscheidung zwischen den verschiedenen Rassen und über gelegentliche Äußerungen zu dem Weiteren sowie dankenswerte Ansätze nicht weit hinausgekommen. Die ultravioletten Strahlen, das Radium, das Gerüst der Atome sind von der Wissenschaft der Verborgenheit entrissen; die Struktur der Seele eines blutsverbundenen Volks in ihrer Besonderheit harrt der wissenschaftlichen Darlegung.

Wer wollte die Schwierigkeit einer solchen Aufgabe verkennen, zumal es gerade auf diesem Gebiete gar keine einheitliche internationale Wissenschaft geben kann, abgesehen von äußerer Methodik, die ein Volk von dem anderen lernen könnte?

Auch der bestgemeinte Versuch einer internationalen Völkerpsychologie würde die Richtigkeit der Spenglerschen Gedanken über die Unmöglichkeit des gegenseitigen Verstehens der Völkerkulturen offenbaren. Aber wir brauchen ja auch keine Untersuchungen mongolischer, orientalischer oder romanischer Gelehrter über die tiefsten deutschen Wesenstriebe. Und wenn ein Deutscher den krampfhaften Versuch unternähme, an die tiefsten Eigenschaften der deutschen Seele einen allgemeinen oder anderen Völkern entnommenen Maßstab zu legen, um alles auf einen gleichen Generalnenner zu bringen, so würde er dadurch sein eigenes deutsches Angesicht zur Fratze verzerren. Wir brauchen Beachtung, Achtung und Beurteilung der deutschen Seele nicht mit verständnislosen, sondern verständnisvollen Sinnen.

Mit dem Blick auf diese volkspsychologischen Fragen habe ich in den letzten Jahren in die alte Geschichte unseres Volks von etwa 850 rückwärts einzudringen gesucht. Ich wollte die Geschichte mit den Augen sehen, wie sie durch die neuesten wissenschaftlichen Erkenntnisse (einschließlich der Denkmäler-,

Mythen-, Symbol-, Landschaftsforschung und Vererbungslehre), das Sehen gelernt haben.

Dabei war es eine interessante Selbstbeobachtung, wie sich störend immer einmal wieder die von frühster Jugend bis ins Alter in meinem Hirn aktiv wirksamen Voraussetzungen und Urteile über Tun und Denken, Aussehen und Lebensweise unserer Vorfahren in mein Vorhaben hereindrängten. Es handelte sich um eine weltanschauliche Umstellung. Das Vorhaben war: Voraussetzungslosigkeit, strenge Objektivität, kritische Vorsicht, volle Freiheit von solchen bisherigen Anschauungen, die nicht durch einwandfreie Zeugnisse erhärtet, durch strenge schlüssige Beweise gewonnen oder durch Evidenz gesichert sind, das alles aber unbeschadet des Rechtes der Hypothese und der unentbehrlichen logischen Vorstellungskraft. Dies Vorhaben ist weit schwieriger, als der philosophische Laie anzunehmen geneigt ist. Nicht selten tut ein fast gewaltsames Aufraffen zu dem erforderlichen Aussichheraussetzen not. Es ist auch nicht auszukommen ohne die Unterstellung der Richtigkeit einer schlechthinnigen Umkehr denkgewohnter Urteilsreihen.

Zwei Beispiele hierzu, die nur als theoretische Arbeitshypothesen anzusehen sind. Zunächst ein einfaches aus der Höhenlage der realen Kultur und des praktischen Lebens.

Alte Vorstellung eines Opfernmahls unserer Vorfahren: Primitive und unverständliche Gebräuche. Urwüchsige, trotzige und wilde Gestalten, Waldmenschen. Unvollständige, meist ärmliche Bekleidung; schlecht verarbeitete Felle; phantastische Tracht. Grobes Benehmen. Unmelodischer Gesang, rauhe Kehlen. Das ganze Bild wenig sympathisch und fremdartig, ähnlich wie das Bild eines Zigeunerlagers.

Diese Vorstellung wandelt sich nach Streichung sämtlicher unerwiesener Voraussetzungen, nach kritischer Wertung aller einschlägigen Nachrichten, nach Berücksichtigung der Lehren der Vererbungswissenschaft, nach Vergleichung mit gleichzeitigen, wahrscheinlich geistig nicht überlegenen Völkern und nach

Einfügung der psychologischen, sowie der aus der Praxis sich ergebenden Notwendigkeiten sehr wesentlich und kann zu einer anderen Vorstellung eines Opfermahls unserer Vorfahren führen: Vertraut anmutende Festgebräuche. Gute, auch mäßig gute, schlichte, auch vornehme Gestalten der Männer und Frauen. Wohlgepflegtes festliches Ansehen. Kleidsame, vollständige Tracht, zum Teil gute Schneiderarbeit, Stoffe aus Leinen, Wolle, Hanf. Pelzwerk, entweder als Verbrämung oder als Mäntel je nach der Jahreszeit (Abb. 78). Reicher Gold-, Silber- und Erzschmuck besonders der Frauen, auch Eisenschmuck. Wohlhabender Eindruck. Gemessenes Benehmen und freundliche lebensfrohe Haltung. Frischer, ausdrucksvoller, melodischer Gesang, aus dem unsere besten, vertrauten Volksliedermelodien uns entgegenklingen: Begleitung durch fein erfundene, wohltönende Instrumente. Das ganze Bild heimatlich anmutend, wie wenn der heutige Städter einem Volksfest in dem abgelegenen Heimatstädtchen seines Vaters beiwohnt.

Ein zweites, die Geisteskultur betreffendes Beispiel. Gewohnte Urteilsfolge: Buchstabenschrift im Gebrauch einer Unzahl gelehrter oder geschulter Personen zur Gesetzgebung, zur Dichtung, zur Geschichte und in privaten Bedarfsfällen - folglich Klugheit, Tüchtigkeit, sittlicher Wert und hohe Kultur dieses Volkes.

Neue Urteilsfolge: Zeichenbilder für Ideen im Gebrauch der religiös Denksamen: ungeschriebenes Recht, beruhend auf dem Rechtsempfinden der ganzen Rechtsgemeinde und der Entscheidung des erwählten Richters: dichterisch geformte und überleuchtete Volks- und Heldengeschichte im geistigen Besitz und im Munde aller - folglich durchgeistete höhere Volkskultur.

Das wissenschaftliche Recht, irgendeiner These oder Lehre zwecks Überprüfung einmal eine solche Antithese oder Gegenlehre gegenüberzustellen, wie es in den beiden Beispielen geschieht, kann nicht bestritten werden. Das erste Beispiel unterliegt geschichtlicher, das zweite geschichtsphilosophischer und sittlich-idealer Beurteilung.

Nur wenn jemand zunächst grundsätzlich bereit ist, ohne Rücksicht auf das Händeringen der Hüter vermeintlich abgeschlossener wissenschaftlicher Wahrheiten von dem ihm zustehenden Recht der Aufstellung von solchen Gegenlehren unerbittlichen Gebrauch zu machen, wird er angesichts der vor uns liegenden Aufgabe die nötige innere Freiheit, Voraussetzungslosigkeit und Blickschärfe aufbringen. Bei einer Probe wird er erstaunen, in welchem Maße auch unbezweifelte Grundauffassungen, auf die sich in beiden Beispielen das erste Urteil aufbaut, einer zureichenden Begründung entbehren und dem Zusammenbruch ausgesetzt sind. Zu welcher praktischen Art des Vorgehens er sich dann entschließen will, ist eine weitere Frage.

Nachdem ich mich grundsätzlich frei gemacht habe, will ich praktisch im allgemeinen auf das erwähnte Recht verzichten und in diesem Buche, der geltenden Anschauung Rechnung tragend, in den Einzelfällen das Minimum germanischer Kultur annehmen, was sich aus den jetzt schon vorhandenen Erweisen ergibt. Das will sagen: ich unterstelle nicht den Kulturzustand, den ich annehmen könnte, ohne daß der Beweis der Irrigkeit geschichtlich oder sonst wie zu führen ist. Ich könnte z. B. die Behauptung aufstellen, daß die nordischen Germanen in der Bronzezeit - ich meine die richtig gehenden Väter der eisenzeitlichen Germanen, Väter, deren leibhaftige Existenz nicht zu leugnen ist, und die „Germanen" zu nennen ich mir die Freiheit nehme - an astronomischen Kenntnissen die Inder, Babylonier und Ägypter weitaus übertroffen hätten. Dieser Satz würde nicht um ein Haar weniger beweisbar sein, als der übliche Satz, daß die Germanen jene Völker darin weitaus untertroffen hätten; denn beide Sätze sind unbeweisbar, weil das Bild der einen Vergleichsseite überhaupt nicht gezeichnet werden kann. Ich tue es nicht, obgleich blitzartige Lichter aus dem Geistesleben ältester germanischer Vergangenheit unser Auge berühren, die einen solchen Satz nicht mehr als ein allzu großes Wagnis erscheinen lassen. Wenn sich auch erweisen sollte, daß nur ein Bruchteil der astralmythologischen Forschungen O. S. Reuters, Arthur

Drews und anderer und der Symbolforschung Herman Wirths bestehen bleibt, dann ist die Rechtfertigung noch weitergehender Sätze da.

Aber ich wiederhole: ich werde ausgehend von der üblichen Anschauungsweise mit aller Vorsicht, freilich ohne Verleugnung klarer Vernunftschlüsse, Schritt für Schritt in das Dunkel der germanischen Vergangenheit einzudringen suchen und nichts vorwegnehmen, wofür keine Begründung beigebracht werden kann.

Die Änderungen, die ich bei der Bearbeitung der zweiten Auflage vorgenommen habe, sind meist ergänzender Art. Öffentliche oder private Kritik hat nur in untergeordneten Punkten Veranlassung zu Richtigstellungen gegeben. Es ist verständlich und achtenswert, daß die große Mehrzahl der archäologischen Fachvertreter, Hochschullehrer und Museumsleiter, die noch keine Gelegenheit hatten, sich an Ort und Stelle von mir auf das Wesentliche der Beobachtungen aufmerksam machen zu lassen, mit dem Urteil zurückhält. Umso unverständlicher war eine durch keine Ortskenntnis beschwerte Bausch- und Bogen-Erklärung einer Anzahl ostdeutscher Archäologen gegen Herman Wirth und mich, die sich von Wirth in Nr. 2 der Zeitschrift „Germanien"[1] eine scharfe Zurückweisung gefallen lassen mußten. Angesichts der im Großen und Ganzen abwartenden Stellung der Vertreter der Archäologie bin auch ich auf das Abwarten und Weiterarbeiten angewiesen, ohne zunächst auf eine allseitige Hilfe rechnen zu können. Die Externsteintatsache - um nur von dieser zu reden - mit den aus ihr zu schließenden Schlußfolgerungen ist doch als eine unwiderlegliche, Beachtung fordernde Wahrheit in das Blickfeld der archäologischen Wissenschaft eingetreten. Es erscheint ausgeschlossen, daß sie auf die Dauer ihres Einflusses auf den Gang der wissenschaftlichen Arbeit beraubt werden kann.

---

[1] „Germanien", Blätter für Freunde germanischer Vorgeschichte, Bielefeld, Buchdruckerei Thomas.

Zahlreich und erfreulich waren die aus allen Teilen Deutschlands mir übersandten sachlichen Bestätigungen. Sie zeugen u. a. auch von der Fülle des noch ungewertet in der deutschen Landschaft vorhandenen archäologischen Materials. Geordnet in einem bereits mehrere Hundert Schriften und Bilder zahlenden Archiv harrt das Material seiner Auswertung durch das junge Geschlecht, welches sich zu den Freunden germanischer Vorgeschichte rechnet. Eine Möglichkeit der Würdigung desselben in der vorliegenden Bearbeitung war mir leider nicht gegeben, so sehr diese Aufgabe zur Stütze meiner Sätze lockte.

Dagegen bin ich in der Lage, eine ganze Anzahl wertvoller neuer Beobachtungen und Untersuchungen, die eine Bestätigung der aufgestellten Sätze für die hiesige Gegend bedeuten, einzufügen. Ich nenne den bedeutsamen Runenfund in der unteren Externsteingrotte mit seiner durchschlagenden Beweiskraft für Alter und Wesen der Kultstätte (S. 31). die Hethi-Angelegenheit (S. 98), den Fortschritt der Irminsul-frage (S. 48), die Oesterholzer Ostaragestirne (S. 75), das Gudenslau als Ziel der Feststraße (S. 62), den Stuhl der Inkas (S. 38), einen Pilgerweg (S. 156), Ausgrabungen und Funde zur Besiedlungsfrage der Gegend (S. 82), eine Ergänzung zur Geschichte Paderborns (S. 151), alte Nachrichten zum Kultcharakter des Leistruper Waldes (S. 163). Dazu kamen die wichtigen neuen Bucherscheinungen von Wissig (Wynfried), Neckel (Germanen und Kelten), Kummer (Midgards Untergang), Schaafhausen (Eingang des Christentums)[2], Nöhrig (Heilige Linien durch Ostfriesland), Prietze (Ortsnamen), v. Buttel-Reepen (Funde von Runen) - letztere in Bezug auf die Funde und die Ausführungen des Verfassers selbst zur Runenfrage.

Auch in dieser Bearbeitung folgt die Anordnung des Stoffes im Wesentlichen dem Gange meiner sachlichen Beobachtung, mit denen sich die zugehörigen Erwägungen und die daraus zu ziehenden Lehren verknüpfen. In neuen Zusammenhängen treten wiederum neue Seiten der Erkenntnisse hinzu. Der Leser wird gut tun, das

---

[2] Jena 1929, Eugen Diedrichs Verlag.

angefügte Sachregister zu Rate zu ziehen, wenn er das zu einem Punkte Gesagte beieinander haben will. Darin liegt ein Nachteil, aber auch ein Vorteil. Ich will dem Buche seinen ursprünglichen Charakter nicht nehmen, weil die Leser der ersten Auflage überwiegend darin einen Vorzug vor disponierter theoretischer Erörterung gesehen haben. Die Auseinandersetzungen mit Gegnern, die in den Kapiteln 15 und 16 der ersten Auflage zu finden sind, fallen fort, und das darin enthaltene Sachliche von Bedeutung ist in die einschlägigen Abschnitte der neuen Auflage eingefügt. Wer sich über die Einwände gegen das astronomische Gutachten zur Oesterholzer Frage näher unterrichten will, wolle daher deren Zurückweisung in der ersten Auflage nachlesen.

Mein Buch verdankt sein Entstehen und seine Eigenart persönlichen Beobachtungen an alten Kultstätten im südlichen Teile des Lipperlandes, wo die beiden Namen des Gebirges, Osning und Teutoburger-Wald die Gedanken auf die germanische Vergangenheit richten. Beobachtung reihte sich an Beobachtung, als ob mir ein Leitseil in die Hand gegeben wäre. Der zusammengehörige Stoff verlangte nach zusammenfassender Darstellung.

Mehrere Kultstätten hatten offenbar eine mehr als örtliche Bedeutung, voran die Externsteine selbst. So kam der Gedanke, daß es sich hier um eine Gegend handele, die sich die einst an dieser Stelle mit ihren Grenzen zusammenstoßenden germanischen Stämme für ihre gemeinsamen Heiligtümer auserwählt hatten. Es konnte mit der Zeichnung eines einheitlichen großen Bildes begonnen werben.

Geschichtliche Fragen, wie die nach der Teutoburger Schlacht und nach dem Zerstörer der Heiligtümer sowie auch grundsätzliche Fragen schoben sich von selbst in die Untersuchungen und Erwägungen ein.

Besonders ist es die umstrittene Bedeutung des Westfrankenkönigs Karl für das deutsche Volk gewesen, die mich vor die Frage stellte, ob ich das Tatsächliche, was ich bringe, mit geschichtlichen Erwägungen begleiten solle. Ich habe dies Bedenken aus folgendem Grunde zurückgestellt.

Sachlich sind die bereits jetzt durch die archäologische Forschung gegebenen und die noch zu erwartenden neuen Erkenntnisse über die germanische Vergangenheit im allgemeinen und über die germanischen Kultstätten im Besonderen in vieler Beziehung so unlösbar von den Taten Karls des Großen und von unserer Anschauung über seine Bedeutung für die Entwicklung Germaniens abhängig, daß es mir als ein unnatürliches Auseinanderzerren zusammengehöriger Dinge erscheinen würde, wenn ich nicht beide Gegenstände gleichzeitig behandeln wollte. Das Aufbrechen wohlgeordneter, gestempelter und versiegelter geschichtlicher Schrankfächer ist nun einmal angesichts unserer Aufgabe nicht zu vermeiden.

Die Aufweisung einer ganzen Reihe neuer Beobachtungen, deren tatsächliche Grundlagen auch von den Gegnern nicht geleugnet werden können, ist es, die mir den Grund, das Recht und die Zuversicht gibt, hier auch die großen Fragen auf dem Wege zur Erkenntnis der germanischen Vergangenheit zu stellen und, wo es nottut, in einem von der herkömmlichen Weise abweichenden Sinne zu beantworten. An den Leser tritt die Notwendigkeit heran, seine Gesamtauffassung der Dinge in demselben Maße nachzuprüfen, als sie von den neu aufgewiesenen Tatsachen und Erkenntnissen in Abhängigkeit steht.

Gern möchte ich durch diese Schrift mithelfen, daß mehr als bisher die germanische Vergangenheit bis hin zu den letzten Wurzeln, auf die unser völkisches Dasein zurückgeht, und bis zu den Kräften, die unsere verdeckte Geschichte gestaltet haben, auf die Tagesordnung breitester wissenschaftlicher Erörterungen gesetzt werde, und daß dieses Thema von der Tagesordnung nicht wieder verschwindet, als bis in einer das Zeugnis der Wahrhaftigkeit in sich tragenden Weise ein Alpdruck von der deutschen Volksseele genommen wird, - der Alpdruck, daß das deutsche Volk hinsichtlich seiner germanischen Vergangenheit das Opfer eines großen Geschichtsirrtums ist, gegen dessen Beseitigung noch immer starke Kräfte wirksam sind.

Mein Streben gliedert sich in eine vorhandene Geistesbewegung ein. Wer zählt die Namen derer, die in gleicher Richtung gewirkt haben und noch wirken, sowohl innerhalb als außerhalb der Fachwissenschaften? Neu ist, abgesehen von den Einzelbeobachtungen, vielleicht die betonte Gegenüberstellung Karls mit den von ihm zerstörten Zeugen der einstigen germanischen Kultur. Ich bitte den Leser, die Aufmerksamkeit davon nicht abzuwenden. Denn die Erkennung Karls ist der Schlüssel zur Erkennung des Schicksals der germanischen Kultur in der Vergangenheit mit seiner Wirkung auf Gegenwart und Zukunft.

Ich glaube, mit der Art, wie ich die tatsächlichen Beobachtungen an zahlreichen Stellen meiner Ausführungen je länger je mehr unter das Licht grundsätzlicher Erwägungen gebracht habe, einem Bedürfnis entgegenzukommen, welches von meinen Lesern längst mehr oder weniger gefühlt ist. Die germanische Gesamtfrage liegt in der Luft und wartet ihrer Lösung. Selbst bei denen, die sich als Gegner der von mir vertretenen Auffassung bekennen, habe ich ein wachsendes Nachgeben, ein Zugeben und eine Unsicherheit gefunden, die mit einer Stellung auf festem Grund und Boden nichts mehr zu tun hat. Denn der feste Baugrund für eine ganz andersartige Geschichtsauffassung, als wir sie gelernt haben, ist ja längst ans Tageslicht getreten.

Schon die archäologischen Funde, die die kunstgewerblichen Leistungen von Germanen in Germanien unzweifelhaft machten, forderten dazu heraus, über die Voraussetzungen der Leistungen - weit zurückgreifende technische Erfahrungen und Kenntnisse, hoher Kunstsinn, Hochstand der sonstigen mit hohem Kunstsinn unlösbar verbundenen Geisteskultur, Hochstand der Lebenshaltung, Schulungswesen, Verkehr usw. - nachzudenken und die zwingenden Schlußfolgerungen zu ziehen. Unsere Abb. 2 gibt dazu treffliche Anregung.

Dazu kam die Kunde von den hohen Kulturen alter nordischer Völker außerhalb Germaniens bis in undenkliche Zeiten zurück und von dem engen geistig-religiösen Zusammenhange der gesamten alten Kulturwelt, aus der die Bedeutung des Germanentums immer deutlicher hervorleuchtet; ferner ein grundstürzendes Aufräumen mit irrigen

Annahmen auf sprachlichem Gebiete in Bezug auf die volklichen Zusammenhänge. In letzterer Beziehung hat uns Neckels Schrift „Germanen und Kelten" wieder ein gutes Stück vorwärts geführt.

Vor allem aber wurde diesem ganzen in Neubildung begriffenen Ideenkreise infolge der kraftvollen Anregungen Hans Günthers durch unantastbare Sätze der Vererbungslehre von der Stetigkeit des körperlichen und geistigen Erbguts eine starke Unterlage gegeben. Schon von hier aus muß ohne die soeben erwähnten Einsichten der Satz aufgestellt werden:

> Die Annahme, daß das Germanentum in Germanien durch die Berührung mit den Römern und Westfranken in die Reihe der Kulturvölker eingetreten sei, ist als ein grober Geschichtsirrtum zu erkennen.

Dem Satz wird kaum noch widersprochen. Aber es ist ein passiver Widerstand vorhanden, der es versäumt, mit Folgerichtigkeit, Entschiedenheit und Freude überall, wo der Irrtum seinen verwirrenden, schädigenden und häßlichen Einfluß ausgeübt hat, das Ausreinigungswerk zu vollbringen. So hat sich auch in unserem Volke noch längst nicht überall die innere Verfassung eingestellt, gegenüber Einzelfällen, die ein Aufgeben hergebrachter Auffassung erfordern, objektiv sein zu können. Es wird nützlich sein, darüber noch einige Erwägungen anzustellen, was in unserem Kapitel 18 geschehen soll.

Die Tatsache, daß wir der Fülle greifbarer Kulturzeugnisse der Mittelmeerländer (einschließl. Orient) in Germanien sehr wenig

Abb.2. Germanisches Silberschmuckstück von Häver (Mecklenburg)

Greifbares gegenüberzustellen haben, pflegt auch solche, die guten Willens sind, immer wieder in dem Glauben an Minderwertigkeit und Barbarei ihrer germanischen Vorfahren zurückzuhalten. Die Gründe, die den Germanen ihr geschichtliches Märtyrertum auferlegt haben, sind weder im Einzelnen noch in ihrer verhängnisvollen Zusammenwirkung gebührend in das Denken unseres Volkes übernommen. Ohne Anspruch auf Vollständigkeit, weise ich auf folgendes hin:

1. Die germanische Realkultur hinsichtlich der Bauten, der Bildwerke und des Schriftmaterials war eine ausgesprochene Holzkultur (Holzreichtum, Klima, Neigung), deren Denkmäler restlos auf natürlichem Wege zerfallen sind. Wenn die Natur die Denkmäler der ausgesprochenen Steinkultur der Mittelmeerländer geradeso restlos vernichtet hätte, so würden die Museen leer sein, würden sich unserem Auge auch keine einzige Tempelruine, kein Zirkusbau und keine Pyramide bieten, würden wir nicht ein Wort wissen von aller Weisheit und Kultur, die wir nur durch die Schrifttäfelchen der Orientalen kennen. Es ist nicht zu verwundern, daß die wissenschaftlichen Anschauungen über den Anteil des Germanentums an der Schriftkunde weit auseinanderklaffen- aber jedes Urteil, welches nur auf einer Negation beruht, muß zurückgewiesen werden. Noch einmal: man streiche die Steindenkmäler aus unserem Wissen von der Kultur der Mittelmeerländer heraus! Erst dann ist die erste Stufe eines gerechten Vergleichs mit germanischer Kultur erklommen.

2. Sofern das Material der Realkultur weder Holz noch Stein, sondern Töpfereiton und Metall war, ist ein Vergleich angängig. Dieser Vergleich ergibt sofort ein völlig verändertes Bild und läßt die germanischen Erzeugnisse im Durchschnitt ebenbürtig an die Seite der südlichen Kulturen treten, ja, es wird von namhafter archäologischer Seite[3] behauptet, daß alle reale Kultur vom Norden ausgegangen ist und sich nach dem Südosten und Süden verbreitet

---

[3] Schuchhardt, Alteuropa, Berlin, Trübner 1919, S. 345.

hat. Daß es dabei ein Auf- und Niederschwanken in weiten Zeiträumen gegeben hat, braucht nicht geleugnet zu werden.

3. Menschlicher Vernichtungswille hat je und je einen Anteil daran gehabt, Kulturerzeugnisse der Kenntnis späterer Geschlechter zu entziehen. Die allmähliche Eroberung der antiken Welt durch das Christentum in Jahrhunderten hat eine fast völlige Schonung der Kulturdenkmäler mit sich gebracht. Den germanischen Völkern der Völkerwanderungszeit lag eine absichtliche Kulturvernichtung fern. Was verlorenging, ist den unvermeidlichen kriegsmäßigen Zerstörungsvorgängen zuzuschreiben. Das gilt besonders von den Goten und viel verleumdeten Vandalen. Keinem Deutschen sollte das Wort Salvians, Bischofs v. Massilia unbekannt sein; „Wo Goten wohnen, ist nur der Römer unsittlich, und wo Vandalen wohnen, da werden selbst die Römer sittlich." – Ganz im Gegensatz zu dem milden Schicksal der Mittelmeerkultur ist über die germanische Kultur von 772 an eine absichtliche, zum Teil amtlich angeordnete Kulturvernichtung hereingebrochen, die nichts schonte, was irgendwie mit dem alten Glauben zusammenhing, und darüber hinaus grundsätzlich die Ersetzung germanischen Wesens durch römisch-westfränkisches Wesen auf sämtlichen Lebensgebieten erstrebte. Es ist noch eine ungelöste Aufgabe, die Wirkung dieses geschichtlichen Vorganges zur vollen wahrheitsgemäßen Darstellung zu bringen.

Nur der ist zu irgendeinem Urteil über Germanenkultur befähigt und berechtigt, der auf Grund ausreichender Kenntnisse den dargelegten Gründen für das germanische Dunkel gerecht wird.

Es gibt vor der Hand keine bedeutsamere und dringendere Aufgabe für die Geschichtswissenschaften, als den Ursachen des Irrtums nachzugehen, seine Überwindung in Wissenschaft, Kirche, Schule und Volk durchzusetzen und an dem Aufbau des neuen Geschichtsbildes zu arbeiten, welches wahrheitsgemäß an die Stelle des Irrtums zu setzen ist. Auf manchen Gebieten unseres Denkens und Empfindens, die hier in Betracht kommen, ist es nicht ein bloßes Berichtigen, was uns bevorsteht, sondern ein revolutionärer Neuaufbau.

An das wissenschaftliche Studium der germanischen Fragen bin ich erst 1924-25 herangetreten. Aber es haben sechs Jahre ausschließlicher Hingabe an den Gegenstand einen besonderen Wert, wenn die vorausgegangenen Lebenserfahrungen zugleich als Vorbereitung dafür dienen konnten - mehr Wert, als wenn der jugendliche Student und Gelehrte sich einem solchen Gegenstand in lobenswerter Beschränkung widmet. Es kommen Fragen in Betracht, die einen mancherlei Wissensgebiete umfassenden Überblick erfordern, wie ihn ein Fachgelehrter als solcher nicht haben kann. Für eine so tiefgreifende und weitaufgreifende Umstellung der Urteile, wie wir sie jetzt hinsichtlich des Germanentums erleben, stehen aber die Fragen von der letzterwähnten Art obenan.

Durchweg habe ich mich in den Dingen, die der fachmännischen Beurteilung unterliegen, von Fachmännern beraten lassen, denen ich hier meinen Dank für die Förderung ausspreche. Ich habe mich ihrem Urteil unterworfen, wenn ich nicht Grund hatte, anzunehmen, daß an dem Urteil Grundsätze und Auffassungen der Fachwissenschaft beteiligt waren, die unter Einfluß des Vorurteils gegen Germanenkultur zustande gekommen sind. Für die brennende Notwendigkeit, diese Vorsicht zu üben, bringt Kossinna (Die deutsche Vorgeschichte, S. 46) einen Beleg, der verdient, gesperrt gedruckt zu werden. Der Historiker Mathias Koch hat den denkwürdigen Ausspruch getan: „Für deutsche Länder kann als Regel gelten, daß die in Gräbern gefundenen Antikaglien von Bronze und Gold, wenn sie nicht römisch sind, notwendigerweise keltisch sein müssen, weil es der Kulturgeschichte widerstrebt, sie den Germanen anzueignen."

Die aus solchen Worten in seltener Offenheit erkennbare Tendenz ist umso ernstlicher zu bekämpfen, als sie unbewußt in unseren Geschichtswissenschaften herrscht. Unter ihrem Einfluß sind Grundsätze und Voraussetzungen entstanden, auf denen nun die Beurteilung der Einzelfragen beruht. Die Herrscherstellung des alten Irrtums bringt die bequeme Position, das onus probandi von sich auf andere abwälzen zu können, obgleich die eigene Auffassung keineswegs auf Beweisen, sondern auf dem bisherigen Mangel an Gegenbeweisen ruht. Hier auch nur das Gleichgewicht wiederherzustellen, ist eine der Schwierigkeiten der Aufgabe. Das deutsche Volk hat sich im römischen Reiche deutscher Nation fremder Geistesherrschaft unterwerfen lassen, zu deren Rüstzeug die Geschichtslüge vom germanischen Barbarentum gehörte. Sie fraß sich ein als Lehre der Kirche und der Wissenschaft. Sie wuchs sich aus zu einem sakrosankten Bestandteile der Weltanschauung. Sie wurde mit schützenden Flügeln bedeckt und gepflegt von allen undeutschen Mächten und Strömungen, die zu irgendwelchen Zeiten am Werk waren, sich über das deutsche Volk zu erheben, sei es daß diese Mächte von außen herüberfluteten oder als Neidingsmächte aus Niederungen des eigenen Volkes emportauchten. Ihr wurde auch fleißig gedient von niemals fehlenden ausgeprägten Vertretern des deutschen Micheltums, welches mit offenem Munde auf die Wirkungen starrt, aber nicht die Einsicht aufbringt, daß es sein Mangel an Scharfblick für nationale Selbstbehauptung ist, welcher - oft unter dem Deckmantel der Objektivität - zur würdelosen Preisgabe der Belange des deutschen Volkstums beiträgt.

Bei den andern Völkern, denen diese deutsche Schwäche etwas Unfaßliches ist, gilt das ehrlich gemeinte Micheltum zunächst jedesmal als widerwärtige Heuchelei, bis das Streben, in deren Augen ehrlich zu erscheinen, Beweise der Selbstentäußerung geliefert hat, die vom deutschen Standpunkte aus als Verrat am eigenen Volke angesehen werden müssen, und auch dann noch mit dem Sinken der Achtung in den Augen des Feindes das Gegenteil des Erstrebten erreichen.

Wenn in meinen Ausführungen häufiger von den Irrungen unserer Geschichtsauffassung vom Germanentum die Rede ist, so liegt es mir fern, dabei an eine Schuld derer zu denken, die nach meiner Auffassung einen Irrtum vertreten. Eine etwaige Schuld würde sehr weit zurückliegen. Aber auch in jenen dunklen Jahrhunderten ist wohl die Meinung, mit der Vernichtung der germanischen

Kultur Gott einen Dienst zu tun, bei vielen eine ehrliche gewesen. In die damals begründeten Irrtümer sind wir alle hineingeboren. Sie sind für uns die geistige Lebenslust gewesen, die selbstverständliche und keiner Prüfung bedürfende Lebenslust. Jeder Hauch aus einer anderen Windrichtung, jeder Hauch mit anderem Wärmegrad, jeder Hauch mit anderer Zusammensetzung der Grundstoffe mutet uns fremdartig oder unbequem - oder auch heimisch an, mehr oder weniger, je nach unserer Veranlagung, unserer Erziehung und unserer sonst erworbenen Einstellung zu den Dingen.

Sollte von Schuld die Rede sein, so mußte ich sie am ehesten mir selbst beimessen, weil ich mich - man gestatte mir das persönliche Bekenntnis - zu lange der Autorität der herrschenden Meinung gebeugt habe, trotzdem in nicht wenigen Stücken schon von Jugend auf lebhafte Zweifel in mir aufgekeimt sind. Ja, auf einem hier auch ganz wesentlich in Betracht kommenden Gebiete - auf dem der Religion - bin ich gerade um der Zweifel und ihrer Überwindung willen mit Bewußtsein unter die Autorität getreten. Im Universitätsstudium der Philosophie und Theologie und noch eine Unzahl von Jahren nachher habe ich die ganze Macht der Autorität und das ganze Schwergewicht des Beharrungsgesetzes im Geistesleben erfahren, habe mich diesen Mächten hingegeben und zunächst mit innerer Zustimmung in ihnen gelebt, bis ich nach Ansammlung der Erfahrungen des Lebens - nun auch auf anderen wissenschaftlichen und praktischen Gebieten bis hin zum militärischen Dienst im Weltkriege - mir die volle Unabhängigkeit und Freiheit des Urteils gewonnen zu haben glaube. Die vererbungsmäßig-psychologischen Voraussetzungen sachlichen Denkens sind insbesondere Gegenstand meiner Studien und Beobachtungen gewesen[4].

---

[4] Darüber schrieb ich 1917 eine kleine Schrift: „Die deutsche Sachlichkeit", Naturwissenschaftlicher Verlag G, Thomas-Bielefeld. - Auf Wunsch meines Verlegers füge ich eine weitere persönliche Bemerkung hinzu, die vielleicht im Blick auf meinen jetzigen Wohnort im Osninglande auch um deswillen erwünscht ist, weil sie den Vorwurf des Lokalpatriotismus gegenstandslos macht. Ich bin weder in Lippe geboren, noch aufgewachsen, sondern erst in der Nachkriegszeit nach Detmold verzogen. Ich entging damit der in contumaciam geschehenen französischen

Wenn ich hier die religiöse Seite unserer Frage gestreift habe, so mag das den Anlaß geben, schon an dieser Stelle einem Mißverständnis zu begegnen, welches beim Lesen meiner Schrift an einigen Stellen entstehen könnte. Ich werde das Tun der Bringer der christlichen Kirche in den Bekehrungsjahrhunderten, also das Tun der westfränkisch-römischen und der ihnen gleichgesinnten angelsächsischen Sendboten im Bunde mit der politischen Macht der merowingischen Franken wahrheitsgemäß als ein für das Germanentum unheilvolles hinstellen müssen. Davon bleibt meine Überzeugung unberührt, daß dennoch das Christentum, und zwar in seinem idealen Wesen, wie wir es aus dem Leben und der Botschaft seines Stifters noch herauserkennen können, nach Abstreifung des eigentümlich Orientalischen, auch für das Germanentum als die gegebene religiöse Stufe anzusehen ist, auf der die ihm selbst eigentümliche Naturreligion zu reinigen, zu ergänzen und aufwärts zu führen war. In einer noch nicht so sehr mit dem Ballast der Denkweise der fremden Völker belasteten Weise ist die christliche Lehre schon Jahrhunderte früher, als zu den anderen Stämmen, zu den Goten gekommen. So oder ähnlich würde sie auch ohne die rohe Gewalt westfränkischer Bekehrungsmethoden zu den übrigen germanischen Stämmen ihren Weg gefunden haben und die deutsche Geschichte würde dann nicht mit so vielen Blättern des Grauens angefüllt sein.

Ausweisung aus Godesberg, wohin ich als Mitbegründer und Direktor des Keplerbundes zur Förderung der Naturerkenntnis (neben Dennert) von Frankfurt a. M. aus übergesiedelt war, nachdem ich auf geistliche Titel und Rechte verzichtet hatte. In Frankfurt war ich Friedrich Naumanns Nachfolger und davor einige Jahre im Kirchendienst des Bückeburger Ländchens. Freilich ein gewisses Interesse für das Land nördlich der Lippequellen könnte mir im Blute liegen. Denn mein Großvater war in Detmold geboren, wurde zu Napoleonszeiten Offizier des Lippisch-Schaumburglippisch-Waldeckschen Kontingents; aber sein Vater, Landesbaurat Teut, später Teudt, in Detmold, war von Lübeck zugezogen, und nur urkundlich nicht mehr nachweisbare Fäden führen über Nienburg a. d. Weser zu dem Teuthofe unter der Grotenburg bis ins 14, Jahrhundert. Dies Interesse trotz nichtlippischen Herkommens mag mir die Augen ein wenig heller gemacht haben für manches, was sich hier in media Germania findet, und was der Einheimische gewohnheitsmäßig übersieht.

Der religiöse Leidensweg der Germanen läßt sich nicht ungeschehen machen. Es ist ein aussichtsloses und unerwünschtes Tun, das Rad der Geschichte zurückdrehen und das geschichtlich Gewordene als nicht vorhanden ansehen zu wollen. Aber was wir für die religiöse Zukunft unseres Volkes erstreben können und was erreicht werden muß, wenn die fortschreitende religiöse Verdorrung nicht zur hoffnungslosen geistigen Entartung führen soll, das ist die Herauslösung des christlichen Wahrheitsgehaltes aus den mit dem deutschen Geiste nicht vereinbarten Schalen fremder Zutaten und seine Verbindung mit den auch in den Urideen der germanischen Naturreligion enthaltenen Wahrheitsmomenten.

Mir scheint, daß niemand, mag er religiös stehen wie er will, mag er katholisch oder evangelisch sein, leugnen kann, daß der geschichtliche Lauf der Dinge bei der Einführung des Christentums in Germanien ein verwerflicher gewesen ist, und daß die so geschaffene Unstimmigkeit der geistigen Lage des deutschen Volks im Laufe der nachfolgenden Zeiten noch nicht in der Weise beseitigt ist, wie es unseren Einsichten sowohl vom religiösen als auch vom nationalen Standpunkte aus entspricht.

Damit ist die Notwendigkeit und die Forderung einer Kirchenverbesserung für beide christlichen Konfessionen gegeben. Wir sehen hier ab von dem materialen Sinn dieser zunächst nur formal gestellten und als formal erscheinenden, aber um deswillen nicht minder bindenden Forderungen und erblicken schon einen Fortschritt darin, wenn die Erkenntnis der Notwendigkeit einer Reform an sich auch dahin vordringt, wo man bisher das Heil in Erhaltung, Pflege und Ausbau des Überkommenen gesehen hat.

Es sind so ungeheuerlich bedeutsame Erkenntnisse auf naturwissenschaftlichem und kulturgeschichtlichem Gebiete über uns gekommen - man wolle sie sich etwa an der Hand der Einführung Herman Wirths in seinem bedeutsamen Werke, „Der Aufgang der Menschheit", vor Augen führen - daß eine Nichtbeachtung derselben seitens derer, die überhaupt eine menschheitsgeschichtliche Seite der Religion anerkennen, mehr und mehr zur Unmöglichkeit und zur Schuld wird.

Religiöse Aufwärtsbewegungen und Kirchenverbesserungen scheinen niemals auf den Beschluß zusammentretender Menschen zustande zu kommen. Aber sie lassen sich vorbereiten, bis das Licht des neuen religiösen Tages zu unerwarteter Stunde anbricht. Zu der jetzt notwendigen Vorbereitung gehört die Aufhellung der germanischen Vergangenheit, insbesondere des geistigen Lebens unserer Vorfahren, soweit dies noch möglich ist.

Der Wunsch, von diesem geistigen Leben meinerseits mehr zu begreifen oder wenigstens mehr zu empfinden, als ich es gelernt habe, und als es in den Büchern zu finden war, wurde mir zum Antrieb, meine Aufmerksamkeit einer Stätte zuzuwenden, an deren einstiger Bedeutung für den germanischen Kultus mir schon bei manchem früheren Besuche niemals ein Zweifel aufgestiegen war: es sind die Externsteine in der Nähe meines jetzigen Wohnortes gelegen. Sie wurden der Ausgangspunkt der Reihe neuer Beobachtungen, die ich in dieser Schrift vorlege.

Noch ein vorweg erklärendes Wort. Je tiefer ich mich in die Archäologie im engeren Sinne (Wissenschaft des Spatens) eingearbeitet habe - nicht was die Einzelfunde anlangt, sondern was die Grundsätze ihrer Bestimmung und Bewertung anlangt -, umso stärker ist einerseits meine Bewunderung der sorgfältigen Arbeitsweise und des in wenigen Jahrzehnten geschafften Gesamtergebnisses geworden, wodurch aus einem haltlosen Meinen früherer Zeiten eine Wissenschaft mit festem Grund und Boden unter den Füßen geworden ist. Andererseits jedoch sind starke Zweifelsfragen aufgetaucht, ob nicht für eine absolute Chronologie und die Bestimmung der volklichen Herkunft der Funde eine weitaus stärkere Begründung erforderlich ist, als sie, wie üblich, aus den Grabungsergebnissen selbst gewonnen werden kann. Grabungsergebnisse sind gestern, heute und morgen von Glück abhängig und dürfen nicht verwertet werden, als ob sie eine planmäßige Statistik wären. Dazu kommen gewichtige andere Gesichtspunkte, über die die Funde selbst nichts aussagen können.

Nun haben sich diese Gesichtspunkte und die Einsichten in den letzten Jahrzehnten gewandelt, während zugleich das Material, mit dem die Archäologie zu schaffen hat, viel reicher geworden ist. Die Grundsätze, Richtlinien und ersten maßgeblich gewordenen Bestimmungen stammen aber zu einem erheblichen Teile aus der früheren Zeit. Wenn daher nicht glaubhaft wird, daß die Grundsätze, Richtlinien und Bestimmungen durchgängig - also auch hinsichtlich der am gesichertsten geltenden Sätze - der Überprüfung und der notwendigen Änderung unterworfen sind, dann verstärkt sich das Fragezeichen, welches hinter die Zeitbestimmungen und Volksbestimmungen gesetzt werden mußte.

Besonders habe ich mich keineswegs davon überzeugen können, daß das angeerbte gefühlsmäßig gewordene Vorurteil gegen Germanenkultur so völlig ausgeschaltet ist, wie es zu objektiver Beurteilung nötig wäre. Es bewirkt noch immer, daß Fragestellungen, die durchaus in der Linie eigener archäologischer Ergebnisse liegen, geradezu als absurd angesehen werden.

Das hängt auch mit folgendem Grunde zusammen: Im Allgemeinen wird in unserer Archäologie die Berücksichtigung der gewaltigen Tatsache vermißt, daß wir es im 32jährigen Sachsenkriege und nachfolgender Zeit mit einer radikalen Vernichtung der in Germanien vorhandenen Kultur zu tun haben. Von der Kulturvernichtung wurde die gesamte Literatur (ob groß oder klein) und der gesamte sich ja auf das kultische Gebiet beschränkende Steinbau nebst zugehöriger Plastik betroffen, während schon Jahrhunderte vorher das Erlöschen der Sitte der Totenbeilagen auch den aus den Gräbern zu gewinnenden Kulturzeugnissen ein Ende bereitet hatte. Das sind Einsichten, die bei der Weiterentwicklung der jungen archäologischen Wissenschaft unmöglich die Voraussetzungen und den Gang ihrer Arbeiten unbeeinflußt lassen dürfen.

Längst sind in weiten Kreisen die stärksten Zweifel aufgetaucht, ob es einer überwiegend auf Spatenwissenschaft und Museumskunde eingestellten und in die Gefahr einer Schmalspurwissenschaft geratenden Archäologie überhaupt möglich ist, ihre

Aufgabe zu erfüllen. Diese Besorgnis müßte als berechtigt anerkannt werden, wenn die Abneigung bestehen bleibt, aus den Ergebnissen der eigenen Arbeit und anderer Wissenschaften mutig die logischen Schlußfolgerungen zu ziehen. Das sollte um der Wahrheit willen geschehen, auch wenn im neuen Deutschland alles, was auf eine Erhebung des deutschen Volksbewußtseins hinausläuft, den denkbar niedrigsten Kurs hat.

Meine Auffassung, daß Germanien mindestens seit dem Übergange zum Ackerbau ohne jede wesentliche Beeinträchtigung bis zum Andringen der slawischen Flut von Germanen bewohnt gewesen ist, womit ich den Vertretern der zahllosen sich widersprechenden Siedlungs- und Wanderungstheorien so empfindlich zu nahe getreten bin, hat sich mir durch eingehenderes Studium immer mehr bestärkt. Ich habe keine Veranlassung, meine im Germanenkapitel geäußerten Ansichten zu ändern.

Ich hoffe, daß mein Buch zur Ergründung der Wahrheit einen Hilfsdienst leistet, und zwar auf Grund von Tatsachen, die nicht mehr beiseitegeschoben werden können.

Ich wünsche mir Leser, die den Willen und die Fähigkeit zur Objektivität in germanischen Dingen haben, die um meiner Wohl unvermeidlichen Fehler im Einzelnen willen, nicht den Blick für das Richtige und auf das Ganze verlieren, und die sowohl an der Beseitigung der Fehler, als auch an dem positiven Aufbau mithelfen wollen.

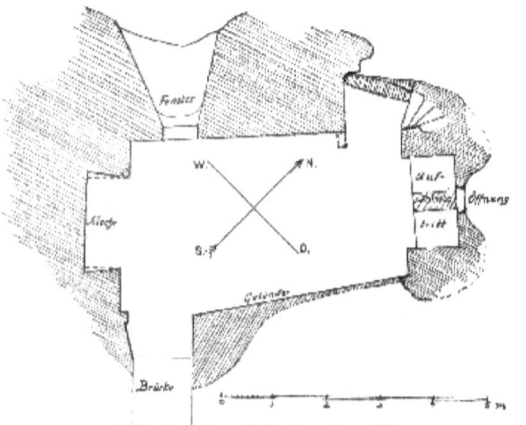

Abb. 3. Grundriß des Sazellum
Vermessen von Sigfried Müller-Düsseldorf

Abb.4. Die Externsteine bei Horn in Lipppe

2. Das Gestirnheiligtum auf dem Externstein

Die Detmolder Landesbibliothek enthält eine aus etwa 40 Nummern bestehende Literatur über die Externsteine bei Horn im Teutoburger Walde, von denen 11 als eingehendere Monographien (bis zu einem Umfang von 200 Seiten) angesehen werden können. Diese stammen sämtlich aus dem vorigen Jahrhundert, die letzte von Kisa 1895. Uns, die wir eine wesentlich erweiterte Anschauung über die altgermanische Kultur haben, mutet die ganze Behandlungsweise des Gegenstandes als veraltet an, abgesehen von Kisa. Dieser aber wendet seine ganze Aufmerksamkeit der Grotte im Felsen 1 und der daran befindlichen Skulptur der Kreuzabnahme Christi zu und erwähnt den, wie mir scheint, weitaus interessantesten Felsen 2 nur übergangsweise. Auch die übrigen alten Bearbeiter finden sich mit einer erstaunlichen Schnelligkeit mit ihm ab. Wohl sprechen einige die Vermutung aus, daß der im Kopf des Felsens befindliche Raum doch wohl ursprünglich dem germanischen Kultus gedient haben müsse, aber im allgemeinen beruhigt man sich dabei, daß er eine christliche Kapelle sei. Wir werden sehen, daß wir es hier in Wirklichkeit mit einem noch verhältnismäßig gut erhaltenen, bedeutsamen Zeugen des altgermanischen Kultus zu tun haben, der eine deutliche Sprache von der Höhe der Kultur unserer Vorfahren in grauer Vorzeit führt.

In welcher Weise die alten Bearbeiter die Augen vor den Tatsachen verschlossen haben, zeigt uns Dewitz (Die Externsteine, Breslau 1886, S. 11): „Von den heidnischen Völkern müssen die älteren Germanen und die Sachsen auf Grund der bei der Grottenausführung angewandten Technik ohne weiteres ausgeschieden werden; denn so roh auch die Arbeiten sind, es ergibt sich doch zweifellos, daß die verschiedensten Werkzeuge der Steinmetzkunst Anwendung gefunden haben. Wir erkennen kleine, durch den Dorn hervorgebrachte Löcher, ferner grobe Hiebe der Spitzhacke, feine breite Striche des Meißels u. a. Die Technik beweist, daß die Arbeit von Angehörigen einer Nation ausgeführt sind, welche auf einer höheren Kulturstufe als jene Völkerschaften stand. Darum bliebe zwischen den heidnischen Römern und den christlichen Nationen zu entscheiden."

Die technischen Bemerkungen sind oberflächlich und irrig. Erstaunlich ist die Ahnungslosigkeit mit der sich das Vorurteil zeigt, da doch auch schon ein Dewitz bedenken konnte, daß sein Vorurteil auf Grund eines Nichtkennens in die Luft hineingebaut war.

Auffällig ist das geringe Interesse vieler Externstein-Bearbeiter für die germanischen Dinge. Noch 1898 schreiben selbst Levin Schücking und Ferdinand Freiligrath in ihrer sonst eingehenden Beschreibung der Externsteine (Das malerische und romantische Westfalen) als einzigen Satz zu deren germanischer Bedeutung: „Man hat vielfach den Externsteinen eine Bedeutung als Tempel und Opferplatz schon in vorchristlicher Zeit zugeschrieben. Wir enthalten uns jedoch, auf diese Ansicht, bei der man ohnehin über Vermutungen nicht hinauskommt, einzugehen." Dieser Satz kennzeichnet aufs Beste das Ergebnis der bisherigen Bemühungen um das Rätsel der Externsteine.

Ein wachsendes Mißtrauen gegen die Vollständigkeit der bisherigen Untersuchungen und gegen die Richtigkeit der Urteile trieb mich zu eigenen Beobachtungen, deren Veröffentlichung ich begann, nachdem ich sie einem größeren Kreise von Mitgliedern des Historischen Vereins und dem Detmolder Landeskonservator aufgewiesen hatte. Die Fortsetzung bezog sich darauf, daß der Kultus auf den Externsteinen nur ein kleines Stück eines für das Gesamtvolk zentralisierten, das ganze Leben desselben beeinflussenden Gestirndienstes auf breiter wissenschaftlicher Grundlage gewesen ist.

Der Turmfelsen (Eggesterenstein) mit dem Sazellum

Der turm- oder säulenförmige Felsen (Nr. 2 auf Abb. 4), dessen Höhe etwa 30 m ist, trägt in seinem Kopfe einen von Menschenhand hergestellten grottenartigen Raum, zu dem eine aus dem Felsen 3 herausgehauene, z. T. alte Treppe und die Brücke (Bild 4) führt. Wir wollen für den Raum den mehrfach gebrauchten neutralen Namen Sazellum beibehalten, vor allem auch zur Unterscheidung von der unten im Felsen 1 befindlichen größeren Grotte.

Es war die erste, grundlegende, meines Wissens unbegreiflicherweise noch von niemand ausgesprochene Beobachtung, daß das Sazellum gar nicht in seiner ursprünglichen Gestaltung vor uns liegt, sondern die ganz unverkennbaren Spuren eines gewaltigen Zerstörungswerks zeigt, welches auch noch mehrere andere Stellen dieses Turmfelsens betroffen hat. Fast der vierte Teil des Felsenkopfes (Bilder 1 und 4), der die Bedeckung und die südöstliche Wand des aus diesem Felsenkopfe ausgehauenen, ursprünglich ringsum geschlossenen Hohlraumes bildete, ist gewaltmäßig abgesprengt und in die Tiefe gestürzt. Er zerschellte schon in der halben Höhe seines Falles im Aufschlag auf eine Ecke des Felsens Nr. 3, indem er sie in noch sichtbarer Weise beschädigte. Er ergoß seine Trümmer über den Raum neben den beiden Felsen Nr. 2 und 3.

Dort liegen sie, wie es scheint, zu einem Teile noch jetzt, während der andere Teil und wahrscheinlich gerade die bearbeiteten Stücke, bei den Befestigungsbauten des Grafen Hermann Adolf um 1660 ihre Verwendung gefunden haben werden.

Die Absprengung eines solchen ungeheuren Felsteils im Gewicht von mehreren 1000 Zentnern war dadurch möglich, daß seine ganze Nordwestseite (auf Abb. 6) mit dem Gesamtfelsen infolge einer durchgehenden Felsspalte überhaupt nicht im Zusammenhang war, daß die Grundfläche des Blocks, abgesehen von der dünnen Südostwand der Höhlung, bereits durch deren Ausarbeitung von dem Gesamtfelsen gelöst war, und daß die einzige ihn mit dem Gesamtfelsen in Zusammenhang haltende Südwestfläche gerade an dieser Stelle eine durchgehende Gipsschicht aufweist, die der Loslösung schon vorgearbeitet hatte und der Sprengung nur einen verhältnismäßig geringen Widerstand entgegensetzte. Infolgedessen konnte man mit den zahlreichen Mitteln, die man in alter Zeit zur Felssprengung hatte, den ganzen Sprengblock lösen und zunächst zum Abweichen bringen. Damit war die Möglichkeit gegeben, durch das Ansetzen einer Anzahl von Winden die dünne Südostwand zu brechen und den Block nach Südosten herüberzudrücken, bis ihn das Übergewicht zum Sturze zwang.

Während diese Sprengung an der Ostecke des Felsens vorgenommen wurde, ist auf der Nordwestseite eben dieses Felsens 2, etwa in gleicher Höhe und tiefer ebenfalls ein Felsteil, welcher eine unter dem sog. Fenster (Abb. 5 und 6) zu dem Sazellum hinaufführende Treppe trug, abgesprengt worden. Die Treppe führte noch etwas über das Fenster hinaus bis zu drei noch vorhandenen rätselhaften kleinen Reststufen. Von der vorhanden gewesenen Treppe legen noch drei in entsprechender Anordnung in den Felsen eingehauene Löcher, die zu Stützpunkten für einen tieferen Teil der Treppe gedient haben können, Zeugnis ab. Mit der Absprengung des Felsteils ist die ganze Treppe beseitigt worden. Es sind Anzeichen vorhanden, daß auch auf der Nordostseite des Felsens ein Umgang vorhanden war, der ebenfalls vernichtet ist.

Sowohl die Absprengung des Kopfteils des Felsens, als auch der Treppe ist aufs deutlichste an einer auffälligen Verschiedenheit des Verwitterungszustandes zu erkennen. Farbenton und Beschaffenheit aller übrigen Außenflächen des Felsens lasten auf eine ungeheuer längere Verwitterungszeit schließen, als Farbenton und Beschaffenheit der Sprengflächen.

Über diese Tatsachen ist kein Zweifel möglich. Es wäre die Frage zu erörtern, ob sie nicht auch auf Naturvorgänge, durch Erdbeben oder allmählichen Verlust des Zusammenhalts durch Verwitterung und Wasserwirkung, zurückgeführt werden können. Der Gedanke, daß ein Naturereignis gleichzeitig an 2-3 entgegengesetzten Seiten des Felsens, oder gar, daß mehrere aufeinanderfolgende Naturereignisse in der vorliegenden Weise so zweckvoll sich ereignet haben sollten, daß dadurch ein Menschenwerk zertrümmert wurde, dessen Beseitigung den zu einer gewissen Zeit obwaltenden heißen menschlichen Bemühungen entsprach, hat von vornherein einen hohen Grad von Unglaubhaftigkeit.

Aber es bedarf noch nicht einmal einer solchen allgemeinen Erwägung. Denn während ein Naturereignis als

Abb. 5. Zerstörter Kopf des Turmfelsens (Nordwestseite)

Ursache der Absprengung der Treppe immerhin denkbar ist, muß die Herabstürzung der Felsblocks über dem Hohlraum durch einen Naturvorgang aus physikalischem Grunde als ausgeschlossen angesehen werden. Nach seiner Ablösung vom Gesamtfelsen durch irgendeine Kraft konnte der Felsblock allenfalls den Hohlraum eindrücken und bis auf dessen Fußboden heruntersacken; aber solange diese ausreichende Unterlage da war - sie steht ja heute noch - mußte er oben liegen bleiben, und das umso mehr, als der Hohlraum ihn zwang, nicht nach der Südostseite, sondern nach der Nordwestseite hinüberzuneigen.

Es erübrigt demnach nur die Annahme eines planmäßigen Zerstörungswerks, zudem ein erheblicher Aufwand von Sachkenntnis und Hilfskräften, von Energie, Mut und Zeit erforderlich gewesen ist. Eine andere Erklärung, als daß die Tat zur Zeit der Einführung des Christentums in dieser Gegend, also von 772 nach Chr. ab, vollbracht wurde, läßt unsere Geschichtskenntnis nicht zu. Die nachträgliche Zurechtmachung des Ortes zu einer christlichen Kapelle, die übrigens schlecht geglückt ist, liegt ganz in der Linie des in jener Zeit üblichen Verfahrens. Die Herrichtung

Abb. 6. Zerstörter Kopf des Turmfelsens (Südostseite)

des Sazellums zur Kapelle ist erst durch das Werdener Kloster ums Jahr 1350 geschehen (Seite 62).

Daß wir eine absichtlich zerstörte, aber noch immer ihre wesentlichsten Merkmale tragende altgermanische Kultusstätte, und zwar ein bedeutsames Gestirnheiligtum vor uns haben, wird durch schwerwiegende Gründe gestützt.

Das Bild 5 gibt eine gute Anschauung von dem Sazellum, wie es nach seiner Zerstörung von den Mönchen wieder hergerichtet wurde. Seine Grundfläche ist 3¼x5½ m (ohne Apsis und Nische). Daß es den Eindruck einer christlichen Kapelle mache, wird kaum jemand behaupten wollen. Es widerspricht so ziemlich allen bei der Anlage von christlichen Kultusstätten befolgten Gepflogenheiten.

Die „Apsis" ist so beschaffen, daß der Priester entweder rechts oder links des „Altars" stehen müßte! Dieser „Altar" spottet den Anforderungen, die an ihn zu stellen wären. In einer Breite von 33 cm und einer Tiefe von 79 cm läßt er den heiligen Geräten, dem Meßbuch, dem Kruzifix, der hl. Lampe oder dergleichen keinen Raum. Mit der gleichen Mühe und Sorgfalt, mit der dieser eigenartige Ständer aus dem gewachsenen Fels herausgehauen ist, konnte man einen richtigen kleinen Altar herstellen und dem Priester ein Plätzchen gönnen, um vor ihn oder hinter ihn zu treten. Tragaltäre und Katakombenzustände dürfen hier nicht zum Vergleich herangezogen werden, da es sich um einen Altar von ganz besonderer Dauerhaftigkeit und um Raumverhältnisse handelt, die seine normale Stellung und einen ordnungsmäßigen Platz für den Priester durchaus gestatteten.

Ein im vorderen Teil des Ständers in die Platte eingehauenes quadratisches Loch (6x6 cm groß und 6 cm tief) hätte für einen Altar keinen Zweck, war aber wohl geeignet, ein dem Gestirndienst dienendes Instrument, z. B. einen Schattenwerfer aufzunehmen, der vor die über dem Ständer befindliche kreisrunde Öffnung gestellt wurde. Zur Aufbewahrung von Reliquien, von denen übrigens die sorgfältigen klösterlichen Verzeichnisse gar nichts wissen, war das kleine Loch völlig ungeeignet. Die kreisrunde Öffnung über dem Ständer in der Größe von 37 cm Durchmesser hat recht wenig Ähnlichkeit mit einem christlichen Chorfenster.

In der gegenüberliegenden Wand befindet sich in einer Breite von 180 cm eine 40 cm tiefe, mehr als mannshohe Nische, die von zwei aus dem Fels gehauenen Säulen ohne Kapital feierlich flankiert ist. Bei Annahme einer christlichen Kapelle fehlt für diese Einrichtung jegliche Erklärung. Die Säulen scheinen alt zu sein, sind aber später glatt gemeißelt. Auf Malta haben wir eine alte Kultnische vor einer Begräbnisstätte, die der unsrigen völlig ähnlich ist.

Wer das in der Nordwestwand befindliche, auf unseren Felsenkopfbildern 5 und 6 zu sehende sog. Fenster betrachtet, dem muß die Harmlosigkeit Kopfschütteln erregen, mit der einige Beschreiber der Externsteine diesen Durchbruch durch einen 215 cm mächtigen Felsen zu begründen oder besser zu entschuldigen versuchen. Das ist schwer angesichts einer vermeintlichen Freilichtkapelle, die schon an einem Übermaß von Licht litt. Einer derselben erwähnt, daß es die Aussicht auf den Gipfel des ersten Felsens gestatte! Er hätte besser auf den Sonnenuntergang am Sommersonnwendtage hingewiesen, aber das paßte ja nicht zu der christlichen Kapelle. Mit dieser Bemerkung soll noch keine Erklärung dieser rätselhaften Öffnung versucht werden; ich kann nur feststellen, daß sie vorn am Sazellum eine starke Benutzung aufweist (auf der Abb. 6 bemerkbar), daß in der Mitte ihrer Tiefe die Einrichtung zu einem starken Balkenverschluß vorhanden ist, und daß sie von der abgesprengten Treppe aus zugänglich war.

Von Bedeutung ist nun folgende Feststellung: der ganze Raum mit dem über dem Ständer befindlichen kreisrunden Loch ist nicht nach Osten, sondern nach Nordosten auf die am Sommersonnwendtage aufgehende Sonne und auf den Mondaufgang zur Zeit seines nördlichsten Extrems orientiert. Die Orientierung der christlichen Gotteshäuser ist von Anfang an eine östliche gewesen; die nordöstliche zum Sommersolstitium war als heidnisch verpönt. Duandus, Bischof von Mende schreibt im 13. Jahrhundert: „Man muß so den Grund legen, daß das Haupt richtig nach Osten blickt, nämlich nach Sonnenaufgang an der Tag- und Nachtgleichen, und nicht gegen das Solstitium (22. Juni) wie einige tun." Zuwiderhandlungen gegen kirchliche Vorschriften und heidnische Neigungen scheinen im freien Baugewerbe manchmal vorgekommen zu sein, besonders durch Einschmuggelung alter Bildhauerei (vgl. E. Jung, Germ. Götter und Helden, und E. Weiß, Steinmetzart); wo aber klösterliche Arbeit geleistet wurde, wie hier, sind Zuwiderhandlungen nicht anzunehmen. Ungenaue Bestimmung der Ostrichtung kam bei den alten Kirchen bis zu 14° vor; hier aber handelt es sich um 47° Abweichung von der Ostrichtung (Abb. 3, Seite 15).

Abb. 7. Gestirnheiligtum (Sazellum)

Zu einer vorschriftsmäßigen Ortung bot der Felsen bequemen Raum; die Nordostortung ist mit ersichtlicher Absicht geschehen, entgegen der natürlichen Richtung der Felswand, zu der die gewählte Längsachse des Raums einen spitzen Winkel bildet.

Das Loch ist in einer Höhe angebracht, daß die ersten Strahlen der an diesen Tagen hinter dem gegenüberliegenden Hügelrande emporkommenden großen Gestirne die Häupter der in dem Raume stehenden Männer trafen. Mit einem einfachen Kompaß läßt sich bereits feststellen, daß die Mittellinie des Raumes durch die Mitte des Loches hindurch die erforderliche Richtung zeigt. Auch bei Annahme eines sehr hohen Alters der Anlage sind die Verschiebungen der Sonnen- und Mondaufgänge gegen die heutige Lage nicht so groß, daß das Loch den Strahlen keinen Einlaß mehr gewährt hätte. Heute aber beträgt hierorts das Sonnenazimut zur Sommerwende 131° und das Mondazimut beim äußersten nördlichen Extrem 141°, während die Mittellinie des Raumes, die Siegfr. Müller (Düsseldorf,

Winkelfelderstr. 34) in neuer Vermessung auf die Apsiswand bezogen hat (Abb. 3), auf 136-138° angenommen werden kann.

Abb. 8. Kirche im Sazellum

Für den Gebrauch des Raumes als Kultusstätte wäre eine solche Orientierung ausreichend gewesen. Ob darüber hinaus auf astronomisch genaue Messungen an den Externsteinen geschlossen werden darf, so daß an eine Beantwortung der Frage nach der Entstehungszeit des Sazellums herangetreten werden könnte, hängt nur noch davon ab, ob der Nachweis der Standorte beider Male (für die Sonnenlinie und für die Mondlinie) als befriedigend angesehen wird: denn die allgemeine Frage, nach der astronomischen Betätigung und Meßkunst der Alten können wir durch unsere Kapitel 5 und 15 als beantwortet ansehen.

Die ganze Fläche der nordwestlichen, auf der Abb. 8 zum größeren Teile sichtbaren Seitenwand ist sorgfältig, oben stärker als unten, abgearbeitet, und zwar durch eine Steinmetzarbeit, die sich deutlich als aus späterer Zeit stammend kennzeichnet, als die übrige Steinmetzarbeit. Die Wand dürfte Bilder und Zeichen getragen haben, die mit der Verwendung des Raumes im Zusammenhang standen, vielleicht Tierkreisbilder oder Runensymbole, die bei der Verwendung des Raumes für christliche Zwecke als Ärgernis empfunden sein würden.

Dem oben besprochenen „Fenster" und der sog. Apsis ist nachträglich die Form eines sauber gearbeiteten Rundbogens gegeben worden, und auch die graden Linien sind spätere Arbeit, während die ursprüngliche Arbeit überall an roherer Ausführung und stärkerer Verwitterung erkennbar ist.

Die drei kleinen auf der linken Seite der Apsis außen am Felsen angebrachten Treppenstufen sind bei der jetzigen Gestaltung der vermeintlichen Kapelle völlig unerklärlich und können weder zum Gebrauch des Priesters, noch zu irgendeinem sonstigen mit der Verwendung als christliche Kapelle zusammenhängenden Zwecke gedient haben. Die Aufpflanzung eines Kreuzes, auf die aus einer oberhalb des Sonnenloches befindlichen Vertiefung wohl mit Recht geschlossen wird, konnte weit einfacher und ungefährlicher von innen aus geschehen. Diese Treppenstufen setzen in Wirklichkeit das Vorhandensein des abgesprengten, die Decke des Raumes bildenden großen Felsteils voraus. Sie dienten zu Besteigung des Felsenkopfes, sei es, daß sich dort noch ein anderes Heiligtum befand, sei es, daß die Besteigung zu dem Zwecke der Beobachtung des Sternenhimmels geschah. An dem stehengebliebenen oberen Felsteile findet sich an entsprechender Stelle noch eine von Menschenhand ausgearbeitete Furche (auf unseren Bildern nicht sichtbar), die zur Aufnahme eines Geländers gedient zu haben scheint. Die untersten Stufen der Treppe sind auf Abb. 7 zu sehen.

Wer sich überzeugt hat, daß das Sazellum ein zerstörter Hohlraum ist, trotzdem aber die Folgerungen nicht ziehen, sondern an der Entstehung in christlicher Zeit festhalten will, ist in der üblen Lage, zu unglaublichen Behauptungen seine Zuflucht nehmen zu müssen, nämlich entweder,

daß das aufsehenerregende Wunderwerk einer Kapelle in der schwindelnden Höhe einer 30 m hohen Steinsäule in geschichtlicher Zeit nicht nur sang- und klanglos gebaut werden konnte, sondern auch unter dem Schweigen aller Quellen durch ein gewaltiges Ereignis zerstört werden konnte;

oder,

daß die Bauleute die Kapelle in einen bereits zertrümmerten Felsenkopf hinein gebaut haben, dabei aber durch Anlage des Fensters so vorgegangen sind, als ob sie es mit einer lichtbedürftigen Höhlung zu tun hätten.

Die Annahme, daß das Sazellum ein germanisches, dem Gestirndienst geweihtes Heiligtum war, hat eine Stütze noch durch die Feststellung erfahren, daß eine uralte Wehrenverbindung alter Höfe in weitester Umgegend noch bis in die Mitte des vorigen Jahrhunderts die Gewohnheit hatte, an den Externsteinen die Sommersonnenwendfeier zu begehen[5]. Es wird der allerletzte Rest der Wallfahrten sein, die einst nach alter Überlieferung nach den Externsteinen unternommen wurden. Da bei der Orientierung des Sazellums die Extremörter von Sonne und Mond gleichmäßig berücksichtigt sind, sobald wir ein um Jahrtausende zurückreichendes Alter annehmen; da ferner die Konkurrenz des Sonne- und Monddienstes im Altertum immer deutlicher erkannt wird[6], so dürfte die Auffassung, daß wir ein Mond- und Sonnenheiligtum vor uns haben, den Vorzug verdienen. Das Nebeneinander beider Dienste wird auch aufs trefflichste durch unsere Abbildung Nr. 42 illustriert. Für diese Frage im hohen Grade bedeutsam ist eine der neuesten Entdeckungen Prof. Ungers in Babylon. Er grub zwei nebeneinanderstehende Tempel aus, von denen der eine der Sonne und der andere dem Monde geweiht war; die vom Sonnentempel ausgehende Straße ist genau auf die Sommersonnenwende, die vom Mondtempel ausgehende Straße auf das nördliche Mondextrem georted.

Alle örtlichen Verhältnisse an den Externsteinen berechtigen schwerlich zu der Annahme, daß hier die Männer ihren Sitz hatten, denen eine Beobachtung der Gestirne in wissenschaftlichem Sinne oblag. Die Anzeichen, daß die Extremörter für Sonne und Mond vom Sazellum aus astronomisch festgelegt waren, daß also der

---

[5] Zeitschrift Niedersachsen, 1904, Nov. 19.
[6] Siehe auch I. O. Plaßmann, Werke der Hadewich.

religiöse Dienst einer wissenschaftlichen Grundlage nicht entbehrt hat, werden wir in dem Kapitel über „Germanische Astronomie" behandeln, welches uns zum Sitz der Astronomen hinleitet.

Hier interessiert noch die Frage, wie etwa der Gestirnkult im Sazellum vor sich gegangen sein kann. Von Opfern, die vielleicht nicht gefehlt haben, wissen wir nichts. Dagegen ist es möglich, uns über eine andere Seite des Kults Gedanken zu machen.

Das rätselhafte kleine kubische Loch, welches sich vorn in dem Ständer des Sazellums befindet, ist bereits erwähnt worden. Am einleuchtendsten ist die Erklärung, daß es für einen Schattenwerfer bestimmt war, hinter dem sich ein heiliges Tun der Priesterlichen Männer vollzog.

Da wir wissen, daß die indogermanischen (urgermanischen) Völker aus dem Norden stammen, und der Zusammenhang der religiösen Grundideen aller alten Kulturvölker unverkennbar zutage getreten ist, muß es für uns nicht nur als erlaubt, sondern auch als geboten gelten, zur Ergründung germanischer Religionsfragen vergleichsweise das Religionswesen orientalischer Völker, auch der Sumerer und Babylonier, heranzuziehen. Für die vermoderten Zeugnisse der germanischen Holzkultur und die grundsätzlich vernichteten, an sich schon spärlichen Zeugnisse germanischer Steinkultur können wir, vorsichtig tastend, in engen Grenzen einen Ersatz zu gewinnen suchen in der unter einem glücklicherem Stern erhaltenen und aus mehrtausendjährigem Schlummer wieder aufgedeckten Überlieferung der Orientalen.

Da ist es nun das Bild von Sippar (Abb. 9), welches mit innerem Zwange unseren Blick auf sich gebannt hält, und aus der vollendeten Ratlosigkeit über etwaige Vorgänge in einem germanischen Gestirnheiligtum herauszuführen vermag. Das Wertvolle und Besondere dieses Bildes liegt für uns darin, daß es sich nicht in der Darstellung von Äußerlichkeiten erschöpft, sondern an die Höhenlage religiöser Grundgedanken heranreicht. Das geschieht in Formen, deren Gleichartigkeit mit der

Lage im Sazellum schwer übersehen werden kann. Wir betrachten das Bild von Sippar!

In dem Raum links von der trennenden Säule befinden sich die priesterlichen Menschen, die im Vergleich zu der übermenschlich mächtigen Gottheit klein dargestellt sind. Sie sind auf eine Verbindung mit der Gottheit, auf Erlangung einer auf geheimnisvollem Wege in ihre Welt einströmenden göttlichen Kraft bedacht. Die Gottheit thront in Unnahbarkeit und Unsichtbarkeit in einem anderen Weltenraume, der durch die Zeichen von Sonne, Mond und Venus als der Sternenhimmel gekennzeichnet ist. Die ihr unterworfene Unterwelt mit den tierleibigen Gestalten befindet sich unter ihrem Sitz, das Ganze über dem durch die Wellen angedeuteten Weltengewässer.

Aber die Gottheit will sich doch aus ihrer Unerforschlichkeit heraus dem Menschengeschlecht offenbaren. Sie tut es durch die Sonne und deren Kräfte, dargestellt durch den von der Gottheit Hand hochgehaltenen Ring (Schlangenring) nebst Herrscherstab, der dem König die Vollmacht gibt. Es mag sein, daß es sich auf dem Sipparbilde insbesondere um die Belehnung eines Königs handelt.

Jedoch nicht die glühenden und grellen Sonnenstrahlen selbst sind es, die die höheren göttlichen Kräfte bringen - sonst hätten ja alle Menschen ohne weiteres daran teil. - Für das, was die Gottheit besonderen Menschen besonders zu sagen und zu geben hat, sind die Sonnenstrahlen zwar auch die Träger, aber man erlangt diese höheren Gaben nur dann, wenn das Grobsinnliche von den Strahlen abgestreift ist, im Schatten; jedoch auch jetzt nur unter der Voraussetzung, daß der von Menschenhand aufgebaute Schattenwerfer von beauftragten

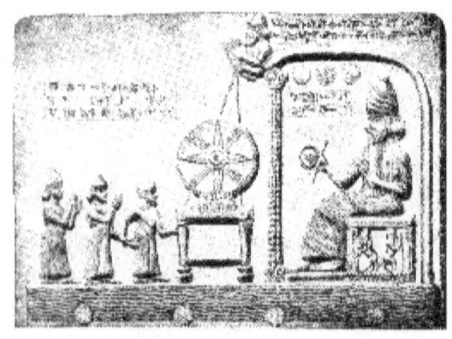

Abb.9. Das Bild von Sippar

göttlichen Händen gehalten wird. Auf diesem wohlverwahrten Wege werden die Kräfte zu einem Fluidum, welches Entfernung, Luft und Materie überwindend auch den heiligen Tisch (den Ständer) durchströmt, auf den ihn berührenden obersten Priester übergeht und auch den an der Hand Herangeführten erfüllt. Für den dritten, dem gestattet ist, sich betend zu nahen, geht es ebenfalls nicht ohne Segen ab. Oder soll er der Zeuge sein, daß sich alles in Ordnung vollzieht, der Anwärter auf die nächste Inkarnation? Die reiche Symbolik des Bildes läßt vermuten, daß hier jede Kleinigkeit seine Bedeutung hat.

Wir werden kaum fehlgehen, wenn wir uns vorstellen, daß einst auch im Sazellum der höchste priesterliche Mann seine Hand an den Ständer mit dem Schattenwerfer gelegt hat, um die empfangene Kraft durch Berührung des Folgenden weiterzugeben, und daß alle von dem Wert und der Bedeutung dieser feierlichen Handlung in dieser Stunde für das eigene Denken, Reden und Tun überzeugt gewesen sind.

Wenn wir nun des Weiteren an den Umgang um die Blende (Apsis) des Sazellums denken, auf dessen einstiges Vorhandensein aus den Umrißlinien und den Verwitterungsverhältnissen an dieser Stelle (Abb. 6, rechts) geschlossen werden muß, und ihn als den Platz ansehen, von wo aus der unten harrenden Menge die für sie bestimmten Offenbarungen mitgeteilt wurden, so hat der ganze Vorgang für uns an Vorstellbarkeit gewonnen. Das Tasten aber nach Vorstellbarkeit der uns so fern liegenden Dinge muß als ein unentbehrliches Mittel beim Herankommen an die Wahrheit eingeschätzt werden.

Durch den Irrtum einiger Touristen, die das Hermannsdenkmal auf dem Höhenzuge, der den nordöstlichen Horizont des Sazellums bildet, zu erkennen glaubten, wurde ich zufällig auf einen merkwürdigen, die Einsamkeit des Waldes unterbrechenden Bau aufmerksam, der sich dem durch das Sonnenloch schauenden Auge bietet. Es ist der Fissenknicker Mühlenstumpf, der vom Bade Meinberg zu einem Aussichtsturm umgebaut ist. Er stellt den astronomisch richtigen Merkpunkt der nördlichen Mondextremlinie dar. Nach Südwesten, über den Barnacken hinweg, trifft die Linie in der gleichen Entfernung von 6½ km mit derselben Genauigkeit die Kohlstädter Ruine (früher „Hünnenkirche" und „Heidenkirche"). Da beides archäologisch bemerkenswerte Punkte sind, war mir die Erscheinung eindrücklich, und ist mir tatsächlich zum Wegweiser in die Oesterholzer Mark und zu weiteren Beobachtungen astronomischer Art geworden, - womit natürlich noch keine Entscheidung über Absicht oder Zufall der Erscheinung gegeben war. Denn auf einem derartigen, der Irrung ausgesetzten Gebiete muß erst Erfahrung zur Erfahrung kommen und in die gleiche Schale fallen, ehe die Waage nach dieser Seite durchschlägt.

Wenn drei Punkte von einer gewissen Beschaffenheit sich in eine Linie einordnen, so kann man noch mit einem zufälligen Zustandekommen dieser Ordnung rechnen. Tritt ein vierter Punkt derselben Qualität in die gleiche Linie, so führt die mathematische Wahrscheinlichkeitsrechnung bereits im hohen Grade zu der Unwahrscheinlichkeit des Zufalls. Hier aber ist nun der vierte Punkt am fernsten Horizont der Ausgangspunkt des Mondes am Tage seines nördlichsten Extrems! Mit anderen Worten: die durch die vier Punkte gehende Linie ist nicht eine beliebige in der Zahl der möglichen Linien, sondern es ist die für das Zeitalter des Gestirndienstes mythologisch hochbedeutsame Mondlinie, und zwar mit der Genauigkeit der Meßtischblätter.

An der erheblichen mythologischen Bedeutung dieser Linie war nicht zu zweifeln. Sie grenzt den Teil der Unterwelt ab, in dem weder Sonne noch Mond noch ein Planet jemals eingeht, und stellt einen Totenweg dar, auf dem die abgeschiedenen Seelen zur Hel wandern, einen Weg, der in der Himmelsbrücke der Milchstraße sein Gegenbild hat.

Das Erfordernis einer vermittelnden Station zwischen Externsteinen und Kohlstädt auf dein Barnacken durfte nicht abschrecken, da es einleuchtet, daß die Alten in bergiger Gegend sich nicht durch Zwischenstationen hindern lassen durften, wenn sie überhaupt darauf bedacht gewesen sind, sich solche das Land durchziehenden kultischen Linien zu schaffen. Immerhin war es nicht ermunternd, daß auf dem Barnacken nur noch Löcher zu finden sind, deren mögliche Bedeutung (vgl. S.301) mir damals noch unbekannt war.

Umso mehr lohnte sich die Frage nach der Bedeutung des Platzes der Fissenknicker Mühle, der ja schon als beherrschender Punkt bei und über den heiligen Hainen des Leistruper Waldes (vgl. S. 240) mit seinen Steinsetzungen, Opfersteinen und Gräberfeldern besondere Aufmerksamkeit beanspruchen konnte; er war die gegebene Stelle einer Warte für die Volksversammlungen und Feste im Hain. Dazu gesellte sich die urkundliche Entdeckung, daß hier auf dem angrenzenden Grundstück des „Hünkemeiers" eine der verschwundenen einsamen Kapellen des Landes gestanden hat. Daraus ergibt sich, daß sich in der Bekehrungszeit die Notwendigkeit zeigte, den Platz von den auf ihm hausenden bösen Geistern des alten Glaubens zu befreien. Obendrein ergab sich der Platz bei der Ermittlung des Orientierungssystems der großen Teutoburg als Zwischenstation auf der Westostlinie Teutoburg-Fissenknicker-Mühle-Aussichtsturm über Schiederburg, eine Erscheinung, deren Sinn sich aus den Ausführungen im Ortungskapitel dieses Buches ergeben wird.

Noch eindrucksvoller, was den gegenwärtig noch vorhandenen, sichtbaren Befund anlangt, ist die Kohlstädter Ruine, weil

Abb. 10. Brückenlager und Wackelstein

die Entstehung ihrer Mauern selbst in die vorchristliche Zeit fällt. Wir werden ihre eingehende Beachtung in einem besonderen Kapitel widmen müssen.

Neuerdings ist auch der Platz bestimmbar geworden, wo sich einst das Mal der Sommersonnwendlinie der Externsteine befunden hat. Er ist in weniger als ein Kilometer Entfernung von der Mühle über Bad Meinberg zu suchen – und zu finden! An der entsprechenden Stelle fand ich vor einigen Jahren zunächst nur zahlreiche wüst umherliegende Steine, die - soweit sie von sachkundiger Hand untersucht wurden - sämtlich eine „lagerhafte" Fläche aufweisen, wie sie für zyklopisches Mauerwerk erforderlich ist. Unterhalb befindet sich ein noch gebrauchter Steinbruch. Die Mühe, sie auf die Höhe zu schaffen, wird einst sicherlich nicht zwecklos aufgewendet sein, wenn auch die Strecke nur kurz ist. In einem neuaufgefundenen Manuskripte des Oberst Scheppe liegt nun aber der Befund der Stelle vor 60 Jahren vor. Wälle, Gräben und Steintrümmer haben Scheppe damals zu der Überzeugung geführt, daß es sich um eine Kultstätte handelte. Unsere Feststellung, daß es der Platz für das Sonnwendmal der Externsteine ist (133°), bringt die Bestätigung der Forscherarbeit Scheppes.

Über Stonehenge macht Lockyer[7] - nach Riem - die Mitteilung, daß das Azimut der Sommersonnenwende von Stonehenge (49° 35` 51" von Nord, also 130° 24` 09" von Süd) bestätigt werde durch die Tatsache, daß das Azimut vom Zentrum des Tempels aus nach NO in 16 km Entfernung einen Hügel markiert, der als alte Wallburg namens Silbury oder Sidbury bekannt sei, und daß dieselbe Linie über Stonehenge nach SW fortgesetzt, einen anderen alten befestigten Platz namens Crowely Castle, etwa 12 km entfernt, mit gleichem Azimut erreiche. „Es handelt sich also einfach um eine gerade Linie zwischen zwei Wallburgen, die in der Mitte durch Stonehenge läuft." Damit haben wir eine vollkommene Entsprechung zu

---

[7] Sir Norman Lockyer, "Stonehenge and other british stone Monuments astronomical. II. edition" London 1909, S. 66.

unseren Externsteinlinien und auch der „Einwand" der Einzigartigkeit solcher astronomischen Ortungsmale in der Welt ist hinfällig.

Die große Brücke vom Felsen 4 zum Felsen 3

Auf dem Felsen Nr. 3, da, wo die aus dem Gestein gehauene jetzige Treppe zu der kleinen in das Sazellum führenden Übergangsbrücke gelangt, sieht man rückwärts und abwärts schauend nahe vor sich auf dem Gestein eine horizontale, schnurgerade, rechtwinklig ausgearbeitete Auskehlung (Nute) in einer Länge von 4 m und in einer Breite von etwa 35 cm (Abb. 10). Sie hat für die daneben heraufführende Steintreppe und auch sonst keine Bedeutung. Die Verwitterung ist eine erheblich stärkere als die des Treppenwerks, und auch an der Steinmetzarbeit erkennt man das noch weit höhere Alter. Die Auskehlung macht den Eindruck eines Lagers für einen großen Balken. An dem dem Felsen Nr. 2 zugekehrten Ende befindet sich eine nach außen ausgreifende, im Winkel von 45° angefügte, in sich scharf rechtwinklig ausgehauene Vertiefung, welche offenbar als Widerlager gedient hat, um ein Rutschen des Balkens in der Längsrichtung nach Felsen Nr. 4 hin zu verhindern. In entsprechender Entfernung, wo der natürliche Fels in gleicher Höhe mit dem soeben besprochenen Balkenlager und in noch größerer Länge ziemlich abgeplattet dasteht, gewahrt man die unverkennbare Wirkung der Lagerung eines zweiten Balkens, und zwar genau parallel dem ersten Balkenlager in einer Spurbreite von 210 cm. Wer diese beiden Balkenlager beobachtet, dem drängt sich die Vermutung auf, daß sie das diesseitige Auflager einer Brücke gewesen sein müssen, die von dem Felsen Nr. 4 her über die jetzige Landstraße hinweg zum Felsen Nr. 3 herübergeführt hat. Die Bestätigung, daß es sich in der Tat um eine Brücke größeren Ausmaßes, von etwa 21 m Spannweite, gehandelt hat, gibt die Untersuchung der Verhältnisse auf der nordwestlichen Ausbuchtung des Felsens 4 selbst. Dieser ist schwer zugänglich und wird in den Beschreibungen der Externsteine überhaupt nicht besprochen. Hier finden sich nun durch Menschenhand hergerichtete Stellen am Felsen, die durch den Zweck, als Auflager einer Brücke zu dienen, erklärt werden können und außerdem die deutlichen Spuren einer aus dem Felsen ausgehauenen Bahn, die zur Aufnahme eines der Brücke entsprechenden großen, aus Holz hergestellten Aufgangs als geschaffen erscheint. Ich übergehe die an diesem unwirtlichen Felsen sich sonst noch findenden Anzeichen menschlicher Betätigung, darunter auch die Zeichnung eines Totenschädels durch Punktierung des Gesteins, die Einmeißelung von Runen u. dgl. -, will jedoch nicht unerwähnt lassen, daß der Geologe Dr. Wildschrey, Duisburg, auf Grund seiner Beobachtung durch das Fernglas die Schichtung des berühmten Wackelsteins auf diesem Felsen (Abb. 10) als horizontal erklärt, während die Schichtung des Felsens selbst vertikal läuft, woraus geschlossen werden müßte, daß der Wackelstein von Menschenhand dorthin geschafft sei, eine fast unmögliche Vorstellung!

Die untere Grotte und ihr Runenzeichen

Einige kleinere Beobachtungen sollen vorweg erwähnt werden. Auf der Südwestseite des Felsens 1 (Abb. 4), unterhalb des daraus eingerichteten Aussichtsplatzes, zugänglich durch eine Leiter oder Anseilung, fand ich auf einem gut geebneten Felsvorsprunge die unverkennbaren Spuren einer ziemlich geräumigen menschlichen Wohnung. Tiefer unten liegen in einem Spalt mehrere behauene Steine, die zu der Wohnung gehört haben mögen. Ferner fallen auf der äußersten Spitze des Felsens 1 nach dem Wasser hin, wo jede Beengung durch die übrigen Felsen aufhört, gradlinig gearbeitete und rechtwinklig aneinanderstoßende Vertiefungen des künstlich geebneten Felsens auf. Sie umschließen in einer Ausdehnung von 4x6 m die ganze nach drei Seiten hin aufs schroffste abfallende Felsenspitze und mögen zur Aufnahme eines schweren Holzgeländers gedient haben. Dieser Punkt läßt eine hervorragende kultische Verwertung vermuten.

Abb. 11. Strinseite der unteren Grotte

An der dem Felsen 2 zugekehrten Seite dieses Felsens 1 befinden sich starke Anzeichen einer vorhanden gewesenen Verbindung mit dem Felsen 2. Demnach würden alle Felsen 1-4 ein zusammenhängendes System für menschliche Benutzung gebildet haben, deren oberster Zweck in dem Sonnen- und Mondheiligtum des Felsens 2 zu suchen sein wird. Hieran haben sich meine weiteren Untersuchungen angeknüpft.

Wir wenden unsere Aufmerksamkeit nunmehr der großen unteren Grotte in Felsen 1 zu. Ihre zeitweise Verwendung als christliche Kapelle ist durch eine alte Inschrift neben der Eingangstür bezeugt, wonach Abt Heinrich von Paderborn sie im Jahre 1115 geweiht hat (dedicavit) (Abb. 11).

Diese Grotte ist seit Jahresfrist durch eine überraschende Entdeckung mit in den Vordergrund unseres Interesses gerückt. Bis dahin beruhte das Bedenken, ob sie von den Paderbornern auch wirklich aus dem Felsen herausgehauen, und nicht vielmehr auch schon germanischen Ursprungs sei, auf dem Fehlen eines Altarraumes, auf dem Vorhandensein einer kesselartigen Vertiefung im Fußboden von 1 m Durchmesser, für die die Verwendung als Taufbecken gar nicht in

Frage kommen kann, und auf einer im Hinteren Seitenteile angebrachten großen Tyrrune, deren Aussehen auf ein sehr hohes Alter schließen ließ. Letztere kam zwar als Steinmetzzeichen schon um ihrer Größe (35 cm) willen nicht in Betracht, aber bei der Möglichkeit ihrer späteren Herstellung konnte ihre Beweiskraft bestritten werden.

Abb. 12. Nordecke der unteren Grotte

Nun aber hat im Januar 1929 ein gütiges Geschick uns ein kleines Wunder erleben lassen durch folgenden Vorgang: Gelegentlich eines sonst in der Winterzeit kaum vorkommenden Besuchs der Grotte mit mehreren Freunden germanischer Vorgeschichte erschienen die gesamten nackten Felsteile der inneren Grottenwände gleichmäßig von einem schönen, weißen Raureif überzogen. Im Übrigen nichts Auffälliges, aber aus der weißen Wand rechts neben der alten Rune hob sich in deutlichen dunklen Strichen eine zweite gleichgestaltete Rune hervor, oben mit der alten Rune durch einen horizontalen Strich verbunden, so daß nun ein mächtiges Doppelrunenzeichen (40x43 cm) vor unseren Augen stand!!

Als Grund der Erscheinung stellte sich heraus, daß der alte zähe Verputz, der einst die Wände ganz bedeckt hat und meist abgefallen ist, in den Vertiefungen des neuentdeckten Runenteils haften geblieben war und die Raureifbildung verhindert hat.

Der Raureif verschwand schon in der auf die Entdeckung folgenden Nacht; das Lichtbild welches wir in der Abb. 13 vor uns haben, wurde einige Wochen später nach sorgsamer Aufweichung und Entfernung der Verputzreste aus den Vertiefungen gemacht.

Das Runenzeichen hat uns nunmehr den unwiderleglichen Beweis von dem Alter der Grotte gebracht und einen wichtigen Anhalt für die Erkennung ihrer Bedeutung gegeben. Das Zeichen saß unter dem Verputz, ist daher älter, als dieser. Der Verputz aber muß vor der Weihe des Raumes zu einer christlichen Kultstätte auf die Wände aufgetragen sein. Denn es erscheint bei der geistigen Einstellung der ersten Jahrhunderte des Christentums als völlig ausgeschlossen, daß in dem Raume nur eine einzige Messe gelesen werden konnte, so lange noch das große heidnische Runenzeichen, anspruchsvoll sichtbar für jedermann, an der Wand stand. Es ist die Gunst des Geschicks, daß man es damals nicht mit Beilen weggehauen, sondern sich mit seiner Überdeckung durch den Verputz begnügt hat.

Die Bestimmung des Zeichens als uraltes Ideogramm zahlreicher alter Völker mit Beziehung auf die Wintersonnenwende ist Ende Mai 1929 durch Professor Herman Wirth-Marburg erfolgt und in Heft 1 1929 von „Germanien" (Blätter für Freunde germanischer Vorgeschichte. Eine der Tafeln: Abb. 14) in ausführlicher Darlegung veröffentlicht. Einige Monate später wurde noch in der Grotte von einem Studenten der Oldenburger pädagogischen Akademie die Spuren eines weggehauenen großen Hakenkreuzes entdeckt.

Unter Berücksichtigung aller Verhältnisse der Grotte, insbesondere auch ihrer Geschichte und der unterschiedlichen Steinmetzarbeit, drängen sich nunmehr folgende Vermutungen auf. Ich folge darin im Wesentlichen den Beobachtungen des Herrn Oberstleutnant Platz, dem auch der Grundriß (Abb. 16) zu danken ist.

Als irdische Darstellung und Nachbildung des Mutterschutzes der Erde, in den die Wintersonne eingegangen ist, war die Grotte von Haus aus eine lichtlose Höhle, und ist unter Benutzung einiger bereits vorhandener Blasen im Sandstein, die noch jetzt bemerkbar sind, mit Faustkeil und Schlägel aus dem Felsen herausgehauen. Das große Runenzeichen befand sich an ihrem äußersten nördlichen Ende. Die jetzigen Tür- und Fensteröffnungen sind später durchgebrochen, wovon auch Anzeichen vorhanden sind. Meine anfängliche Vermutung, daß die Grotte

Abb. 13. Runenbild vor der Aufdeckung — Runenbild nach der Aufdeckung

die Schatzkammer des Heiligtums gewesen sein könne, gebe ich nach Entdeckung des ganzen Runenzeichens und der Erkennung seiner Bedeutung umso mehr auf, als die Untersuchung einer sehr kleinen, noch rechts daneben befindlichen Grotte ein für diese Frage beachtenswertes Ergebnis gehabt hat. Letztere war stets sehr schwer zugänglich und leicht zu bewachen, da ihr einzig möglicher Einlaß in etwa 7 m Höhe über dem Erdboden liegt (siehe auf Abb. 11 die kleine Öffnung am Rande rechts), Ihre Größenverhältnisse von 1,50 m Höhe, Breite und Tiefe machen sie unbrauchbar für den Aufenthalt von Menschen; ein Erwachsener kann sich weder voll aufrichten noch liegend ausstrecken. Ein uns vernünftig erscheinender Zweck ist demnach nur in der Aufbewahrung von Gegenständen zu erblicken, und zwar von wertvollen, nicht zur bequemen Benutzung von jedermann bestimmten und seltener gebrauchten Gegenständen; sonst wäre der zur Herstellung der Grotte nötige Aufwand und die Erschwerung ihres Betretens gar nicht erklärlich. Durch die Nachricht Einhards über den Raub des Goldes und des Silbers durch Karl wissen wir es ja auch mit wünschenswerter geschichtlicher Gewißheit, daß bei der Irminsul ein Aufbewahrungsort für solche Schätze gewesen sein muß.

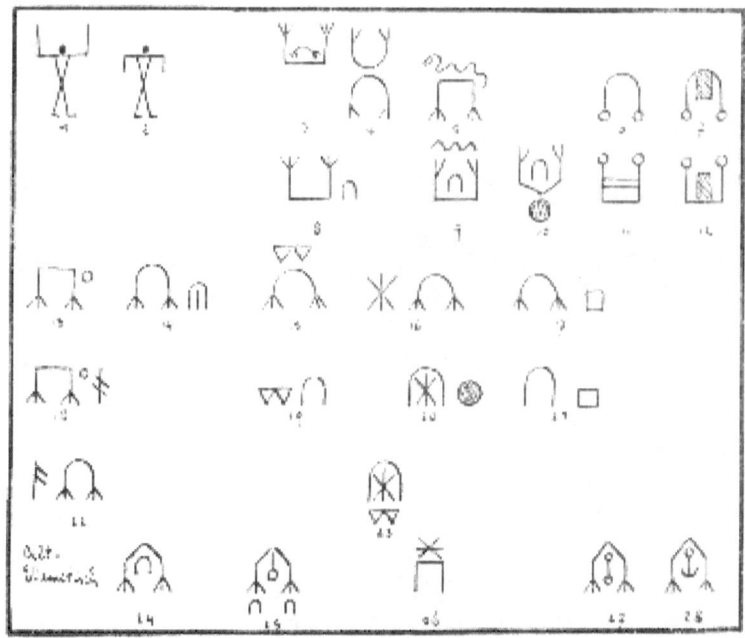

Abb. 14. Ideogrammtafel
Nach oben oder unten gerichtetes Armpaar erscheint nach Wirth in den neolithischen Felszeichnungen der prädynastischen Zeit Ägyptens und Altelams sowie im Megalith-Kulturkreise des atlantischen Nordens; in Ägypten auch in der späteren Kultsymbolik. Hier wird Sinn und Bedeutung für den Sonnenkult durch hinzugefügte Bestimmungszeichen unzweifelhaft: Aufstieg bzw. Abstieg der Sonne, des Sinnbildes des Gottessohnes, „der das Licht der Lande trägt".

Sind die übrigen Öffnungen späteren Ursprunges, so hatte unsere große Grotte ihren Eingang durch den jetzt noch vorhandenen, aber unbenutzten schlauchartigen südwestlichen Tunnel. Dieser ist durch die noch deutlich erkennbare Beseitigung eines erheblichen Felsteils bis auf den jetzigen Rest verkürzt und dürfte seinen Anfang zwischen den beiden Felsen 1 und 2 gehabt haben, so daß der Eintritt in den Tunnel durch den Felsspalt von der Wasserseite (Südwestseite) her gewesen ist (Abb. 77).

Bei dieser Auffassung kommt die sog. Petrusfigur, die sich so im Tunnel befinden würde, für die germanische Zeit kaum in Betracht.

Sie wird zu den „Apostelbildern" gehören, mit denen Karl d. Gr. gemäß der Nachricht Hamelmanns aus dem 16. Iahrh. die Externsteine schmückte, als er sie nach der Zerstörungstat zu einem Altar Gottes machte (Abb. 21).

Abb. 15. Südecke der unteren Grotte

Über die kesselartige Fußboden-Vertiefung in der Grotte läßt sich kaum eine Vermutung äußern, wenn nicht A. Schierenbergs Meinung als beachtenswert angesehen wird. Er glaubt, daß dies sicherlich wichtige Inventarstück aus der kurzen Zeit der Varianischen Herrschaft stamme, als man an vielen Orten des Römischen Reiches, einer Lieblingsidee des Kaisers Augustus folgend, den Mithrakultus einzuführen bestrebt gewesen sei. Als Varus dies nun auch in Germanien zu tun begonnen habe, da sei es einer der Hauptgründe gewesen, wodurch der Aufstand zum Ausbruch gekommen sei. Schierenberg sagt, daß er ähnliche Kessel in sämtlichen von ihm besuchten Mithratempeln Südwestgermaniens, Italiens und des Orients gefunden habe. Jedoch scheint mir diese Ansicht noch weiterer Stützen zu bedürfen (Abb. 15).

Felsensarg

Unterhalb der unteren Grotte, wo das Gelände steil zur Wiembeke (Geweihter Bach, Wehme-Weihe) abgefallen ist, liegt der Felsblock mit dem Felsensarg (Abb. 17). In die Grundfläche einer halbkreisförmigen Nische ist in Körperlänge von 1,80 m und Mumienform ein Sarg ausgehauen, der für den bekannten Ritus der Sarglegung

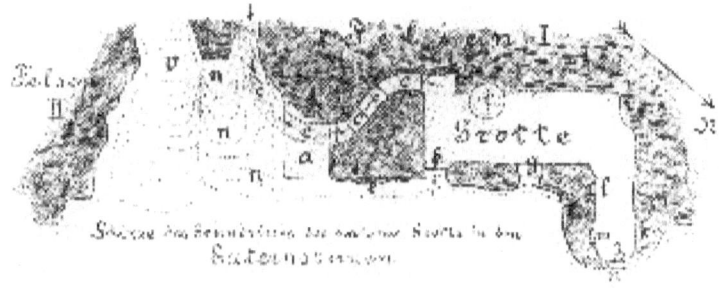

Abb. 16

geschaffen erscheint. Für den aus dem Sarge sich wieder Aufrichtenden ist in der Seitenwand eine Vertiefung, die dem Griffe der Hand entsprechend geformt und angebracht ist.

Soweit ich es bisher erkunden konnte, haben die vereinzelt in christlichen Kirchen sich findenden Nachbildungen des Grabes Christi sämtlich andere Verhältnisse, durch die sie als ungeeignet für die Zeremonie der Sarglegung erscheinen. Eine solche hat auch in der christlichen Kirche aller Zeiten keinen Raum, während an den Externsteinen gerade die Sarglegung der in die Augen springende Zweck der Einrichtung ist.

Der Gedanke, daß der Felsensarg im Mittelalter entstanden sei, und als Anziehungskraft für Wallfahrer dienen sollte, ist ohne jede Begründung. Er hat nicht nur in dem bloßen Hinweis auf das Vorhandensein des Flachbildes keine Stütze, sondern wird auch von dem, der die Geschichte der Externsteine im Mittelalter (siehe Seite 40) aufmerksam verfolgt, als unstimmig für alle Perioden angesehen werden. Nicht christliche, sondern vorchristliche Wallfahrten kommen für die Externsteine in Frage.

Die Sarglegung gehört noch heute zum Ritual der Freimaurer bei Aufnahme in einen höheren Grad. Das Ritual führt uns über die Entstehung des gegenwärtigen Ordens (in England um 1700) weit hinaus in die Zeiten der Bauhütten und von da zurück in die germanische Zeit. Die gezwungene Anpassung des von Haus aus nicht christlichen Rituals an christliche, besonders biblisch-alttestamentliche Verhältnisse, Personen und Ideen tritt gerade bei der Hiramgeschichte[8] aufs deutlichste zutage.

Als Sinn der Sarglegung ist nicht nur beim Freimaurerorden, sondern auch sonst am wahrscheinlichsten die Neugeburt mit Gelübde und die Verpflichtung zum Geheimhalten der Mysterien anzusehen. Mysterien spielten in den alten Religionen eine große Rolle, sind für die Kelten ausdrücklich bezeugt und haben auch bei den Germanen nicht gefehlt. Denn wo höhere Kräfte und Weistümer zu vergeben sind, wo es Orakelsprüche und Weissagung gibt, da sind auch Mysterien und zur Verschwiegenheit verpflichtende Riten.

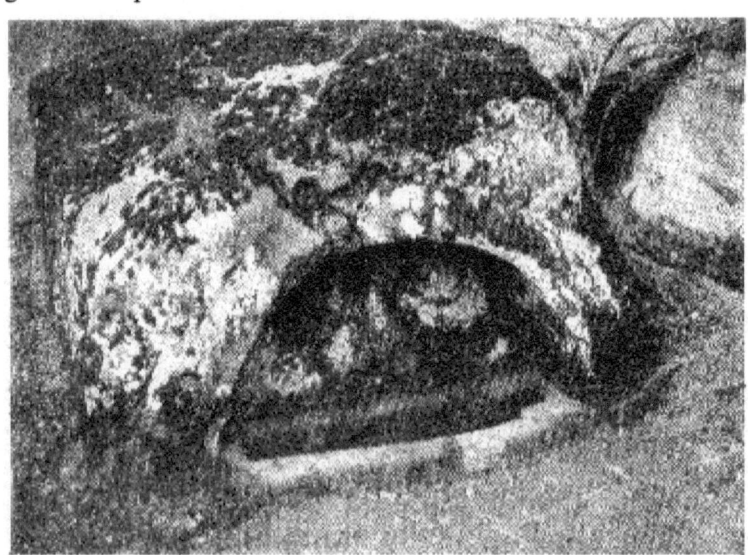

Abb. 17. Felsensarg

---

[8] Ein Baugeselle beim salomonischen Tempel soll den Meister Hiram aus Tyrus, den Verfertiger der ehernen Säulen Iachin und Boas erschlagen haben, weil er ihm das Geheimnis seiner Kunst nicht verraten wollte.

Bei Tacitus, Germania 39, finden wir einen Bericht über eine feierliche Handlung der Semnonen in einem ihrer heiligen Haine, der ganz den Eindruck macht, als ob er sich auf die Sarglegung mit zugehörigen Zeremonien bezöge. Ein Mann wird umgelegt. Es dürfen nur Abordnungen, also Wissende, teilnehmen, wenn sie sich durch ein umgeschlungenes Band (vinculo ligatus) ausweisen usw. Tacitus, der natürlich nicht von einem Wissenden, sondern durch Hörensagen seine Kenntnis hat, und die unverständlichen Dinge obendrein durch römische Brille sieht, denkt an einen Ritualmord und bringt eine wüste Erzählung zustande. Bedauerlich ist, daß deutsche Übersetzer den von Tacitus beachtenswert vorsichtig gebrauchten Ausdruck „caedere", der erst in der Übertragung „töten" bedeuten kann, in gewöhnlicher Bedeutung aber mit „fällen", „niederschlagen", „umlegen" übersetzt werden muß, bedachtlos steigern und mit „schlachten" wiedergeben. Ihnen liegt der Gedanke, wie schlecht bezeugt das germanische Menschenopfer überhaupt ist, offenbar noch fern. Die Ehrfurcht auch vor Greuelberichten, wenn sie nur aus klassischer Feder stammen, ist noch immer erstaunlich groß.

Eine neue Beobachtung, in sich selbst wertvoll und unsere Auffassung ergänzend, kommt nun hinzu.

Auf dem Hinteren, höchsten Teile des den Felsensarg enthaltenden Felsblocks führen zwei bisher unbeachtete kleine Treppen, jede bestehend aus mehreren aus dem Fels gehauenen Stufen, zu einem kleinen Platze, auf dem eben nur ein Mensch stehen kann. Unsere Abb. 18 zeigt den senkrecht von oben photographierten Felsblock; wer auf diesem durch die beiden Treppen bevorzugten höchsten Punkte des Blocks steht, blickt - den Rücken gegen die Böschung - nach Norden (Abb. 19).

Der merkwürdige kleine Platz, für den man doch nicht umsonst die Mühe der Herstellung zweier Treppen aufgewendet hat, erinnert an einen Brauch, daß der Priester zum Altar auf der einen Seite hinaufsteigt, und auf der anderen Seite vom Altar wieder herabsteigt. Ist diese noch jetzt in der christlichen Kirche hier und da befolgte Vorschrift christlichen Ursprungs, oder aus vorchristlichem Brauchtum

Abb. 18. Block des Felsensarges mit den Treppen
(senkrecht von oben aufgenommen)

Abb. 19. Block des Felsensarges
(Platz auf dem hintern Teile des Blocks)

in den christlichen Brauch übergegangen? Darauf ist mir ganz unvermutet die klärende Antwort gekommen durch einen mir übersandten Artikel einer bebilderten Zeitschrift über Peruanische Kultstätten der Majas und Inkas, deren religiöse Vorstellungen ja in auffälligster Weise Gemeinsamkeiten mit den Religionen der Alten Welt zeigen, so daß an der gemeinsamen Wurzel nicht gezweifelt werden kann. Auf einem Bilde des Artikels (Abb. 20) sehen wir zu unserem Erstaunen, daß es auch bei den Inkas in Verbindung mit anderen kultischen Stätten ein eben solches Plätzchen wie an den Externsteinen gab, zu dem zwei Treppen, zum Hinaufsteigen und zum Hinabsteigen, führten: denn ohne Annahme dieses Zwecks würde die Einrichtung noch unverständlicher sein.

Auf jeden Fall war der Stuhl der Inkas dort im fernen Capacabana wie der Platz über dem Felsensarg an den Externsteinen ein feierlicher Platz, ein Gebetsplatz, ein Verkündigungsplatz, ein Gelöbnisplatz für den an einer Kulthandlung in erster Linie beteiligten Mann, und zwar an den Externsteinen wohl für den Neuling vor oder nach der Sarglegung.

Die dargelegten Tatsachen dürften geeignet sein, ein neues Licht auf die Gesamtbedeutung der Externsteine in der vorchristlichen Zeit und darüber hinaus auf die Kultur unserer germanischen Vorfahren sowie auf die geschichtlichen Vorgänge zur Zeit der Einführung des Christentums zu werfen. Wie es stets das Bestreben der Eroberer war, das zu unterwerfende Volk an seiner empfindlichsten Stelle, am Mittelpunkt seines nationalen Lebens zu treffen, so dürfen wir auch annehmen, daß Drusus, Varus, Germanikus und Karl der Große nicht ohne Grund ihre Züge nach dem Teutoburger Walde unternahmen. Dieses Land - zwischen diesem Gebirge im Südwesten und dem Weserwinkel im Norden und Osten - ist deshalb von dem Zerstörungseifer der ersten christlichen Zeit am schwersten betroffen. Für gründliches Aufräumen sorgte ja Karl der Große selbst, als er mehrere Wintermonate bei der Herlingsburg in Lügde verweilt und Weihnachten gefeiert hat. Aus der Geschichte jener Tage ist ein anderer Zweck dieses auffälligen Aufenthalts nicht zu ersehen. Karls Regimenter hatten reichliche Beschäftigung.

Unsere Übersichtskarte umfaßt die Umgebung des Osning, wohin sich Karl in erster Linie gewendet hat.

Geschichte der Externsteine

Heilige Personen und Orte belegte man im nordischen Altertume gern mit mehreren Namen. Das ist für uns, die wir am liebsten alles in Paragraphen fassen möchten, unpraktisch: aber damals war's beliebt und hat jedenfalls mitgeholfen, daß es kei-

Abb. 20. Stuhl der Inkas

ne Dogmen gab und daß einer dem andern seine Weise ließ.

Darum mag es neben dem bestbezeugten „Eggesternstein" auch mit dem Namen „Agisterstein", der in der Kaufurkunde von 1093 gebraucht ist, seine Richtigkeit haben, - nicht trotz, sondern auch wegen des ähnlichen Klanges. Zu dem geheimnisvollen Wort Agister gibt es mehrere beachtenswerte Erklärungsversuche. Wir stehen uns am besten, uns auf den eigentlichen Hauptnamen Eggesterenstein (mit geringer Verschiedenheit der Schreibweise) zu beschränken, den einzigen, der im Volksmunde haften geblieben ist; er hat sich zu Externstein abgeschliffen. Wir halten uns an die eingehende Untersuchung von Professor Giefers[9]. Ihm zu widersprechen liegt umso weniger Veranlassung vor, als dieser Paderborner Archäologe im Übrigen die Auffassung von dem Paderborner Ursprung der „Kapellen" vertritt. Er erkennt demnach in bemerkenswerter Objektivität einen Namen an, der einer von der seinigen sehr abweichenden Auffassung starken Vorschub leistet.

Nicht in Betracht kommen die auf einen Zusammenhang mit „Elster" hinauslaufenden Namen, die sich im Gefolge der mittelalterlichen Umdeutung „rupes picarum" befinden, zumal es auch der Natur der Elster zuwiderläuft, an Felsen zu nisten. Die meisten Deutungen kranken an Künstelei im Vergleich zu der Schlichtheit des altbezeugten Namens „Eggesterenstein". Eggesterenstein ist der Sternstein an der Egge. Denn „Große Egge" und „Kleine Egge" heißen auch heute noch zwei Höhen, an deren Fuße die Externsteine liegen. Der im Namen liegende Hinweis auf den Gestirndienst dürfte unbewußt bei dem einen oder anderen der einzige Grund sein, der das Sträuben gegen ihn bewirkt hat.

Nach Ansicht des erfolgreichen Entdeckers von Stätten, Überresten und Zeugnissen des Urmenschen, Dr. Otto Hauser, müssen die Externsteine schon den Urmenschen, wenn er in dieser Gegend war, zur Benutzung eingeladen haben, und zwar an einer ganz bestimmten

---

[9] Giefers, Die Externsteine, eine archäologisch-historische Monographie, 2. Aufl., Münster 1867.

Stelle: tief unten am Felsen 1, am Bach, wo jetzt der kleine See anstößt (Abb. 4). Dann wird in irgendeiner Periode der älteren Steinzeit die Verwertung dieser in weiter Gegend einzigartigen Felsengruppe zu wesentlich kultischem Zwecke begonnen haben.

In steter Erweiterung und in mannigfachem Ausbau ist dann Wohl allmählich das entstanden, was sich aus den Tiefen der germanischen Jahrtausende bis an die Bekehrungszeit dieser Gegend herangeschoben hat. Der bis jetzt vorliegende Befund gestattet keine bestimmteren Angaben über die Entstehungszeit der einzelnen kultischen Einrichtungen: wir müssen uns mit der Unterscheidung „christlich" oder „vorchristlich" begnügen, bis etwa durch Ausgrabungen für dieses oder jenes Stück Anhaltspunkte für den Entstehungstermin ermittelt werden. Auch die Linien des Grundrisses des Sazellums sind nicht sicher und bestimmt genug, um einer Berechnung seiner Entstehungszeit aus der Prozession des Sonnen- oder Mondortes eine ausreichende Grundlage zu geben (Abb. 3).

Fest und scharf bestimmbar dagegen ist die Grenze zwischen der germanischen und nicht mehr germanischen Zeit, nämlich die Regierung Karls, und zwar das Jahr 772 als das Zerstörungsjahr der Irminsul, deren Ort zugleich mit der Erkennung der Externsteine als gefunden anzusehen ist.

Abb. 21. Petrus-Steinbild

Selbst wenn die Irminsul nicht in Betracht käme, ist es unmöglich anzunehmen, daß Karl die Kultstätte an den Externsteinen bestehen gelassen hätte, als er 772 mit dem Entschluß der gewaltsamen Unterdrückung des alten Glaubens nordwärts in der Richtung auf die Externsteine bis Altenbeken vordrang.

Die Sachsen, anfangs unvorbereitet zu einem Kriege mit der westfränkischen Macht, dann gelähmt durch den Eindruck der unerhörten Tat, die sich nun schon an andere, von den fremden Sendboten begangene Freveltaten in Germanien anreihte, und innerlich in religiöse Parteien geteilt, unterlagen in 32jährigem Ringen um ihre Freiheit.

Das oberste Heiligtum des germanischen Kultverbandes am Osning war zu einer Trümmerstätte geworden und mit der öffentlichen Waltung des heiligen Dienstes im Sazellum war es für alle Zeiten zu Ende, wenn es auch nicht an heimlichen Versuchen zur Aufrechterhaltung gefehlt hat. Für Karl aber unterlag es nach den Gepflogenheiten seiner Zeit keinem Zweifel, daß an eben dieser Stelle eine Kultstätte des neuen Glaubens entstehen müsse. Wenn wir aus dem 16. Jahrhundert die Nachricht Hamelmanns überkommen haben, daß nach alten Quellen Karl d. Gr. selbst die Externsteine zu einer christlichen Kultstätte umgewandelt habe, so kann man sich in der Tat kaum eine glaubwürdigere Nachricht aus jener Zeit denken. Lange konnte Karl auf keinen Fall sich mit der Zerstörung dieser Stätte begnügen, wenn er es mit der Vertilgung des vermeintlichen Teufelsdienstes ernst meinte; und er hat es sicher ernst gemeint.

So müssen wir denn die alsbaldige Herrichtung einer der beiden Grotten zur Kapelle schon in die Zeit des Sachsenkrieges verlegen. Wir werden dabei an den Winter 784-85 denken als Karl in dem nahegelegenen Schieder (Lügde) Zeit genug hatte, sich um die Umwandlung und die von Hamelmann berichtete Ausschmückung mit Apostelbildern selbst zu kümmern. Der Gedanke an die Einrichtung einer bloßen Klausnerei wird durch die Nachricht Hamelmanns ausgeschlossen.

Das Sazellum war zur unzugänglichen Ruine geworden. In seiner für Messebesucher so wie so fast unmöglichen, schwindelerregenden Lage ist es jedenfalls als Kapelle zunächst nicht in erster Linie in Betracht gekommen (Abb. 3).

Dagegen die untere Grotte im Felsen 1, bisher den Mutterschoß der Erde darstellend, wurde mit bequemer Tür und Fensteröffnungen versehen und so gut es eben ging zu einem gottesdienstlichen Raum hergerichtet. Dazu gehörte der Verputz auf den Felswänden, der zugleich das große Runenzeichen verdecken mußte.

So löst sich die geschichtliche Unwahrscheinlichkeit, daß die christliche Kirche 300 Jahre lang (bis 1115) diese Stätte den Anhängern des alten Glaubens und dem Teufel ohne Gegenmaßregeln überlassen haben sollte.

Wenn Karl hier einen „Altar errichten" mußte, so haben wir auch die Nachricht von der Ausschmückung der Externsteine mit Apostelbildern durch ihn durchaus ernst zu nehmen. Die Erwägungen, wie weit schon Karl nicht nur an der Beseitigung der wahrscheinlich vorhandenen germanischen Bildwerke, sondern auch an ihrer Ersetzung durch die Petrusfigur und das große Flachbild neben der neuen Eingangstür beteiligt war, haben ihr gutes Recht. An eine ruhige Herstellung des Flachbildes bis zu seiner Vollendung in damaligen Zeitläuften ist allerdings nicht zu denken. Das Bild selbst redet dazu eine deutliche Sprache.

Die Unterwerfung des Sachsenlandes gestaltete sich anders, als es Karl gedacht hatte. Noch 20 Jahre lang nach seinem Schiederer Aufenthalte wechselten die Machtverhältnisse an den Externsteinen, und auf Zeiten des Messelesens folgten je und je Jahre des Triumphes des alten Glaubens.

Ja, auch noch bis um 1100 müssen die Externsteine der umstrittene Schauplatz erbitterter Kämpfe des versinkenden alten Glaubens gegen seine Verdränger gewesen sein. Daß das Herrengeschlecht in Holzhausen, dem das Eigentumsrecht und die Obhut über die Felsen übertragen war, nicht in der Lage gewesen ist, die Ordnung und die Gottesdienste aufrechtzuerhalten, ergibt sich als Schlußfolgerung aus den beiden Tatsachen, daß sich 1093 das Paderborner Kloster Abdinghof zum käuflichen Erwerb entschloß und die Kapelle - wahrscheinlich nach Vollendung des Nachbildes - 1115 durch seinen Bischof Heinrich neu einweihen ließ.

Aber auch die bischöfliche Weihe hat keinen befriedigenden Zustand erzwingen können. Oben in den Trümmern des Sazellums hauste nach wie vor der Teufel, und unten in der unheimlichen, von bösen Geistern belagerten Kapelle werden die selten und unregelmäßig von dem Horner Priester gelesenen Messen überhaupt keine Andächtigen gehabt haben. Woher auch? Die Umgebung der Externsteine war menschenleer, die Bewohner von Horn und Holzhausen hatten ihre Gotteshäuser und werden sich gehütet haben, die verrufene Stätte, wo es noch nicht einmal Heiligengebeine und Wunderkräfte gab, ohne Not aufzusuchen.

Unter solchen Umständen stellte Paderborn das Messelesen ein und machte nunmehr den Versuch, den christlichen Charakter der Steine durch Umwandlung in eine Eremitenklause aufrechtzuerhalten. Durch mehrere eingezogene Wände, deren Spuren noch jetzt da sind, wurde aus der Kapelle eine menschliche Wohnung gemacht.

Damit war nun freilich die schlimmste Periode in der Geschichte der Externsteine eingeleitet. Die Eremiten, zu denen man wohl von Haus aus sehr handfeste, streitbare Männer auswählen mußte, die den Gefahren des unholden Platzes auch mit ungeistlichen Mitteln zu begegnen wußten, wurden zu Straßenrändern. Schlechte Versorgung durch Paderborn, wo zu jener Zeit ein Geist der Völlerei einerseits und der Unterdrückung der Unteren andererseits eingerissen war, und dabei die verführerische Gelegenheit, sich durch die Schätze der von Paderborn nach Hameln oder umgekehrt durchziehenden Kaufleute schadlos zu halten, dürfte die Mönche veranlaßt haben, diese Schande über sich und die altehrwürdige Kultstätte zu bringen.

Als sich ums Jahr 1350 die Verhältnisse zu einem offenkundigen Skandal ausgewachsen hatten, und die geängstete Bevölkerung Abhilfe verlangte, sah sich der regierende Lippische Graf Bernhard gezwungen, das Räubernest auszuheben und neue Ordnung zu schaffen. Das aber konnte nur im Streit mit dem Kloster durchgeführt werden. Der Abt Leonard wurde seines Patronatsrechtes und der Verwaltung für verlustig erklärt, und beides der Benediktinerabtei Werden a. d. Ruhr, welche schon ein Besitzrecht im nächstgelegenen Dorfe Oberholzhausen hatte, übertragen.

Ein Werdener Mönch wurde nun als Kapellan an den Externsteinen angestellt. In diese Jahre haben wir die Herrichtung des Sazellums oben im Kopf des Turmfelsens zu einer Kapelle anzusetzen. Denn nur aus dieser Zeit kann die Entstehung einer alten, mit sehr bestimmten Angaben ausgestatteten Sage erklärt werden; sie schließt eine andere Möglichkeit aus. Die Sage wird von Bessen[10] ausführlich berichtet und von Menke[11] wiedergegeben. Der Priester wohnte in Holzhausen.

Die Erzählung beginnt: „Als die luftige Kapelle auf dem einen der Extersteine vollendet war, sollte sie eingeweiht und von dem Werdener Mönche die erste Messe darin gelesen werden." Aber der Teufel, „der hier noch vor kurzem sein Wesen getrieben hatte", wollte ihn vorher umbringen. „Lang hatte Satanas die glühende Zunge ausgestreckt; aus den Augen schoß er kurze Blitze und aus den Spitzen seiner Horner sprühete er Feuerflammen." Das wurde in der noch dunklen Morgenfrühe von dem Mönche bemerkt, so daß er einen Halbbogen nach links machen und hinter Gesträuch den Aufgang zur Kapelle erreichen konnte. Da ergriff der schwarze Unhold ein ungeheures Felsstück, und schleuderte es, den Mönch verfehlend, bis auf den Gipfel des Felsens 4, wo er als Wackelstein heute noch liegt. Der Mönch, oben angelangt und nunmehr von einem ungewöhnlichen Mute beseelt, bestieg die durch ein Wunder plötzlich für ihn entstehenden 3 Treppenstufen und schickte nun im Glänze der aufgehenden Sonne von der Zinne seines ätherischen Tempels dem Fürsten der Finsternis einen starken Vorrat von Weihwasser entgegen". Der Teufel, ohnmächtig dahintaumelnd, verlor sich in einer hohlen Eiche und es fehlte nicht der plötzliche Blitzstrahl, der die Eiche bis auf die letzte Spur ausrottete.

Bemerkenswert für uns ist, daß noch in der Mitte des 14. Jahrhunderts dieser Vorgang der ersten Messe im Sazellum als eine besondere Tat angesehen und in typischer Weise mit Wundern ausgeschmückt

---

[10] Geschichte des Bistums Paderborn I, S. 148 ex Sanctuario Paderbornensi mspto.
[11] Menke, Geschichte der Externsteine Seite 106 ff., Münster 1829.

wurde, zweifelsohne deswegen, weil es bis dahin noch Anhänger des alten Glaubens gab, die durch ihre heimlichen Zusammenkünfte im Sazellum den Raum in dem Rufe eines unheimlichen Teufelsortes gehalten haben.

Die Benutzung des Sazellums als christliche Kapelle hat von etwa 1350 bis spätestens 1538 gedauert, als die Reformation in Lippe eingeführt wurde. Nach den sorgfältigen Feststellungen Gemmeckes über die katholischen Pfarreien in Lippe sind jährlich nur ganz wenige Messen gelesen worden, im Winter etwa drei, im Sommer etwa fünf. Auf keinen Fall rechtfertigen die im Mittelalter meist schlimmen Zustände an den Externsteinen und ihre kultische Ausnutzung die mehrfach auftauchende Meinung, sie wären früher ein berühmter christlicher Wallfahrtsort gewesen. Dazu fehlen nicht nur die unerläßlichen Voraussetzungen, sondern die tatsächlichen Verhältnisse lassen das Gegenteil vermuten, nämlich, daß der Ort um der dort spukenden bösen Geister willen gemieden war.

Die zäh auch im Volksmunde erhaltene Rede von dem berühmten Wallfahrtsort rechtfertigt die Annahme, daß die Erinnerung bis in die germanische Zeit zurückzuführen ist, da alle Voraussetzungen für ein Zusammenströmen der Menge an den Externsteinen vorhanden waren. Da werden vor allem zur Sommersonnenwende die Andächtigen die Offenbarungen entgegengenommen haben, die die Priester im Sazellum etwa im Schattenkegel der aufgehenden Sommersonne empfangen hatten: und wenn die Irminsul dort stand, wenn die Steinkreise auf dem Bärenstein zu den heiligen Gebetsübungen sich darboten, wenn die feierlichen Handlungen und Opfer im Hain an der großen Egge einluden und die Spiele auf dem sich anschließenden „Langenberge" lockten, dann ist`s erklärlich, daß die Externsteine eine weithin reichende Anziehungskraft boten.

Die letzten Spuren der Anziehungskraft des germanischen Heiligtums haben sich sogar bis in die Mitte des 19. Jahrhunderts erhalten. Wir erkennen sie in der oben berichteten Gewohnheit der Angehörigen einer „Wehrenverbindung" uralter niedersächsischer Höfe in sehr weiter Umgebung, die jährlich die

Reise nach den Externsteinen zur Feier der Sommersonnenwende unternahmen.

Diese ganze Auffassung wird beleuchtet durch die einzige aus der nachreformatorischen Zeit uns überkommene geschichtliche Nachricht, die sich auf den kultischen Charakter der Externsteine bezieht.

Es war 1654, als der Großherzog von Florenz durch Vermittlung des Paderborner Domdechanten mit dem Grafen Hermann Adolf von Lippe in Verhandlung trat zwecks Ankaufs „des" Externsteins für 50 000 florentinische Cronen und 4000 Rthlr. Der kunstliebende Herr wollte jedenfalls das gerühmte Flachbild seiner Sammlung einverleiben, ohne von den näheren Umständen und der Größe des „Steins" eine Ahnung zu haben. Darob schüttelte man wohl in Detmold den Kopf und meinte, daß der „Transport füglich den halben Wert des Großherzogtums kosten würde"; aber der Landdrost v. Donop richtete doch in Ansehung des guten Stücks Geld ein befürwortendes Schreiben an den Kanzler Tilhen. In diesem Briefe steht die uns interessierende Bemerkung, was man zu der Zeit über die Bedeutung der Externsteine dachte: „...angesehen dieser Stein Jh. Grfl. Gnaden nichts in effektu profitiret, auch die vermeinte Heiligkeit man dieses Orts nichts achtet, sondern vielmehr für eine Abgötterei haltet, auch ..." usw. Der Landdrost will sagen, daß aus christlichen Pietätsgründen nicht von dem guten Geschäft abgesehen zu werden brauche, weil es sich bei den Externsteinen nicht um einen heiligen Ort, sondern vielmehr um einen Ort der Abgötterei handle, an dem man das Bild der Kreuzesabnahme nicht zu belassen brauche. Er war also bereit, den Felsen 1 so weit zerstören zu lassen, als es nötig war, das Flachbild transportabel zu machen.

Dazu konnte sich nun freilich Graf Hermann Adolf nicht entschließen: er gewann im Gegenteil jetzt Interesse an den Externsteinen, um die es bis dahin höchstwahrscheinlich wüst ausgesehen hat, und baute sich daneben ein Jagdhaus, um dann sogar auf die wunderliche Idee zu kommen, aus den Externsteinen eine kleine Festung zu machen.

Von den Befestigungsbauten, die allerdings bald in Verfall gerieten und 1810 von der Fürstin Pauline ganz beseitigt wurden, haben wir eine aus dem 17. Jahrhundert stammende Zeichnung, in der zwar auf die Richtigkeit der Felsformen kein Wert gelegt worden ist, die uns aber manche störende Erscheinung erklärt.

Für die Erhaltung des Alten ist der Festungsbau und die Festungszeit jedenfalls von großem Schaden gewesen. Vor allem ist die Höhenlage des Erdreichs vor Felsen 1 und Felsen 2 verändert und dadurch die Aussicht auf Erfolg der beabsichtigten Ausgrabungsarbeiten stark herabgemindert. Auf dem Gipfel des Felsens 1 ist eine Umwälzung vor sich gegangen und der Platz eingerichtet, der anfangs der Besatzung als Auslug gedient haben mag und bis heute von dem zahlreichen Publikum bestiegen wird, welches die Externsteine als Ausflugsziel und Vergnügungsort besucht.

Die Aussicht ist schön, wie an ungezählten Stellen des an Naturschönheit überreichen Lipperlandes. Dazu kommt auch der Anblick der sich aus der lieblichen Art des Gebirgs- und Hügellandes doppelt eindrucksvoll heraushebenden schroffen Felsgebilde, und der hohe Kunstwert des wahrscheinlich ältesten großen deutschen Flachbildes pflegt auch auf den einfachsten Beschauer nicht ohne Wirkung zu sein.

Aber den vollen reichen Gewinn werden nur diejenigen von dem Besuch der Externsteine haben, welche auch den zweiten Aufstieg auf den Turmfelsen nicht scheuen und im Sazellum ehrfurchtsvoll und andächtig der Zeiten gedenken, als die priesterlichen Großen unserer germanischen Vorzeit an dieser Stelle, in diesem Raume der „unerforschlichen Gottheit" in ihrer Weise dienten, und als an den festlichen Tagen da unten eine lauschende Menge sich versammelte, oder in der unteren Grotte oder am Felsensarge eine feierliche Handlung vor sich ging.

Wenn auch durch das wechselvolle Geschick der Externsteine viele Spuren ihrer einstigen Bedeutung verschüttet und verwischt sind, so ist es keineswegs ausgeschlossen, daß auf Grund neuer Funde und Beobachtungen noch wichtige Bestandteile in das Geschichts- und Tatsachenbild der Externsteine und damit in unser Bild von der germanischen Vergangenheit eingefügt werden kann, nachdem einmal der Schleier gelüftet ist.

3. Irminsul und Felsenbild

Nach sämtlichen wenig voneinander verschiedenen Berichten der Annalen aus der karolingischen Zeit rückte Karl d. Gr. mit dem festen Beschluß der völligen Unterwerfung der Sachsen und dem noch verhängnisvolleren Entschluß ihrer gewaltsamen Bekehrung mit seinem Heere von Mainz aus, nahm überraschend die Eresburg (Obermarsberg) ein und zog dann an einen Ort, von wo aus er die Irminsul, „das oberste Heiligtum der Sachsen" zerstört hat. Dieser Ort ist durch einen vermeintlichen Wundervorgang so deutlich beschrieben, daß daraus mit aller Bestimmtheit auf Altenbeken geschlossen werden muß. Denn das wegen der herrschenden Dürre durstende Heer wurde durch eine unvermutet (subito, omnibus insciis) hervorbrechende Quelle getränkt. Für diesen Vorgang kann nur die einzige namhafte intermittierende Quelle, die es im alten Sachsenlande gab, in Betracht kommen. Das war der „Bullerborn" bei Altenbeken[12], dessen intermittierende Eigenschaft ums Jahr 1640 aufgehört hat. Wir besitzen von ihm noch aus jener Zeit einen hübschen Stich von der „fons resonus". Von dem Tal bei Altenbeken, welches jetzt noch „Frankental" heißt, erreicht man auf bequemer alter Straße über Veldrom die Externsteine in einem zweistündigen Marsch (11 km). Von da geht`s auf uralter Straße

Abb. 22. Thronsessel am Kreuz des Felsenbildes

---

[12] Fürstenberg, Monum. Paderb. S. 216 ff.

über Fissenknicker Mühle nach Schieder, (Altschieder, Siekholzer Lager, Herlingsburg) oder über Lemgo nach Rehme zur Weser, wo das Ziel dieses Zuges Karls war. Jedenfalls konnte dem in Altenbeken weilenden Karl das Heiligtum an den Externsteinen nicht entgehen. Auch Abel[13] sagt zu dem Quellenwunder: „Kein anderer Punkt kann hier gemeint sein. Dort wo das fränkische Heer gelagert, und dort etwa 6 Stunden nördlich von Eresburg muß auch die Ermensul gestanden haben."

Die Irminsul, deren es im Germanenlande viele gegeben haben wird, und die später auch zur Verwechslung mit germanischen Heldenstandbildern Anlaß gab, war ein „Götzenbild" oder wie die bessere Überlieferung sagt, ein truncus, eine Holzsäule, die symbolisch als Trägerin des Weltalls gedacht war und zweifellos eine dementsprechende Ausgestaltung gehabt hat. Es war also ein Sinnbild von tiefer, zurückhaltender religiöser Empfindung und weltweitem, religiösen Denken. Wir glauben, daß uns an den Externsteinen innerhalb des Kreuzabnahmebildes ein getreues Abbild dieses Symbols aufbewahrt ist, wovon unten die Rede sein wird. Was im Übrigen die Bedeutung der germanischen Irminsäulen und was ihren Namen anlangt, verweise ich auf die zahlreichen, auch ausgiebigen Erörterungen, die diese Fragen gefunden haben.

Eine solche Holzsäule, und wenn sie noch so mächtig gewesen ist, konnte in wenigen Stunden zerstört werden. Wenn wir lesen, daß Karl sich 2-3 Tage Zeit nehmen mutzte, um das Zerstörungswerk von Altenbeken aus zu vollbringen - „ut funditus destrueret" - so ergibt sich daraus, daß dieses oberste Heiligtum der Sachsen aus noch mehr bestanden haben muß, als aus einer Holzsäule. Wenn die Zerstörung von Karls Ingenieuren nicht in den 2-3 Tagen vollendet werden konnte (was jedoch von sachverständiger Seite durchaus bestritten wird), so hat Karl wahrscheinlich den Winter 885-86 zu Hilfe genommen, als er sich in

---

[13] Abel, Jahrbücher des fränkischen Reichs, I, S. 105 ff.

einer Entfernung von wenigen Stunden über Weihnachten in Schieder aufhielt.

Wir gedenken der Bedeutung der Externsteine als eines germanischen Heiligtums besonderer Art, dem gewiß nicht viele Heiligtümer im alten Sachsenlande an die Seite zu stellen waren; wir sind der Überzeugung, daß weder Karl noch die Kirche bei ihrer damaligen grundsätzlichen Einstellung ein solches Heiligtum unzerstört lassen konnten; wir erinnern uns an das hoffnungslos vergebliche bisherige Suchen nach dem Platz der Irminsul; und wenn wir dann die beiden Bilder uns lebendig vor Augen halten - erstens den durch das Gotteswunder fanatisierten König, wie er in Altenbeken seinem Heere sein „Gott will es" zuruft, und zweitens die Ruine des Sazellums in dem offensichtlich zertrümmerten Kopf des Turmfelsens - dann will uns die sich aus den tatsächlichen Verhältnissen ergebende geschichtliche Wahrscheinlichkeit für die hier vorliegende Lösung der Irminsulfrage als eine überwältigende erscheinen.

Auch die neuesten Untersuchungen von Dr. Hans Schmidt (Vaterl. Blätter Jan. 1930, Detmold) kommen zu demselben Ergebnis wie wir: „Das Gesamtheiligtum Irminsul ist identisch mit den Externsteinen". Er gelangt zu dem Ergebnis nach sorgfältiger Aktenprüfung und Heranziehung alten vergessenen Materials, welches z. T. bis ins vierte und achte Jahrhundert unserer Zeitrechnung zurückweist. Von besonderer Bedeutung ist auch sein Nachweis: „Das Götzenbild wurde umgestürzt und verbrannt; es wird also aus Holz gewesen sein. Die sacra, d. h. die heiligen Einrichtungen wurden zerstört, natürlich auch die Skulpturen von Mars, Merkur usw. Aber das, worin sie gehauen waren, die Steinsäulen „von größter Höhe", die Pyramiden (d. h. also nicht nur eine), diese werden nicht beseitigt. Einmal standen sie als rohe Steinmasse dem christianisierenden Zweck nicht im Wege, sodann geschah die völlige Zerstörung des Heiligtums an sich" (perdestruction) in Eile und nur mit Mühe, „kaum" in drei Tagen, wie ausdrücklich bezeugt ist. Von einer späteren, nachträglichen Vernichtung der Säulen, von deren Stärke ja noch später (14. Jahrhundert) „Wunder erzählt wurden", und überhaupt von der Irminsul ist in keiner Geschichtsquelle mehr die Rede. Nur einmal, für das Jahr 936, wird in Dittmanns Chronik von einer Kirche St. Peters, „wo früher von den Alten die Irminsul verehrt wurde", gesprochen. Der Zusammenhang ist aber nicht ganz klar. Widukind (Rer. Ges. Sax.) spricht an derselben Stelle z. B. nicht von der „Irminsul". Dr. Schmidt erklärt also die altdeutschen Glossen und Henricus de Herfordia sowie dessen Quellen dahin, daß die Irminsul aus mehreren Teilen bestanden hat, Holzstandbild, Felssäulen mit Skulptur und heiligen Kriegszeichen, und daß als Reste dieses „gewaltig hohen" Volksheiligtums innerhalb der tatsächlichen Endpunkte der Züge Karls nur die Externsteine in Betracht kommen können.

Aber nicht genug damit, wir haben auch ein schwer ins Gewicht fallendes geschichtliches Zeugnis, daß Karl d. Gr. sich mit den Externsteinen selbst befaßt, ein dort befindliches germanisches Heiligtum für den christlichen Kultus umgewandelt und seine besondere Fürsorge der neuen Kultstätte durch Ausschmückung mit Bildern zugewendet hat; die Externsteine sind mit ihrem in den

Abb. 23. Bullerborn bei Altenbeken (Intermittierende Quelle)

lateinischen Schriften gebräuchlichen Namen „Rupes picarum" ausdrücklich genannt. Das Zeugnis stammt von dem noch heute angesehenen Geschichtsschreiber der Reformationszeit Hermann Hamelmann, der um 1564 in seiner Delineatio Oppidorum Westfaliae schreibt: Horne ... ex vicina rupe picarum, antiquo monumento, cuius veteres scriptores mentionem fecerunt, claret. Legi aliquando, quod ex rupe illa picarum, idolo gentilitio, fecerit Carolus magnus altare sacratum et ornatum effigiebus apostolorum. (Horn ist berühmt durch ein altes Monument, den Externstein, den die alten Schriftsteller erwähnen. Ich habe es vormals gelesen, daß Karl d. Gr. aus jenem Externstein, der ein heidnisches Volksheiligtum war, einen geheiligten Altar gemacht und ihn mit Apostelbildern geschmückt hat.)

Wenn die fränkischen Annalen den Namen des Ortes nicht bringen, wo Karl sein Zerstörungswerk ausgeführt hat, so ist die Kenntnis desselben doch durchgeschlüpft und in Schriften des Mittelalters hineingeraten, die Hamelmann noch vor sich gehabt hat, die aber dann, wie viele andere, verloren gegangen sind. Wer hat das Recht, den glaubwürdigen Hamelmann zum Lügner zu machen, um sich der Anerkennung der Zerstörung des Heiligtums an den Externsteinen durch Karl d. Gr. zu entwinden? Ich fand nur bei Grupen und Schierenberg die Schlußfolgerung auf die Irminsul, die aus Hamelmann zu ziehen ist.

Der Leser wird darüber erschrocken sein, wie ich es war, daß die für die Externsteinfrage so wichtige Hamelmannsche Nachricht, die in den Erörterungen der oberste Hauptsatz hätte sein sollen, von den meisten Bearbeitern gar nicht gekannt, oder wenigstens nicht erwähnt wird, weil man sie unter Nichtachtung des sonst völlig einwandfreien Geschichtsschreibers beiseitegeschoben hat. Was sollen

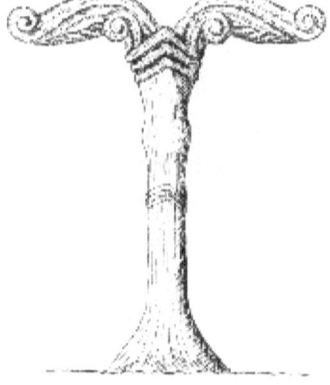

Abb. 24. Irminsul

wir zu dieser uns in der Germanengeschichte immer wieder entgegentretenden Erfahrung sagen? Es ist in der Tat, als ob eine geheimnisvolle, von antigermanischem Geist getragene Unterströmung durch die ganze Germanengeschichte hindurchschliche. Diesem Geist gelingt es, das zum Schweigen oder zur Unwirksamkeit zu bringen, was zu einer Zeichnung eines lebensvollen germanischen Geschichtsbildes beitragen könnte. Die zwanzig Bücher des Plinius, wahrscheinlich das Hauptwerk des Altertums über Germanien, sind verloren: desgleichen Schriften und Schriftteile des Livius und Tacitus und anderer, mehrfach ausgerechnet an Punkten, wo interessante Nachrichten über das Germanentum kommen mußten. Nibelungenlied und Edda haben eine auffällige Verlustgeschichte, die zum mindesten auf eine geradezu ungeheuerliche Interesselosigkeit ihrer Besitzer schließen läßt. Auch des Tacitus Germania u. a. ist erst nach langer Verborgenheit wieder aufgetaucht. Als spurlos verschwunden zählt Grimm noch auf: Nikolaus von Damaskus, Labianus, Ermutius Kordus, Agrippa, Augustus, Ausidius Bassus. Was aber an etwa vorhandenen objektiven Schriften über die späteren Jahrhunderte und das Bekehrungszeitalter verschwunden ist, davon sind noch nicht einmal die Namen der Schreiber bekannt.

Man kann schlechterdings nicht umhin, in diesem allen ein gewisses System und das Wirken des erwähnten germanenfeindlichen Geistes zu erblicken. Von den Früchten desselben, vor allem von der Voreingenommenheit gegen germanische Kultur, können auch Träger berühmter Namen nicht freigesprochen werden. Gustav Neckel schreibt in „Germanen und Kelten", Seite 21, in einem sehr eindrücklichen Falle vom großen Mommsen: „Unter allen Umständen liegt aber die Voreingenommenheit des Geschichtsschreibers auf der Hand". Es liegt reichliche Veranlassung vor, daß unsere verantwortliche Geschichtsschreibung dieser Angelegenheit einmal ihre ganze Aufmerksamkeit zuwendet und dabei auch vor der Überprüfung von Ansichten und Urteilen, die aus der

Feder unserer obersten und maßgebenden Geschichtsschreiber stammen, nicht zurückschrecken, - natürlich nicht, um ihnen bewußte Geschichtsverderbung sondern ihre Unfreiheit vom Vorurteil, ihren Mangel an wirklicher Objektivität in germanischen Dingen nachzuweisen.

Karls Geschichtsschreiber haben im vorliegenden Falle ausnahmsweise von dem Raube der bei der Irminsul sich findenden Schätze durch Karl berichtet: aurum et argentum, quod ibi reperit, abstulit, das Gold und Silber, was er dort fand, schaffte er fort. Der Fang muß seine besondere Bedeutung gehabt haben, sonst wäre er nicht ausdrücklich erwähnt. Woher sollte auch der ungeheuer große Inhalt der Schatzkammer Karls, über den er in seinem Testamente verfügte (Seite 263), gekommen fein, wenn er ihn nicht aus den unterworfenen Ländern zusammengebracht hätte? Abel[14] bemerkt dazu: „Da aber solche Schätze da waren, müssen auch Gebäude für ihre Aufbewahrung da gewesen sein". Wo waren

Abb. 25. Felsenbild der Kreuzabnahme

---

[14] Abel, Die Jahrbücher des fränkischen Reichs. S. 106.

die Gebäude? Wer einmal die Externsteine besucht, wolle sich die oben erwähnte kleine, nur zu Aufbewahrungszwecken brauchbare Grotte im ersten Felsen daraufhin ansehen, ob wir nicht in ihr die gesuchte Schatzkammer haben.

Das Vorhandensein wertvoller Tempelschätze aber in den germanischen Heiligtümern ist eine bisher unbeachtete Tatsache, die wir uns mit besonderer Betonung und mit nachdenklichem Sinne einprägen wollen.

Die neue Auffassung von der Bedeutung der Externsteine in der vorchristlichen Zeit übt ihren Einfluß auch auf die Beurteilung des großen Felsenreliefs aus. Zwei Fragen tauchen auf: sind Anzeichen vorhanden, daß das christliche Bild der Kreuzesabnahme ein bereits dort vorhandenes germanisches Bild verdrängt hat, ähnlich wie aus dem oberen und unteren Heiligtum Kapellen gemacht wurden? Sind in dem christlichen Bilde Beziehungen zu der Bedeutung seines Ortes zu finden?

Das Sockelbild, auf welchem sich das Hauptbild aufbaut, hat allen Erklärern die große Schwierigkeit bereitet. Es stellt zwei schlangen- oder drachenumwundene kniende Menschen dar mit einem großen Vogel, etwa einem Schwan. Die Verwitterung ist erheblich stärker, als die des übrigen Bildes. Mit einer Darstellung von Adam und Eva im Paradies, worauf man in der Verlegenheit verfallen ist, oder mit irgendeinem anderen biblischen Ereignis hat das Bild nichts zu tun. Die Annahme, daß es noch aus der germanischen Zeit stammt, ist weitaus die Nächstliegende, der lediglich das Vorurteil gegen künstlerische Betätigung der vorchristlichen Zeit entgegensteht. Wenn das Sockelbild vorher dagewesen ist, so ist auch ein Hauptbild darüber gewesen.

Bestärkt wird unsere Annahme durch die höchst auffällige Tatsache, daß die Neigung des Bildes dem Beschauer entgegen, die für den aus reichem Material herausschaffenden Künstler selbstverständlich gewesen wäre, dicht nur fehlt, sondern daß die Grundfläche je weiter nach oben, umso weiter nach hinten herausgearbeitet ist. Ja, es sind die allerstärksten Anzeichen vorhanden, daß die Herstellung dieser Grundfläche nebst wesentlichen, flach darauf liegenden Teilen des Bildes spätere Arbeit ist. Es handelt sich vor allem um das Kreuz selbst, dann um die darauf liegende rechte Hand des oberen Mannes, um die rechte Hand des darunter stehenden Mannes, um die Siegesfahne im Arm Gottvaters (übrigens eine ganz ungewöhnliche Darstellung!) und die flachen Teile der beiden Medaillons in den oberen Ecken. Drei für diese Annahme sprechende Momente treffen sich gegenseitig bestätigend zusammen: handwerksmäßig-unkünstlerische Arbeit, während die hochliegenden Figuren von erheblichem künstlerischen Können zeugen: auffällig jüngere Patina der tiefliegenden Teile: Knickung der Linien beider Kreuzesbalken, die umso unstimmiger ist, je schärfer die Stilisierung des Kreuzes sich aus den im Übrigen nicht stilisierten Figuren heraushebt - bei näherer Untersuchung macht es fast den Eindruck, als ob die vier Teile des Kreuzes nachträglich zwischen die Figuren hineingesteckt wären, um dann ein leidliches Kreuz zu bilden. Diese auffälligen Unstimmigkeiten empfehle ich der Beachtung. Aus ihnen ist die Entstehung des jetzigen Bildes in drei Stufen zu folgern: das Sockelbild aus vorchristlicher Zeit: die „Apostelbilder" Karls des Großen, die er an die Stelle des beseitigten germanischen oberen Bildes setzen ließ: das durch Paderborn im 12. Jahrhundert zurzeit oder nach der Kapellenweihe hergestellte Bild der Kreuzesabnahme in seiner jetzigen Gestalt. Das Apostelbild Karls mag auch eine Kreuzesabnahme gewesen sein, aber wie es scheint so, daß es der späteren Zeit nicht mehr genehm war. Hatte der auch noch germanisch empfindende Bildhauer noch mehr hineingeheimnißt, als wovon wir jetzt hören werden? Oder hatten die Germanen es zerschlagen?

Wenn irgendein Teil als Bestandteil des „Apostelbildes" anzuerkennen ist, so kommt der reichverzierte Thronsessel in Frage, der in ganz ungewöhnlicher Weise die sonst übliche Leiter vertritt und stets die Beachtung der Kunsthistoriker, auch die Beachtung Goethes gefunden hat. Oberregierungsrat Dr. Körner und

Eugen Weiß machen in einleuchtender Weise darauf aufmerksam, daß der Thronsessel die umgeknickte Irminsul sei; Oberstl. Platz hat sie uns in Abb. 24 aufgerichtet. Sie hat keine beachtenswerte Ähnlichkeit mit dem Armleuchter im Dom zu Hildesheim, der nach der Überlieferung eine in Corvey gefundene vermeintliche Irminsul sein soll.

Körner nimmt an, daß das Symbol in Gold ausgeführt oben auf dem Externstein gestanden habe. Dann würde also das Apostelbild

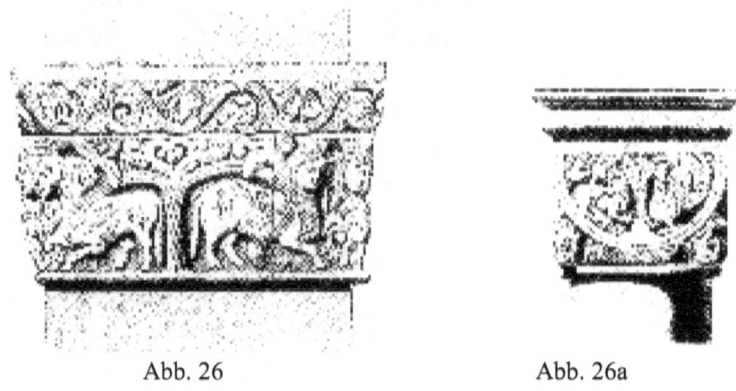

Abb. 26 Abb. 26a

Die Irminsul in christlichen Kirchen

die Forderung versinnbildlicht haben, daß das Christentum als siegreich über das zerbrochene Heidentum anzuerkennen sei, und es ist verständlich, daß empörte Germanen die Füße des auf das Heiligtum tretenden Mannes zerschlagen haben. Unverkennbar dasselbe Symbol weist E. Weiß in den Kirchen von Alpirsbach, Hamersleben und Pavia nach. Was an seinem Hauptplatze als durch den Sieg des neuen Glaubens überwunden und geknickt erscheint, das ist also ein in der Germanenwelt allbekanntes Symbol gewesen (Abb. 26)!

Zu bemerken ist noch der verrenkte Unterkörper des den Leichnam tragenden Mannes, der eher zu einem sich bückenden Manne passen würde, ferner die übermäßige, zu dem Kreuz nicht passende Größe des Leichnams. An dieses Kreuz aufgerichtet könnte nur ein

Bild entstehen, wie das des „Herrgotts von Bentheim", welches Herman Wirth im „Aufgang der Menschheit" als vorchristliche Darstellung des „Sig-Tyr" (Schwurgott des Tubanterlandes) hinstellt und als Titelbild seines Werkes verwertet.

Bei diesen Überlegungen verdient die nahezu 1 m hohe unbenutzte Fläche über dem Bilde der Kreuzabnahme in ihrer starken Vertiefung in den Felsen hinein höchste Beachtung. Die Vertiefung war zwecklos für das Bild, zwecklos und schädlich unter dem Gesichtspunkte des Schutzes gegen Verwitterung, unschön unter ästhetischem Gesichtspunkte. Eine Erscheinung, die eben nur eine vernünftige Erklärung findet, wenn ein die ganze Fläche ausfüllendes größeres ursprüngliches Germanenbild angenommen wird. Dies Bild war ordnungsmäßig in gleicher Fläche, wie das Sockelbild aus der natürlichen Felsenwand herausgearbeitet. Unter Schonung alles wieder brauchbaren Materials ist es dann bis auf die jetzige Fläche heruntergehauen. Durch die Beseitigung des Germanenbildes von seinem obersten Rande herab bis auf die obere Linie des Sockelbildes entstand für den ersten christlichen Künstler die unbequeme Lage, daß der unterste Teil seines neuen Bildes nach den unteren Resten des Germanenbildes, die nicht vollständig beseitigt werden konnten (um das Material nicht ganz zu verlieren), eingerichtet werden mußte. Daraus würden dann die Unstimmigkeiten und die unzulängliche Behandlung mancher Formen im unteren Teile der Kreuzabnahme verständlich werden.

Hat es vor Karl in Germanien Bildhauer gegeben, die ein künstlerisches Wollen und technische Übung besaßen? - oder haben wir uns die Ausführung der Bilder des „Merkur (Wodan), Herkules (Donar) und Sol (Frey, Freya)", mit denen die Irminsul geschmückt war, ganz roh zu denken?

Zunächst müssen wir die allgemeine Erwägung anstellen, daß die noch heute Bewunderung erweckende Kunst der gotischen Dome vom 12. Jahrhundert an weder von außen eingeführt noch vom Himmel gefallen ist, sondern ihre lange volkseigene Vorgeschichte hat.

Ferner zwingt der Anblick der metallenen germanischen Kunstgeräte unserer Museen zu der Schlußfolgerung, daß die mit derartigen Neigungen und derartigem Können ausgerüsteten Menschen nicht vor der künstlerischen Bearbeitung von Holz und Stein stehengeblieben sind, und daß es ein verhängnisvoller Trugschluß ist, wenn aus dem Nichtmehrvorhandensein bildhauerischer Erzeugnisse vergänglicher und zerstörbarer Art, auf ein Niemalsgewesensein gefolgert wird. Aber es gewinnt den Anschein, daß auch die Meinung vom Nichtmehrvorhandensein eingeschränkt werden muß.

Neuerdings ist eine recht ansehnliche Zahl meist an oder in alten Kirchen angebrachter Skulpturen aus dem Dunkel der wissenschaftlichen Nichtbeachtung an das Tageslicht gezogen[15], deren ideelle Schöpfung auf den alten germanischen Glauben zurückgeht, und deren Ausführung unter christlicher Herrschaft nicht das Lob, sondern eher die Verfolgung der Künstler seitens der kirchlichen Bauherrn herbeigeführt haben würde. Wenn trotzdem Darstellungen aus der germanischen Glaubenswelt in christliche Bauten geraten sind - oft an unrühmliche Plätze - so kann das auf zweierlei Weise geschehen sein. Entweder hat der im alten Sinne denkende und arbeitende Künstler, gedeckt durch die Unkenntnis seines Auftraggebers, sein Werk eingeschmuggelt, oder man hat unerkannte Stücke aus den Trümmern alter Heiligtümer nicht wegwerfen mögen.

Ob ein Steinbild aus dem 11. oder aus dem 7. Jahrhundert stammt, läßt sich aus Verwitterung und Bearbeitung überhaupt nicht bestimmen, und wenn es keine ganz charakteristischen Merkmale der späteren Zeiten zeigt, auch nicht aus der künstlerischen Art, zumal wir ja die Art der älteren Zeit nicht kennen. In solchen Einzelfällen werden wir zumeist auf die Beurteilung des Geistes angewiesen bleiben, der aus dem Kunstwerk spricht. Aber die dargelegten inneren Gründe sind stark genug,

---

[15] E. Jung, Germ. Götter und Helden in christlicher Zeit. I. F. Lehmann, München 1922.

um zu einer unumwundenen Bejahung unserer allgemeinen Frage nach germanischen Bildhauern zu gelangen.

Germanische Kultur war überall da, wo es anging, eine Holzkultur. Auch seine Bildhauer schufen Holzbilder, die in Moder und Asche verfallen sind. Das Steinbild hat daneben eine geringe Rolle gespielt. Aber die erwähnte Denkmälerforschung mit ihrem geschärften Blick für Erzeugnisse, die nur aus der germanischen Geisteswelt heraus geboren sein können, wird weiterhin dazu führen, daß wir auch die zahlreichen noch vorhandenen Steinbilder herauserkennen, die schon in vorkarolingischer Zeit von germanischer Hand gemeißelt worden sind.

4. Um die Lippequellen

Oben an der kleinen Egge, an deren Fuße der „Eggesterenstein" liegt, entspringt die Strote, der längste und oberste der Quellbäche der Lippe. Wenn das unter der Burg in Lippspringe mächtig hervorsprudelnde, sofort mit dem aus der Dedingerheide kommenden Jordanbach sich vereinigende Wasser meist in erster Linie als Lippequelle angesehen wird, so ist das geographisch nicht ganz richtig. Zur Strote kommt u. a. der Lutterbach aus dem Lutterkolk und der Rotenbach aus dem Quellteich am Langelau, um unterhalb Neuhaus-Elsen, wo Pader und Alme sich mit den Lippspringer Gewässern vereinigen, als „Thune" in der Lippe aufzugehen.

Der von dem Zusammenfluß der Alme und Pader sich erhebende, von Wasser nahezu ganz umflossene sturmfreie Platz zwischen Neuhaus und Elsen hat früher widerspruchslos als das Aliso der Römer gegolten, bis man anfing, bald dies bald jenes aus der großen Zahl der Römerkastelle, wo man römische Waffen, Wälle und Scheiben fand, als Aliso zu erklären und damit auch diese gute Tradition unserem Volke zu erschüttern. Nach dem Paderborner Bischof F. v. Fürstenberg, der wegen seines 9jährigen Studiums der vatikanischen Bibliothek und aus anderen Gründen das weitaus größte Vertrauen unter den alten Schriftstellern verdient, war die Zwingburg Karls d. Gr. auf eben diesem Platze erbaut, wo dann nachher die Paderborner Bischöfe ihre Schlösser und Bauten aufgeführt haben. Mit Bestimmtheit erkennt er in Neuhaus-Elsen den Ort Aliso. Der bis zum letzten Quadratmeter durchwühlte und überbaute Boden bietet allerdings dem Spaten keinerlei Aussicht auf Erfolg. Weder hier noch anderswo wird jemals eine Tafel gefunden werden, auf der geschrieben steht „hier war Aliso". So können denn die Hypothesen lustig weiter wuchern. In der Frage der Örtlichkeit der Teutoburger Schlacht ist es übrigens ziemlich gleichgültig, ob Aliso in Neuhaus oder mehr westwärts gelegen hat. Der Name „Elsen" o. ä. kommt sehr oft vor.

Die oft wasserreiche Strote heißt, wie erwähnt, im unteren Lauf „Thune". Das ist bemerkenswert um deswillen, weil Thune und Donau das gleiche Wort mit gleicher Bedeutung ist. Infolgedessen hat man schon versucht, die zweifellos in der deutschen Heldensage vorhandene Verwechslung und Verwirrung, die sich an die Donau knüpft, dadurch zu beheben, daß die Thune an mehreren Stellen der Sage als Donau anzusehen sei. Von Wichtigkeit ist hierbei die Thidreksaga, in der erzählt wird, daß Dietrich von Bern von Bonn aus ostwärts ins Hunaland geritten und nach Susat (Soest!) gekommen sei, wo der Hunenkönig seinen Hof hatte; von dort reitet er weiter und trifft den Riesen Ecke, der von seinem Wohnsitz - einem ungeheuren Stein - ausgezogen ist. Mit Soest ist die Lippegegend jedenfalls einwandfrei bezeichnet. Die weiteren Vermutungen betreffend den Schauplatz der Edda, denen besonders G. A. Schierenberg nachgegangen ist, lassen wir dahingestellt.

Die Rolle, die der Gegend der Lippequellen in der alten Geschichte Germaniens zugefallen ist, kann nicht hoch genug angesetzt werden. Die Gegend bildet das Herz des (von der römischen Herrschaft frei gebliebenen) Germaniens zwischen Rhein und Elbe nicht nur zu Römerzeiten, sondern noch in der Frankenzeit. Der nächste Grund ihrer Bedeutung ist die aus der physikalischen Karte Deutschlands unmittelbar hervorleuchtende geographische Lage und Beschaffenheit des Lippetals, welches jedem von Westen kommenden Eindringen in Germanien, sei es friedlicher oder kriegerischer Art, die gewiesene Einfallsstraße darbot. Der Grund ist aber auch die in hohem Grade beachtenswerte Gestaltung der germanischen Stammesgebiete, denen die Gegend der Lippequellen ein gemeinsamer Mittelpunkt war. Es sind die Stämme, die unter Arminius dem Vordringen der römischen Herrschaft ein Ende bereiteten, und auch noch 700 Jahre später unter dem zusammenfassenden Namen „Sachsen" als Bundesgenossen unter Wittekind sich gegen das westfränkische Joch wehrten: Sigambrer, Marsen, Brukterer, Angrivarier, Cherusker; ferner die Dulgubnier und Chatten. Die Grenzen der fünf erstgenannten Stämme gestalteten sich fast wie die Strahlen eines Sternes, dessen Kern die große Osningmark mit der Umgegend der Lippequellen als südlichstem Teil ist. Die Chatten kamen zwar nahe, aber nicht unmittelbar heran. Den Weg, den sie sich wahrscheinlich zur Abkürzung ihres Zuges durch fremdes Stammesgebiet gewählt haben, wenn sie in das gemeinsame Marktgebiet wollten, glauben wir in einem Wege wiedergefunden zu haben, dessen urkundlich berichteten eigenartigen Verhältnisse so beachtenswert sind, daß ich eingehend darauf zurückkommen werde (S. 157).

Im Blick auf die an den Lippequellen zusammenstoßenden Grenzen taucht die Frage nach dem Verhältnis der germanischen Stämme untereinander auf. Daß die germanischen Stämme ihre Streitigkeiten oft - viel zu oft - mit der Waffe blutig ausgetragen haben, braucht nicht bezweifelt zu werden. Aber die im Wesentlichen einheitliche Entwicklung in Sprache und Kultur bis in die fränkische Zeit hinein sagt uns, daß im Großen und Ganzen ein Normalzustand friedlicher Beziehungen zueinander mit zahlreichen gemeinsamen Einrichtungen und Bestrebungen über den Stämmen des germanischen Volkes gewaltet hat. Für diese Auffassung spricht auch das Einheitsbild, welches uns die klassischen Schriftsteller vom Germanentum zeichnen. Im Besonderen fällt uns der religiös bestimmte Seelenzustand auf, in dem sich die Streitigkeiten der Einzelnen und der Stämme abspielten. Kämpfe und Kriege wurden ausnahmslos als Gottesgerichte angesehen, durch die das gottgewollte Recht offenbart und hergestellt werden sollte. Die Aufrufe des Civilis an die germanischen Stämme können hierfür geradezu als Musterbildliche Belege angesehen werden[16]. Daher die Forderung der Sieger und aller Unbeteiligten, daß sich der Unterlegene dem Urteil füge und den Streit als erledigt ansehe. Daher die Forderung gerechter Kampfbedingungen, deren Ausprägung sich noch bis in unsere Zeit hinein in den Zweikampfsitten und der gleichen Verteilung von Licht und Schatten beim Wettspiel erhalten hat. In

---

[16] Tacitus, Historien III und VI.

michelhafter Harmlosigkeit setzte man solche ritterliche Auffassung auch bei den anderen Völkern voraus. Wie oft wurde man dann in der erbärmlichsten Weise betrogen. Es ist so geblieben, wie wir es gleich anfangs in den Kämpfen des Marius gegen die Cimbern und Teutonen lesen.

In Germanien aber wirkte die sittlich-religiöse Auffassung des Krieges dahin, daß die Entwicklung des Gesamtvolks nicht durch verhängnisvoll anhaltende Feindschaft und Absonderung zunichte gemacht worden ist, - auch noch nicht einmal in dem Chaos der mittelalterlichen und späteren Geschichte.

Diese Erwägungen haben ihre große Bedeutung für das Verständnis der gemeinsamen Heiligtümer, die uns in der Osningmark über den Lippequellen entgegentreten.

Von einer gemeinsamen Pflege der religiösen Belange innerhalb des germanischen Volkes haben wir ausreichend Beweise in den vorliegenden Nachrichten und Tatsachen, so daß selbst tief in dem Barbarenirrtum steckende Religionswissenschaftler sich der Anerkennung einer so unbarbarischen Erscheinung nicht entziehen können[17].

Im Gefolge der religiösen Belange befinden sich zwangsläufig politische und wissenschaftliche sonstige Aufgaben des Volkslebens, auch wirtschaftliche, die zu gemeinsamen Einrichtungen führten. Es muß eine Art Bundeshauptstadt gegeben haben, wo die Fäden zusammenliefen, und wo sich das befand, was die Ansammlung großer Menschenscharen zu den Versammlungen und Festen erforderte, wie sie jedenfalls zu den Zeiten der großen Frühlings- und Herbstfeiern anzunehmen sind.

Für die genannten Stämme war das Gebiet um die Lippequellen, welches mit den Hainen des Osning bis hinaus über Externsteine, Teutoburger und Leistruper Wald ein großes Markengebiet bildete, der gegebene Ort.

Bezeichnend für die Ausnahmestellung der Gegend um die Lippequellen ist eine längere Betrachtung, die der kluge, zuverlässige

---

[17] Helm, Altgermanische Religion.

und auch kritische Demolder Archivrat Clostermeier vor 110 Jahren angestellt hat in einer Antwort an die Fürstliche Rentkammer, die ihn nach der Bedeutung der Kohlstädter Ruine gefragt hatte. Er gesteht, über die Ruine nicht das Geringste herausgebracht zu haben, benutzt aber die Gelegenheit, seine für uns wertvollen Kenntnisse über diese Gegend zusammenzustellen. Man bemerkt sein Staunen und Kopfzerbrechen über die merkwürdigen Verhältnisse dieser einsamen Gegend, auf die er bei seinen archivalischen Forschungen nach der Bedeutung der Ruine gestoßen ist.

Nachdem er darauf hingewiesen hat, daß außer Detmold und Schieder keine Orte im Lippischen so früh in das Licht der Geschichte treten, als Oesterholz, Kohlstädt und Schlangen, also gerade die Orte zwischen Detmold und Lippspringe, auf die es uns ankommt, bestätigt er die im hohen Grade auffällige Tatsache, daß in diesem wirtschaftlich armen Winkel „von den frühesten Zeiten deutsche Edle begütert waren". „Dieser Strich Landes muß also von den Urzeiten her mehr angebaut und bevölkert gewesen sein, als andere Teile des Fürstentums Lippe." Die Ursache davon sei nicht schwer zu finden. Die Römer wären die Herren der Lippe gewesen: römische Kultur habe die Deutschen wohl anziehen können, sich in der Nachbarschaft niederzulassen! „Wie viele Vorzüge bot also die Gegend um Neuhaus und Lippspringe den Bewohnern derselben dar"! Clostermeier kommt dann, Einhard zitierend, auf Karls Bekehrungsmethode. „Saxones perterriti ... spoponderunt se esse Christianos ... super Lippiam venientes unacum uxoribus et infantibus innumerabilis multitudo baptizata est." (Die verängsteten Sachsen gelobten, Christen zu sein und wurden mit Weib und Kind in unzähliger Menge in der Lippe getauft.) „Die Gegend um Schlangen, Kohlstädt und Oesterholz hat sich demnach vor allen anderen Teilen des lippischen Landes zuerst des wohltätigen Einflusses des Christentums zu erfreuen gehabt." Clostermeiers Kenntnisse sind wertvoll, aber der ganze Jammer der überkommenen Geschichtsauffassung schreit uns aus dem Munde dieses achtungswerten deutschen Mannes entgegen. Auch bei ihm war das Gefühl für die religiöse und völkische Schmach der gewaltsamen, mit Unterjochung verbundenen Bekehrung erstorben.

Uns sind die Volksmassen des Paderborner und Lippspringer Weichbildes wichtig, sowie die vielen Edlen, die in der Gegend ein Besitztum hatten.

Clostermeiers Verwunderung hierüber ist begreiflich. Wir aber erkennen die Ursachen der auffälligen Tatsachen in dem ihm unbekannten Charakter Paderborns als „Hauptstadt" und der Gegend als heilige Mark, an der einst die umliegenden Stämme ihre gemeinsamen Rechte hatten, - Unrechte und Beziehungen, die sich dann auf die großen Herren und kirchlichen Einrichtungen als Rechtsnachfolger des entrechteten Volkes übertragen haben.

Es mögen noch mehr Edle Beziehungen gehabt haben, aber zu nennen sind eine edle Frau Ida mit ihren drei Söhnen, von denen

Abb. 27. Die Fürstenallee in Oesterholz (Feststraße)

einer Imiko hieß, die Familie des Herzogs Ecbert, insbesondere dessen Sohn Bewo, und eine Nonne Oda von Gesecke, die wahrscheinlich aus diesem Geschlechte stammte, die Grafen und Herren von Westfalen, Lippe, Braunschweig, Waldeck, Calenberg, Rheda, Haxthausen, Falkenburg, Schwalenberg, Braunenbruch; dann die Klöster Paderborn, Werden, Corvey und Hardehausen.

Unter den Edlen ragt der erwähnte Freund und Statthalter Karls des Großen in Sachsen, Ecbert, hervor. In seine zuverlässigen Hände waren offenbar die heiligen Haine und wichtigsten Heiligtümer der Mark gelegt. Viel Freude wird freilich die Familie an diesen Stätten des alten Glaubens nicht gehabt haben, wie wir aus einer gescheiterten Klostergründung erkennen werden. Ob auch die Kohlstädter Ruine, von der wir unten zu reden haben, zu diesen Besitzungen gehört hat, wissen wir nicht, zumal die Benennung Kohlstädt und Oesterholz bis in die Neuzeit hinein sich durcheinanderschiebt. Aber wir dürfen es vermuten.

Die Feststraße

Die in einer Länge von 8 km von Schlangen schnurgerade in nördlicher Richtung führende Fürstenallee ist eine Prachtstraße von 35 m Breite mit vier bis fünf Reihen alter Eichen, untermischt von einigen Buchen, an die sich im oberen Teile noch eine erhebliche Verbreiterung anlegt; 700 m führen an der „Sennetrift" entlang. Die Straße läßt die beiden großen Oesterholzer Besitzungen, die „Meierei" (Jagdschloß, Oberförsterei, Altersheim) und den Gutshof (Haus Gierken) 300 m abseits liegen.

Abb. 28. „Die zwölf Apostel" bei Reinhardsbrunn

Von den lippischen Grafen kann diese Prachtstraße nicht angelegt sein, weil sie erst von 1593 an Eigentümer in der Oesterholzer Mark wurden, während ein erheblicher Teil der noch stehenden Eichen und Buchen bis in eine frühere Zeit zurückreichen[18]. Vorher aber saß auf dem Gutshofe der Schwarzmeier und auf dem anderen Hofe der Meier Henke. Ein Zweck der Prachtstraße in dieser einsamen Gegend ist für die ganze Zeit des christlichen Mittelalters nicht ersichtlich.

Die breite Straße beginnt im Süden erst an dem Übergange über die Strote bei der Schwedenschanze. Der Name „Schweden"-schanze wird hier wie in zahlreichen gleichen Fällen nicht die wirkliche Bedeutung anzeigen, sondern geraume Zeit nach dem Dreißigjährigen Kriege einen alten Namen verdrängt haben. Die Schwedenschanze ist so, wie sie jetzt vor uns liegt, nicht oder nicht ganz als natürliche Düne durch Sandwehe aus der Senne entstanden. Das hat eine neuerdings aufgefundene, in ihrer halben Höhe gelegene, starke Schicht von Holzkohle erwiesen. Auch wird von früherer Aufdeckung eines Hünengrabes berichtet.

Die Straße kommt aus dem Dorf Schlangen, an das sich die Dedingerheide anschließt. Dieser Name der Heide sagt uns, daß sich hier einst das Volk versammelt hat (Ding = Volksversammlung).

Im Orte Schlangen befanden oder befinden sich auffällige alte Wälle und in der Dedingerheide neben einem Ringwall und sonstigen Wällen ein merkwürdiges altes Grabensystem, über dessen Zweck sich sachverständige Landwirte den Kopf zerbrochen haben. Alles das ist zum erheblichen Teile das Opfer der Kultivierung geworden, im Übrigen nur noch in kümmerlichen Resten vorhanden. Das Meßtischblatt hält wenigstens den verschwundenen Ringwall fest, und zwar als umwallten Teich, weil sein Inneres sumpfig geworden war.

---

[18] Bei der Schätzung des Baumalters wird oft fehlgegriffen, besonders wenn die Bodenbeschaffenheit nicht sachverständig in Rechnung gestellt ist. Da die alten Eichen allmählich verschwunden sind und weiter verschwinden, halte ich hier das mir durch den Ortspastor Schelpf übermittelte Zeugnis des † Forstmeisters Frevert fest, wonach dieselben mindestens 500 Jahre alt waren, während heute erst 336 verflossen sind, seitdem die Lippischen Grafen in die Gegend kamen. Ein gleiches Zeugnis aus sachverständigem Munde wurde von Geh. Baurat Kellner mitgeteilt. Auch ist Bepflanzung nicht = Anlage.

Abb. 29. Der Hagedorn bei Schlangen

Aber ein wertvoller Zeuge der einstigen Bedeutung der Dedingerheide ist unter Denkmalschutz gestellt und wird nicht verschwinden. Es ist der „so viele hundert Jahre so berühmte Hügel Hagedorn" auf der preußisch-lippischen Grenze (Abb. 29)[19]. Von ihm wird gesagt, daß hier die Volksvertreter zu Verhandlungen zusammengetreten seien. Das hier auch archivalisch gutbezeugte Gedächtnis der Bevölkerung, das den kleinen Platz ausgesondert erhalten und immer wieder mit Bäumen bepflanzt hat, dürfte sich übrigens vielerorts bewährt haben, wo man z. B. auffällige Einzelbäume oder Baumgruppen an Stellen findet, die den Verdacht geweihter oder sonst öffentlicher Stätten erwecken. Zwischen dem früheren Kloster Reinhardsbrunn bei Friedrichsroda und einer „Langewiese" fand ich einen mit 12 Linden umstandenen, kreisrund aufgeschütteten Gerichtshügel, genannt „die zwölf Apostel", ein Name, der öfter vorkommt. Die Dorflinde ist das anerkannte und bekannteste Beispiel.

Die uralte Namensform Dedingerheide - darauf bin ich von anderer Seite aufmerksam gemacht worden - stimmt in ihrer ersten Hälfte genau mit dem gotischen Wort thiudangard zusammen, das bei Ulfilas (Matth. 6, V. 13) Volksgarten-Heide bedeutet, also auf die Volksversammlung hinweist.

Die Dedingerheide, der E. Weiß neben Schlangen mit Recht besondere Aufmerksamkeit widmet, hatte einen künstlich geregelten Wasserreichtum. Der größere Teil des Strotewassers fließt oberhalb Schlangen in der Richtung auf die Tütgemühle ab. Diese Gabelung

---

[19] Nachlaß Knoch, Lipp. Archiv, Detmold 1817.

(Bifurkation) weist eine so eigenartige Linie auf, daß der Gedanke einstiger Ableitung durch Menschenhand erweckt wird. Hier wird die Absicht einer Wasserverbindung der Kohlstädter Ruine durch das Thunebett mit der Lippe zugrunde gelegen haben (S. 169)! Dann erst konnte die Mühle gebaut werden.

Der Wasserreichtum der Dedingerheide mit dem merkwürdigen Gräbensystem entsprach dem Bedürfnis einer großen Menschenmenge, die wir uns da versammelt denken, um von hier aus zu den festlichen Zeiten die zu den heiligen Stätten führende Feststraße zu betreten. Damit bekommt die Fürstenallee ihren Sinn!

Feststraßen, im christlichen Kultus Prozessionswege, Kreuzgänge, ergeben sich von selbst aus der regelmäßigen Gewohnheit von Volksmengen, sich zu einem festlichen Ziele zu begeben. Prozessionen als christliche Kulthandlungen tauchen erst im vierten und fünften Jahrhundert auf, als so vieles aus dem Brauchtum der Germanen ins Christentum überging. Das hat zu der Annahme geführt[20], daß auch die Prozessionen - und damit die Kreuzgänge und Feststraßen - aus dem Heidentum stammten.

Unter den zahlreichen auffälligen, sonst unerklärlichen feierlichen Straßen, die in germanischen Landen ohne Zweifel noch vorhanden sind, wird (neben den Steinalleen) die vom Stonehenge-Heiligtum nordostwärts führende Straße (the avenue) als kultische Feststraße anerkannt. Ihr nordöstlicher Endpunkt ist nicht mehr feststellbar; er befindet sich in der Nähe der etwas seitlich liegenden Rennbahn.

Ähnlich liegen die Verhältnisse bei der Oesterholzer Feststraße, die zwar in die Nähe der seitwärts liegenden Heiligtümer führt, von deren nördlichen Ziel bislang aber nichts mehr zu entdecken war. Sie endet im Norden diesseits eines einsamen Forsthauses am Waldrande, dessen Name „Kreuzkrug" schwerlich von hier schrägwinklig abgehenden Waldwegen abstammen wird. Sollte er uns nicht an seine erste Bedeutung als am Ende des „Kreuzganges"

---

[20] Holzmann und Zöpfel, theol. Lexikon.

gelegen erinnern? In normale Breite übergehend biegt die Straße vor diesem Forsthause zu ihm hin seitlich ab, während in gerader Flucht im Walde selbst das einstige wirkliche Ende an dem Rest einer alten Eichenallee vor einem noch einsameren „Waldhause", dem alten „Kreuzkrug", wieder zu erkennen ist. Daß hier schon in grauer Vorzeit Menschen ihr Wesen gehabt haben, wird durch aufgefundene Artefakten bewiesen. Entweder die Stelle dieses Hauses, bei dem sich ein 1-2 m hoher, mit Eichen bestandener Hügel befindet, oder auch ein in gerader Richtung dahinter gelegener, viel höherer Hügel neben einer Wildscheune, muß der Platz des alten Mals gewesen sein! Dazu kommt eine weitere, die ganze Sache klärende neue Entdeckung:

Wir dürfen jetzt mit Bestimmtheit behaupten, daß das Ziel der Feststraße an einer der beiden Stellen dem Wodan geweiht war. Diese Kenntnis verdanken wir der Feststellung von Dr. H. Schmidt aus alten Forstakten, daß der jetzt „Paulinenholz" genannte Wald hinter dem Kreuzkruge vorher „Gudenslau", d. h. heiliger Hain des Wodan, geheißen hat. Höchst willkommen ist dazu die Mitteilung des Revierförsters Holste, daß der Wald um den „alten Kreuzkrug" von alten Leuten bis zum heutigen Tage „Gudenslau" genannt wird.

Ein solches uns erst nachträglich aufleuchtendes Licht, welches sich als Bestätigung einer vorher aufgestellten Hypothese erweist, hat seinen besonderen Wert. Es darf von uns als ein weiteres neues Glied in der Beweiskette für die Oesterholzer Heiligtümer freudig begrüßt werden.

5. Eine Pflegstätte der Astronomie in Oesterholz

Germanische Astronomie

Die Externsteine und die daselbst vorgefundenen astronomischen Tatsachen haben geredet. Wie fügen sie sich in unser Geschichtsbild ein? Wie kommen wir damit in unseren allgemeinen Anschauungen zurecht, in denen germanische Astronomie keinen Platz hatte?

Schon aus Bodenfunden, unter denen der Trundholmer Sonnenwagen obenan steht, können Beweise für germanischen Gestirndienst und seinen Einfluß auf das Volksleben gewonnen werden. Wertvoll ist auch die zwar spärliche, aber sehr bestimmte literarische Bezeugung sowohl des Gestirndienstes als auch der sternkundlichen Betätigung.

Julius Cäsar[21] schreibt: „Göttliche Verehrung genießen bei ihnen nur die Sonne, das Feuer und der Mond". - Tacitus[22] gibt eine sehr verständige Rede des Ampsivarierfürsten Boiocalus (58 n. Chr.) wieder und berichtet dann weiter: „Dann blickte er zur Sonne empor, rief sie und die übrigen Gestirne an und fragte, als ob sie persönlich zugegen wären, ob sie auf menschenleeres Land niederschauen wollten."

Jordanes[23] nannte die Goten die Weisesten unter den Barbaren, den Griechen beinahe ähnlich wegen ihrer priesterlichen Gelehrsamkeit. Zu den Kenntnissen, die bei ihnen zur Theologie gezählt wurden, rechnet er die Lehre von den zwölf Himmelszeichen (Tierkreisbildern) und dem Laufe der Planeten. Derselbe Schriftsteller berichtet, daß den Goten schon zu Sullas Zeit unter ihrem König, dem weisen Dicenäus, 346 Sterne mit Namen bekannt gewesen seien.

---

[21] De Bello Gallico VI.
[22] Annalen XIII, 55.
[23] Jordanes, Geschichte der Goten.

Die Isländer, ein Teil der Sachsen, die im Bekehrungszeitalter zunächst nach Norwegen ausgewandert waren, haben auch von Island aus noch lange ihre Beziehungen zur alten Heimat festgehalten und ihre ältesten christlichen Geistlichen holten sich ihre Bildung aus Herford[24]. Auf Island zählte man[25] das Jahr zu 360 Tagen und 4 überschüssigen (Epagomen), nämlich 12 Monaten zu je 30 Nächten und 4 Tagen. Als man jedoch merkte, daß bei dieser Zählung der Sommer sich immer mehr gegen den Frühling verschob, weil man einen Tag zu wenig gerechnet hatte, schob man einen solchen ein, rechnete also von jetzt an das Jahr zu 365 Tagen und einen Tag mehr im Schaltjahre. Diese Neuerung wurde aber erst 980 angenommen"[26].

Ums Jahr 1000 setzte auf Island die Einführung des Christentums ein. Eine aus den Sagas bekannte Persönlichkeit ist der Sternen-Otto, der sich durch eigene Beobachtung solche Kenntnisse erworben hatte, daß man ihm bei der Einführung der christlichen Zeitrechnung nicht entbehren konnte.

Daß die im ganzen germanischen Norden üblichen kunstreichen, zur Zeitberechnung benutzten Kalenderstäbe überall in den germanischen Ländern gebraucht wurden, wird allgemein angenommen. Aber im eigentlichen Germanien hat 700jähriger fanatischer Zerstörungseifer kaum ein runentragendes Stück verschont.

Eine unerschöpfliche Zahl beweiskräftiger Zeugnisse für die auf die Himmelserscheinungen gerichtete Gedankenwelt der Germanen würde aufzuführen sein, wenn wir uns auf das Gebiet der Symbole und Ideogramme, der Zeichen und Bilder, der Mythen und Sagen, der Märchen und Lieder, der Heilkunst und des Aberglaubens, der Spiele, Sitten und Gebräuche begeben wollten.

Dazu kommt auch das überreiche Feld der gleichläufigen astralen Anschauungen der übrigen alten Völker. Die Ähnlichkeit bis hin zur Gleichartigkeit der astronomisch-mythologischen Gedankengänge, wie sie aus einem gemeinsamen Urborn der Menschheit

---

[24] Henrikus.
[25] Isländerbuch des Are Frode, Kap. 4.
[26] Arthur Drews, Der Sternhimmel, Diederichs, Jena 1923.

hervorgegangen zu sein scheinen, ist von der vergleichenden Völkermythologie überzeugend nachgewiesen, besonders seit Hugo Winkler seine grundlegenden Forschungen veröffentlicht hatte. Eine kurze übersichtliche Zusammenstellung nur der wichtigsten hierhin gehörigen Tatsachen unter Berücksichtigung der einschlägigen neuerlichen wissenschaftlichen Ergebnisse würde einen stattlichen Band füllen und einem lebhaften Bedürfnisse entsprechen. Wie reich der vielfach noch ganz unbekannte Stoff ist, davon gibt ein Artikel von Prof. E. Dittrich in „Das Weltall", überschrieben „Die Orientierungsfrage"[27] ein anschauliches Bild.

Wenn uns nur wenig direkte Literaturzeugnisse über germanische Astronomie hinterlassen sind, so ist doch die Schlußfolgerung falsch, daß sie bei den Germanen eine geringere Rolle als bei anderen Völkern gespielt habe. Den klassischen Geschichtsschreibern war die Gestirnbeachtung auch ihrer eigenen Völker und der orientalischen Völker eine auffällig gleichgültige, oft vielleicht unbekannte Sache. So lernen wir z. B. aus Herodot, trotz seiner Vereisung Ägyptens, nicht das geringste über die Astronomie der Ägypter. Es war, wie es scheint, damals nicht anders, als heutzutage, wo auch dem gebildeten Durchschnittseuropäer trotz Schulunterricht, vieler wissenschaftlicher Veranstaltungen, Zeitungsberichte und neuerdings der Planetarien das Interesse für die Arbeit der Astronomen fern liegt. Wenn ein Forschungsreisender seine Erfahrungen bei fremden Völkern beschreibt, so gehört auch heute noch die Gestirnkunde der beschriebenen Völker zu dem Letzten, wovon wir etwas erfahren. Diese Geistesarbeit geht im Allgemeinen unbeachtet in der Stille vor sich. Sie verbarg sich auch in der Religion der alten Völker hinter den volkstümlichen Mythen, deren ursprünglich astraler Hintergrund dann vielfach in Vergessenheit geriet.

Wie viel mehr nun ist diese allgemeine Erfahrung auf das Verhältnis der fremden Schriftsteller, zu denen nicht nur die klassischen, sondern auch die romistischen Schreiber der Bekehrungszeit

---

[27] Zeitschrift „Das Weltall", Berlin, Treptow-Sternwarte, Mai 1930.

gerechnet werden müssen, zu Germanien anzuwenden; sie standen sämtlich dem urwüchsigen germanischen Geistesleben unendlich fern. Wenn bei Karl d. Gr. einiges astronomisches Interesse zu bemerken ist, wenn zu Ludwigs des Fr. Zeit einzelne zeitgenössische Mitteilungen astronomischer Art unvermutet aus der gänzlich anders eingestellten Atmosphäre herausleuchten, so werden wir nicht fehlgehen, wenn wir sie als Restwirkung der vorangegangenen germanischen astronomischen Neigungen ansehen. Denn aus der damaligen romanischen Welt konnte auch nicht ein Hauch astronomischen Denkens herüberwehen. Seit Kleon und seiner Tochter Hypatia (um 400 in Alexandrien) war die Astronomie erstorben und nur den Kalifen ist es zu verdanken, daß altes sternkundliches Wissen über die Brücke des Islams bis in bessere Zeiten des Mittelalters herübergerettet werden konnte. Auch Karl ist von Harun-al-Raschid und von dem Angelsachsen Alkuin angeregt worden, nicht von Rom.

Damit allein schon dürfte die Spärlichkeit von Nachrichten über germanische Gestirnbeachtung zur vollen Genüge erklärt sein. Wenn aber die Gelehrten, die von einer astronomischen Betätigung in Germanien nichts wissen wollen, glauben, einen Unterschied zwischen den Westgermanen einerseits und den Nordgermanen und Goten andererseits aufrichten zu dürfen, so muß dies als jeder Berechtigung entbehrend zurückgewiesen werden. Oberflächliche Vergleiche müssen ja zu Ungunsten

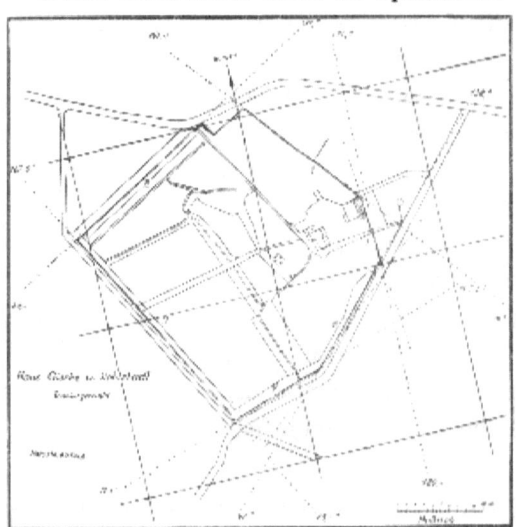

Abb. 30. Der Katasterauszug

der Westgermanen auslaufen, aus dem einfachen, so oft verkannten Grunde, daß in keinem germanischen Lande die mit einer zwangsweisen Einführung des Christentums Hand in Hand gehende Kulturvernichtung und Traditionsvernichtung auch nur annähernd so gründlich gehaust und eine so folgerichtige Fortsetzung gefunden hat, als im eigentlichen Deutschland.

Auf jeden Fall haben wir nicht nur das wissenschaftliche Recht, sondern auch die Pflicht, mit der vollen, durch keine vorgefaßte Meinung beirrten Objektivität an die nunmehr in unseren Gesichtskreis tretenden Spuren einer weitgehenden astronomischen Neigung unserer Vorfahren heranzutreten. Gab`s in Germanien eine astronomische Wissenschaft, so eröffnen sich die wertvollsten Ausblicke auf ein germanisches Geistesleben, dessen Art zwar sehr anders gewesen ist, als das Geistesleben der Mittelmeervölker, dessen Höhe jedoch nicht geringer zu sein braucht, ja sogar - mit anderen Maßstäben gemessen - wertvoller gewesen sein kann.

Oesterholz

Die Erfahrungen mit dem Externstein und seinen astronomischen Ortungslinien hatten mich zum Fragen und Suchen nach irgendwelchen Spuren astronomischer Betätigung der Alten in dieser Gegend getrieben. Die Mondlinie, mag ihr objektiver Wert sein, welcher er wolle, wurde mir tatsächlich zum Wegweiser ins Sennegebiet. Die

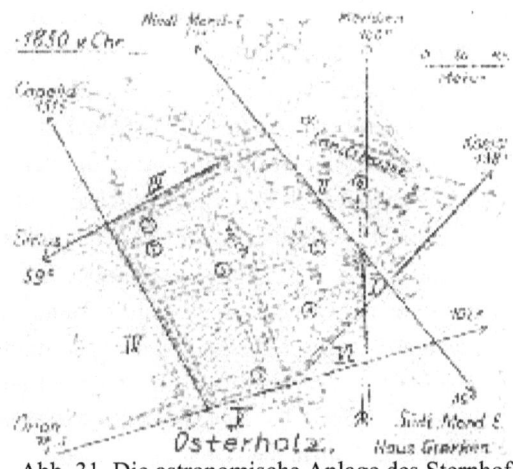

Abb. 31. Die astronomische Anlage des Sternhofs

richtige Erkennung des nördlichsten Mondextrems setzt unbedingt eine von langer Hand her arbeitende Veranstaltung voraus. Anzeichen von solcher Veranstaltung konnten in der Landschaft gefunden werden! Das war die Lehre der Externsteine.

Mein erster Gedanke, daß die Kohlstädter Ruine etwa der Zentralpunkt eines astronomischen Liniensystems sein könne, erwies sich als falsch. Aber die Senne hielt mich fest, die Senne mit ihrer einsamen, eigenartigen Natur, die in weiten Teilen nur wenig durch die dünne Besiedlung gestört ist, die Senne mit ihrer Unzahl von Hünengräbern, die die Gedanken in die Umwelt der grauen Vorzeit leiten.

Am Rande der Senne, wo am Fuße des Teutoburger Waldes schon die Landschaft in fruchtbares Gelände übergeht, war es der Gutshof Oesterholz (Haus Gierken) 2 km westlich der Kohlstädter Ruine, der schon auf der Karte durch seine Größe und eigenartige Gestalt und beim Besuch durch sein klösterliches Gepräge und seine merkwürdige Umhegung die Aufmerksamkeit auf sich zog. Zum Teil kräftige, nahezu festungsartige Wälle mit äußerer Mauerstützung, zum Teil Mauern, deren Wälle zerflossen sind, zum Teil nur Mauern, umschließen in Gesamtlänge von etwa 1140 in ein 32 Morgen großes Grundstück, größtenteils Wald, einen ansehnlichen Teich, Gartenland, sumpfige Wiesen, ein Wohnhaus, ein Verwaltungsgebäude und kleinere Baulichkeiten; für die zugehörige Landwirtschaft ist außerhalb der Mauern ein Hof angelegt.

Die erste Besichtigung rief den Eindruck eines Lagers oder einer Fluchtburg hervor, das man später zu einer Siedlung benutzt und dann auch Wohl erneut befestigt hat. Aber allerlei Erwägungen über das Bedürfnis, den Zweck und die Ausführung einer festungsartigen Anlage an dieser Stelle ließen ihre Rätselhaftigkeit auch schon damals erkennen, als mir das Urteil militärischer Sachverständigen und die geschichtlichen Bedenken noch nicht bekannt waren. Als bloßer Hofschutz kam aber eine Befestigung, deren Verteidigung eine erhebliche Truppenmacht erforderte, überhaupt nicht in Betracht.

Dann aber mußte die eigenartige Form der Umgrenzungslinien von vornehrein auffallen, weil sie in dem ebenen Gelände an keiner Stelle einen Anlaß erkennen ließ. Es ist ein unregelmäßiges Sechseck, in dem gleiche Winkel und parallele Linien vermieden sind.

Es erschien mir unwahrscheinlich, daß nur ein spielerisches Privatvergnügen des ersten Ansiedlers oder eines späteren Besitzers der Grund für diese Form des Grundstücks gewesen sein könnte. Dabei ließ sich zum Teil schon auf der Karte erkennen, zum Teil wurde es durch Ortsbesichtigung festgestellt, daß die Form durch geradlinige Mauern ohne Unterbrechungen scharf ausgeprägt ist. Zum größeren Teil sind es alte Trockenmauern, die die Umwallung vor dem Zerfall bewahrt haben, zum kleineren Teil sind die Mauern ohne Verschiebung der Linien aus den zusammengesunkenen Steinen in späteren Zeiten mit Kalkspeise wieder aufgebaut.

Nur an zwei Stellen ist die Anlage empfindlicher gestört, an der einen durch das Übergreifen eines Wirtschaftsgebäudes, an der anderen durch die eine Ecke eindrückende Landstraße. Eine etwas schwankende Linienführung am Anfang einer Seite an einer dritten Stelle und sonstige kleine Unebenheiten sind ebenfalls ohne Belang. In Anbetracht dessen, daß wir es nicht mit einer Neuanlage, sondern mit einem archäologischen Objekt zu tun haben, kann das Urteil dahin lauten, daß das unregelmäßige Sechseck in seiner Linienführung klar ausgeprägt daliegt.

Wenn auch die Anlage dieses Gutshofes zunächst ganz allgemein interessierte, so waren doch meine astronomischen Fragen in mir wach geblieben. Der auf die Mauer I gelegte Kompaß wies die Nordrichtung ohne bemerkbare Abweichung auf. Die Nachbarmauer II zeigte mit auffälliger Genauigkeit dasselbe, mir von Externstein her bekannte Azimut des nördlichen Mondextrems nach der Untergangsseite.

Sollte hier ein astronomisches Sechseck vorliegen, in dem sich die Astronomen früherer Zeiten, wie ich es einst irgendwo gelesen hatte, mehrere Linien zusammenstellten, um sie bequem beieinander zu haben?

Diese beiden erwähnten Seiten des Sechsecks zeigten noch eine weitere mir auffällige Eigenschaft. Die Verlängerung der ersten nach Norden durchschnitt in einer Entfernung von 9 km die Trümmerstätte der großen Teutoburg, wenige Meter neben dem jetzigen Standorte des Hermannsdenkmals auf der Grotenburg. Die Verlängerung der zweiterwähnten Linie zielte in einer Entfernung von 14½ km auf die sogenannte Hünenkirche auf dem Tönsberge bei Örlingshausen. Sowohl die große Teutoburg, als auch die Hünenkirche ist in Schuchhardts Atlas vorgeschichtlicher Befestigungen in Niedersachsen (Bl. LV und LVI) und Band 3 der zweiten Reihe der niedersächsischen Heimatbücher eingehend besprochen und dargestellt.

Über den Gutshof Oesterholz begannen nunmehr die Verhandlungen mit den Observatoren am astronomischen Recheninstitut der Universität Berlin, den Professoren Riem und Neugebauer, die mich in der astronomischen Frage der Externsteine beraten hatten. Ihnen gebührt der lebhafteste Dank für die nicht geringe Mühewaltung und das bereitwillige Eingehen auf die gestellten Fragen. Ihre Arbeit hat zu dem überraschenden Ergebnis geführt, welches besagt, daß der Gutshof unter Ausschluß des zufälligen Zustandekommens als eine astronomische Anlage anerkannt werden müsse.

Es lag hier, wie mir schien, der seltene Fall vor, daß eine Frage von archäologischer Bedeutung zunächst unabhängig von den Beweismomenten beantwortet werden konnte und beantwortet werden mutzte, die aus dem Befund von Mauerwerk, aus gefundenen und sonst habhaften Gegenständen und aus irgendeinem anderen Ergebnis von Ausgrabungen zu entnehmen sind, daß vielmehr alle einschlägigen positiven Momente solcher Art nur als ein Mehr zu der Beweisführung hinzukommen, während die Hauptfrage selbst ausschließlich auf Grund einer unleugbar vorhandenen mathematischen Figur zu beantworten war. Aber andere dachten anders. Ich hatte die ganze Sache damals fallen lassen müssen, wenn ich den wohlgemeinten Ratschlägen hätte folgen wollen. Die einen fragten, wie denn die Autoritäten der archäologischen Fachwissenschaft über die Sache urteilten, die anderen forderten erst den urkundlich-geschichtlichen Nachweis, daß das Alter des Gutshofs bis in die vorchristliche Zeit zurückreiche; alle aber meinten, daß Bodenfunde unumgänglich notwendig seien. Graben, Graben! Ohne Spatenerfolge sei es eine verlorene Sache.

Abb. 32. Grenzmauer VI

Die „nötigen" Bodenfunde sind erfreulicherweise nicht ausgeblieben, und es ist eine Fülle von wichtigen urkundlichen Nachrichten an das Tageslicht gekommen. Aber damals habe ich nicht gegraben und mir auch keine Entscheidung vom Durchsuchen der Archive versprochen, weil auf beiden Gebieten weder ein Erfolg den astronomischen Charakter des Gutshofes beweisen noch ein Mißerfolg die Tatsache des astronomischen Befundes aus der Welt schaffen konnte. Mein Entschluß zur Veröffentlichung erfolgte auf Grund des sich aus dem astronomischen Befunde ergebenden logischen Zwanges.

Die uns in der Natur und im Kataster entgegentretenden Linien sind durch Menschenwerk irgendwann und irgendwie gezogen worden. Sie haben eine mathematische Figur gebildet, die nunmehr ihr Dasein in sich selbst hat. Dabei ist es gleichgültig, ob die Linien durch zyklopische Mauern, durch Erdwälle, durch Gräben, durch Hecken oder durch einzelstehende Merksteine gekennzeichnet worden ist, gleichgültig auch, wie oft in den Jahrtausenden mit dem die Linien darstellenden Material Wandlungen vor sich gegangen sind – wenn nur die Linien als solche für uns noch da sind. Wie sie gegenwärtig sich bemerkbar machen, zeigen die Abb. 32 und 33; wie sie ursprünglich waren, wissen wir nicht. Die Zeit der Entstehung ist nach dem astronomischen Befund festgelegt.

Aus diesem Grunde waren zahlreiche an sich wichtige Fragen in der Erörterung zunächst hintanzustellen, darunter der Fragenkreis, inwieweit die Umwallungsteile, die eine gewisse Ähnlichkeit mit der Befestigung einiger Römerkastelle haben, auch zur Verteidigung gedient haben.

Zur Würdigung der Eigenart des hier vorliegenden Falles muß größter Wert darauf gelegt werden, daß das Vorhandensein der nackten mathematischen Figur in ihrer schlechthinnigen Unabhängigkeit von der Art und dem Schicksal des sie darstellenden Materials erkannt und anerkannt wird. Zum Verständnis aber dessen, was im Gutshof Oesterholz von uns die Anerkennung verlangte, mußte versucht werden, in die uns noch so fremde astronomisch-mythologische Gedankenwelt der alten Völker einzudringen.

Das Gutachten lasse ich nunmehr im Wortlaut folgen:

    Betrifft die astronomische Orientierung   Berlin-Dahlem, 1926
       des Hauses Gierken in Oesterholz,   November u. Februar
          Teutoburger Wald

Wir, die unterzeichneten Astronomen am astronomischen Recheninstitut der Universität Berlin, sind von Herrn Direktor W. Teudt-Detmold gebeten worden, die Messungen der Azimute der Umfassungsmauern des Gutshofs Gierken in Oesterholz am Teutoburger Walde daraufhin zu prüfen, ob die Vermutung zutreffend sei, daß ihre ursprüngliche Anlage in prähistorischer Zeit unter astronomischen Gesichtspunkten erfolgt ist. Ein amtlicher Katasterauszug, auf dem die Umfassungsmauern als solche kenntlich sind, war beigefügt.

Als Breitegrad wurde 51° 50' in die Rechnung eingeführt. Von der Umfassungsmauer I soll der nördliche Teil unberücksichtigt bleiben, weil seine ursprüngliche Richtung durch den neuerlichen Heranbau eines Wirtschaftsgebäudes gestört sei;

desgleichen das südwestliche Ende der Umfassungsmauer VI, weil seine Richtung in sich schwankend sei. Danach haben die Linien noch folgende Längen: I = 14 m, II = 172 m, III = 193 m, IV = 270 m, V = 112 m, VI = 116 m. Diese Längen reichen für die gewünschte Untersuchung vollkommen aus, auch wenn innerhalb der Linien erheblichere Schwankungen enthalten sein sollten, als es nach dem Katasterauszug der Fall ist.

Die Azimute, das sind die Abweichungen der Richtungen von der Nord-Südrichtung, sind nachgemessen und als ausreichend genau befunden, zumal bei der Errechnung prähistorischer Azimute stets eine Genauigkeitsgrenze von mehreren Zehntel Graden angenommen werden muß, die auf Abkürzungen in den letzten Dezimalen der Rechnung beruht und auch in der Unsicherheit der benutzten Sternörter liegt. Daher kann eine ganz genaue Zeitbestimmung nicht erwartet werden, obgleich hier der weitaus günstigste Fall vorliegt, daß die Berechnung auf Grund mehrerer Fixsternazimute erfolgen kann, während bei einer Berechnung von Sonnen- und Mondazimuten ein Spielraum von Jahrhunderten gefordert werden müßte.

Als Ergebnis der Untersuchung kann mitgeteilt werden, daß die Azimute aller sechs in Frage kommenden Linien mit ausreichender, zum Teil mit überraschend großer Genauigkeit sich mit den von uns für die Zeit um 1850 Jahre vor Christo errechneten Azimute von als mythologisch bedeutsam angegebenen Gestirnen decken.

Je beschränkter die Anzahl der zu berücksichtigenden Gestirne war, umso mehr erscheint es als ausgeschlossen, daß bei der Anlage des Gutshofes diese sechs Azimute sich zufällig, daß heißt ohne astronomische Rücksichten ergeben haben sollten. Um zu diesem Urteil zu gelangen, bedarf es keiner formellen mathematischen Wahrscheinlichkeitsrechnung, für die eine umständliche Verständigung über die einzusetzenden Faktoren erforderlich sein würde. Zur Kontrolle sind von uns für sämtliche hellen Sterne die Azimute für die Epochen + 1000 nach Chr. 0, - 1000, - 2000, - 3000, - 4000 vor Chr. gerechnet worden, mit dem Ergebnis, daß nur für die angegebene Epoche von 1850 vor Chr. sich gleichmäßig für mehrere Sterne Azimute ergaben, die den amtlichen Messungen der Grenzen des Gutshofs entsprachen, und zwar nur für die hierunter aufgeführten

Sterne. Die Azimute sind berechnet unter Berücksichtigung der sich vorfindenden Überhöhungen durch den Teutoburger Wald im Osten bis Nordwesten in Entfernungen von 5 bis 14½ km, sowie einer mittleren Strahlenbrechung.

Seite	Azimut der Mauern	Bezeichnung der Linie	Errechn. Stern-Azimut	Zeit
I	180	Meridian	180	
II	39	Südl. Mondexstrem, Aufgang	39,0	
	141	Nördl. Mondextrem, Untergang	141,0	
III	59	Sirius Untergang	59,1	-1850
IV	151,5	Kapella Untergang	151,3	-1850
V	72,5	Delta Orion Untergang	72,6	-1850
VI	138	Kastor Aufgang	138,0	-1850

Aufgänge und Untergänge haben für die Bestimmung der Sternörter die gleiche Bedeutung.

Bei der schnellen Veränderung der Sternörter infolge der Prozession ist die Genauigkeit der Zeitbestimmung auf etwa fünfzig Jahre anzusetzen.

Die Mondorte ändern sich sehr langsam, und sodann ist der Auf- oder Untergang eines so ausgedehnten Gebildes, wie es die Mondscheibe ist, sehr schwer punktförmig ohne genügende Instrumente zu beobachten. Die Zeitberechnung war daher auf die vier Fixsternazimute zu beschränken, da auch die sich gleichbleibende Meridianlinie für die Zeitberechnung nicht in Betracht kommt.

Ein besonderer Wert der Mondazimute liegt in dem Nachweis, daß man hier zu jener Zeit überhaupt den Aufgängen des Mondes seine Aufmerksamkeit in solcher Weise geschenkt hat und die Kenntnis der in der Chronologie als Sarosperiode bekannten 18jährigen Mondperiode besaß.

Die Bedeutung für die Geschichte der Astronomie, die den im Gutshof Gierke aufgedeckten Tatsachen beizumessen ist, liegt unseres Erachtens zunächst in der eben erwähnten Feststellung der Kenntnis der Saros, die auf eine lange Zeit astronomischer Beobachtungen schließen läßt. Sodann in der Feststellung, daß auch die Auf- und Untergänge von Sternen beobachtet wurden, daß dabei dieselben Sterne bevorzugt wurden, die in der Astronomie der Orientalen und der Antike ihre Rolle spielten und schließlich, daß die Germanen um jene Zeit bereits eine alte und hochentwickelte Beobachtungskunst besaßen.

Was den Zweck der ganzen Anlage anlangt, so wird durch ihre Beschaffenheit, Größe und Ortslage die Vermutung wachgerufen, daß hier eine für das ganze Volk bedeutsame Pflegstätte und Lehrstätte der astronomischen Wissenschaft mit ihren vielseitigen Aufgaben für den religiösen Kultus, die Astrologie, die Ackerbebauung und das übrige vom Kalender abhängige Volksleben gewesen sei.

Das rein astronomische Ergebnis tritt an Bedeutung hinter dem anderen Ergebnis zurück, daß mit hoher Wahrscheinlichkeit anzunehmen ist, es habe bereits in prähistorischer Zeit in den germanischen Ländern eine hohe Kultur bestanden.

gez.: Prof. Dr. P. V. Neugebauer
gez.: Prof. Dr. Johannes Riem

Für die astronomischen Untersuchungen bildet der amtliche Katasterauszug des Gutshofes 1:2000 mit eingetragenem Orientierungsnetz die Grundlage (Abb. 30). Die peinliche Genauigkeit solcher amtlichen, für die Eigentumsrechte maßgeblichen Urkunden sowie der unparteiliche Ausgleich der etwa in der Natur sich findenden Unebenheiten boten Gewähr für die Brauchbarkeit des Katasterauszuges für die vorliegende Aufgabe.

Gewisse Verschiedenheiten bei der Messung der Winkel, den die Grenzlinien zur Pollinie bilden, beruhen darauf, wie angesichts der vorhandenen Unebenheiten das Lineal angelegt wird. Die Verschiedenheiten der Messung, die der Kritik Anlaß zur Beanstandung des astronomischen Befunds gaben, halten sich in solchen Grenzen, daß die astronomischen Gutachter sie als belanglos für das Gesamturteil erklärt haben[28].

---

[28] Die Kritik hat sich am meisten mit der Linie I (Meridianlinie) beschäftigt, deren Mängel auch auf der photographischen Wiedergabe des Katasterauszuges (Abb. 30) bemerkbar sind. Aber gerade hier kann es nicht zweifelhaft sein, daß uns die ursprüngliche Richtung der Linie noch durch den kleineren, 14 m langen ungestörten Teil der Linie angegeben wird, da der längere Teil das weitaus gefährdetste Stück der gesamten Umhegung darstellt, und seine Störung durch zwei Hofeinfahrten und

Abb. 33. Grenzmauer II

Auch für den, der sich mit der Astronomie noch nicht beschäftigt hat, ist es nicht allzu schwer, sich die Hauptgesichtspunkte des Gutachtens anzueignen.

Man verlängert die vom Katasterauszug gegebenen Seiten des Sechsecks und denkt sich die Verlängerung bis zum Horizont durchgeführt. Die Winkel, die diese Linien mit dem Meridian (Nordsüdlinie)

Überbauung offensichtlich ist, - Auch über den einspringenden Winkel an der nördlichsten Ecke des Gutshofes hat es eine Auseinandersetzung gegeben. Der Winkel, in dem sich eine Quelle befindet, und der wahrscheinlich aus diesem Grunde zum Bau eines Kötterhauses abgetrennt worden ist, gibt sich deutlich als nachträgliche kleine Verletzung des geplanten Sechsecks zu erkennen.

Wie bei jedem archäologischen Objekt kann auch beim Oesterholzer Gutshof nicht erwartet werden, daß Jahrhunderte seine ursprüngliche Beschaffenheit völlig unangetastet gelassen hätten.

In der Erklärung heißt es: Auch bei Berücksichtigung der von Altfeld angegebenen Zahlen kommen wir daher zu einem Ergebnis, welches in vollem Umfange unser in dem Bericht dargelegtes Urteil bestätigt und sich in deutlichem Abstand von anderen Zufallsdeutungen hält. Von den angekündigten 28 Deutungsmöglichleiten entspricht nur eine einzige den Bedingungen, daß alle Orientierungen
    1. zu ungefähr gleicher Zeit erfolgt sind,
    2. an Gestirne gebunden sind, die nachweislich bei der Orientierung ägyptischer und griechischer Bauwerke eine ausgezeichnete Rolle spielten.
Diese einzige ist die von uns angegebene Möglichkeit.

gez. Neugebauer, gez. Riem.

bilden, heißen Azimute. Es fragte sich, ob die Mauerazimute des Gutshofs Gierke sich mit astronomisch oder mythologisch bedeutsamen Gestirnazimuten in einem solchen Maße decken, daß dadurch die Anlage als eine unter astronomischen Rücksichten geschaffene erwiesen werden kann.

Bei klarem Wetter kann von uns allnächtlich beobachtet werden, wie sich der Sternenhimmel scheinbar von Osten nach Westen um die Erde dreht. Die Fixsterne gehen für uns stets an derselben Stelle auf und unter, weil die Stellungsänderung der Erde, die durch ihren Lauf um die Sonne bewirkt wird, im Vergleich zu den ungeheuren Entfernungen der Fixsterne ganz und gar verschwindet und keine Rolle spielt. Es war anzunehmen, daß die Germanen den feststehenden Auf- und Untergangspunkten der Fixsterne ihre Aufmerksamkeit gewidmet haben, wie das auch von den alten Chaldäern usw. geschehen ist. Zu dem Zwecke war von ihnen in erster Linie die Entfernung der Auf- und Untergangspunkte der sie interessierenden Gestirne vom Nord- oder Südpunkte zu beobachten und festzulegen.

Im Unterschiede von den Fixsternen verschieben sich die Auf- und Untergangspunkte der Sonne, des Mondes und der Planeten am Himmelsrande das ganze Jahr über fortwährend innerhalb gewisser Grenzen. Der jährlich sich gleichmäßig wiederholende Sonnenlauf kann durch Festlegung des Ausgangspunktes an gewissen wichtigen Tagen, vor allem an den Tagen der Sonnenwende, verhältnismäßig leicht erfaßt werden. Zur Mondbeobachtung gehörte dazu jedesmal, wie bereits erwähnt, eine 18-19jährige Periode. Die scheinbare Regellosigkeit des Planetenlaufs aber bot vor Kopernikus auch dem erfahrensten Beobachter schier unüberwindliche Schwierigkeiten. So finden wir denn im Gutshof Oesterholz keine Planetenlinie, aber vier Fixsternlinien, eine Mondlinie und eine Sonnenlinie.

Einerlei, ob es den Alten bewußt war oder nicht, daß die Fixsterne doch ihren Standort am Himmel allmählich, in Jahrhunderten merkbar, verändern, jedenfalls ist dies nun eine Tatsache, die unsere Astronomie in den Stand setzt, aus den zu ihrer Kenntnis gelangenden Fixsternazimuten früherer Zeiten mit einer bis auf

Jahrzehnte gehenden Genauigkeit die Zeit zu berechnen, in der man den Sternort festgestellt hat.

Diese Methode der astronomischen Chronologie ist auf die Umfassungslinien des Gutshofes Oesterholz angewandt mit dem Ergebnis, daß alle sechs Linien eine astronomische Bedeutung haben, und daß vier von ihnen als Sternazimute die denkbar günstigste Grundlage dafür abgeben, um einen Rückschluß auf die Entstehungszeit der Anlage zu ziehen.

Die vier Fixsternazimute weisen eindeutig auf die Zeit um 1850 vor Chr. Geburt hin. Die außerdem noch vorhandene Linie, in der die beiden Mondextreme zusammengefaßt sind, sowie die Mittagslinie, sind für die Berechnung der Entstehungszeit nicht zu verwerten, letztere, weil sie sich stets gleich bleibt, und erstere, weil die Veränderung eine sehr geringe ist. Dazu kommt unsere Unkenntnis der von den Alten angewandten Art des Messens der Mondscheibe bei ihrem Emporkommen über den Horizont.

Zu beobachten ist, daß aus der großen Menge der Fixsterne nur eine kleine Anzahl eine solche Bedeutung hat, daß sie hier in Betracht kamen. Alle übrigen haben entweder keinen Auf- und Untergang oder sie hatten bei den Alten keine mythologische oder sonstige Bedeutung. Es wurden von mir für die Untersuchung nur Spica, Kapella, Sirius, Pollux oder Kastor, Plejaden oder Aldebaran, Arcturus, Delta Orionis angegeben. Falls mit diesen 7 Sternen - außer Sonne und Mond - kein Ergebnis zu erzielen war, stellte ich den Sachverständigen die Einstellung der Bemühungen anheim.

Es war eine überaus dankenswerte, die Beweiskraft der Untersuchung vervielfachende Arbeit der astronomischen Sachverständigen, daß sie außer den ihnen angegebenen Sternen, noch alle anderen hellen Sterne für alle Epochen zwischen 1000 nach Chr. Geburt und 4000 vor Chr. Geburt nachgerechnet haben, ob vielleicht sonst wie ein Zusammenklang von mehreren Sternazimuten mit den Mauerazimuten des Gutshofs Oesterholz in ähnlicher Weise herauszubringen sei, wie er sich bei den aufgewiesenen Fixsternen für den Zeitraum minus 1850 ergeben hat. Das völlig negative

Ergebnis dieser Arbeit dürfte bei den Sachverständigen durchschlagend gewesen sein für die in ihrem Gutachten zum Ausdruck kommende Ablehnung der Annahme, als ob der Befund beim Gutshof Oesterholz auch auf einen Zufall zurückgeführt werden könne.

Die Annahme, daß bei den Germanen wahrscheinlich eben dieselben Gestirne eine religiöse, wissenschaftliche oder astrologische Wichtigkeit gehabt haben, welche in der orientalischen und antiken Mythologie, in der Edda und in der Bibel vorkommen, war durch die Gestirnlinien des Gutshofes Oesterholz in einer die Erwartungen noch übertreffenden Weise bereits bestätigt. Dazu kommt aber eine neuerliche Feststellung, nämlich, daß die Sternkundigen aus der Zahl der mythologischen Gestirne diejenigen ausgewählt haben, welche eine Beziehung auf den Begriff der weiblichen Fruchtbarkeits- und Segensgottheit, der Gottesmutter, haben. Damit verhält es sich wie folgt.

Was in der orientalischen Astralmythenwelt Istar und Astarte sind, das haben wir im Germanischen als Freya (auch Frau Holle) oder Ostara. Ostara ist ein Name, der allem Anschein nach besonders in Nordwestgermanien volkstümlich geworden war, und im letzten Zeitalter - gemäß der Abschwörungsformel - noch eine Entsprechung in „Sahsnot" erhalten hat. Daß Istar und Ostara dasselbe Wort ist, leuchtet ein. Stärkere Abwandlung als zwischen dem Orientalischen und Germanischen, hat der Gottesmutterbegriff in der griechisch-römischen Götterwelt erlitten; aber auch da sind die gleichen Gedanken anzutreffen.

Eine der stärksten geschichtlichen Bestätigungen der von uns auf ganz anderem Wege erkannten Bedeutung von Oesterholz war die Auffindung einer noch im 17. Jahrh. hier in der Gegend lebendigen Überlieferung[29] des Inhalts, daß sich bei Oesterholz ein Heiligtum der Göttin Ostara (fanum Ostarae Deae) befunden habe.

Daher ist es im hohen Grade beachtenswert, und es klären sich unsere Gedanken über die Bedeutung der astronomischen Anlage des

---

[29] Wasserbach, De statua illustri Pag. 6, Lemgo 1698.

Gutshofes ganz außerordentlich, wenn wir es nun wissen, daß die Linien in Rücksicht auf den Ostaradienst so ausgewählt worden sind.

1. Orion. Die Verbindung der Gürtelsterne des Orion mit der Ostara wird im germanischen Volksglauben dadurch offenbar, daß sie als Rocken (auch Spindel) der Freya gelten. Im Orientalischen ist Orion aber auch der Götterbote, der in die Unterwelt steigt, um Istar zu erlösen[30].

2. Capella, in der Edda die Ziege Heidrun, in der griechischen Mythologie die Säugerin des Zeus, hat ihre unverkennbare Beziehung zur weiblichen Gottheit.

3. Die Bedeutung der Zwillinge schillert am buntesten in den Mythen der Völker. „In den Götterlisten der Istar", so lesen wir bei Jeremias[31], „wird als einer ihrer Diener Bubal genannt, dessen Zwillingsbruder Batarak heißt; beide haben ihre Offenbarung im Sternbilde der Zwillinge, gegenüber dem Orion. Orion und Zwillinge als Oppositionsgestirne sind in der Astralmythologie bis in die späteste Zeit von größter Bedeutung."

4. Sirius ist der ausgeprägteste Istar-Osterastern unter den Oesterholzer Gestirnen, unter denen die ebenfalls hierher gehörige Venus keinen Raum haben konnte. Im sumerischen Wintersonnwendkalender wird er geradezu der Madonnenstern genannt und gilt als eine andere Manifestation der virgo coelestis (himmlischen Jungfrau), oder auch als „Hundsstern", als Begleiter der babylonischen Madonna. In Ägypten ist es der Sirius-Sothis nach der großen Göttin Sothis, die mit dem heliakischen Aufgang (Wiedererscheinung nach der Unsichtbarkeit) des Sirius den Nil steigen läßt[32].

Wenn die Entstehung und Aufnahme des Marienkults erst durch die germanischen Völker in der christlichen Kirche bewirkt worden ist, und dann so inbrünstig betrieben wurde, so ist seine Grundlage im Osteradienst der Germanen zu suchen. Neben den erwähnten

---

[30] Jeremias, Handbuch der altorientalischen Geisteskultur, Berlin, Gruyter, 1929, f. 232.
[31] Jeremias, a.a. O. S. 339.
[32] Jeremias, a.a. O. S. 274, Anm. 4; 172 und 339; 275 Anm. 305.

Bedeutungen kennen wir noch die Zwillinge als die noch immer sehenden, an den Himmel geworfenen Augen des Thiassi, den Sirius als Unterweltsstern, von dessen erstem Erscheinen im Licht der untergehenden Herbstsonne vielfach der Beginn des neuen Jahres gerechnet wurde, das Delta des Orion als das Symbol der Manneskraft (Phallus), die Spica als die Segnende und die Spenderin der menschlichen Nahrung.

Abb. 34. Stärke der Wälle III, IV, V

Diese Tatsache, daß alle vier (beziehungsweise fünf) Oesterholzer Sternlinien sich auf die vier bis fünf Gestirne beziehen, die gemäß der Völkermythologie als Ostera-Attribute bezeichnet werden können, ist so bedeutsam, daß sie auch innerhalb der buntschillernden Astralmythenwelt ihre Beachtung beanspruchen kann.

Als 5. Stern habe ich auch die Spica Virginis genannt, weil ihre Aufgangslinie ums Jahr 1850 mit der Untergangslinie des δ Orionis zusammenfiel. In unserer Tafel ist Spica nicht erwähnt, weil die astronomischen Sachverständigen sich entschlossen haben, eine für den lokalen, durch die Höhen im Osten und Norden beeinflußten Horizont berechnete Tabelle in das Gutachten einzufügen. Ich persönlich bin der Meinung, daß die Oesterholzer Sternkundigen durchaus in der Lage waren, die Sternörter auf den freien Horizont zurückzumessen, wozu schließlich nur die Anwendung eines bis zum Rande mit Wasser gefüllten Gefäßes erforderlich war, und daß sie dies um des unterrichtlichen Zwecks willen auch wirklich getan haben. Es ergibt sich dann eine nur wenig veränderte, für die Beurteilung der Oesterholzer Frage gleichwertige Tabelle, die ich hier mitteilen will, um dem Leser den Überblick über beide Rechnungsarten zu geben. Die eingeklammerten Zahlen sind die Oesterholzer Grenzazimute. Meridian 180 (180), Südl. Mondextrem 40,4 (39), Nördl. Mondextrem 142,5 (141), Sirius 59,1 (59), Kapella 151,3 (151,5), Delta Orionis 72,6 (72,5) und Spica 107,4 (107,5), Pollux 138,5 (138).

In allen freundlichen wie gegnerischen Erörterungen, die das Auftauchen einer Pflegstätte der Astronomie im alten Germanien hervorrufen mußte, steht die Frage im Vordergrunde, ob die auffällige, fast verblüffende astro-mythologische Erscheinung auf das Spiel des Zufalls zurückgeführt werden könne. Der Versuch, der Sache durch mathematische Wahrscheinlichkeitsrechnung beizukommen, scheitert an dem Umstande, daß über die Art der Rechnung, die Azimutzahlen, die Zahl der mythologisch „brauchbaren" Sterne, die anzunehmenden Fehlgrenzen usw., stets Unklarheit und Meinungsverschiedenheit bleiben. Für die Leser, die sich kritisch mit der Zufallsfrage befassen wollen, bringe ich einige Mitteilungen und Urteile unter dem Strich[33]. Die Gutachter hatten Recht, auf

---

[33] In den Ergebnissen der mehrfach versuchten mathematischen Berechnungen weist das Verhältnis der „Wahrscheinlichkeit der Absicht" zur „Wahrscheinlichkeit des Zufalls" eine Spannung zwischen 4000:1 und 5:1 auf. Wer also seine uneingeschränkte Zustimmung zu der schärfsten Kritik gibt, die ihre Zahlen einstellt ohne Rücksicht auf solche Erwägungen, wie sie z. B. bei Linie I nötig erscheinen, der muß dann immer noch zugeben, daß unter 6 beliebig sechseckig angelegten Grundstücken durchschnittlich nur eins zu erwarten ist, dessen Azimute ähnliche Eigenschaften wie die Azimute des Sternhofes haben.
  Aber es fällt hier noch eine ganz andere Erwägung schwer ins Gewicht, der ihr volles Recht gewährt werden muß. Die ganze rein mathematische Rechnungsweise braucht noch nicht einmal für das von mir geschilderte allererste Stadium der

eine mathematische Wahrscheinlichkeitsrechnung zu verzichten und die Beurteilung der Zufallsfrage der einfachen logischen Vernunftbehandlung des Einzelnen zu überlassen.

Am anschaulichsten wird meines Erachtens dem Verständnis der Zufallsfrage - wenn auch nur nach ihrer unzulänglichen mathematischen Seite hin - durch ein Lotteriegleichnis gedient. Die eingesetzten Zahlen sind so vorsichtig wie möglich berechnet.

Man lege in eine Urne 90 Lose. Sie sollen die Zahl der möglichen Richtungen für alle 6 Mauern bedeuten, also für jede Linie nur 15! Man bestimme dann, hochgerechnet, 24 Nummern als Treffer (für Sonne, Mond und 10 Sterne, Aufgang und Untergang), welche die astronomisch-mythologisch brauchbaren Azimute einer

---

Entdeckungsgeschichte als der Lage angepaßt anerkannt werden. Denn auch damals war dieser Gutshof weder für mich noch für andere ein beliebiges sechseckiges Grundstück: es war weder ein Fabrikgrundstück noch ein sonstiges geschichtsloses Besitztum; es war kein kleiner Bauernhof zwischen anderen noch eine umfriedete Weide oder Garten; es war weder in einem Grenzlande noch in einer Talsohle gelegen usw., sondern es empfahl sich von vornherein als ein für diese Hypothese wohlgeeignetes Objekt. Die sonstigen Eigenschaften und der astronomische Befund der Grenzlinien kamen zusammen, um die Hypothese aufzustellen und dann zur wissenschaftlichen Annahme zu erheben.

In der rein mathematischen Rechnung dagegen handelt es sich um ganz beliebige Grundstücke, die grundsätzlich sämtlicher geographischen, geschichtlichen, archäologischen und sonstigen Qualitäten bar sind, die wir beim Sternhof z. T. bereits kennengelernt haben und von denen z. T. noch berichtet werden wird. In demselben Augenblick, wenn in der Rechnung nicht sechseckig umzogene Papierflächen, leere Felder oder dgl., sondern nur sechseckig umgrenzte Örtlichkeiten - große oder kleine - in Betracht kämen, die irgendwie Anlaß und Möglichkeit böten, auf einstige kultische Bestimmung untersucht zu werden, so würde die Verhältnisziffer ins ungeahnte hochschnellen.

Aus dem Anfangsstadium ist jetzt eine Lage geworden, in der wir auch ohne den astronomischen Befund zu der Annahme eines uralten Platzes mit kultischer Bedeutung geführt werden.

Wenn im Anfangsstadium sich herausgestellt hätte, daß der astronomische Befund ein Beweisgrund mit wesentlich geringerer Durchschlagskraft sei, als zunächst angenommen wurde, dann hätte mich das damals zur Erwägung führen können, ob nicht die These mit einem „non liquet" fallen gelassen werden müßte, Im gegenwärtigen Stande kann daran nicht mehr entfernt gedacht werden, sondern mir scheint, daß nach Erfüllung aller in vernünftigen Grenzen gestellten Anforderungen archäologischer und geschichtlicher Art der Widerspruch gegen die These von allen denen als gegenstandslos geworden angesehen werden muß, die sich nicht grundsätzlich gegen germanische Astronomie festgelegt haben.

Zeitperiode darstellen sollen. Jeder Losende hat sechs Lose aus der Urne zu nehmen. Den Preis gewinnt, wer mit seinen sechs Losen auch sechs Treffer hat. So viele zu dieser schlimmen Lotterie zugelassen werden müssen, bis einer den Preis gewonnen hat, so viele sechseckige Gutshöfe müssen in der Welt ohne astronomische Absichten angelegt werden, ehe einer derselben die gleiche astronomische Qualität aufzuweisen die Aussicht hätte, wie Oesterholz.

Schlagend wird die Annahme eines Zufalls auch widerlegt durch die von Neugebauer[34] mitgeteilten Rechnungsergebnisse. Neugebauer hat die Zeitpunkte bestimmt, zu denen irgendeiner der in Frage kommenden Fixsterne ein Aufgangs- oder Untergansazimut hatte, das auf eine der Oesterholzer Linien paßt. Bei Eintragung dieser Zeitpunkte in eine graphische Tabelle findet sich eine ausgesprochene Häufung um das Jahr 1800 v. Chr., eine zweite um ebenso viel nach Chr.

Wenn gefragt wird, warum die Alten sich diesen und keinen andern Platz ausgewählt haben, so sind die Gründe dafür überaus einleuchtend, sobald wir annehmen, daß der Sternhof eine Gelehrtenschule war, wo ebenso, wie es uns von den Goten bezeugt ist, die Astronomie in der allesumfassenden Theologie einen hervorragenden Platz einnahm.

Angesehen als menschlicher Wohn- und Wirkplatz für eine Gelehrtenschule, die in der gemeinsamen heiligen Mark am Osning und an den Lippequellen, umgeben von den ein kräftiges Zeugnis ablegenden Hünengräberfeldern, nicht weit von den Externsteinen liegen sollte, ist die Lage des Sternhofes eine derartige, daß, wie uns scheint, die einst mit der Wahl beauftragten Männer keinen besseren Platz ins Auge fassen konnten, als gerade diesen.

Der Platz liegt noch in dem vor Nord- und Ostwinden wohlgeschützten Sennewinkel, auf der Grenze des Sennesandes und des schweren Gebirgsbodens. Zu ihm hatte die Natur einen bequemen 6 km langen Weg durch ein geradlinig verlaufendes Gebirgstal

---

[34] Mannus, 1928, Heft 1, S. 221 f.

von den Externsteinen her geschaffen; zwei vortreffliche Quellen mit fruchtbarer Umgebung bezeichneten dann die genauere Stelle, wo der Hof anzulegen sei.

Der - nicht allzu nahe - Gebirgszug ließ ⅝ des Horizontes, von Nordwesten bis Südosten, frei, und das weite Flachland der Senne bot die Untergänge der Gestirne ähnlich, wie man sie über dem Meere sieht. Ohne irgendeinen Nachteil Pflegen die Vorteile im Leben nicht beieinanderzuliegen. Wenn jene Sternkundigen in der Nähe der übrigen heiligen Stätten bleiben und sich nicht in unwirtliche hohe Gebirgslage setzen wollten, dann mußten sie in Kauf nehmen, daß sie nicht den ganzen Horizont frei hatten. Mag es dem forschenden Sternkundigen in Oesterholz wohl auch nicht recht gewesen sein, daß die Aufgänge der Gestirne durch die Überhöhung im Osten (die höchste Überhöhung durch den Völmerstot beträgt 270 m in 8 km Entfernung) um ein winziges verzögert wurden, so leuchtet es ein, daß es für den Lehrbetrieb ebenso einfach und vorteilhaft war, die Linien des Geheges zur Beobachtung der Untergänge zu benutzen, als der Aufgänge. Auch bei Linie VI ist, glaube ich, der Untergangsort der Spica bestimmend gewesen, wozu zufällig der um - 1850 auf gleicher Linie liegende Aufgangsort des Pollux kam, also nicht der Aufgangsort des Castor. Man vergleiche hierzu die oben angestellte Erwägung zum freien und örtlichen Horizont!

Noch eine Beobachtung zur astronomischen Frage will ich hier nicht übergehen. Die Hauptlinien, meist Wege, die das Grundstück in ausgeprägter Weise durchziehen, erweckten den Eindruck, daß sie mit zu dem astronomischen System gehören könnten; aber eine Prüfung ihrer Azimute führte zu keinerlei Ergebnis für den Zeitraum um - 1850. Dagegen zeigte die Untersuchung, daß die Azimute für die Zeit um - 1300, also 550 Jahre nach der ersten Anlage, auf mehrere der Oesterholzer Sterne paßten, und zwar auf Sirius mit 61°, Capella mit 160°, Pollux mit 141°; dazu Spica mit 105,5°, Plejaden (Alcyone) mit 105°. Meine Vermutung ist, daß die Oesterholzer Sternkundigen auf Abhilfe gesonnen haben, als die fortschreitende Präzession der Gestirne nach mehreren Jahrhunderten solche Abweichungen von den ursprünglich gezogenen Linien mit sich gebracht hatte. Die Plejaden (Gluckhenne, ebenfalls weibliches Prinzip) wurden beachtet.

Wer es, wie wir, versucht, in die eigenartige Welt der alten astronomischen Ortungsneigung einzudringen, der darf von vornherein des mitleidigen Lächelns derer gewiß sein, die für sich das Monopol wissenschaftlichen Denkens in Anspruch nehmen zu dürfen glauben, obgleich sie längst zu der merkwürdigen Einschränkung ihres vermeintlichen Ablehnungsrechtes auf Germanien gezwungen worden sind, da eine Ableugnung der orientalischen Ortung schlechterdings nicht möglich ist. Aber ihr Standpunkt ist auch für Germanien im Abbruch begriffen.

Durch die in Germanien weit verbreitete Ortung öffentlicher Stätten, die wir in unserem 15. Kapitel behandeln werden, war bereits eine starke Unterbauung der Oesterholzer Erscheinung gegeben. Nunmehr aber eröffnet Studienrat Hecht in Holzminden ein neues Feld für die wissenschaftliche Untersuchung der Ortungsfrage, wo wir es nicht vermutet hätten. Es ist die von uns bisher als ziemlich belanglos, jedenfalls als unfruchtbar angesehene Ostung der alten christlichen Kirchen. Die erste kurze Veröffentlichung ist im Kosmos erfolgt. Der mir von Hecht freundlichst gestattete Einblick in sein hochinteressantes Material hat mich davon überzeugt, daß die Korrekturen, welche die Westostachsen der alten christlichen Kirchen durch die späteren Choranbauten erfahren haben, uns in verblüffender Weise zur Klarheit über die aus der germanischen Astronomie in die christliche Zeit übernommene Ortungstechnik einführen werden.

Die Umhegung des Sternhofes geht, wie wir sahen, weit hinaus über die Bedürfnisse eines gewöhnlichen Hofes für Abgrenzung, Viehverwahrung, Schutz gegen Wild oder Sandverwehung. Sie weckt in dem Teile, wo die Wälle noch erhalten sind, vielmehr zunächst den Gedanken an ein Festungswerk. Dazu scheint früher noch mehr Anlaß gewesen zu sein, als jetzt, da eine alte Karte aus dem 17. Jahrhundert den Hof wie eine Festung kennzeichnet. Es ist anzunehmen, daß die ganze Anlage in allen unruhigen Zeiten zur militärischen Verwendung gelockt hat, und daß man dann auf Verstärkung bedacht gewesen ist. Daher kann die Meinung Schuchhardts zutreffend sein, daß die Wälle (III, IV und V) aus dem 17. Jahrhundert stammen, so wie sie jetzt erscheinen, fügen wir hinzu. Daß ein Festungswerk in dieser Stärke jemals vollendet gewesen sei, läßt der Befund nicht als glaublich erscheinen. Ein kleiner Graben, der außen an Linie III aufgedeckt wurde, machte auf Schulrat Schwanold und Dr. Stieren den Eindruck eines römischen Spitzgrabens; aber schon Linie IV zeigte nur die Andeutung eines Grabens. Im Übrigen scheint man es überhaupt nicht bis zur Umziehung des ganzen Walles mit einem Graben gebracht zu haben, eine merkwürdige Erscheinung, da ein Wall in erster Linie aus dem Material eines Grabens zu entstehen pflegt.

Für uns hat nur Bedeutung, daß an der Linienführung nicht wesentlich geändert worden ist, ferner, daß die militärischen Sachverständigen, Oberstl. Schroeder und Oberstl. Wittenstein, ihr Gutachten schließen:

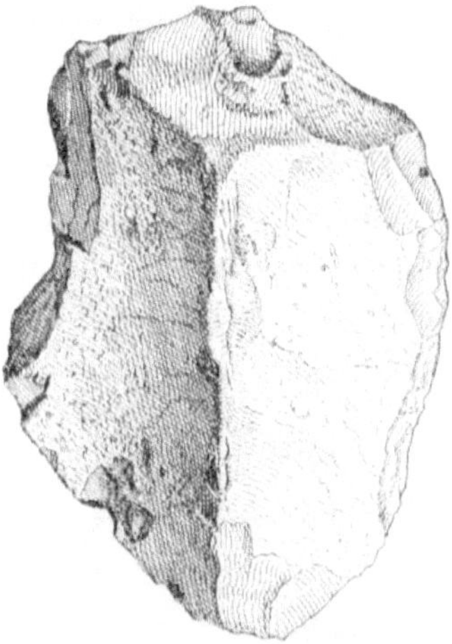

„Unter militärischem Gesichtspunkte bildet die Veranlassung der ganzen Anlage ein Rätsel, mögen wir dabei eine Zeitperiode ins Auge fassen, welche wir wollen." Sowohl die Annahme, daß das Werk von Haus aus ein Sperrfort hätte sein sollen, als auch die Annahme, daß es zu irgendeiner Zeit als Fluchtburg für die umwohnende Bevölkerung geplant gewesen sei, findet in den tatsächlichen Verhältnissen keine ausreichende Stütze.

Abb. 35. Stein-Faustkeil

Damit werden wir wieder zu der ganz andersartigen Ursache der Anlage hingeführt, die uns so eindrücklich durch den astronomischen Befund nahegelegt wurde.

In dem Gutachten kommt die Vermutung zum Ausdruck, daß es sich im Gutshof Oesterholz, den wir nunmehr „Sternhof" nennen wollen, um eine Gelehrtenschule gehandelt hat. Es ist noch stets das gute Recht der Gutachter gewesen, der Feststellung der Tatsachen ihre Meinung über den Sinn der Tatsachen hinzuzufügen. Es ist wertvoll, daß die Berliner Astronomen in diesem Falle trotz des zu erwartenden Widerspruchs Gebrauch von ihrem Rechte gemacht haben.

So gewiß die Druiden Frankreichs - nach Cäsar - Gelehrtenschulen hatten, und die Goten Ostgermaniens - nach Jordanes - Gelehrtenschulen gehabt haben müssen, so gewiß waren Gelehrtenschulen auch in Westgermanien vorhanden. So gewiß dort und überall die Astronomie zur „Theologie" gehörte, so gewiß war das auch am Osning der Fall. Das sind bindende Schlüsse, es sei denn, daß auf dem Boden der Geschichte neben Schriftquellen und Bodenfunden die Vernunftschlüsse - die Logik und Evidenz der Dinge auf Grund unseres sonstigen Wissens - keine Geltung mehr haben sollen.

Mir scheint, daß der astronomische Befund in Verbindung mit diesem wissenschaftlichen Postulat den denkrichtigen Leser in die Lage versetzt, an der Pflegstätte der Astronomie in Oesterholz nicht mehr vorübergehen zu können. So gewinnt die Frage höchstes Interesse, wie sich die übrigen Verhältnisse des Gutshofs, vor allem seine Geschichte und etwaige sonst vorhandene Erscheinungen zu der ihm zugesprochenen Bedeutung verhalten. Dabei ist es von erheblichem Wert, daß eine alte astronomische Stätte mit Sicherheit auch als eine religiöse Stätte gewertet werden muß, ähnlich wie ein Kloster unbedingt als eine religiöse Einrichtung anzusehen ist. Infolgedessen können wir die für eine germanische Kultstätte wichtigen Gesichtspunkte und Erwägungen ohne weiteres auch zu Klärung und weiteren Begründung der Oesterholzer These verwenden.

Die geschichtliche Seite, die uns eine Fülle von Nachrichten und Anregungen wertvollster Art bietet, wird am besten im Anschluß an die notwendige eingehendere Untersuchung über die germanischen Marken behandelt. An dieser Stelle sind noch einige archäologische Erscheinungen im Gutshofe von hohem archäologischen Werte aufzuführen. Vorweg noch ein Wort über die nächste Umgebung.

Abb. 36 Quellenhügel im Sternhof

Die Umgebung des Gutshofes noch Süden, Norden und Westen bis weit dem Sennerande und Fuße des Osnings entlang, ist mit Hünengräbern und Gräberfeldern aufs reichlichste ausgestattet. Durchweg in den letzten Jahrzehnten des vorigen Jahrhunderts ausgeraubt, z. T. zugunsten des Londoner Museums, liefern sie keine Belege für ihre Entstehungszeit. Aber die von Schwanold[35] untersuchten, auf den Höhen gelegenen Gräber, reichen bis in die älteste Bronzezeit (2000 bis 1600 v. Chr.) zurück. Beim Kreuzkruge, also 1 km vom Sternhofe entfernt, sind noch vor wenigen Jahren durch den Dampfpflug prächtige Hünengräber zerstört, auf denen jetzt die Urnenscherben zahlreich gefunden werden. Da angenommen wird, daß nur den Vornehmen solche Begräbnisse zuteilwurden, so haben wir in der Menge der Hünengräber ein Zeugnis dafür, daß man auch in weiter Ferne Wert darauf legte, am Osning begraben zu werden.

Etwa 200 m südöstlich des Sternhofes wurde eine Begräbnisstätte mit ausgemauerten Gräbern aus der Eisenzeit gefunden. Ein

---

[35] Mitteilungen aus der Lippischen Geschichte und Landeskunde.

Gerücht, daß vor nicht allzu langer Zeit eine Überführung des Inhalts nach dem Kirchhofe in Schlangen stattgefunden habe, bestätigt sich nach Aussage des Ortspfarrers Pastor Schelpf, nicht. Eine Bestattung der Leichen in ungeweihtem Boden war von der christlichen Kirche von Anfang an verboten. Da nun für die Weihe dieses Platzes weder eine Nachricht und ein Anzeichen noch eine Wahrscheinlichkeit vorliegt im Blick auf die Besitzer im Mittelalter und Neuzeit, umgekehrt aber diese Begräbnisstätte ganz in den Rahmen der vorchristlichen Verhältnisse paßt, so ist anzunehmen, daß sie den Weisen von Oesterholz zur letzten Ruhestätte gedient haben, und zwar während der letzten germanischen Jahrhunderte, auf die wir wegen der Eisenfunde und Kalkmörtelspuren das Alter zu beschränken haben.

Die Bodenfunde im und beim Gutshofe, die ja weder jetzt noch künftig etwas über die astronomische Bedeutung aussagen, aber schlechthin sichere Beweise für das Mindestalter der Siedlung bringen, beschränken sich bis jetzt auf das Ergebnis kleiner Grabungsversuche durch Schwanold und mich am und im Quellenhügel und neuerlicher Übermusterung der Oberfläche durch Herrn W. Düstersiek, dem die meisten der nachgenannten Funde zu verdanken sind. Sie wurden sämtlich auch Müller-Brauel, Museumsdirektor in Bremen, vorgelegt und von ihm bestimmt.

Eine Anzahl gut bearbeiteter Feuerstein-Kleinwerkzeuge, gefunden auf dem Gartenteil innerhalb der Umhegung.

Ein großer Steinfaustkeil, sog. „Museumsstück" (Abb. 35), Oberflächenfund beim Gutshof in der Richtung auf das Langelau.

Keramische Stückchen, die wahrscheinlich der Bronzezeit angehören, desgl. ein Bronzeteilchen, gefunden im und um den Gutshof.

Ein ansehnliches Gefäßbruchstück aus römischer terra sigillata, gefunden im Quellenhügel des Gutshofes.

Zahlreiche Gefäß- und sonstige Tonscherben, deren Herkunft dem frühesten Mittelalter (sog. Franken-, auch Merowingerzeit) zugeschrieben wird, aber z. T. „auch älter sein können". Allerlei Eisenteilchen, von denen dasselbe gilt. Auch die sehr zahlreichen

Funde bei der uralten Eiche an der Schwedenschanze sind hier voll mitzurechnen.

Als Beweise für die Besiedlung des Platzes von der jüngeren Steinzeit (mindestens aber Bronzezeit) bis zu dem Grenzjahr 772, auf welches es uns bei fast allen Untersuchungen und Erwägungen dieses Buches in erster Linie ankommt, dürften diese Bodenfunde allseitig als genügend anerkannt werden.

Die Grundmauern des Wohnhauses werden für die Erschließung der Geschehnisse im Gutshofe noch einmal eine Rolle spielen müssen, sobald die Archäologie einmal in der Lage sein wird, aus der Beschaffenheit des Mörtels auf die Zeit, in der er gemischt wurde, Rückschlüsse zu ziehen. Die Grundmauern dürften bis in die vorchristliche Zeit zurückragen.

Nach Aussage des bisherigen Besitzers, Geheimrat Kellner, befinden sich unter der Oberfläche des Gartens noch zahlreiche Mauerreste, die an einer Stelle auch noch ans Tageslicht treten. Sie harren der Untersuchung, zumal sie nach der bisherigen Kenntnis der Geschichte des Hofes schwerlich durch die Verhältnisse der späteren mittelalterlichen Zeit zu erklären sind, es sei denn, daß das Kloster Hethi in der allerersten christlichen Zeit (815-822) im Gutshofe gewesen ist.

Wir kommen schließlich zum Quellenhügel, einem hochinteressanten Ausstattungsstück. Vom Wohnhause etwa 30 m entfernt (vgl. Nr. 2 auf dem Kärtchen Abb. 31) erhebt sich etwa 5 m hoch ein von Menschenhand aufgehäufter Hügel mit einem Inhalt von 2-3000 Kubikmeter meist humusartigen Sandes, den wir mit auffälliger Mächtigkeit, bis zu 80 cm stark, in seiner Umgebung finden (Abb. 36).

Die ursprüngliche Beschaffenheit des Hügels ist stark verletzt, besonders nach der Nordseite, offensichtlich bald durch Entnahme von Erdreich, bald durch Wiederauffüllung mit Schutt, auch Bauschutt. Das bewies uns auch die erwähnte Grabung mit ihrem Durcheinander aus den verschiedensten Zeiten, bis in die neueste hinein. Immerhin kam dabei auch das römische Gefäßstück und allerlei sonstige alte Keramik heraus.

In die dem Wohnhause zugekehrte Seite hineingebaut ist ein kleiner kreisrunder Kuppelbau mit 4 m Durchmesser der Grundfläche und 3-4 m Höhe, in den man auf 4 Stufen hinabsteigt. Im Zenith ist ein Loch von etwa 60 cm Durchmesser und nach der Mitte des Hügels hin ein Ausbau von geringer Höhe. Der Türbogen aus kleinen Bruchsteinen (Abb. 37) und das Gewölbe aus Ziegeln ist echt; bei der Altersschätzung wird man nicht über die späten germanischen Jahrhunderte hinausgehen dürfen.

Abb. 37. Eingang in den Quellenhügel

Der bekannte Landrat v. Uslar hat mit seiner Rute das Vorhandensein einer Quelle einige Meter genau unter der Kuppel festgestellt. Das Wasser hat seinen Abfluß zum Teich, und dieser wieder zwei Abflüsse, die als Sinkbäche verschwinden, ebenso wie das übrige Quellwasser des Grundstücks (vgl. S. 174). Daß sie reichlich Wasser gibt, besagt das unmittelbar nebenanstehende Pumpwerk.

Das Befragen aller Sachverständigen wegen des Zweckes dieses merkwürdigen Baues ergab, daß weder die Aufbewahrung von Früchten noch die Verwendung als Backofen (wozu man in späterer Zeit geschritten ist), noch als Gefängnis der Grund für Herstellung eines derartigen Baues gewesen sein kann, über die Entstehungszeit der Anlage, abgesehen vom jetzigen Zustande, wird ebenfalls keine Aussage zu machen sein, solange wir über die Bauweise des frühen Mittelalters im alten Sachsenlande noch so im Dunkeln sind, daß die Ansichten sich schroff und unentscheidbar gegenüberstehen. Die Dinge liegen hier ähnlich wie bei der Kohlstädter Hünnenkirche. Völliges Versagen aller Erklärungsversuche, so lange man an späterer Entstehungszeit festhält: - lichte Durchblicke und einleuchtender Sinn der Bauten, wenn sie als vorchristlich angesehen werden.

Dieser Kuppelbau findet als germanisches Quellenheiligtum seine befriedigende, wohlbegründete Erklärung. Dazu stimmt die rätselhafte große Zenithöffnung, die im Dunkel des Baues dem durch die Quelle mit dem Erdinneren verbundenen Betenden zugleich die Verbindung mit der Himmelshöhe gab. Ähnlich wie vor 30 Jahren in Pyrmont, so würde sich wahrscheinlich auch hier die Aufdeckung der verschütteten alten Quelle lohnen. Daß unsere Alten heilige Quellen gehabt haben, ist auch ohne die Pyrmonter Quelle eins der völlig unanfechtbaren Stücke unserer Kenntnis vom germanischen Kultleben. Noch heute pflegt das Volk beim Vorübergehen in eine Quelle namens Glühthing zwischen Marsberg und Canstein als Zeichen der Verachtung zu spucken - ein Rest der Satanisierung einer einst heiligen Quelle. In erster Linie aber waren die heiligen Quellen doch wohl an solchen Stellen, wie in Oesterholz.

So findet sich ein Glied der Kette nach dem andern ein, um uns das Bild des Gutshofs als germanisches Heiligtum gewiß und lebendig zu machen.

Geben wir uns nun noch einmal Rechenschaft über die Vernünftigkeit des vor unsern Augen aufgetauchten Bildes einer Pflegstätte der Astronomie in Oesterholz!

Für die reichbezeugte Wahrheit, daß es in Germanien Gestirndienst gab, und für die Richtigkeit unserer Überzeugung, daß es daher auch Sternkunde - Astronomie - gegeben haben muß, ist uns im Externstein ein Zeuge von gewaltiger Eindrücklichkeit erhalten. Wenn die Externsteine, wie einleuchtet, kein passender Platz für den Sitz der Sternkundigen war, so wird er doch in der Umgegend gewesen sein. In bequemer, geradliniger Durchquerung des Gebirges war in 1½ Stunden Oesterholz zu erreichen, gelegen an den

Lippequellen, am Südwestfuße des Gebirges der Asen (Osning, Osnegge, Egge der Asen). Da war ein naturgegebener Platz zur Erfüllung ihrer Aufgabe und zur Aufnahme derer, welche das Wissen den folgenden Geschlechtern überliefern sollten. Dem Hof, den sie begründeten, gaben sie daher eine ansehnliche Größe. Man hielt es für gut, dem Hof auch ein Gepräge zu geben, welches ihrer Wissenschaft entnommen war und den Dienst der Ostara zum Ausdruck brachte. Das war die Orientierung der Umgrenzungslinien, ähnlich wie ihre Kollegen im Orient ihre Gebäude orientiert haben. Unser Mangel an Verständnis für diese Dinge schafft nicht aus der Welt, was sich im Orient gezeigt hat und was sich uns zeigen will. Ob für die alten Sternkundigen darin nur ein religiöser Empfindungswert lag, oder ob auch ein praktischer Zweck damit erfüllt werden sollte, z. B. abends beim beliebten Unterricht im Spazierengehen - auf solche an sich berechtigten Fragen kann kaum mit Vermutungen geantwortet werden.

An einem solchen Orte saßen nun die Sternkundigen von Geschlecht zu Geschlecht, dem das Überkommene stets wieder wertvoll und heilig sein mußte. Wenn die Zeiten und die Menschen und auch die Herrschaften sich wandelten, ihr Dienst veraltete niemals. Keine Änderung der Anschauungen und Bräuche machte entbehrlich, was sie schafften. Es braucht nicht geradezu ein erblicher Stand der Sternkundigen gewesen zu sein, aber was uns Jordanes über die Astronomie der Goten berichtet, das führt doch in die Nähe dieses Gedankens, den wir bei den gallischen Druiden ausgeführt finden. Dem Sternkundigen wird das Ansehen des „Goden" nicht gefehlt haben.

Den Sternkundigen hatte es also gefallen, die Umgrenzungslinien ihres Hofes nach Gestirnen zu orten. Wir wissen nicht, wodurch sie die Linien ursprünglich kenntlich gemacht haben. Aber bei der germanischen Vorliebe für Umhegung aller zu irgendeinem Zwecke ausgesonderter Plätze wird es auch hier irgendeine Einhegung gewesen und dauernd geblieben sein. Wenn das Gehege zerfallen wollte, dann erneuerten sie es und hüteten sich, daran etwas zu ändern. Das taten sie, bis eben das Ende kam, und dies Ende kam sicherlich in den Jahren 772-804 n. Chr., als der auf gewaltmäßige Christianisierung bedachte Westfrankenkönig Herr im Lande wurde, und nichts schonte, was als Dienst, Ausfluß oder Begünstigung des alten Glaubens angesehen werden konnte. Je völliger die Unterjochung des germanischen Volkes wurde, je größere Fortschritte die Bekehrung machte, je mehr das Volk selbst in den Eifer des neuen Glaubens hineingezogen wurde, umso weniger fand der Wille der neuen Machthaber Widerstand, das Volk von seiner Vergangenheit zu lösen und die mannigfachen Fäden der Erinnerung zu durchschneiden.

So ist es auch das Schicksal der germanischen Sternkunde mit ihrer innigen Beziehung zum alten Glauben gewesen, im Meer der Vergessenheit versenkt zu sein. Durch endlose Zeiten sind die fleißigen Männer in eiskalten Steinnächten auf dem Posten gewesen, haben gesonnen, gerechnet, geratschlagt und gelehrt; Fürsten und Volk haben auf sie gehört, und das Leben danach eingerichtet. Dann ist ihr Gedächtnis ausgelöscht.

Nun aber ist der Gutshof gefunden. Seine Grenzlinien wurden als noch ausreichend erhalten angesehen, um in ihnen die eigenartige zueinander stimmende astronomische Orientierung zu erkennen und um zu der Behauptung zu führen, daß sie nicht auf einem Zufall beruhen können.

Wie wenn jemand, der durch die Wildnis reiste, einen Baum aufgefunden hätte, dessen Rinde die verwachsene, aber unverkennbare Figur des pythagoräischen Lehrsatzes aufwies und dadurch dessen gewiß wurde, daß hier nicht nur ein Mensch, vielleicht ein Wilder, sondern ein Mensch mit Geistesbildung gestanden habe, so ähnlich ist es mit unserer Auffindung der astronomischen Linien des Gutshofs Oesterholz. Auch wir freuen uns, daß wir es nicht mit wilden, sondern mit Geistesmenschen zu tun haben, wenn wir an unsere Ahnen gedenken.

Das folgende Kapitel soll uns zeigen, wie das Geschichtsbild beschaffen ist, in welches sich eine astronomische Gelehrtenschule zu Oesterholz einzufügen hat.

6. Die Marken und die Geschichte der Mark Oesterholz

Die altgermanischen Marken sind neutrales, unbesiedeltes, zwischen den Stämmen (auch Gauen usw.) liegendes Land, welches zumeist aus Wald, Heide, Bruch und Wüstung bestand. Die Verkennung dieser bedeutsamen Bedingung der Lebensverhältnisse im alten Germanien hat zu dem verworrenen, widerspruchsvollen Bilde geführt, welches uns als Ergebnis der großen wissenschaftlichen Bemühungen der Bearbeiter der ältesten Landverfassung entgegentritt[36]. Zu den Marken in diesem ältesten Sinne gehören in Bezug auf ihre rechtliche Qualität auch die „Sundern" als ausgesonderte Geländeteile; von ihrer sonstigen Bedeutung wissen wir nichts.

Grundlegend für unsere Erkenntnis des Wesens der alten Marken sind die zusammenstimmenden Berichte des Tacitus und Julius Cäsar. Bei letzterem heißt es[37]: „Für die einzelnen Stämme besteht der größte Ruhm darin, in möglichst weitem Umkreise durch Verwüstung der angrenzenden Ländereien Einöden geschaffen zu haben. Zugleich erblickt der einzelne Stamm darin für sich einen noch sicheren Schutz." Auf die törichte Meinung Cäsars von der absichtlichen „Verwüstung" paßt Heuslers treffliches Wort: „Wo die südländischen Literaten erläutern, greifen sie fast immer daneben[38]".

Die zweite unentbehrliche Quelle unserer Erkenntnis ist das Werk Rübels[39]. Es ist die Sammlung und verständig-klare Verarbeitung eines umfangreichen Materials. Rübel wendet zwar leider der vorangegangenen vielseitigen und großen Bedeutung der Marken gar kein Interesse zu, aber er zeichnet doch das gewalttätige

---

[36] Die verschiedenen Auffassungen sind von Dopsch übersichtlich zusammengestellt. Dopsch, Wirtschaftliche Grundlagen der Europäischen Kulturentwicklung I, Wien Seidel & Sohn, 1918.
[37] Cäsar, De bello Gallico VI, 23.
[38] Prof. Heusler-Basel in Nollaus deutsche Wiedererstehung.
[39] Rübel, Die Franken, ihr Eroberungs- und Siedlungssystem im deutschen Volkslande.

Werk der Markenverteilung durch Karl d. Gr. durch meist trockene Aufzählung der einzelnen Geschehnisse mit derartig anschaulichen Strichen, daß Rückschlüsse auf die vorangehenden Verhältnisse möglich sind.

Die Breite der alten Marken war nicht nur wegen der zwischen den Anliegern herrschenden Verhältnisse, sondern vor allem auch aus natürlichen Gründen (Ausdehnung der Gebirge usw.) eine sehr verschiedene. Man hatte auch Marken zwischen Gauen und kleinen Volksteilen bis zu den schmalen Hudestreifen, die die Sippen zwischen den ihnen zugeteilten Ländereien liegen ließen.

Die großen Marken waren in erster Linie freies Jagdgebiet. Nur wo sie sich so verengerten, daß Reibungen wegen Jagd, Holzung und Hude vorkommen konnten, erforderten sie Vereinbarungen zwischen den Markgenossen, d. h. den beiderseitig berechtigten Anliegern an den Marken. Darin liegt ohne Zweifel der älteste Sinn des Begriffs der Markgenossen.

Nach völliger Beseitigung der alten Marken nach Grundsätzen, die keinen neutralen Grund und Boden mehr duldeten, ist der ursprüngliche Begriff der Mark verschwunden, aber das Wort blieb im deutschen Sprachschatz. Der Name blieb nicht nur an manchen wirklichen früheren Marken haften, sondern er wurde nun in verwässerter Bedeutung auch wohl neu auf Wälder oder Ländereien angewandt, die in alter Bedeutung nie „Marken" gewesen waren, z. B. die Feldmarken beliebiger Ortschaften; oder man gebrauchte das Wort auch einfach für Grenze, z. B. in Markstein. Aus dem Namen Mark dürfen daher nur mit großer Vorsicht vorgeschichtliche Schlüsse gezogen werden.

Aber da, wo besondere geschichtliche Zeugnisse vom Alter des Namens vorliegen, wie bei der Oesterholzer Mark, oder wo der Name in auffälliger Weise sich so wiederholt, daß daraus noch ein Markengebiet oder ein Markengürtel wiedererkenntlich wird, da kann der Name Mark uns auch zu einem wertvollen Zeugnis werden.

Markgenossen hießen die in einer Mark Berechtigten auch später, als die Marken zwar nicht mehr neutral waren, aber zu einem großen Teil nicht in den Privatbesitz übergegangen, sondern Eigentum eines Volksteils geworden waren. Es liegt jedoch kein Grund vor, den Begriff - in entsprechender Beschränkung - und auch das Wort Markgenossen nicht als bereits in der vorkarolingischen Zeit vorhanden anzunehmen. Es ist der gewiesene Weg, mit solchen vernünftigen Annahmen aus der ersten geschichtlichen Zeit in die unmittelbar vorangehende vorgeschichtliche Zeit einzudringen.

Mir scheint, daß eine Karte von Germanien, auf der mit Sorgfalt farbig, durch schematische Zeichen alle Wälder und Landstücke verzeichnet wären, die noch mit altem Namen „Mark" heißen, oder früher so hießen (also ohne neuerliche Feldmark zu sein), daß eine solche Karte ein wesentliches zur Entschleierung der Geographie des alten Germaniens beitragen könnte. Es käme auf einen Versuch an.

Wenn dabei zusammenhängende Markengürtel sich als wahrscheinlich zeigten, so hätten wir damit zugleich die Straßen, auf denen einst die großen von den Stämmen ausgesandten Wandertrupps zogen, ohne die Bewohner des Landes zu belästigen (vgl. Ausführungen über die Völkerwanderungen Kap. 16). Hieran würde sich mit Aussicht auf guten Erfolg eine Untersuchung des germanischen Wegenetzes schließen, auch der Rennsteige und Kammwege, und mancher jetzt unerklärliche, durch tiefe Waldeinsamkeit führende Weg, der durch seine Beschaffenheit und durch die Parallelwege von uralter Benutzung zeugt, würde ins Licht seiner früheren Bedeutung gerückt. Daß diese durch die Marken in ihrer Längsrichtung führenden Wege auch für den Fernverkehr des damaligen Handels und für den sonstigen Reiseverkehr benutzt worden sind, müßte auch aus der Tatsache geschlossen werden, daß in den Marken die Handelsplätze, die „Markt"plätze lagen, die zugleich und in erster Linie dem Tauschhandel zwischen den anliegenden Stämmen und Gauen dienten. Aus der Zeit, in der wir uns mit der Zurückführung des Wortes „Markt" auf „mercator" begnügten, und ganz befriedigt auch dieses Wort als Lehnwort aus dem Lateinischen hinnahmen, sind wir heraus. Wir stellen vielmehr umgekehrt die Frage, ob der Stamm marc aus der Sprache der

Nordischen ins Lateinische herübergenommen ist, wozu das weit überragende Alter der nordischen Kulturentwicklung das Recht gibt, oder ob der Stamm gemeinsamer Besitz gewesen und geblieben ist. Nur in Wetterauischer Mundart ist der k-Laut fallen gelassen[40].

Wahrscheinlich, oft in praktischer enger Beziehung zur Bedeutung der Marken für den Marktverkehr[41], schlossen die Marken die Orte für alle gemeinsamen Versammlungen, Feste und die sonstigen gemeinsamen Einrichtungen in sich.

Mit den gemeinsamen Versammlungen und Festen der Markgenossen in den Marken kommen wir auf die unlösbar damit verbundene Frage nach den Orten der gemeinsamen religiösen Heiligtümer, mögen wir dabei an mehrere Stämme oder an mehrere Gaue und kleinere Volksteile denken: sie lagen in den Marken.

Daß gemeinsame Heiligtümer vorhanden waren, und daß sie in den Marken lagen - beides wird nicht bestritten. Helm[42] bemerkt zum Trundholmer Sonnenwagen: „Es ist kaum denkbar, daß ein solches Kultrequisit existierte, ohne eine periodisch geregelte Kultordnung" und Schaumann[43] sagt: „Der Gottesdienst fand unter freiem Himmel statt; die tägliche Ausübung lag dem Familienvater ob, und nur seltener vereinte man sich zu allgemeinen Festen. Die Mark bot natürlich hierzu wie zu allen gemeinschaftlichen Handlungen den schicklichsten Platz dar, und da diese meistens der Wald war..."

Wenn Tacitus uns von dem den Marsern und anderen bedeutenden Stämmen gemeinsamen Tanfana-Heiligtum berichtet, wenn wir von der überstammlichen Bedeutung der Seherin Veleda zu Civilis Zeiten hören, und wenn die Sachsen während der Kriege gegen Karl am gewohnten Beratungsorte in Marklo zusammenkamen, so sind das deutliche geschichtliche Zeugnisse, aus denen endlich die weittragenden kulturlichen Schlußfolgerungen gezogen werden sollten. Waren die Stämme, wie Einhard berichtet, gewohnt, in Marklo über Krieg

---

[40] Schmitthenners deutsches Wörterbuch.
[41] Ebert, Reallexikon der Vorgeschichte Bd, VIII, S. 34.
[42] Helm, Altgermanische Religionsgeschichte.
[43] Geschichte des niedersächsischen Volkes S. 121.

und Frieden, also über ihre höchsten Daseinsfragen zu beraten und zu entscheiden, so ist eine solche Gewohnheit, die es natürlich in der Regel mit inneren Streitigkeiten zu tun hatte, ganz undenkbar ohne eine ständige gemeinsame Obergerichtsbarkeit.

Oesterholz hatte in der frühen mittelalterlichen Zeit ein Gericht, und zwar einen Freistuhl mit seiner Bedeutung als Ort höherer Gerichtsbarkeit; das ist ein untrügliches Zeugnis für den gleichartigen Charakter der Stätte in der vorangehenden germanischen Zeit. Denn derartige Gerichtsorte mußte man in christlicher Zeit wohl dulden, hat sie aber niemals neu eingerichtet, am allerwenigsten jedenfalls an solchen Orten, wie Externsteine und Oesterholz.

Wie wir wissen, hat noch im Jahre 1525 ein Graf von Waldeck den Freistuhl zu Osterholte nebst der zugehörigen Hufe Landes (eine der Oesterholzer Kotsteden?) an den Herrn von Calenberg bei Warburg verlehnt; dabei konnte es sich nicht um Gerichtshoheit, sondern nur noch um die Hufe und um den Platz handeln „beneben Kohlstädt und Schlangen, beinahe auf der Straßen, die nach Schlangen geht, nahe dem Walken". Demnach ist der Freistuhl näher bei Oesterholz zu suchen, als der „Hagedorn" der Dedingerheide.

Auch in Griechenland waren die Heiligtümer (Olympia, Dodona) mit Gerichtshoheit verbunden, wie wir es im Oesterholz und an den Externsteinen haben. „Amphiktyonen" hießen dort die am Heiligtum Wohnenden, die nicht nur für dasselbe zu sorgen hatten, sondern auch Wächter über das zwischen den beteiligten Stämmen geltende Völkerrecht waren. Für Oesterholz werden wir ähnliche Verhältnisse annehmen müssen. Es scheint, daß dem kleinen Stamm der Dulgubiner die Wacht über die gemeinsamen Heiligtümer anvertraut gewesen ist; er wird von Ledebour[44] als ein Teil der Cherusker erklärt, wohnte nach Tacitus a tergo Angrivorum - von Westen aus „im Rücken der Angrivarier" - und hatte nach Fürstenbergs Karte seine Wohnsitze zwischen Cheruskern und Chatten, so daß wir ihm das Gebiet vom Nethegau her bis etwa Horn zuzuweisen hätten.

---

[44] Ledebour, Land und Volk der Brukterer.

Wer auf unserer Übersichtskarte sich die geographische Lage der Oesterholzer Mark mit den darüber liegenden Osningbergen vergegenwärtigt, die zusammen mit der Kohlstädter und Schlangener Mark ein Marktgebiet von ansehnlicher Größe ausmachte, der wird die außergewöhnliche Gunst dieser Lage inmitten der germanischen Stämme, die in den Römer- und Frankenkriegen eine Rolle spielten, erkennen. Dies Gebiet hatte seinen Zusammenhang mit der Hornschen Mark und der Holzhausener Mark, zwischen denen der Knickenhagen mit den Externsteinen gelegen ist. Wenn auch die uralte Befestigungsart der Knicks - bestehend aus lebendem Gebüsch, welches zu engster Verwachsung gebracht war - an sehr zahlreichen anderen Stellen zur Verwendung kam, so ist doch die Umhegung der heiligen Haine wahrscheinlich die älteste, jedenfalls die dem Volk eindrücklichste Verwendung gewesen. Denn die Hainbuche, der für den Knick geeignetste Baum, hat seinen Namen davon bekommen. Wo die Hainbuche frei wächst, d. h. ohne ersichtlichen Grund ihrer absichtlichen Anpflanzung in Mittelalter oder Neuzeit, da muß man die Augen offen halten, wenn man nach den Orten Ausschau hält, wo die Alten ihr Wesen getrieben haben.

Mit der Holzhausener Mark scheint über den Brautberg und Bannenberg bei Schmebissen die Schönemark Zusammenhang gehabt zu haben, an die sich der Leistruper Wald (Kap. 12) mit dem Fissenknick anschließt. Dann haben wir nordwärts den Dörenwald, den Bergwald „Der Knick" genannt, von dem ein Teil noch staatlicher Besitz ist, und dann über den Staatswald am Kluckhof hinweg die Lemgoer Mark, Lüerdisser Mark, „Luher" Heide, Leeser, Reetzer, Istorfer, Brüntorfer Mark mit Mönkeberg und Rehberg, Matorf (1345 Marktorp) und dann die Hohenhausener (einst Hodenhausener) Mark, womit der Anschluß an ein großes Markengebiet erreicht wird, welches den Heidelbecker Knick, Stöckerberg und die Marken Tevenhausen, Langenholzhausen, Kalldorf, Hellinghausen, Stemmen, Varenholz, Erder und nördlich der Weser die Marken von Veltheim und Holzhausen bis zur Porta umfaßt. Ein erheblicher Teil der genannten Wälder ist Staatsbesitz, was um deswillen unsere besondere Aufmerksamkeit erwecken muß, weil daraus die Überlassung aus dem verfügbaren Volksland zur Zeit Karls an die Großen jener Zeit zu schließen ist.

Außer den genannten 23 den Namen Mark tragenden Gebieten des auf unserer Karte angedeuteten Markengürtels gibt es im Lipperland nur noch eine Gruppe von sechs Marken zwischen dem Fissenknick und der Hiddenser Mark in der Nähe der Herlingsburg, die ebenfalls den Eindruck eines Gürtels macht, der zwei Gaue voneinander geschieden hat; in diesem Gürtel würde dann Wilbasen liegen, dessen großes jährliches Volksfest mit Pferdemarkt auf die germanische Zeit zurückgeführt wird.

Eine vereinzelte Mark gibt es nur noch bei „Wüsten" mit seinem an eine Mark erinnernden alten Namen (sie mag einem von Lemgo auf Schweicheln gehenden Markenzuge angehört haben), und eine Grester Mark (erst 1789 erwähnt), über die ich keine Vermutung habe. Immerhin verdient diese Lage der lippischen Marken, deren archivalische Feststellung der Arbeit des Dr. H. Schmidt zu verdanken ist, ernste Beachtung. Damit würden wir nicht nur im Allgemeinen einen weiteren Blick in die Verhältnisse der alten Zeit tun, sondern auch die gesuchte Grenze zwischen Cheruskern und Angriwariern in dieser Gegend haben.

Auf die Oesterholzer Mark, die um der in ihr sich findenden Heiligtümer willen das Kernstück einer großen Zentralmark der verbundenen Stämme gewesen zu sein scheint, richtet sich unser besonderes Interesse.

Die Geschichte von Oesterholz

Als mir die Bedeutung des Gutshofs in Oesterholz zur Gewißheit geworden war, habe ich nicht geglaubt, erwarten zu dürfen, daß über den weltvergessenen Winkel, in dem Oesterholz liegt, soviel geschichtliche und archivalische Nachrichten zusammenkommen könnten, daß daraus eine Stütze für die Oesterholzer These entstehen würde.

Da auch bei der Größe und Beschaffenheit des Objekts und bei der Eigenart der auf geistigem Gebiete liegenden Kernfrage leider keine oder nur eine minimale Aussicht besteht, durch Ausgrabungen auch umfassendster Art etwas positiv oder negativ Durchschlagendes zutage zu fördern, so habe ich anfangs angenommen, daß sich die These auf ihre astronomische Begründung beschränken müsse, daß also ihre Annahme nur da zu erwarten sei, wo man sich mit der astronomischen Bewertung der vorhandenen als unverändert angesehenen und als ausreichend präzisiert zu erachtenden Grenzlinien begnügen wollte.

Aber in der nachfolgenden Zeit hat sich das Bild verändert. Schon die Clostermeiersche Denkschrift über die Kohlstädter Ruine und die Vogtei Schlangen, die mir aus dem hiesigen Archiv freundlichst zur Verfügung gestellt wurde, zeigte das hohe Alter des Namens und der Mark Oesterholz bis hinab in die ältere karolingische Zeit, die es ihrerseits wiederum wesentlich mit den ihr aus der vorgeschichtlichen Zeit überkommenen Verhältnissen zu tun hat. Denn für eigenes Kulturschaffen boten ja jene dunklen Jahrhunderte keinen Raum, es sei denn, daß es sich um Befestigung der Fremdherrschaft, um Romanisierung oder um die Belange der Kirche handelte. Auf lange hinaus waren die Zustände nicht danach, daß die bedrückte und an Zahl herabgeminderte Bevölkerung an die Neubegründung von Höfen denken konnte. Nach Wigand[45] ist in den Urkunden des 9.-12. Jahrhunderts recht viel von „mansis et agris desertis", also von untergegangenen, früher dagewesenen Orten die Rede.

Diese ältesten Nachrichten über Oesterholz zeigen Verknüpfungen dieses Fleckchens Erde mit den Machthabern jener Zeit im Reich und in der Kirche, aus denen die höhere Bedeutung desselben geahnt werden konnte. Meine Durchmusterung u. a. des im hiesigen Archiv befindlichen großen Aktenmaterials der Familie Schwarz gab wenigstens die Gewißheit, daß an der Identität des jetzigen Hauses Gierken mit dem vom Paderborner Kloster verlehnten Schwarzmeierhof und

---

[45] Corveyscher Güterbesitz 1831 S. 64.

weiterhin der Besitzung Bevos in der Mark Oesterholz nicht zu zweifeln sei. Zahlreiche andere Nachrichten vervollständigten das Bild seiner Geschichte durch das Mittelalter hindurch. Das Bedeutsamste aber ist die Entdeckung einer versuchten Klostergründung in Oesterholz.

Daraus ist allmählich ein geschichtliches Gefüge über die Bedeutung von Oesterholz als Mark, Ortschaft und Gutshof entstanden, in dessen Rahmen die These von der astral-mythologischen Stätte eine so starke Stütze findet, wie sie unter den gegebenen Verhältnissen nur irgend erwartet werden kann. Nachdem die Aufmerksamkeit nun einmal in diese Richtung gelenkt worden ist, kann noch weiteres klärendes und aufbauendes Material zutage kommen. Der Ertrag wird entweder in positivem Sinne für unsere These ausfallen oder belanglos für sie sein. Denn, mag von dem Gutshof nach 772 berichtet werden, was da will, dann bleibt stets die Frage: „Was war vorher auf dem Platze, an dem sich doch kein Loch im Erdboden befand?"

Die „Geschichtslosigkeit" der deutschen Vorgeschichte bringt es nun einmal mit sich, daß unserer Geschichtswissenschaft, die ohne Urkunden hilflos ist, hier die bescheidene Rolle eines Handlangers und dann eines Nutznießers der Archäologie zufällt. Es ist zwecklos, wenn man sich vom Standpunkt der Geschichtswissenschaft aus gegen diesen allerdings bedauerlichen, aber vorhandenen Zustand auflehnt und es ist kurzsichtig, wenn man Berechtigung, Notwendigkeit und Erfolge der Archäologie und anderer Erkenntniswege verkennt oder gar mit bedrohend erhobenem Arm das Zustandekommen geschichtlicher Gewißheiten auf nicht urkundengeschichtlichem Wege zu verhindern bestrebt ist. Wieder erhebt sich der Verdacht, daß die Harthörigkeit vieler Geschichtler gegenüber den Fanfaren der Archäologie in germanischen Dingen doch - neben einer berechtigten Vorsicht und Zurückhaltung - auch im „Widerstreben" ihren Grund hat. Denn von der gründlichen Umgestaltung der gesamten Geschichtsauffassung der germanischen Vorzeit, wie sie längst in Erscheinung treten müßte, ist gar zu wenig zu bemerken.

Hier haben wir es mit einem Fall zu tun, bei dem weder von „geschichtlichen Beweisen" noch von geschichtlichen Gegenbeweisen die Rede sein kann, wo vielmehr geschichtliche Urkunden bestenfalls ein hohes Maß von Wahrscheinlichkeit schaffen und die Indizienbeweise aus Astronomie und Mythologie in Verbindung mit dem Lokalbefund die Gewißheit bringen.

Das geschichtliche Bild unseres auf so eigenartige Weise aus dem Dunkel der Vergessenheit herausgerissenen und ins Licht gesetzten Objekts zeichnet sich durch klare Linien und durch Farbe aus.

Die Gegend des nördlichen Sennerandes ist durch zahllose Hünengräber und auch durch Siedlungen als ein uraltes benutztes Gebiet bis zurück in die Steinzeit erwiesen. Eine gründliche Spatendurchforschung insbesondere des Oesterholzer Gebietes steht noch aus, aber schon der oben berichtete Ertrag kleiner neuerlicher Bemühungen reicht für unsere Zwecke völlig aus, um den Gutshof und seine nächste Umgebung als alte Siedlung mindestens von der älteren Bronzezeit an zu beweisen. Über die Steinzeitsiedlungen haben wir das neue Buch von H. Diekmann-Örlinghausen.

Zur Römerzeit - wie ja auch noch zur Frankenzeit - hat die Umgebung der Lippequellen, zu der Oesterholz gehört, die Bedeutung gehabt, die einem Ziel feindlicher Heereszüge zuzukommen pflegt. Wir finden schon den älteren Drusus und Tiberius an den Lippequellen. Daß die Römer hier ihren weitest vorgeschobenen militärischen Pusten hatten, sei es Aliso, sei es das unbekannte Kastell (Annal. 2, 7; 2, 9), daß Germanicus sowohl 15 wie 16 hierhin stieß, wo er den Hauptwiderstand der Germanen erwartete, daß hier die „media Germania" des Vellejus Paterculus (2, 117) ist, in die Varus einzog, und in der er sein Hauptquartier aufschlug, ist noch immer die weitaus gesichertste geschichtliche Kenntnis, die wir von der Römerzeit haben.

So mag denn die germanische Gelehrtenschule, deren Sitz wir im Gutshofe Oesterholz annehmen, zur Römerzeit schweren Störungen ausgesetzt gewesen sein, zumal, wenn es sich herausstellen sollte, daß die Römer wirklich den nicht durchgeführten Versuch gemacht haben, den Gutshof mit seiner Umhegung zu einem Verteidigungswerk für sich umzugestalten. Das sind dann wahrscheinlich die aus dem Gebirge entkommenen Trümmer der Varustruppe auf ihrer Flucht nach Aliso gewesen.

Neben den Berichten über die germanischen Freiheitskämpfe, von denen die Oesterholzer Mark jedenfalls irgendwie mit betroffen worden ist, liefert uns die römische Literatur aus dem 1. Jahrhundert unserer Zeitrechnung noch die Veleda-Geschichte, deren Schauplatz wir in Zusammenschau aller Umstände hier suchen und finden.

Die folgenden Jahrhunderte haben keine allzu großen Erschütterungen in der Media Germania mit sich gebracht. Ohne damit mancherlei zwischeneingekommene politische Wandlungen zu leugnen, gelangen wir zu dieser Gewißheit, weil wir in der Frankenzeit noch dieselben germanischen Volksstämme, die die Römerherrschaft abgewendet haben, an Ort und Stelle und in einer politischen Gemeinschaft finden, die in „Markloh" ein über Krieg und Frieden entscheidendes Parlament hatten. „Die Sachsen Wittekinds waren die unverfälschten Nachkommen der Erbauer der Megalithgräber" (Schuchhardt). Wie viel mehr werden die religiösen Gemeinsamkeiten, einschließlich der Gelehrtenschule in Oesterholz, ihren Fortgang genommen haben! Von „Stürmen der Völkerwanderung" sind in dieser Gegend nicht die geringsten Anzeichen vorhanden.

Das nach außerhalb des Landes verlegte Schwergewicht der politischen Entwicklung muß damals überhaupt für das germanische Gesamtvolk ein im ganzen friedliches Innenleben zur Folge gehabt haben. Auswanderung, Betätigungsdrang und Blick war im Westen Germaniens zuerst auf Gallien, dann auf Britannien, im Osten Germaniens auf Italien, Spanien und Nordafrika gerichtet. Zu diesem Glauben an den stetigen und starken Kulturfortschritt Germaniens zwischen 250 und 772, der im schroffsten Gegensatz zu der uns geläufigen wissenschaftlichen Auffassung steht, werden wir gezwungen, sobald wir unerbittlich jedes argumentum e silentio ausschalten und sorgfältig alle positiven Kulturanzeichen auswerten, die - aus den verschiedensten Quellen mühsam zusammengeholt - berechtigter Weise auf jene Zeiten Germaniens angewendet werden müssen.

In Oesterholz hatte die Wissenschaft und der religiöse Kultus das Wort. In den letzten Jahrhunderten, als die Predigt der angelsächsischen und anderer christlicher Missionare keine Seltenheit mehr waren, bildeten dort die Fragen des Christentums ohne Zweifel den Gegenstand lebhaften Interesses. Im Allgemeinen fanden sie zwar in Oesterholz wie im ganzen konservativen Sachsenlande Ablehnung; aber es gab längst verstreute Anhänger des neuen Glaubens. Über sie kam das unendlich tragische Geschick, als Verräter ihres Volkstums angesehen zu werden, sobald Christsein und Fränkischsein gleichbedeutend wurde. Auch die späteren Zeiten haben gezeigt, daß die germanische Veranlagung den aus einer solchen Lage sich ergebenden Gewissensnöten nicht gewachsen ist. In Oesterholz wird man erst dem Zwange gewichen sein; die gewohnten Feste unterblieben, wenn sie durch die fränkische Besatzung von Neuhaus verhindert wurden. Einige Jahre länger mag sich die stille Gelehrtentätigkeit im Sternhof gehalten haben - vielleicht bis zum Tage von Verden. Dann war`s auch damit zu Ende.

In Oesterholz ist der religiöse Dienst vor allem der Ostaragottheit gewidmet gewesen. Der Name ist allzu gebräuchlich, als daß daraus allein ein Schluß gezogen werden dürfte. Aber wir haben ein ausdrückliches geschichtliches Zeugnis von Casimir Wasserbach, einem angesehenen im Lemgo lebenden Schriftsteller des 18. Jahrhunderts, dessen Kenntnisse wahrscheinlich auf der damals noch vorhandenen, zäh durch die Jahrhunderte erhaltenen mündlichen Überlieferung beruhten. Vielleicht hatte er noch schriftliche Quellen zur Verfügung, die wir nicht mehr haben.

Wasserbach veröffentlichte seine Forschungen über ein Standbild Hermanns, des Cheruskers, welches er für identisch mit der Irminsul hielt, und zählte in der Einleitung die anderen „Antiquitäten" des Landes auf, darunter das Oesterholzer Ostaraheiligtum: „lucos ac nemora consecrata diis apud Colstede et fanum Osterea deae prope Osterholz" (zu Deutsch: Den Göttern geweihte heilige Haine und Wälder bei Kohlstädt und ein Heiligtum der Osteragöttin nahe bei Oesterholz).

Dadurch ist unserer bereits auf ganz anderen Wegen gewonnene Überzeugung von dem kultischen Charakter der Oesterholzer Mark die Unterlage eines geschichtlichen Zeugnisses gegeben. Es leuchtet ein, daß diese Reihenfolge noch beweiskräftiger ist, als wenn jemand auf Grund einer geschichtlichen Notiz sich an's Suchen gegeben und dann gesagt hätte: hier ist das Gesuchte. Die Bedeutung des Wasserbachschen Zeugnisses ist für unsere These so groß, daß wir uns näher mit seiner Person befassen müssen.

Wasserbach war mit seinen meist verfehlten Namenserklärungen und mit seinem kritischen Können ein echtes Kind seiner Zeit. Eine gute Handhabe zu seiner Beurteilung als ehrlicher Schriftsteller gibt seine Einleitung, die ich hier in der Übersetzung von Sup. a. D. F. Meyer zum größeren Teil bringe; Das ganze Schriftchen liegt in der Übersetzung von P. Nase-Hiddesen (Maschinenschrift) vor.

Des Rechtsgelehrten Ernst Casimir Wasserbach Dissertation über die berühmte Säule des Harminius[46]

Aus der Vorrede

Den Verehrern von Altertümern Heil! ... Berühmt ist gewiß jenes Wort bei Salust im Jugurtinischen Kriege: Oft habe ich gehört, sagt er, daß O. Maximus, Scipio, außerdem noch berühmte Männer unseres Staates zu sagen pflegten: „Wenn sie die Bilder der Vorfahren betrachteten, werde ihnen der Geist zur Tugend entzündet." Da dies nun sich so verhält, so wundere dich, wohlwollender Leser, nicht, daß ich die Bildsäule der alten Helden und die Zierden und Denkmäler unseres Vaterlandes, und was in Steinen des frommen Altertums uns überliefert ist, aus der Dunkelheit der Geschichten hervorhole und der Nachwelt zum Vorbild vorlege. Denn obgleich ganz Westfalen durch viele Kriege mit den Franken berühmt ist, so zeigt dennoch kein Teil Westfalens herrlichere Spuren und Denkmäler des Altertums als die Grafschaft Lippe; hier sind die Quellen der Lippe und Ems, Flüsse, welche so oft beide, und zwar durch Germanikus gerötet und durch römische Lager, Versammlungen Karls des Großen und der Taufe Wittekinds berühmt gemacht sind; hier stand am Ufer der Turm, von welchem die Seherin Vellejda die wunderbaren Orakelsprüche gab, hier ist der Teutoburger Wald und das Römerfeld, hier das große Siegesfeld, deutsch Winfeld, Orte, welche durch die Varianische Niederlage, durch die Niedermetzelung dreier Legionen und den Verlust von

---

[46] Wasserbach, Dissertatio de statua illustri Herminii, I.emgoviae Wilhelmi Meyeri 1698, S. A5.

Adlern - den heutigen Feldzeichen Deutschlands - für immer berühmt sind, hier sind die Grabhügel und Haufen der Legionen nahe bei Herse und die Gräber der Befreier von der römischen Gewaltherrschaft; hier der Teutoburger Wald, den Göttern geweihte Haine und Wälder bei Kohlstedt und ein Heiligtum der Göttin Ostera nahe bei Osterholtz; das alte Detmold (Thietmallum) und die Schyderburg, einst die Herberge Karls des Großen, an der Emmer, wie auch die berühmten Sitze der Ambronen, Cherusker und Bruktererer, der für die Freiheit des Vaterlandes streitbarsten Völker; hier des Harminius, des Befreiers Deutschlands, eigenes altes Lager, als er nach der Königsherrschaft strebte, heute Harmiensburg genannt, und ich weiß nicht, welche weiteren Schätze des Altertums diese berühmte Grafschaft nicht in sich schließt, alle würdig der Nachwelt.

Da unter allen diesen Denkmälern die vornehmste die Hiermensul gewesen ist, welche dem Harminus, dem Anführer der Cherusker und zum Schrecken der Römer von der dankbaren Nachwelt errichtet, von Karl dem Großen nachher in dreißigjährigem Kampf bezwungen, endlich zerstört worden ist, wollte ich jene dem Vaterlande und der Nachwelt zum Vorbilde wiederherstellen. Darum habe ich die Zeugnisse der alten Schriftsteller, welche noch vorhanden waren, gesammelt und für ihre Orte das in Anspruch genommen, was ich aus ihnen auf die wahrhaftigste Weise herauslocken konnte. Was auch immer durch die Meinungen unbekannterer Schriftsteller sehr verdunkelt und sehr oft von jenen auf Grund eines bloßen Gerüchts ohne Urteil aufgezeichnet ist, habe ich redlich erwogen; endlich habe ich bei gebotener Gelegenheit, was zum besseren Verständnis der fränkischen Geschichte dienen möchte, aus sicherer Überlieferung des Altertums und Geschichtsquelle hinzugefügt, so jedoch, daß ich wünschte, daß man in allen diesem nicht mir Glauben schenkte, sondern denen, welche ich als Zeugen dessen, was zu sagen ist, zu zitieren im Begriff bin. Aber du wirst einwenden: Wenn du es von anderen hast, was bringst du Neues? Oh, wenn ich doch vom Neuen nichts, sondern die Denkmäler aller Alten dir unberührt überliefern und selbst hätte schweigen können! In der Tat, wenn dieser lange Tag und die sehr gefräßige Zeit vergangen ist, habe ich Mühe aufgewandt, daß ich die Zeugnisse der alten Schriftsteller über unsere Herminsäule wieder sammlte, jene mit ihren Stellen und Gliedern wiederherstellte, und dieselben zur größeren Einsicht mit hier wirkenden (?) Figuren und mit aus Erz geschnittenen Münzen illustrierte. Was ich sonst in dieser neuen Ausgabe geleistet habe, wirst du aus einer Vergleichung dieser mit der früheren Ausgabe und aus den Urteilen der Gelehrten ersehen.

Diese Einleitung gibt ein getreuliches Spiegelbild der Auffassung, der Redeweise und des kritischen Wollens der besten Schriftsteller jener Zeit wieder. Gegen Wasserbach liegt nicht der mindeste Grund eines besonderen Mißtrauens vor.

Der Historiker ist darauf angewiesen, selbst die bedenklichsten Quellen des Mittelalters zu prüfen und zu sichten, um aus ihnen das Unverfängliche, das Glaubhafte herauszuholen. Nicht minder groß sollte auch die Vorsicht gelten gegenüber den klassischen Schriftstellern, die voll sind von Anschauungen und Nachrichten, die von unserem Standpunkt aus als Torheiten, Albernheiten oder Flunkereien bezeichnet werden müssen. Auch der feinsinnige Tacitus tischt uns als Kind seiner Zeit, ohne mit den Wimpern zu zucken, die albernsten Berichte über Vorzeichen auf, von denen Gewinn und Verlust der Schlachten abhängig gedacht wird; und Plinius (IV) macht Mitteilungen von Menschen mit Pferdefüßen und von anderen die mit ihren übermäßig langen Ohren ihren nackten Körper bedecken (die Fanesier auf der Insel Fanö und die Hippopoden, die er in Holland zu suchen scheint). Wer Gerechtigkeit walten und mit gleichem Maß messen will, müßte über Tacitus und Plinius und alle die anderen, die nicht besser sind, mit demselben Eifer den Stab brechen und ihnen jede Glaubwürdigkeit auch in den unverfänglichsten Dingen absprechen, wie man es schon mehrfach bei Wasserbach getan hat, um sein Zeugnis abzuschütteln, wenn es in die Geschichtsauffassung der Herren Kritiker nicht hineinpaßte, z. B. gegenüber seinem Augenzeugenberichte über Bodenfunde auf dem Winfelde, die für den Ort der Varusschlacht von Bedeutung sind.

Das Zeugnis Wasserbachs von dem Ostaraheiligtum ist umso unverdächtiger, weil es ihm noch nicht einmal zur Bekräftigung seiner Ansichten dienen konnte. Er wollte auch den Lesern nichts Neues sagen, sondern ihnen die guten Gründe ihrer Heimatliebe vor Augen führen. Das Zeugnis sagt: Es lag noch im Bewußtsein des 17. Jahrhunderts, daß in Oesterholz ein Ostaraheiligtum gewesen sei. Schade daß wir noch nicht einmal erfahren, ob sich die Erinnerung jener Zeit auf eine bestimmte Stätte bezogen hat, vielleicht auf die drei Hügel, von denen wir reden werden, oder auf einen anderen Punkt. Wir müssen uns dankbar begnügen mit dem Zeugnis: Oesterholz als der Ort eines Ostaraheiligtums! Es gibt mehr als zwölf Orte im lippischen

Lande, die mit „Oster" zusammengesetzt sind; aber Wasserbach weiß nur von diesem einen Heiligtum, an das der Leser ehrfürchtig denken soll!

Die Erinnerung der umwohnenden Bevölkerung an einstige Heiligtümer hat sich unter dem Einfluß 1000jähriger mißgünstiger Behandlung umgewandelt in Spuk- und Schauergeschichten. Aber daß diese überhaupt da sind, darf nicht übersehen werden. Im Sternhofe geht es um. Bis in unsere Tage war die Furcht vor der weißen Frau (Freya!) und sonstigen Gespenstern (Geister der von dort vertriebenen weisen Männer!) nicht ganz erloschen, so daß es noch für die Familie des letzten Besitzers, Geh. Baurat Kellner anfangs kaum möglich war, aus der Umgegend das Personal zu bekommen.

Ich selbst wurde sofort als einer angesehen, der nach den großen Goldschätzen suchen wolle, die im Gutshofe und an einer anderen ganz bestimmt bezeichneten Stelle verborgen seien.

Dazu kommt eine Sage von einem hohen Turm, der sich da befunden habe, in dem eine Frau wohnte, die sich von Tauben (die Taube ein Attribut der Freya-Ostara) ernähren ließ, und in dem sich Speere und andere Waffen befunden hätten.

Eine Erinnerung an ein wirkliches oder vermeintliches Geheimwissen der Bewohner des Gutshofes hat sich in einem Gerücht erhalten, welches sich dann - der üblichen Entwicklung entsprechend - immer auf ein dem Volke vorstellbares Objekt übertragen hat, zuletzt auf die Freimaurer, infolge der Gegnerschaft der katholischen Kirche: „Nach der Ansicht des Volkes treiben die Freimaurer übernatürliche Dinge, die mit dem Teufel und dem Höllenzwange in sehr naher Verwandtschaft stehen"[47]. Wenn einmal ein Freimaurer im Gutshof gewohnt haben sollte, was ich noch nicht feststellen konnte, so sind doch die Ursachen dieses eigenartigen Verrufs viel älter. Es ist ein Stück der Satanisierung des alten Glaubens im Bekehrungszeitalter.

Der Name Oesterholz bezieht sich ursprünglich auf die Mark Oesterholz, d. h. also auf das Grenzgebiet, in dem Dorf und Gutshof

---

[47] Heine, Mysterien 1878, Hannover.

gelegen war. Daß Dorf und Gutshof nach ihrer Umgebung den Namen bekamen, ist ein ganz allgemeiner namensgeschichtlicher Vorgang; es ist zwecklos, hier etwas auseinanderhalten zu wollen. In den ältesten Urkunden finden wir die Formen Astanholte und Marcha in Osterholte. Spätere Osternamen mögen auch rein geographische Bedeutung haben; hier aber ist der Gedanke an eine Beziehung des Namens zu dem Ostaradienst naheliegend. Seine Abwandlung zu „Astanholte" in den Klosterakten ist vielleicht ein Beispiel für die in der Bekehrungszeit verfolgte Absicht, auch die Namen, die an den alten Glauben erinnerten, auszumerzen[48]. Aber der Versuch ist in diesem Falle an der Beharrlichkeit der Volksbenennung gescheitert. Das Gelände der großen Königsgräber der Lüneburger Heide heißt auch „Ostenholz" und es dürfte sich lohnen, die Osterorte daraufhin zu prüfen, ob ihr Name nur die Himmelsrichtung bezeichnet hat.

Das heutige Dorf Oesterholz, dem erst der neuerliche Besiedlungseifer eine Anzahl neuer Häuser gebracht hat, bestand im ganzen Mittelalter aus so wenigen Stätten, daß wir trotz mancher unbestimmt gehaltener geschichtlicher Nachrichten ohne Verwechslung zurechtkommen. Es waren nur zwei eigentliche Höfe:

a) Der lehnsfreie Meierhof Henke, dessen Meierrecht 1594 vom Landesherrn dem Meier noch besonders abgekauft werden mußte;

b) der Schwarzmeiershof (später Haus Gierken), welcher Paderbornsches Lehen war; das ist unser Sternhof. Dazu

c) drei bis fünf zugehörige kleine Kötterstätten (zwei zu Schwarzmeiers Hof gehörig), von denen eine einst die Freistuhl-Hufe gewesen sein mag.

Das Dörfchen war lange Zeit als „Kohlstädter Heide" ein Teil Kohlstädts, bis es in neuester Zeit seinen alten Namen wiedererhielt.

Wenn es sich in den alten Akten um klösterliche oder kirchliche Besitz- und Lehnsrechte an einem Oesterholzer Besitztum

---

[48] 5. Mose 12, 2: Zerstört alle Orte ... und vertilgt ihre Namen aus demselben Ort.

mit Mannsen und Leuten handelt, dann kann gar nichts anderes gemeint sein als der Schwarzmeiers Hof.

In der ältesten Nachricht[49] erfahren wir von dem Bestehen dieses Hofes schon in der Zeit des Bischofs Warin von Corvey 826-853. Die Besitzung gehörte Bevo, dem Sohn des Herzogs Ecbert, und wurde für den Todesfall ohne Erben dem Kloster Corvey vermacht. Corvey hatte einen ganz eigenartigen geschichtlichen Zusammenhang mit Oesterholz.

Bemerkenswert ist, daß Karl es für richtig gehalten hat, seinen zuverlässigsten Mann gerade mit diesem wirtschaftlich armen Gebiete zu beschenken. Das sollte kein Dank für treue Dienste sein; dafür hatte er genug gutes Land zur Verfügung. Vielmehr wollte er diese gefährlichen Stätten in der Hand seines zuverlässigsten und stärksten Mannes wissen. Dies alles gehört mit zu den Tatsachen, die in ihrer Stimmigkeit zu den Zeitverhältnissen außerordentlich dazu helfen, daß wir uns ein lebendiges Bild von den Vorgängen bei der Unterwerfung und Christianisierung Sachsens machen können.

Das Wichtigste aber, was ich mit Vorbehalt über die Geschichte von Oesterholz berichten kann, ist der ganz in die Lage und die Gedankengänge jener Zeit hineinpassende Versuch, aus der alten Gelehrtenschule ein Mönchskloster zu machen. Mit dieser hochinteressanten Sache weiden wir uns noch eingehend zu beschäftigen haben. Der Versuch fällt in das Jahr 815. Als der Ort im Jahre 822 als Kloster wieder aufgegeben wurde und die Mönche Oesterholz verlassen hatten, fiel der Besitz an Bevo zurück, der ihn aus nunmehr verständlichen Gründen nicht an das nahegelegene, zuständige Paderborn, sondern an Corvey fallen lassen wollte.

Der im Testament vorgesehene Erbfall ist nicht eingetreten. Denn wir finden etwa 150 Jahre später, ums Jahr 1000, eine Nonne Oda zu Gesecke als Erbin von Oesterholz, die es der Paderborner Kirche schenkte[50]. Zwischen 822 und 1020 gehörte

---

[49] Falke, Hist. Corbej.
[50] Vita Meinwerci I S. 530.

Oesterholz also der Familie Ecberts, in der der Name Ida = Oda häufiger vorkommt.

Paderborn verlehnte das Gut der Familie Schwarz, die zu den 4 „Stapeln" (Stützen) des Paderborner Klosters Busdorf gerechnet wird. Gemäß dem ersten noch vorhandenen Lehnsbrief vom Jahre 1482 geschah die Verlehnung „so wie diese Güter schon immer von früher von unserem Stifte zu Lehen gewesen sind". Wir haben demnach eine sehr einfache Besitzfolge: Seit der Markenverteilung durch Karl zunächst die Familie Ecberts bis 1020, dann das Paderborner Kloster Busdorf mit der Familie Schwarz als Vasall bis zum Jahre 1591. Gegebenenfalls Hethi als Zwischenspiel.

Es ist noch eine Nachricht von 1320 vorhanden, wonach ein zu einer Kohlstädter Stätte gehöriges Stück Wald in der Oesterholzer Mark ebenfalls an den Stapel Schwarz durch den Grafen von Schwalenberg, einen weltlichen Vertreter Paderborns, verlehnt wurde; Paderborn besaß also außer dem Gutshof noch einen Kohlstädter Hof mit Waldbesitz. Da der Hof ohne Zweifel aus dem Kaufgeschäft stammte, in dem Paderborn im Jahre 1093 von der edlen Frau Ida und ihren Söhnen die Externsteine erwarb, wird durch die Nachricht wiederum der bedeutsame enge Zusammenhang zwischen den heiligen Stätten der Externsteine und der Kohlstädter bzw. Oesterholzer Mark bestätigt.

Die spätere Geschichte des Gutshofes Oesterholz vom Eintritt der neuen Zeit bis zu uns, so wechselvoll und bewegt sie auch ist, bietet nicht viel, was für uns von Wert sein könnte. Wir lernen, daß es vor allem der 30jährige Krieg war, durch den Verwüstung und Brand, deren Spuren wir noch finden, über das Besitztum gekommen sind. Der nicht durchgeführte Versuch, die vorgefundene Umhegung - wie sie auch gewesen sein mag - zu einem Verteidigungswerk umzugestalten, wird wahrscheinlich in der kurzen Zeit des gräflichen Besitzes zum letzten Male unternommen sein. So entstand aus älteren und neueren Bestandteilen im Wesentlichen der Anblick der Umhegung, wie er sich uns jetzt bietet.

In einem Tauschgeschäft überließ Adolf Schwarze 1591 den Oesterholzer Hof seinem Landesherrn Simon II., der sich der Lehnspflicht entledigte, und den Meierhof Henke nebst Meierrecht 1594 dazu kaufte. So entstand die Fürstliche Meierei, die zur Wasserburg mit Jagdschloß ausgebaut wurde, später Oberförsterei wurde und jetzt als Altersheim dient.

Die Schwarzen, die in Braunenbruch bei Detmold wohnten, hatten den wenig einträglichen Hof wahrscheinlich gegen sehr geringe Abgabe einem Meier überlassen.

Der letzte Meier fühlte sich als Besitzer und wollte sich beim Verkauf, wie man sich heute noch erzählt, nicht heraussetzen lassen: „Ut mine scheunen Eken gah ek nich erut". Während des 30jährigen Krieges war der Hof oft von fremden Truppen belegt und belästigt.

Der Hof hieß Jahrhunderte hindurch der Schwarzmeiers Hof, auch noch als 1656 Graf Hermann Adolf die wertvollsten Ländereien zu seiner Meierei schlug und den so verkleinerten, verwüsteten Hof an seinen Jägermeister Krecke verkaufte. Aus dem Jahre 1696 gibt es eine Urkunde des Horner Amtes, wonach Krecke Wohn- und Wirtschaftshäuser, Braustätte, 2 Fischteiche, einen Pflanz- und Baumgarten neu angelegt und letzteren mit einem „Zaun" umgeben hat, der von den Taxatoren auf 150 Taler abgeschätzt wird. Krecke hat mit Seufzen auf Befehl des Grafen den Zaun hergestellt, wegen der wilden Pferde, die den Garten verwüsteten. Das unvollendete Experiment, die für die Bedürfnisse eines Hofes viel zu weitläufige Umhegung zu einem Festungswerke auszubauen, kann jedenfalls nicht von Krecke unternommen sein; eher ist es dem Grafen Hermann Adolf (der ja auch an den Externsteinen einen verfehlten Festungsbau ausgeführt hat) zuzutrauen, daß er mit der Arbeit begonnen hat und dann steckenblieb. Geschichtlich erfahren wir von diesen Dingen nichts weiter. Aber auf einer Karte vom 18. Jahrhundert wird der Gutshof wie eine Festung angezeigt.

Hinsichtlich der Umwallung und Ummauerung, die mit einer bloßen Umhegung eines Hofes in gewöhnlichem Sinne nicht in Vergleich gesetzt werden kann, und die doch auch nach fachverständigem militärischen Urteile zu keiner Zeit weder als Sperrfort noch als Fluchtburg von Haus aus so im Plane gelegen haben kann, sind wir vor ein Rätsel gestellt. Wir werden annehmen müssen, daß eine alte, unter irgendwelchen anderen Gesichtspunkten angelegte, irgendwie beschaffene Umhegung, weil sie nun einmal in dieser Ausdehnung und Form da war, von Geschlecht zu Geschlecht übernommen, nicht beseitigt, sondern benutzt, verstärkt, erneuert worden ist, so sehr es die Besitzer manchmal als eine Last empfunden haben mögen.

Erst so erklären sich die zahlreichen sonstigen rätselhaften Einzelerscheinungen, die sich im Gutshof finden: Einbeziehung von Sumpfgelände, Wahl der nicht durch das Gelände veranlagten unregelmäßigen mathematischen Figur des Planes; Nichtvollendung der Umwallung; Vorhandensein eines Grabens nach römischer Art, während andere Seiten andersartige, unvollendete oder gar keine Gräben haben; Aufhäufung eines künstlichen großen Hügels innerhalb der Umhegung, in den ein rätselhafter Kuppelbau über einer Quelle eingebaut ist; starke Grundmauern im Keller und anderes Grundmauerwerk, für das sich in den Verhältnissen des Mittelalters und später keine zureichende Erklärung findet.

Schon durch die geschichtlichen Nachrichten und die örtlichen Befunde müßten wir zu der Fragestellung hingeführt werden, welchem besonderen Zwecke dieses uralte Grundstück in der Mark Oesterholz gedient haben mag. Für mich persönlich war diese Frage der Ausgangspunkt. Sie fand eine Antwort durch den astronomischen Befund, eine Antwort, die sich nachträglich vielfach ausgebaut und bestätigt hat, besonders auch durch den Zusammenhang, den diese Stätte mit der in germanischen Landen üblichen Orientation aufweist, und durch die versuchte Klostergründung Hethi.

Was wir über Oesterholz wissen, sind nur Mosaiksteine von größerer oder geringerer Deutlichkeit. Aber diese Mosaiksteine sind nahe aneinandergerückte, zusammenpassende und z. T. so ausgeprägte Bestandteile eines großen Bildes, daß Oesterholz daraus mit deutlichen Farben als eine bedeutsame Stätte germanischer Heiligtümer hervorleuchtet.

Hethi

In geschichtlichen Fragen, deren Quellenbestand von der Wissenschaft längst verarbeitet wurde und von uns nicht vermehrt werden kann, handelt es sich für uns in erster Linie darum, mit neugeschärften Augen zu lesen und die Dinge zusammenzuschauen.

Hethi ist der verschwundene Name eines bisher unerwiesen gebliebenen Ortes im alten Sachsenlande, wo im Jahre 815 der vergebliche Versuch einer Klostergründung gemacht worden ist, die dann 822 in Corvey endgültig zustande kam. Ich weise nach, daß Hethi nicht in Neuhaus/Solling gelegen hat, wie seit dem 16. Jahrhundert ganz widerspruchslos angenommen wurde, sondern mit hoher Wahrscheinlichkeit im Gutshof Oesterholz. Eine eingehende Begründung gemäß den Quellen[51] findet der Leser in den Blättern der Freunde germanischer Vorgeschichte „Germanien" Heft 3, 1930. Hier kann ich nur kurz ins Bild setzen und das Ergebnis mitteilen.

Die Klostergründung, die als Hilfe für die Paderborner Priesterschaft bei der schwierigen Christianisierung der Diözese gedacht war, wurde auf dem ersten Reichstage Ludwigs des Frommen zu Paderborn nach langwierigen Vorverhandlungen, besonders über den Platz, beschlossen. Adalhard, der Abt des Klosters Corby in Frankreich, wurde zugleich auch Abt des jungen Klosters, welches man Hethi, d. h. Haide, nannte. Man konnte alsbald mit der vollen Klostertätigkeit einschließlich Klosterschule, beginnen und hatte starken Zulauf. Aber nach kurzer Zeit wurde der Abt Adalhard in die Verbannung geschickt, die Mönche spalteten sich in drei Parteien und verlangten die Aufgabe dieses Platzes und die Erwählung eines neuen geeigneteren.

Es war eine in jeder Beziehung auffällige und auch unrühmliche Sache, die schon in der einzigen alten, grundlegenden Darstellung der etwa aus dem Jahre 850 stammenden „Translatio St. Viti"[52], zu

---

[51] Zusammenstellung der Quellen in der Fußnote der folgenden Seite.
[52] Monumenta Germaniae Historica (Pertz) Hannover 1829, II: Historia Translationis S. Viti, S. 577-580, - Letzener: Chronika, (Leben, Hendel, Thaten Ludowici Pii Hantzsch, Hildesheim 1604, S. 3, 7, 12, 41-46, 48, 77-79, 95 (zu lesen statt 65), 100 (statt 70), 105 (statt 75) ff. - Monumenta Paderbornesia Editio altera priori auctior. Amsterdami 1672 (Karte). – Ferd. v. Fürstenberg: Denkmale des Landes Paderborn (Monumenta Paderbornesia, übersetzt durch Micus), Jungfermann'sche Buchhandlung, Paderborn 1844, S. 325 ff, 332. – R. P. Nic. Schaten: Kurze Verfassung historischer Jahr- und Kirchengeschichten von dem ersten Ursprung des Christentums, Jungfermann, Paderborn 1768, S. 17 ff., 34, 44-61. – Schaten: Annales Pad. in den Berichten über die unsere Sache betreffenden Jahren. – P. Wigand:

schweren sachlichen Bedenken Anlaß gibt. Da findet sich vor allem der Widerspruch, daß der unter allerlei Schwierigkeiten ausgewählte Platz Hethi zuerst als außerordentlich geeignet (multum aptus), wasserreich usw., gerühmt, im Verlauf der Erzählung aber als völlig ungeeignet, unfruchtbar und dürr verworfen wird. Jedenfalls stellt sich der für das Verlassen Hethis angegebene Grund der Unfruchtbarkeit als ein Vorwand heraus, der von anderen als solcher empfunden und durch die Erzählung von einem schweren Unwetter und Versinken einer Quelle ergänzt wird. Dies kann eine Nebenerscheinung gewesen sein.

Über den Ort, wo Hethi lag, lernen wir aus der Translatio St. Viti, daß er im Paderbornschen gelegen und dem Paderborner Bischof untergeordnet gewesen sei. Eine nähere Angabe über die Lage hat der sonst recht eingehende Bericht vermieden; auch ungewollte Anhaltspunkte sind nicht heraus zu lesen. Als neuer Platz für das Kloster wurde unter außergewöhnlichen Vorsichtsmaßregeln Corvey bei Höxter gewählt.

Mehrere hundert Jahre bis ins 16. Jahrhundert verlautet über den Hethi-Zwischenfall nichts. Nur scheinen in Corvey mündliche Gerüchte über den Vorgang im Umlauf gewesen zu sein, die dann der für das Interesse Corveys gegen die Ansprüche Paderborns auf Oberhoheit über Corvey eingestellte Johannes Letzener[53] (1604) zu seinen langatmigen Berichten und zu seiner Behauptung, daß Hethi in Neuhaus/Solling gelegen habe, verwendet zu haben scheint. Neuhaus/Solling aber liegt östlich der Weser, also außerhalb der ersten Grenzen der Diözese Paderborn, die von Karl d. Gr. bestimmt waren.

Der Corveysche Güterbesitz, Meyersche Hof-Buchhandlung 1831, Lemgo, S. 150. – P. Wigand: Geschichte der gefürsteten Reichsabtei Corvey, Vohn, Höxter 1819. S. 34-48, 68 ff. Fußnoten 55-66. - P. Wigand: Die Corveyschen Geschichtsquellen, Brockhaus, Leipzig 1841, S. 2, 21, 22. - Meibom: Chronic. Corb., S. 755. – W. Wattenbach: Deutschlands Geschichtsquellen, I. Bd., Hertz, Berlin 1885 (Bessersche Buchhandlung) S. 235 f.

[53] Letzener, Chronica I.udowici, Andr. Hertz, Berlin 1885 (Bessersche Buchhandlung) S. 235 f. - Mabillon, Acta Sanctorum Tom IV pag. 306 in Migne Band 105, S. 534. - Vita Adalhardi (Walae) Mon. Germ. II 525 ff.

Die in diesem Falle sicherlich zuverlässige Karte des Bischofs Ferdinand v. Fürstenberg von Paderborn, die ausdrücklich für die Zeit der fränkischen und sächsischen Kaiser gilt, zeigt dem aufmerksamen Auge die Weser als östliche Grenze. Bis zur Weser und Diemel reichte der Missionsbezirk Sturms von Fulda, aus dem das Bistum Paderborn gebildet war; und diese Grenzen sollten nach Karls Befehl innegehalten werden. Jenseits begann die Probstei Einbeck und das im gleichen Jahr mit Hethi (815) gegründete Bistum Hildesheim.

Die Paderborner, die von Hethi nichts weiter wußten, als was in der Translatio steht, konnten Letzener nicht widersprechen, meinten nun aber, daß die Macht des Paderborner Bischofs dennoch über die Weser hinaus gereicht habe, wie dieser Fall beweise.

Abgesehen von dieser Unstimmigkeit zeigt sich nun bei näherer Untersuchung, daß die von Letzener für Neuhaus/Solling zusammengeholten Gründe in keiner Weise zutreffen wollen. Durch mündliche Befragung der Ortsbewohner und schriftliche Auskunft des heimatkundigen Lehrers Fricke ergab sich, daß es in Neuhaus keine klösterlichen Flurnamen, auf die sich Letzener stützt, gibt, und daß auch keine Mauerreste vorhanden sind.

Durchschlagend schließlich für die Gewißheit, daß Hethi gar nicht in Neuhaus/Solling gewesen sein kann, ist die sehr bestimmt gegebene Nachricht der Translatio, daß die Mönche, als sie von Hethi nach Corvey übersiedelten, eine Nacht unterwegs verbringen mußten. Neuhaus/Solling liegt aber nur 10-11 km von Corvey entfernt. Das Verbringen einer Reisenacht im Walde bei diesem Umzüge, der in 2-3 Stunden geleistet werden konnte, muß als etwas ganz Unmögliches erscheinen. Falke, der auch ein Corveyer ist, hat den schlimmen Widerspruch bemerkt und will um deswillen die ganze Translatio verwerfen. Wigand möchte das Unmögliche als möglich erklären und die andern schweigen.

Auch die Behauptung Letzeners, daß der bei dem Unwetter entstandene Sinkbach in Neuhaus/Solling vorhanden sei, und als rotes Wasser oder Rotenbach wieder zutage träte, trifft nicht zu. Außerdem ist auch die Entstehung eines Sinkbaches in dem aus Sandstein bestehenden Sollinggebirge aus geologischem Grunde in hohem Grade unwahrscheinlich, während es in Kalksteingebirgen eine bekannte Erscheinung ist. Die älteren Leute in Neuhaus wissen nichts von einem roten Wasser, während die über die Hethi-Hypothese unterrichteten Jüngeren meinen, daß der Dorfteich das rote Wasser sein müsse.

Wenn Hethi nicht im Solling gelegen hat, so haben wir uns im Paderbornschen umzuschauen, wo von 815-822 ein Kloster gewesen sein kann. Da alle Orte mit bekannter Geschichte von vornherein ausscheiden, und von einer solchen Klosterexistenz noch bauliche Spuren zu finden sein müssen, so beschränken sich die Möglichkeiten auf eine sehr geringe Zahl.

In vorderster Linie steht der Gutshof Oesterholz, für den sämtliche allgemeinen Vorbedingungen in völlig ungezwungen sich empfehlender Weise zutreffen, und wofür außerdem ein sehr bestimmter Beweisgrund spricht. Dieser Beweisgrund ist folgender: Während es in Neuhaus/Solling keinen Sinkbach weder jetzt gibt noch jemals schwerlich gegeben haben kann, haben wir in Oesterholz drei Sinkbäche; einen, der im Gutshof selbst entspringt, verschwindet und im Teich des nebenan liegenden landwirtschaftlichen Hofes wieder zutage tritt, einen zweiten zwischen Gutshof und Hügelheiligtum, der sich ähnlich verhält, dann aber noch einen dritten, der am Hügelheiligtum entspringt, im Langelau versinkt und mit dem alten Namen „Rott- oder Roten-Bach" einige hundert Meter südlicher wieder herauskommt und zur Lippe fließt. Damit ist ein überaus eindrücklicher Zusammenhang mit der von Letzener, Schaten und anderen gebrachten Überlieferung hergestellt wonach die Mönche aus Hethi durch Unwetter - Sinkbach und rotes Wasser - vertrieben seien.

Hierzu kommt, daß eine Übersiedlung von Oesterholz nach Corvey (49 km Luftlinie) in der Tat mindestens eine Reisenacht erforderte. Ferner die fast verblüffende Stimmigkeit aller allgemeinen Umstände, in erster Linie die Tatsache, daß nur ein für die Aufnahme von Mönchen und Schülern sowie für ihr Klosterleben so völlig geeignetes und eingerichtetes Grundstück, wie wir es in dem Sternhof Oesterholz annehmen, die Möglichkeit zu der uns berichteten geistlichen Tätigkeit in den 6 Klosterjahren geben konnte. Weitere rätselhafte Mauerreste, die sich noch im Gutsgarten innerhalb der Umwallung befinden, bedürfen noch der Untersuchung. –

Sobald wir uns von dieser einleuchtenden Lösung des Hethi-Rätsels überzeugt haben, gewinnen wir ein überaus lebendiges Bild nicht nur von dem interessanten Einzelereignis der gescheiterten Klostergründung, sondern auch von den Zuständen und Kämpfen, wie sie in jener gährenden Zeit unmittelbar nach Karls Tode geherrscht haben müssen. Die nachfolgenden Ausführungen dürften der Wirklichkeit nahe kommen.

Paderborn brauchte Klosterhilfe zu der in seiner Gegend besonders schwierigen Christianisierung, wo sich heidnische Neigungen noch stark regten, und wo sich das Volk vor allem die gewohnten Feste nicht so schnell und einfach nehmen lassen wollte. Die Bevölkerung des oft verwüsteten Sachsenlandes war durch 32jährige Aufstände, durch Massenhinrichtung und Massenverbannung und starke Auswanderung nach Norwegen und Britannien klein geworden. Die Zurückgebliebenen hatten sich unter die größere Macht des neuen Gottes gebeugt; aber nur die Minderzahl war innerlich ganz gewonnen. Bei den anderen war es ein Sichabfinden, ein zögerndes Mitgehen, ein möglichstes Festhalten an dem gewohnten Glauben und Leben, oder auch wohl ein zäher, trotziger, heimlicher Ungehorsam. Die heiligen Stätten fanden noch ihre Besucher.

Der von Karl als Statthalter in Sachsen eingesetzte, aus England herberufene Herzog Ecbert, sächsischen Blutes, residierte in der (nach Fürstenberg) auf dem alten Aliso bei Paderborn errichteten westfränkischen Zwingburg, auf die nachmals die Bischöfe ihre Schlösser setzten (jetzt Neuhaus bei Paderborn). Bei dem großen Geschäft der Markenverteilung durch Karl war Ecbert die Oesterholzer Mark als persönliches Eigentum zugefallen; die heiligen Haine und Stätten konnten ja auch nicht in zuverlässigere Hände gelegt werden. Ausgenommen und dem ausgedehnten, der königlichen

Macht vorbehaltenen Besitz zugeschlagen waren die Laue und die Sennetrift der heiligen Pferde, deren Aussonderung aus dem privaten Besitz sich bis zum heutigen Tage erhalten hat.

Ecberts Söhne und Verwandten aus dem Sachsenlande, denen Karl - schon von Kriegsbeginn an - eine wirksame klösterliche Erziehung hatte angedeihen lassen, saßen in Corby in Frankreich bereits als eifrige Ordensbrüder. Ähnlich wie in zahlreichen anderen Fällen waren diese Söhne des „barbarischen", auch zu den einfachsten kulturlichen und geistigen Leistungen unfähigen, „wilden" Sachsenvolks merkwürdig schnell zur führenden Höhe emporgestiegen. Aus dieser ganzen Sippe - Adalhard, Wala, Warin, Theodrat u. a. -, die sich ein Herz und Empfinden für ihre Heimat bewahrt hatte, ragte der Corbyer Abt Adelhard als ein edler und verständiger Mann hervor. Er betrieb die Klostergründung und man machte ihn auch 815 zum ersten Abt Hethis in Personalunion mit Corby, obgleich das Einvernehmen mit dem anders gearteten Bischof Hathumar von Paderborn nicht so ganz stimmte und Adalhard auch zu denen gehörte, die die Wahl des Platzes für Hethi als bedenklich ansahen. Aber die andere Richtung - mit König Ludwig, Ecbert und Hathumar - hatte sich gerade auf diesen Platz versteift, hielt die Vorteile für schwerwiegender, als die Bedenken („potius desiderare quam resistere velle") und drang durch.

Adalhard ging nach Hethi, über dessen nicht gerade unfruchtbaren, aber doch armen Boden - der Name Hethi bedeutet Haide, got. Haithi, die im Solling übrigens kaum zu finden ist - und über dessen sonstige Eigenschaften man nach den vieljährigen Verhandlungen natürlich genau unterrichtet war. Die wohl teilweise verfallenen oder zerstörten Gebäude des Sternhofs wurden hergerichtet. Es begann eine gemäß Adelhards Volkskenntnis vorsichtige und milde Klostertätigkeit, die dann auch in dem starken Zulauf von Mönchen und Schülern ihren sofortigen Erfolg aufwies.

Aber sicherlich mußte Adelhard auf der einen Seite vieles nachlassen, was an geistlichen Übungen und Klosterzucht in Gallien möglich war, und auf der anderen Seite vieles übersehen oder gar in Lebens- und Denkweise des Klosters hereinnehmen, was aus dem alten Glauben stammte. Das aber erfüllte seine westfränkischen und, römischeren Beobachter mit Entsetzen. Man muß einmal das, was Scheffel in seinen Ekkehard mit seinem psychologischen Verständnis hineingewebt hat, aus dem Alemannischen in das kräftigere und stetigere Niedersächsische übertragen, und dann das Ganze um 100 Jahre bis hart an die Grenze der germanischen Zeit heranrücken, um eine Vorstellung davon zu bekommen, welche seelischen Mächte in dem überwiegend aus sächsischen Männern und Jünglingen bestehendem Kloster Hethi sich geltend machten.

An das Ohr des Königs Ludwigs drangen die schlimmsten Gerüchte über die heidnischen Zustände, die unter Adalhards sträflicher Nachgiebigkeit in Hethi überhandnahmen. Adalhard wurde als Abtrünniger, jedenfalls noch von Teufeln Besessener angeschwärzt, obgleich man, wie es scheint, seiner Rechtgläubigkeit und seinem untadeligen Wandel nichts anhaben konnte. Die Translatio, in der wir natürlich diese Dinge zwischen den Zeilen lesen müssen, drückt sich vorsichtig so aus: „Nihil proficere potuerunt, nisi quod religio sancta in loco deserto tradebatur. Sie konnten nichts weiter wirken, als an dem einsamen Orte die heilige Religion zu überliefern." Innerhalb weniger Zeilen lesen wir erst von einem mächtigen Aufblühen und dann von einem solchen Versagen des Klosters.

Ludwigs engherzige Frömmigkeit muß bis aufs äußerste über Adalhards Amtsführung in Hethi empört gewesen sein. Denn er hat es gewagt, den einflußreichen Mann kurzer Hand abzusetzen und ins Elend zu schicken.

Daß der Nachfolger, von dessen Tätigkeit nichts gesagt wird, und dessen Name selbst im unklaren bleibt (ein jüngerer Adelhard?), im Sinne Ludwigs mit den entgegengesetzten Mitteln vorgegangen ist, müssen wir nach Lage der Dinge als selbstverständlich annehmen. Der Erfolg war die schnelle Entwicklung unerhörter Zustände. Anstatt zum Klostergehorsam kam es zur

Bildung dreier Parteien, wahrscheinlich der Anhänger Adalhards, der Anhänger des neuen Abtes und einer mittleren Partei.

Gleichzeitig nahm die anfangs so stark gewachsene Zahl der Mönche derartig ab, daß beim Umzuge 822, also nach wenigen Jahren, die der Abt nur in Hethi gewaltet haben kann, außer den Greisen und Knaben nur noch wenige arbeitsfähige Mönche im. Mannesalter da waren; und auch diese wollten um keinen Preis an Ort und Stelle bleiben.. Nur so ist die fluchtartige Preisgabe des Schauplatzes 6jähriger Mühen zu verstehen. Es ist ein ganz anderer Verlauf, als die Verlegung des Klosters Hersfeld nach Fulda. Man ließ noch nicht einmal den mit der Errichtung vorläufiger Wohnungen auf dem neuen Platze Beauftragten ausreichende Zeit zur Arbeit, kam mit Sack und Pack an und brachte die heiligen Zeichen und Reliquien in einem Zelte unter.

Es drehte sich bei diesem ganzen Geschehnis offenbar in erster Linie um den Platz des Klosters in engerem Sinne des Wortes. Das ergibt sich auch aus dem furchtsamen Verhalten der Mönche bei der Wahl des neuen Platzes Corvey bei Höxter, möglichst weitab vom alten Platze. Vor allem nahm man kein schon bebautes Grundstück wieder und steckte die Maße auf einem freien Gelände ab. Vorher hatte man sich mit auffälliger Umständlichkeit versichert, daß nichts Verdächtiges da war. Aber wie zum Hohn kam später das Gerücht auf, daß dann doch im Erdboden eine Irminsul gefunden sei! Auf jeden Fall wird die Frage geweckt, welche Erfahrungen in Hethi gemacht sein mögen, die man nicht zum zweiten Male machen wollte. Die Antwort liegt nahe.

Die rücksichtslose Amtsführung des neuen Abtes hatte alle Geister des Widerspruchs in den sächsischen Klosterleuten und der Bevölkerung umher, und damit zugleich die alten Geister des Ortes wachgerufen. Wir können uns vorstellen, daß man Abt und Mönche erschreckt und geängstet hat durch feindliches und teuflisches Getön von den heiligen Hainen her, in denen es wieder lebendig geworden war. Nachts wurde es erst recht unheimlich und gefährlich. Man fühlte sich innerhalb der Klosterwälle seines Lebens nicht mehr sicher; waren doch erst 15 Jahre seit den letzten blutigen Aufständen der Anhänger des alten Glaubens verstrichen! Abteilungen der bei Paderborn liegenden fränkischen Besatzungstruppen mußten zur Beruhigung das Land durchstreifen, aber sie konnten doch nicht als Besatzung ins Kloster aufgenommen werden!

Auch hier im Kloster selbst war es nicht mehr geheuer: in allen Ecken begann es zu flüstern und zu raunen, die Geistererscheinungen mehrten sich, Beschwörung und Bann wollten nicht mehr helfen. Da war kein Halten mehr, da verlangten auch die Tapfersten nach einem anderen Orte, wo man die Ruhe und den Frieden haben konnte, den man doch im Kloster verlangen konnte und gesucht hatte.

Bischof und König mußten nachgeben. Aber das Auffälligste ist, daß der so schmachvoll vertriebene Adalhard in Ehren zurückberufen wurde, um die verfahrenen Verhältnisse wieder ins Gleise zu bringen. Er wurde der erste Abt des neuen Corvey. Mit der allgemeinen Demütigung Ludwigs vor seinen Söhnen kann die Rückberufung Adalhards aus chronologischen Gründen nicht zusammenhängen.

Das Unternehmen, durch kirchliche Verwertung eine Hauptstätte des alten Glaubens unschädlich zu machen, ist in dem vorliegenden Falle nicht gelungen.

Uns dient die Geschichte Hethis - so gefaßt - zur Aufhellung der wirklichen Vorgänge in der Bekehrungszeit und wird auf der Grundlage der zugehörigen Tatsachen durch ihre innere Wahrheit und Überzeugungskraft zu einem Beweise für unsere Oesterholzer These, wie wir ihn unter den obwaltenden Umständen auf geschichtlichem Gebiete kaum kräftiger erwarten können.

7. Das kultische Steinbauwerk in Kohlstädt
Germanische Bauweise - Veledaturm

Die auf der Externsteiner Mondlinie liegende Kohlstädter Ruine (Abb. 38) liegt am Südende des Dorfes, wo die Straße nach Oesterholz abzweigt. Ihr Fuß ist von der Strote bespült. Es ist eine mächtige Turmruine mit zwei Meter dicken Mauern, z. T. noch 10 m hoch über dem Wasser, die einen Turm von ganz erheblicher Höhe getragen haben können. Der innere jetzt mit Schutt angefüllte Raum hat nur etwa 5 m im Quadrat. Tür- und Fensteröffnungen sind bis zu dieser Höhe nicht vorhanden gewesen, ähnlich wie beim Turm im Grimmschen Märchen von der Jungfrau Maleen. Der Aufstieg ist vom Wasser aus gewesen, rechts wo sich ein mit schwächeren Mauern umhegter Hof in der Größe von 12x22 Quadratmetern anschließt. Die Rätselhaftigkeit dieses Gemäuers, vor der die Untersuchungen Clostermeiers vor 100 Jahren und die Nachforschungen der neueren Zeit völlig versagt haben, weckt unser Interesse im hohen Grade.

Ihrem alten Namen Hünnenkirche, Heidenkirche oder alte Kirche, den man in der Neuzeit fallen zu lassen und durch den farblosen Namen Kohlstädter Ruine ersetzen zu müssen geglaubt hat, entspricht die Satanisierung durch die Sage. Man soll hier Kinder geschlachtet haben, und die Mütter haben sie auf dem nahen Weinberge beweint. Schätze sind darin verschüttet, und noch 1702 haben sich Leute zusammengetan, um vergeblich nach ihnen zu graben. Gegraben hat man auch aus archäologischem Interesse; denn den Archäologen ist die Ruine stets ein ungelöstes Rätsel gewesen und trotz Bemühung bis zum heutigen Tage geblieben.

Die Sachverständigen der verschiedenen Zweige sagen, daß der Bau zu keinem wirtschaftlichen Zwecke (Kalk-, Metall- oder Glasofen) dienen konnte, daß er als militärischer Stützpunkt oder Straßenschutz in dieser Ausführung sinnlos war. Die Nachforschungen in den Paderborner Archiven ergaben, daß er niemals zu kirchlichen Aufgaben benutzt worden ist, - was ja auch schon aus baulichen

Gründen ausgeschlossen erscheint. Der Gedanke an eine Wohnburg oder sonstige menschliche Wohnstätte muß ebenfalls fallen gelassen werden, weil der Befund jeglicher Erfahrung auf diesem Gebiete widerspricht und keine Vernunft in diesen Gedanken zu bringen ist. Auch die Verhältnisse des sich anschließenden ummauerten Hofes bieten keine Handhabe für eine Erklärung.

Die nur sehr unzulänglichen bisherigen Grabungen haben meines Wissens nur ein unter den Trümmern sitzendes Skelett zutage gefördert, welches ein Fingerzeig auf die gewaltsame Zerstörung des Turms sein dürfte. Dieses feste, mit zähem, ganz eigenartigen Mörtel aufgeführte Mauerwerk würde ohne absichtliche Zerstörung dem natürlichen Verfall bis heute getrotzt haben.

Da kein Erklärungsversuch für die christlich-mittelalterliche Zeit stimmen will, ziehen wir den denkrichtigen Schluß, daß die Heidenkirche - ähnlich wie die „Hünenkirche" auf dem Tönsberge - der vorchristlich-germanischen Zeit zuerkannt werden muß und fragen nach ihrer möglichen Verwendung.

Diesem Schluß steht, abgesehen von unserer Unkenntnis, weder ein sachlicher noch ein geschichtlicher Grund entgegen. Oder waren die Väter und Großväter jener Männer, die schon im 9. und 10. Jahrhundert die geistige Führung der Christenheit in die Hand bekamen, im 8. Jahrhundert und vorher so maßlos dumm, träge und ungeschickt, daß sie noch nicht einmal den ihnen vor Augen liegenden Kalk ihrer eigenen Berge brennen, löschen und mit dem Sennesand mischen konnten, ja daß sie (im Falle allzu großer eigener Verblödung) auch obendrein sich jeder Belehrung durch ihre Vettern im Auslande und ihre aus der Fremde zurückkehrenden Söhne entgegenstemmten?

Wir haben es hier mit einem der verhängnisvollsten Irrtümer in der Beurteilung des Germanentums zu tun.

Der Beseitigung der Unklarheiten über die germanische Baukunst stehen gehäufte Hindernisse entgegen. Auch der sonst so wertvolle einzig dastehende Glücksfall der neuesten Trierer Ausgrabungen (Prof. Löschke) kann nur einen kleinen Schritt vorwärts bringen, weil es sich um römisches Grenzland handelt. Selbst wenn die

Abb. 38. Hühnenkirche in Kohlstädt

bloßgelegten Bauten der Treverer als Bindematerial sämtlich Kalkmörtel hätten, so würde das eben als die römische und nicht als germanische Bauweise angesehen werden, und wenn es älter ist, als keltische.

Eine mir zugehende Auskunft Löschkes besagt, daß Mörtelbauten aus der Zeit vor Chr. Geb. ihm auf deutschem Boden bisher nicht begegnet seien. „In der anschließen» den fränkischen Zeit (ab 5. Jahrhundert n. Chr.) habe man die bescheidenen Bauten im Tempelgelände ohne Mörtel errichtet, hingegen stattlichere im Innern der Stadt mit gutem Mörtel."

Immerhin haben wir nunmehr den schlagenden Beweis, daß die ihr technisches Geschick so deutlich offenbarenden und die römische Weise im Übrigen keineswegs ablehnenden Treverer (das zeigen ja die Skulpturen und Keramiken) nicht aus Unkenntnis und Ungeschicklichkeit den Kalkmörtel verschmäht haben, sondern daß sie es taten, weil sie den Lehmverband zu den vorliegenden Zwecken für geeigneter, oder doch für ausreichend hielten.

In meiner Jugend, also hunderte von Jahren, nachdem man das Fachwerk mit Ziegeln und Kalkmörtel auszufüllen gewohnt war, habe ich es noch erlebt, daß Ställe mit Lehmflechtwerk gebaut wurden, weil man das für wärmer und besser ansah; aber wo man es für praktischer hielt, bauten eben dieselben dörflichen Maurermeister mit Ziegeln und Kalk. Es wäre also lächerlich, aus den Lehmwänden auf Unkenntnis und Rückständigkeit zu schließen.

Im ganzen alten Germanien baute man lieber mit Lehm. Wo aber der nur selten eintretende Fall vorlag, daß man einen schweren Steinbau aufführen wollte, wie den Kohlstädter Turm, oder wenn man einem Gemäuer ganz besondere Festigkeit geben wollte, wie bei der Wallbefestigung in Gunzenhausen, von der Professor Eidam[54] berichtet, da baute man auch mit Kalkmörtel. Das wird an den Orten, wo der eigene Berg den Kalk lieferte, wie in Kohlstädt, häufiger geschehen sein als da, wo man ihn erst von weither besorgen mußte.

Am ehesten ist jedenfalls der Kalkbau für die Grundmauern der Häuser allgemein geworden in den letzten germanischen Jahrhunderten (500-800).

Der Gunzenhausener Fall, wo der germanische Ursprung des Wallgemäuers als unzweifelhaft nachgewiesen ist, zeigt wieder, wie taub sich unsere Zeit gegen solche aufklärende Nachrichten über germanische Dinge verhält. Wir dürfen gespannt sein, ob die durch den Axtfund bestätigte germanische Herkunft der Kohlstädter Heidenkirche beachtet werden wird (siehe unten).

Die Fund-Archäologie ist leider nicht in der Lage, ihre Arbeit auf die eigentlichen Stätten des Lebens unserer Vorfahren, d. h. auf die alten Bauernhöfe auszudehnen. Unsere Vorfahren sahen einst genau auf den auserwählten besten Plätzen, auf denen noch jetzt unsere ältesten Bauernhöfe liegen. Es ist im Laufe der Jahrhunderte kaum jemals weder in friedlichen noch nach kriegerischen Zeiten einem Rechtsnachfolger eingefallen, den hergerichteten Platz preiszugeben. Selbst von den sogenannten wüsten Höfen, die nach der Entvölkerung des

---

[54] Korrespondenzblatt der Ethnologie u. Vorgeschichte, Thilenius.

30jährigen Krieges liegen blieben, sind natürlich gerade die ältesten, also besten Siedlungen, auf die es uns allein ankommt, wieder zu Höfen geworden und können nicht mehr Auskunft geben.

Auf den wirklichen Wohnplätzen des freien germanischen Bauern hat daher unsere Archäologie nichts zu suchen und nichts zu finden, ebenso wenig wie auf einem alten städtischen Grundstücke, wo ein germanischer Vorfahre wirklich gesessen hat, gegraben werden kann.

Der Archäologie bleiben zum Graben und Finden tatsächlich nur entweder die außergewöhnlichen, einen spärlichen Ertrag gebenden, oder die minderwertigen, ein falsches Bild gebenden Gebrauchs- und Wohnplätze unserer Vorfahren übrig. Da sind in erster Linie die Gräberfunde, die natürlich nur eine über alle Maßen unvollständige, ungleichmäßige und manchmal klägliche Kenntnis von der Kultur eines Geschlechts vermitteln können, zumal sie noch obendrein gänzlich der Sitte der Totenbeilagen unterstehen. Das ist eine Sitte, die z. B. in den vorchristlichen Jahrhunderten in Germanien als Kultbrauch erloschen war, ebenso wie wir sie ja auch jetzt nicht haben. Ein auf Gräberfunde gegründetes Kulturteil über uns wäre ein nicht größerer Unsinn, als er sich jetzt, ermöglicht und befördert durch den Mangel an Gräberfunden, in die Beurteilung. der vorchristlichen germanischen Jahrhunderte eingeschlichen hat.

Außer Gräbern durchsucht der wissenschaftliche Spaten noch Nebensiedlungen der Knechte und kleinen Leute, Not- und Fluchtwohnungen für unruhige Zeiten u. dgl., deren Funde ein ganz falsches Kulturbild geben müssen. Dazu kommen Lager, Ringwälle und Thingplätze, wo das Finden schon um der Ausdehnung willen einen seltenen Glücksfall bildet, so daß ein gründliches, systematisches Durchsuchen des ganzen Platzes meist gar nicht erst unternommen werden kann. Schließlich sind noch die vielleicht am ehesten brauchbaren, auf kleinen Platz beschränkten Sonderkultstätten zu erwähnen, für die sich aber Auge und Interesse noch nicht eröffnet hat. Das hier Gesagte gilt von allen Bodenfunden; unter ihnen muß den Steindenkmälern und den Mauerresten noch ein besonderer Platz eingeräumt werden.

Es ist eine bittere Wahrheit, daß heute auf Grund des erwähnten Irrtums über germanischen Mörtelbau in unserem Vaterlande ungezähltes Mauerwerk, welches in Wirklichkeit seine Entstehung der Geschicklichkeit, dem Fleiß und der eigenen Bauweise unserer Vorfahren verdankt, sobald sie neben und zu ihrem Holzbau auch Mauerwerk gebrauchten, von unserer Wissenschaft dem bestimmenden Einfluß oder auch der Arbeit Fremder zugeschrieben wird, entweder der Franken oder, wenn frühere Entstehung nicht geleugnet werden kann, der Römer.

Der konservative deutsche Bauer hat in vielen Jahrhunderten bis ins vorige Jahrhundert seine Lebensweise wenig, seine Bauweise nachweislich gar nicht geändert. Auch die Hausgröße ist bis ins vorige Jahrhundert nur wenig verändert, so daß beim Neuaufbau der Gebäude das vorhandene Grundmauerwerk mit benutzt werden konnte. Die Größe war meist durch die natürlichen Verhältnisse des Hofes vorgeschrieben.

Daß unsere germanischen Vorfahren schon zur Zeit Mark Aurels (2. Jahrh. n. Chr.) genau dieselbe Fachwerk-Bauweise gehabt haben, wie wir sie jetzt noch in niedersächsischen Dörfern finden, dafür haben wir erfreulicherweise ein ganz unwiderlegliches Zeugnis durch ein Bild auf der sogenannten Markussäule. Es zeigt römische Soldaten, die germanische Scheunen (diemenartige Rundbauten) anzünden. Im Hintergrund sieht man einen Teil eines Wohnhauses, welches ich im Ausschnitt bringe, und zum Vergleich daneben ein jetzt noch stehendes kleines Fachwerkhaus aus der Nähe Detmolds (Abb. 39, auch Abb. 78). Ich bringe auch das mir von Herrn Prof. Herman Wirth freundlichst zur Verfügung gestellte Bild eines friesischen Bauernhauses (Abb. 40). Die gleiche, vielleicht noch größere Weidefläche des an dieser Stelle setzhaften alten Friesen ernährte vor 1200 Jahren den gleichen Viehbestand, der im Winter unter Dach zu bringen war, wie heute. Die Bestimmung und Einrichtung des Hauses, für Menschen und Vieh zugleich, kann gar nicht einfacher und kaum anders gedacht werden. Aussehen und Größe mußte also ungefähr so sein, wie es sich dann durch alle Jahrhunderte erhalten hat. Der Uhlebort auf dem Dache zeugt ebenfalls von dem bis in die Urzeit zurückgehenden Alter dieses Typs. Mit einiger Einschränkung ist dasselbe von den Ackerbaugegenden zu sagen. Dementsprechend muß sich unsere Vorstellung von dem Aussehen germanischer Dörfer und Höfe gestalten.

In den weiteren Erwägungen zu dieser Sache beschränken wir uns am richtigsten auf das Sachsenland, weil hier das Jahr 772 mit Haaresschärfe als Zeitgrenze angegeben werden kann, vor der es hier keine unfreiwillige Änderung der germanischen Eigenkultur gegeben hat. Die ältesten Steinkirchen sind im Sachsenlande um 800 gebaut. Niemand hat infolgedessen etwas dagegen, sondern jeder hält es für selbstverständlich, daß die aus dem 9. Jahrhundert stammenden Hausgrundmauern als gemörtelt gedacht werden müssen. Aber, wenn eine solche Mauer dem 8. Jahrhundert zugeschrieben werden soll, dann heißt es „unmöglich"! Harmlos befinden sich kluge Archäologen, auch Autoritäten, im Gefolge einer der größten kulturgeschichtlichen Irrungen, die wir in diesem Dogma erblicken müssen. Sie haben es wohl auch logisch noch gar nicht durchgedacht, daß sie damit einen Kulturschritt eines ganzen Landes von der bloßen Anwesenheit einiger Missionare abhängig machen, und auch das nicht einmal unbeschränkt, sondern von der Anwesenheit römisch-fränkischer Missionare, unter Ausschaltung der iroschottischen. Denn die fränkischen Kriegsknechte haben etwas anderes getan, als die Sachsen zur schleunigen Anwendung des Mörtelbaues zu veranlassen.

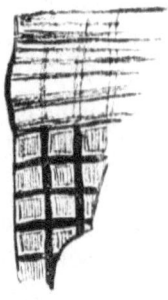

Der ganze Gedanke an eine Einführung des Mörtelbaus unter solchen Bedingungen und Umständen ist ein Hohn auf die Denk- und Wesensart des

Abb. 39. Fachwerkwände im 20. und 2. Jhdt.

niedersächsischen Bauern. Der Gedanke kann nur in städtischen Hirnen entstanden sein, und auch in ihnen nur aus einer Denkweise heraus, die durch jahrhundertelange Verunglimpfung des vorchristlichen Germanentums seitens Kirche und Humanismus geschaffen war. Als ob der niedersächsische Bauer des 9. Jahrhunderts nichts Eiligeres unternommen hätte, als das väterliche Haus niederzureißen und auf gemörtelten Grundmauern wieder aufzubauen!

Erfüllt vom stärksten Mißtrauen gegen jeden Satz, der aus der alten Anschauung heraus germanische Kulturleistungen in Zweifel zieht, war es unser Vornehmen, an die wichtige Baufrage zunächst einmal unbeirrt durch irgendeine Lehrmeinung mit Erwägungen heranzutreten, die sich auf unsere geschichtliche und psychologische Kenntnis des Germanenvolkes gründen. Das Ergebnis ist: Schon in den vorchristlichen Jahrhunderten haben unsere Vorfahren Steinbauten und auch Steinbauten mit Mörtel aufgeführt, wo auch immer sie es als Ergänzung ihres Holz- und Lehmbaues für nötig oder erwünscht hielten. Daher müssen jetzt in Deutschland, in erster Linie unter den ältesten Bauernhäusern, aber auch sonst, noch Tausende von gemörtelten und anderen Mauerresten zu finden sein, die der germanischen Zeit angehören.

Jetzt erst wollen wir nach der Begründung fragen, die die Vertreter des Satzes von der nichtgermanischen Herkunft aller Mörtelbauten für ihre Meinung in das Feld zu führen haben. Dieser oft versäumte Weg, erst Klarheit über die Gesamtlage zu schaffen und dann an die Kritik von Sätzen heranzutreten, die den Anspruch machen, in das Gesamtbild sehr bestimmte Einzelstriche einzufügen, empfiehlt sich besonders denen, die dazu neigen, sich mit Lehrgläubigkeit zufrieden zu geben.

Die Begründung lautet: Alle zu Mörtelbauten gehörigen Bodenfunde sind nicht älter als fränkisch: darum sind auch die Bauten selbst nicht älter.

Ich habe mir vorgenommen, mich in den Spezialfragen der Spatenwissenschaft denen unterzuordnen, welche sich seit langer Zeit

Abb. 40. Friesisches Bauernhaus

mit ihnen beschäftigt haben, weil meine Aufgabe der Beherrschung der Gesamtfragen gerade groß genug ist und ich mich in meinem Alter nicht noch mit den Einzelheiten der Museumsschätze befassen kann. Obwohl es sich in vorliegendem Obersatze bei weitem nicht mehr um eine Spezialfrage, sondern bereits um ein sehr allgemeines vom weltanschaulichen Standpunkt stark beeinflußtes Werturteil handelt, und obwohl auch von fachmännischer Seite die allergrößten Zweifel gegen ihn erhoben werden, so will ich ihn doch einmal als richtig unterstellen.

Selbst wenn es richtig sein sollte, daß alle Bodenfunde in Mörtelbauten nicht älter als fränkisch seien, haben wir nur eine Wahrscheinlichkeit, keinen Beweis für die gezogene Schlußfolgerung. Durch Bodenfunde kann nur das Mindestalter eines Gebrauchsortes festgestellt, niemals aber erwiesen werden, daß ein Gebäude nicht früher erbaut oder ein Ort nicht früher in Gebrauch genommen ist.

Es wird zugegeben, daß ein dauerndes Nichtfinden älterer Gegenstände in Zusammenhängen, wie sie hier vorliegen, immerhin den Gedanken an ihr Nichtvorhandensein im Boden nahelegt, und daß ein allgemeines solches Nichtvorhandensein wiederum den

Schluß auch auf ein Niedagewesensein der Gegenstände im Boden wie über dem Boden zuläßt. Darum würden wir eine Bestimmung der ältesten Mörtelbauten in Germanien als „fränkisch" als eine zwar gewagte, aber doch mögliche Datierung ansehen, wenn die Bestimmung „fränkisch" 1. nur zeitlich, nicht volklich gemeint wäre und wenn diesem Fachausdrucke 2. eine gewisse vertrauenswürdige Sicherheit innewohnte. Aber beides ist mitnichten der Fall.

„Fränkisch" als archäologischer Terminus ist ein vollständig unsicherer, aufgeblähter Schwammbegriff, welcher zwecks Gesundung unserer Archäologie (nebst dem Begriff „merowingisch") von einem starken Arme sobald als möglich im Meere ersäuft werden müßte, da wo es am tiefsten ist, um durch mehrere richtigere Fachausdrucke ersetzt zu werden.

Auch diejenigen Archäologen, welche das Mörteldogma und sonstige Mißbräuchlichkeiten ablehnen, sehen sich gezwungen, mit dem nun einmal eingeführten Fachausdruck „fränkisch" in gewohnter Weise zu arbeiten, weil ja nicht jeder ein Reformator sein kann: sie pflegen zu betonen, daß „fränkisch" für sie nur ein Zeitbegriff sei. Aber das nützt uns nichts. Es bleibt dabei, daß unter „fränkisch" sowohl von Fachleuten als auch von der gesamten Laienwelt nicht nur eine Zeitperiode, sondern die völkische Herkunft verstanden wird, und zwar nicht etwa die Herkunft von den germanischen Main- und Rheinfranken mit deutscher Sprache, sondern die Herkunft von den in romanischer Kultur- und Sprachentwicklung begriffenen Westfranken Karls, seiner Vorgänger und seiner nächsten Nachfolger, die zum Teil oder ganz auf deutschem Boden hausten.

Der archäologische Begriff „fränkisch" ist ein nachlässiges Bequemlichkeitsprodukt der wissenschaftlich noch höchst zweifelhaften Bemühungen der archäologischen Anfangszeit, als man fand, daß zahlreiche Fundgegenstände der germanischen Länder gleichartig waren mit Fundgegenständen jenseits des Rheins auf westfränkischem Boden. Befangen in der Höherschätzung des fremden, romanischen Könnens gegenüber der selbstverständlich minderwertigen germanischen Kultur, waren jene Männer auch nicht einen Augenblick darüber im Zweifel, daß sie solcher sich zeigenden gemeinsamen Kultur beileibe nicht den Stempel eines germanischen Stammes, sondern den westfränkischen Stempel aufdrücken müßten.

Es mag sein, daß die größere und wertvollere Zahl der gleichartigen Kulturgegenstände ihren Weg von Gallien nach Germanien genommen hat, oder es mag umgekehrt gewesen sein, - es kommt mir hier zunächst nicht auf den abschätzenden Vergleich des Kulturfleißes der beiden Völker, sondern auf die Erweisung der grundsätzlichen Irrigkeit des wissenschaftlichen Verfahrens an; - es mag sich auch schon damals derselbe Vorgang wie heute vollzogen haben, daß die Germanen die Grundideen der Kulturfortschritte schufen, daß aber die praktisch beweglicheren Mischvölker die brauchbare Auswertung erfanden und die Erzeugnisse unter ihrer Etikette den Germanen zurück lieferten, - wir wissen es nicht; es mag schließlich auch sein, daß viele, unverkennbar den römisch-italischen Einfluß zeigende Gegenstände nicht auf dem Umwege über Frankreich, sondern durch die direkten germanisch-italischen Beziehungen nach Germanien gekommen sind, - auf jeden Fall bedeutet die allgemeine Firmierung „fränkisch" in ihrem völkisch verstandenen Sinne ein oberflächliches Tun und in ihrer Wirkung eine geradezu ungeheuerliche ideelle Kulturberaubung zuungunsten des Germanentums und Zugunsten des Westfrankentums.

Noch unglücklicher und unsinniger, wenn auch weniger bedeutsam, ist der Ausdruck „merowingisch", womit der Name eines längst ungermanisch gewordenen Herrschergeschlechtes, welches auf allerunterster kultureller Stufe genannt zu weiden verdient, mit dem Ruhm behängt wird, ein kulturlicher Lehrmeister des Germanentums gewesen zu sein.

Die Hoffnung, daß die Archäologie sich in Kürze der verderblichen Belastung mit falschen Fachausdrucken, längst erkannten sachlichen Trugschlüssen und überholten Provisorien entwinden könnte, ist gering. Es gehört dazu ein überragender Mann mit eisernem Besen. Aber es fehlt doch nicht ganz die Vorarbeit für den

Reformator. Dazu rechne ich auch Jakob-Friesens „Grundfragen der Altertumswissenschaft". Dazu gehören Mahnungen wie die Schuhmachers[55]: „Wenn wir eine sichere Grundlage gewinnen wollen, so bedürfen wir meines Erachtens einer weit schärferen Sichtung der vorhandenen archäologischen Funde, als sie bisher geschehen ist." Die Mahnungen blieben im Allgemeinen unbeachtet. Hoffentlich hat Jakob-Friesen besseren Erfolg.

Abgesehen von der Völkermißhandlung durch das Scherbengericht belastet sich unsere sonst so verdienstvolle Archäologie viel zu sehr mit einer absoluten Chronologie. Denn diese steht in der fortwährenden Gefahr gänzlichen Zusammenbruchs, ähnlich wie das noch in unseren Kalendern auftretende jüdische Jahr 5689 „seit Erschaffung der Welt" lächerlich geworden ist. Wenn sowohl die Schubfächer der „Kulturen" als auch der „Perioden" in dem bescheidenen Ansehen als vorläufige Arbeitshypothesen zur Ordnung von Bodenfunden gehalten würden, so würde niemand etwas dagegen einwenden; aber wenn sich auf ihnen die Beurteilung von Völkersitzen, Völkergeschicken und Völkerkönnen aufbaut, dann ist es nicht zu verwundern, wenn sich erstaunliche Dinge ereignen. Germanische Stämme werden von einer Ecke des Vaterlandes in die andere gejagt, Burgen werden zwischen „römisch" und „fränkisch" hin und her geworfen. Altschieder war erst römisch, dann plötzlich fränkisch; desgleichen der Schultenhof bei Bersenbrück, Rulle u. a. m. Daß solche archäologischen Sprünge, die sich über ein halbes Jahrtausend des uns Nächstliegenden vorgeschichtlichen Zeitalters glatt hinwegsetzen, muß uns doch, die Augen darüber öffnen, daß hier in der Archäologie etwas nicht in Ordnung ist.

Ein wahrer Curtisrausch sieht überall von Karl erbaute Königshöfe, wo sich Ähnlichkeiten in der Bauweise oder in den gefundenen Gegenständen zeigen, - als ob sich nicht Moden und Weisen sowohl im Bauen als auch in anderen Dingen zwischen den Völkern herüber und hinüberschöben!

---

[55] Prähistor. Zeitschrift 1914, VI.

Mit vollem Recht könnte jemand behaupten, daß ja die vermeintlichen fränkischen Eigentümlichkeiten gerade so gut in Germanien ihren Ursprung haben könnten, und von den Westfranken übernommen, oder auch schon einige Jahrhunderte früher aus Germanien mitgebracht seien. Dann würde diese Behauptung zwar nicht zu widerlegen sein, aber der Lästerer der heiligen fränkischen Kultur würde von den Frankomanen übel zugerichtet werden.

Ein hübsches Beispiel der Frankomanie bietet die Pfalz Salz im Thüringschen. Sie ist eine Wasserburg mit bedeutendem Mauerwerk, deren Ursprung aus anerkannten Gründen als vorkarolingisch angesehen werden muß. Aber in der grundsätzlichen Abneigung, solche in Germanien vorgefundenen Leistungen nun auch bis zum wirklichen Gegenbeweise, wie es anständigerweise andern Völkern gegenüber üblich ist, zunächst einmal als germanisch gelten zu lassen, wird die Burg als „merowingisch" erklärt, obgleich bei den Merowingern keine derartige Verwendung von Wasserburgen bekannt ist! Um einen Ausweg ist jedoch ein richtiger Frankomane nicht verlegen: die merowingischen Franken stammten ja aus dem Saalelande und hätten die Wasserburgkunst zwar nicht weiter geübt, aber doch im Gedächtnis behalten!

Wir finden diese Art Verirrung auch bei so selbständigen Denkern

Abb. 41. Der Axtfund von Kohlstädt

wie Rübel[56]. Er sagt: „Überhaupt hat man dem Typus der königlichen Curtes dort näher zu treten, wo römische Anlagen ausgeschlossen sind." Die dazwischenliegenden 700 Jahre germanischen Lebens und germanischen Schaffens werden demnach überhaupt keiner Nachfrage und Prüfung gewürdigt!

Was die vielen Königshöfe anlangt, deren Karl allerdings als Zwingburgen bedurfte, und die dann einfach als „fränkisch" bezeichnet werden, so standen Karl genug und übergenug Höfe der vertriebenen sächsischen Edlen und Freien für diesen Zweck zur Verfügung. Selbst die bereits vollzogene Taufe schützte ja nicht, wenn der König einen Hof haben wollte (vgl. Rübel). Die Zahl der Neubauten in der karolingischen Zeit muß aus Gründen der Zeitgeschichte als eine überaus geringe angenommen werden. Im Allgemeinen werden die Königshöfe germanische Höfe gewesen sein, an denen das Bedürfnis und der Geschmack der Fremden geändert hat. Über viele königliche Anordnungen und Wünsche werden wir in den Kapitularien Karls de villis unterrichtet, - bis hin zu den Gemüsen und Apfelsorten, die der von Einhard als schwerer Esser geschilderte König anstatt der landesüblichen Sorten auf seiner und seiner Hofleute Tafel sehen wollte.

Eine kritische Nachprüfung der Kulturleistungen des karolingischen Zeitalters gelangt zu dem Ergebnis, daß von der letzten großen Verwüstung des ganzen Sachsenlandes im Jahre 795 an (vgl. Einhard Annal. 795) bis zu den unter Ludwig einsetzenden unaufhörlichen Wirren nur knapp 20 Jahre leidlich ruhiger Kulturentwicklung liegen. Sie reichten auch schon zeitlich nicht entfernt aus, um von einem Kulturaufschwung reden zu dürfen. Blicken wir, wie es erforderlich ist, dazu auf die inneren Zustände des Volkes, so kann umgekehrt nur von einem allgemeinen Kulturrückgang und Elend in der karolingischen Periode die Rede sein, von dem allerdings das Gedeihen der sich schnell unterwerfenden großen Grundherren und der römischen Kirche eine Ausnahme bildet. Mit

---

[56] Rübel, Die Franken.

denkbar größtem Rechte und nach jeder Richtung hin verdienen die darauffolgenden 3½ Jahrhunderte den Namen der „dunklen Jahrhunderte". Die langsame Erholung aus der Volks- und Kulturvernichtung durch die Westfranken ist erst um 1130 unter Lothar so weit gediehen, daß ein Volksüberschuß zur Wiederkolonisierung des Ostens vorhanden war, und daß ein Überschuß der Kräfte sich zu Ausgang des 12. Jahrhunderts an der unglücklichen Kreuzzugspolitik beteiligen konnte.

Angesichts der Stellung, die ein Teil der Altertumswissenschaft zur germanischen Kultur der vorkarolingischen Jahrhunderte einnimmt, waren die obigen Ausführungen unbedingt erforderlich, um uns den Standpunkt zu vermitteln, von dem aus ein Bauwerk wie die Kohlstädter Ruine zu beurteilen ist. So erst ist die Bahn frei für unsere Untersuchungen, in welchen Abschnitt der vorchristlichen Zeit ihre Entstehung fällt, und zu welchem besonderen Zwecke sie gedient haben mag.

Zur Beantwortung der ersten Frage wird die Spatenwissenschaft ein gewichtiges Wort haben, sobald sich unser dringender Wunsch nach gründlicher Durchsuchung des mächtigen Schuttes erfüllt.

Der Fund eines Skelettes in sitzender Stellung redet von der gewaltsamen Zerstörung, kann jedoch über das Alter nichts aussagen. Aber ich bin in der Lage, von einem vor wenigen Wochen aus der oberen Schicht des Stein- und Mörtelgerölls innerhalb des Gemäuers herausgeholten Funde berichten zu können, der möglicherweise bereits für sich allein die Auffassung von dem Entstehungsalter der Ruine in den vorchristlichen Jahrhunderten Germaniens auf eine sichere fundarchäologische Grundlage stellt. Es ist ein wahres Prachtstück für Museen, eine 2½ Pfund schwere Axt aus blasig gerostetem Eisen, die mit ihrem Formcharakter ohne Querloch, Tülle und Längsloch das unverkennbare Merkmal ihres vorgeschichtlichen Alters an sich trägt. Durch das starke Feuer bei der Ausbrennung des Baues ist das Eisen mit Glasurschlacke umhüllt worden, die zur Erhaltung beigetragen hat. Im Übrigen hat die Axt die heutige Form, die nach Ebert[57] auch schon gegen Ende der Latenezeit, also in der römischen Kaiserzeit, auftritt. Die Schaftlochlosigkeit könnte sogar noch ein höheres Alter vermuten lassen. Auffälligerweise ist nach Meißner[58] in Mittel- und Westeuropa die bereits vorhandene durchlochte Form während der Bronze- und Eisenzeit wieder in den Hintergrund getreten. Nach den mir zuteil gewordenen Auskünften schließt die Schmiedetechnik hier ein Halbfabrikat völlig aus, und ist heute eine genauere Zeitbestimmung des Eisens auf Grund der Materialbeschaffenheit noch nicht möglich. Ich bringe die Axt in Abb. 41. Sie wurde am 13. 7. 1930 von Herrn Werner Düstersiek gefunden. Zu ernstlichen Grabungen fehlen noch die Mittel. Schon jetzt aber haben wir das Recht und den Anlaß, ernstlich nach der germanischen Bestimmung des rätselhaften Bauwerks zu fragen.

Ebenso wie für die christliche, so kommt auch für die vorchristliche Zeit ein kriegerischer oder technischer Zweck des Baus, oder eine Bestimmung als gewöhnliche Menschenwohnung nicht in Betracht. Dagegen wird der Gedanke an einen kultischen Zweck wachgerufen, sowohl durch den Namen der Ruine als „Hünnenkirche, Heidenkirche und alte Kirche", - (die doch keine christliche Kirche gewesen ist) - als auch durch die erwähnte Lage des Baues auf der kultischen Externsteinlinie. Der Gedanke wurde lebendiger, als in der Nähe weitere Heiligtümer aus dem Dunkel auftauchten und sich dies ganze Gebiet an Lippequellen und Osning mehr und mehr als die heilige Mark der gemeinsamen Kultstätten der verbündeten germanischen Stämme offenbarte.

Die berühmtesten religiösen Stätten bei den Griechen waren Stätten der Weissagung. Auch in Germanien gab es Weissagung. Zur Zeit des Kaisers Vitellius, 69 n. Chr., wohnte die Seherin Veleda in einem Turm an der Lippe, auf der ihr als Geschenk ein Dreiruderer zugeführt wurde. Sollte die Kohlstädter Ruine dieser Turm sein? Die zweifelnde Frage, ob man sich einen Dreiruderer

---

[57] Hoops Reallexikon d. g. A. I 147 ff.
[58] Eberts Reallexikon I 292.

auf der Strote an der Kohlstädter Ruine denken dürfe, hielt mich von der Annahme zurück. Nunmehr aber hat Eugen Weiß[59] durch seine Studien über den Kultcharakter des Schiffes bei den germanischen Völkern die wohlbegründete Lösung des Rätsels der Kohlstädter Ruine als Turm der Veleda gefunden, und die Überlieferung Wasserbachs[60] bestätigt sich.

Ich bringe nach Tacitus zunächst die geschichtlichen Nachrichten über die merkwürdige Angelegenheit der Seherin und ihres Schiffes. Das mittlere Germanien war seit der großen Niederlage der Römer unter Germanicus am Angrivarierwall im Jahre 16 frei, aber Rhein und Donau lag nach wie vor unter dem Joch. Da gab im Jahre 70 der Bataver Civilis die Losung zum Befreiungskampfe aus:

„Es soll fortan erlaubt sein, daß wir beide Stromufer bewohnen, wie einst unsere Vorfahren; wie die Natur allen Menschen das Sonnenlicht und den Tag, so hat sie alles Land den Tapferen zum Preis gegeben. Nehmt Sitten und Lebensweise der Väter wieder an, entsagt den Genüssen, durch die die Römer auf ihre Untertanen eine stärkere Macht ausüben, als durch die Waffen! Als ein reines und unverdorbenes Volk, das die Knechtschaft vergessen hat, werdet ihr gleichberechtigt unter anderen Völkern leben und über sie herrschen."

Die Kölner nahmen die Aufforderung an und antworteten: „Als Schiedsrichter wollen wir Civilis und Veleda haben, vor denen die Verträge geschlossen werden sollen."

Diese Veleda suchten die vom Stande der Dinge unterrichteten Römer durch Geschenke zu bestechen, aber der damit beauftragte Gesandte Lupercus mußte es mit dem Leben büßen.

Weiter erfahren wir aus Tacitus: „Die Macht dieser Jungfrau aus dem Stamm der Brukterer reichte weithin, dank einem alten Brauch bei den Germanen, nach dem sie viele Frauen für Schicksalsverkündigerinnen halten. Damals wuchs auch das Ansehen der Veleda; denn sie hatte das Kriegsglück der Germanen und die

---

[59] Germanien, 2. Folge, Heft 4 mit Ankündigung des Buches „Entrollte Germanenbilder".
[60] Vgl. die Vorrede Wasserbachs auf Seite 136 dieses Buches!

Vernichtung der Legionen vorausgesagt ... Die Germanen fuhren mit den erbeuteten Schiffen zurück und brachten das römische Admiralsschiff auf dem Lippefluß der Veleda zum Geschenk ... Sie selbst hauste auf eine m hohen Turm".

Die Schiffbarkeit der Lippe für die Ruderboote der Alten bis Neuhaus ist unzweifelhaft, bis Lippspringe wahrscheinlich. Die zahlreichen Trockenbetten, die jetzt über den Sennebächen liegen, dürfen als Anzeichen einstigen größeren Wasserreichtums des Osning angesehen werden. Daher liegt es nahe, ein beschränktes Schleppen auf der Strote (Thune) bis zur Kohlstädter Ruine, wo der Tallauf beginnt, vorauszusetzen.

Jedoch auch, wenn auf diese Annahme verzichtet wird, werden die Leser des angekündigten Buches von Weiß sich überzeugen, daß selbst eine Landüberführung des zu bedeutsamem kultischen Zwecke bestimmten Prunkschiffes über die kurze Strecke von Lippspringe zum Turm durchaus in Rechnung gezogen werden muß.

Die Nachricht, daß der Einfluß der Brukterischen Jungfrau sich weithin auf die übrigen Stämme ausdehnte, ist für unsere ganze Auffassung von den gemeinsamen Heiligtümern von höchster Bedeutung. Was liegt näher, als ihren Wohnsitz nicht im Innern ihres Stammesgebietes, sondern in der Mark anzunehmen, auf die die Stämme gemeinsamen Anspruch hatten, und wohin die meisten gelangen konnten, ohne fremdes Gebiet betreten zu müssen?

Wer mit uns aus den oben dargelegten Gründen die Kohlstädter Ruine als germanischen Ursprungs ansieht, wird auf Grund der klaren Nachrichten des Tacitus unserer Annahme zustimmen, daß wir hier den Veleda-Turm oder seinen unmittelbaren Nachfolger vor uns haben.

Bei allen Völkern des Altertums spielen Geschenke und Opfergaben, die der Gottheit für Weissagungen und bei Gelübden dargebracht wurden, eine ganz erhebliche Rolle. Wir haben Grund anzunehmen, daß es in germanischen Landen ebenso gewesen ist. In der Pyrmonter heiligen Quelle wurde vor 30 Jahren eine große Zahl von Weihgeschenken gefunden.

Denken wir uns die Seherin oben im Turm wohnend, so war der tür- und fensterlose untere Teil der gegebene Aufbewahrungsort für den wertvollen Tempelschatz, den man nicht zu allen Zeiten offen in dem Hofe ausstellen konnte. Das Kultschiff wird seinen dauernden Platz in diesem Hofe gehabt haben. Nach Herodot war in Delphi statt des Turms ein Tempel, woraus dann aber auch mehrfach wertvolle Stücke verschwunden sind.

Unsere Annahme, daß der Veleda-Turm am obersten Lippezufluß gestanden hat und seine Ruine uns in der Kohlstädter Heidenkirche noch erhalten sei, ist nicht weniger begründet, als zahlreiche Stücke der alten Geschichte, die anstandslos in Schulen und Hochschulen vorgetragen werden. Sie beruht auf vernünftiger Zusammenschau aller in Betracht kommenden geschichtlichen Nachrichten, unserer sonst gewonnenen Erkenntnisse und der vor Augen liegenden Tatsachen.

So ist, wie mir scheint, ein überaus anschauliches Einzelbild entstanden, welches das Gesamtbild der Kultstätten der Osningmark in einleuchtender Weise fast wie ein unentbehrliches Stück abrundet.

Einwendungen von Belang sind, soweit ich sehe, überhaupt nicht zu erheben. Wer kritisieren will, wird in solchen Fällen stets Anlaß dazu finden. Es wäre erwünscht, daß sich Federn nur dann zur Kritik spitzten, wenn zugleich die langgesuchte Stelle des Veleda-Turmes mit einleuchtenderen Gründen nachgewiesen werden könnte, als hier. Denn, wo ein Fortschritt erzielt werden soll, da ist mit bloßer Negation nichts gewonnen.

8. Heilige Rosse von Lopshorn

Zu den Quellen unserer so geringen Kenntnisse über die Religion unserer germanischen Vorfahren gehören die uns überlieferten Abschwörungsformeln sowie die Verbote und Maßnahmen zur Unterdrückung des alten Glaubens. Sie geben uns glaubwürdige Nachrichten über manche aus dem alten Glauben stammende Gebräuche, die sich im Volke zäh erhielten. Dagegen erfahren wir über die eigentlichen Glaubensvorstellungen und das bis dahin von der Priesterschaft und den Oberen des Volks gepflegte religiöse Tun wenig oder nichts. Die Vorstellungen waren amtlich abgeschafft, sobald das Christentum die Oberhand in einer Gegend bekommen hatte, und ihre Beibehaltung und Äußerung war mit der größten Gefahr für Leib und Leben, Hab und Gut verknüpft. Ein dem alten Glauben entsprechendes Tun aber durfte sich erst recht nicht bemerkbar machen und war in Nacht und Nebel, in den Winkel und ins Geheimnis verbannt. Die Ausübung, und allmählich auch die Kenntnis des Schriftwesens ging von den beseitigten germanischen Priestern ausschließlich auf die Geistlichkeit des neuen Glaubens über. Alle Spuren und Erinnerungen des Alten wurden sorgsam aus dem ganzen Lande vertilgt.

Dieser Zustand, in welchen das germanische Volk versetzt war, und dazu der offenbar von Rom aufgestellte Grundsatz möglichsten Schweigens über diese Dinge, ist als ausreichende Ursache dafür anzusehen, daß das religiöse Leben der Germanen vor der Bekehrungszeit für uns in ein tiefes, fast undurchdringliches Dunkel gehüllt ist. Es mag vielleicht hinzukommen, daß in jenen Zeiten der alte Glaube selbst hier und da bereits in Verfall geraten war, wodurch die Einführung des Neuen und die Unterdrückung des Alten erleichtert wurde, wie es ja einige Jahrhunderte früher auch in den Mittelmeerländern der Fall gewesen war.

Nachdem schon jahrzehntelang die Zerstörung aller sonstigen greifbaren Heiligtümer ihren Lauf genommen hatte, gebührt natürlich auch dem Befehle Ludwig des Frommen, durch den die gesamte vorhandene Literatur dem Feuer überliefert wurde, volle Würdigung - einem Befehle, dessen restlose Ausführung mit unüberbietbarem Fanatismus, entsprechend der Psyche jener Zeit als unfraglich angenommen werden muß. Es ist der gleiche Vorgang wie 700 Jahre später in Mexiko.

So ist der volle Unterdrückungserfolg erklärlich, daß die Nachkommen eines symbolfreudigen Volkes sogar über die Symbole ihrer Väter, ganz zu schweigen von den dahinterstehenden eigentlichen Glaubensvorstellungen, sich in einer über die Maßen hilflosen und verworrenen Unsicherheit und Unwissenheit befinden.

Zahlreiche Symbole der Germanen sind schon in den Zeiten vor der Entstehung des Christentums in den Orient gelangt, darunter z. B. auch die Taufe, die Benetzung des Neugeborenen mit Wasser. Aber was wissen wir von der Taufe unserer germanischen Vorfahren? Ungezählte weitere Symbole wurden, willig oder durch die Verhältnisse gezwungen, bei Einführung des Christentums in Germanien mit in den neuen Glauben herübergenommen und verwoben. Aber wir stehen dem einer Ostergottheit geweihten germanischen Frühlingsfeste, welches einem der drei christlichen Hauptfeste geradezu den Namen gegeben hat und dessen Spuren auf 1000 Jahre hinaus unauslöschlich dem deutschen Volksleben eingebrannt blieben, mit beschämender Unkenntnis gegenüber. Ja, es hat solche gegeben - oder gibt es sie noch heute? -, die daraufhin kurzerhand den ganzen Osterdienst geleugnet haben, urteilend gemäß dem Grundsatze quod non in actis, non in mundo, worüber keine schriftliche Mitteilung vorliegt, das hat überhaupt nicht existiert.

Aber auch so etwas ist noch nicht alles. Noch schlimmer ist, im Falle nun doch noch ein solches Schriftstück sich hindurch gerettet hat, gut bezeugt, mit unfälschbarem Gepräge und mit innerer Überzeugungskraft, wenn dann ein solches Schriftstück nicht etwa mit besonderer Freude aufgenommen wird, weil es ein Neues, vielleicht zunächst Unverständliches bringt, sondern wenn es umgekehrt eben wegen des Neuen, Unverständlichen abgelehnt und als gefälscht erklärt wird. Es steht nicht in den Lehrbüchern, es deckt

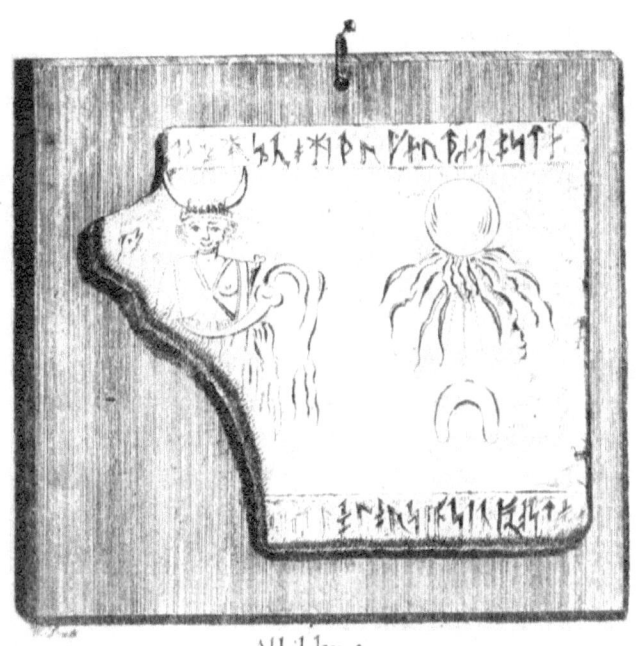

Abb. 42. Osta (Fundstück vom Hohenstein)

sich nicht mit dem Wissensschatz der Autoritäten, es führt auch nicht die bisher beliebten Gedankenwege, darum fort mit ihm! Wir suchen etwas Verlorenes, und wenn wir ein Stück davon finden, wenden wir uns ab!

Mag das Bild, welches ich hierbei im Auge habe, an sich keine große Bedeutung haben - das ist mir nicht das Wesentliche; das Wesentliche ist das Verfahren, mit dem noch heute die Eingangstüren in die germanische Vergangenheit verriegelt werden. Um deswillen bringe ich das Bild.

Ich bringe es aber auch, weil es auf der einen Seite die segenspendende Sonne und darunter das Hufeisen, das glückbringende Pferdesymbol zeigt, und auf der anderen Seite die Mondsichel auf dem Haupte des Rechtsvertreters (frosta) der Mondgottheit und

175

damit das gleichberechtigte Nebeneinander der beiden Kulte uns zeigt, welches uns bei den Externsteinen wichtig geworden ist. Ich will das Bild unterschreiben mit einem der wenigen lesbaren Worte der Umschrift „Osta". Das Wort ruft immerhin die Vermutung wach, daß es sich hier um eine Darstellung der Ostara, Dea, der Ostergottheit, handelt, die uns auf Oesterholzer Boden besonders angeht. Wirkliche Gottesbilder, Versuche, die Gottheit selbst darzustellen, konnte es nach germanischer Gottesauffassung nicht geben. Aber daß man die Vertreter und Offenbarer der Gottheit, wenigstens in den letzten Jahrhunderten, auch bildlich sich zu vergegenwärtigen suchte, ist uns schon aus den alten Nachrichten über die Irminsul entgegengetreten.

Das einst gefundene „Stück Stein" ist verloren, aber die bei Strack[61] ausführlich wiedergegebene Geschichte, wie er gefunden und verloren wurde, ist einwandfrei. Wer das Bild ablehnen will, kann nicht von Phantasterei reden, sondern muß den Vorwurf des Betruges erheben[62].

So sehr es eine unbestreitbare Erfahrung ist, daß man zu gewissen Zeiten, als es noch keine Photographie gab, bei der Wiedergabe

---

[61] Strack, Wegweiser um Eilsen. Lemgo, Meyer 1817.
[62] Dasselbe Stracksche Buch bringt einen Stich, der ein an dem Kirchturm zu Peetzen bei Bückeburg befindliches grobes Steinrelief als Darstellung eines Schweins auf dem Opferaltar mit zwei anbetenden Menschen daneben zeigt. Da die Wiedergabe des in großer Höhe sitzenden Bildes Schwierigkeiten machte, ist erst in neuester Zeit durch den Landeskonservator in Hannover ein Lichtbild hergestellt worden. So verwittert der Stein auch ist, so zeigt sich doch nun mit aller Deutlichkeit, daß das Bild einen Bischof auf seinem Sarge darstellt. Da Strack die ganze Sache dem geachteten schaumburgischen Geschichtsschreiber Dolle entnommen hat, der selbst wiederum gutgläubig war, da er zur Besichtigung des ganz in der Nähe Bückeburgs befindlichen Bildes aufforderte, so habe ich es anstandslos hingenommen. Meine Bemühung um Erlangung eines Lichtbildes war mißglückt. Die schon von Dolle stammende Deutung der beiden am Bilde befindlichen Kugeln auf Sonne und Mond und auch die sonstigen an das Bild und seine Behandlung geknüpften Bemerkungen, nehme ich als gegenstandslos zurück. Es bleibt eine rätselhafte Sache, da auch jetzt noch schwer zu glauben, daß Dolle und Strack täuschen wollten; eher ist noch anzunehmen, daß der beauftragte Zeichner aus der beträchtlichen Entfernung wirklich die Darstellung eines Schweineopfers zu sehen glaubte. Auch die alten Externsteinbilder zeigen, daß man nicht nach der Natur, sondern daheim nach dem Gedächtnis gezeichnet hat. Vielleicht hatte an oder in der Kirche wirklich eine ähnliche Opferdarstellung existiert.

von Bildern seiner Phantasie einen übermäßigen Spielraum gestattete, so daß dann die Bilder als gefälscht erklärt wurden, so sehr erweist sich unser Osta-Bild, vor allem in seiner Umschrift, aus inneren Gründen als unfälschbar und beachtenswert. Das hat schon Schaumann[63] in einer ausführlichen Besprechung des Bildes dargelegt. Einem Fälscher darf nicht schlechthin Unvernünftiges zugetraut werden. Ein Fälscher verfolgt einen Zweck, der hier nur in einer Würdigung und Deutung der Fälschung in der von ihm gewünschten Richtung bestehen konnte. Die Umschrift enthält etwa zur Hälfte Schriftzeichen, die dem Runenkenner unbekannt sind. Ein Fälscher hätte also das, was er sagen wollte, wiederum selbst absichtlich unverständlich gemacht. Es ist unmöglich, das anzunehmen. Es bleibt nichts übrig, als das Bild anzuerkennen und in den hier gegebenen unbekannten Runen die bisher gesuchten sächsischen Runen zu erblicken. Die Hauptschwierigkeit liegt darin, daß die offenbar runenunkundige Hand des Verfertigers der Holzplatte einen wahrscheinlich verwitterten Stein vor sich hatte, wodurch Unrichtigkeiten in das Bild hineingetragen sind.

Auch der in den letzten Worten der beiden Zeilen unverkennbar enthaltene Endreim - osta, frosta - würde zur Berichtigung der Meinung dienen müssen, als ob die Alten nur den Stabreim, nicht auch den Endreim gehabt hätten.

Eine solche neue Erkenntnis müßte wiederum ihren Einfluß auf die Ansichten über die Entstehungszeit vieler Volkslieder ausüben, die bisher dem christlichen Mittelalter zugeschrieben wurden, die aber durchaus den Geist des germanischen Altertums atmen, auch wenn sie vielfach christlich umfrisiert worden sind. Wenn bei einer solchen Forschung - wie durchaus anzunehmen ist - etwas Greifbares herauskommt, so würde damit eine sehr wertvolle Quelle zur Erkenntnis der Empfindungswelt der Alten erschlossen sein. Vor allem würde daraus auch das mit der Empfindungswelt des Mittelalters nicht vereinbare Naturempfinden dieser Lieder erklärlich und

---

[63] Schaumann, Geschichte des niedersächsischen Volkes, Göttingen 1839.

zum Handleiter in versunkene Gefilde des Geisteslebens unserer Vorfahren werden. Die durch Umänderung in die Lieder hineingeratenen Fremdkörper sind vielfach mit Händen zu greifen, ähnlich wie im Nibelungenliede und in manchen Märchen.

Tacitus berichtet, daß die Germanen heilige Rosse gehabt haben. Das ist glaubhaft, weil es der Art der germanischen Naturreligion entspricht, die Gottheit in Werten der Schöpfung zu verehren. Auch in Germanien hat man dann den praktisch verständlichen, religiös gefährlichen Schritt getan, die Verehrung auf selbstgewählte Schöpfungswerke und dann weiter auf einzelne Individuen davon zu beschränken - neben der Erhebung von Menschengestalten in das Ansehen der Gottheit. Die grundsätzliche Ablehnung dieser zur „Abgötterei" und in die Tiefen des Aberglaubens führenden Entwicklung dürfte eins von den großen Wahrheitsmomenten gewesen sein, durch welche das Christentum das unbedingte innere Übergewicht über die Religionen der alten Völker gewann. Praktisch freilich hat man sich weder in der römisch- noch in der griechisch-katholischen Kirche der gefährlichen volkstümlichen Vergröberung entziehen können.

Die Synode zu Liftinae im Jahre 743 hat einen Indiculus superstitionum et paganiarum (ein Verzeichnis der abergläubischen und heidnischen Gebräuche) aufgestellt, aus dem sich mittelbar auf allerlei Glaubensvorstellungen schließen läßt. Leider - aber folgerichtig ins System passend - ist der Text verlorengegangen, und es sind uns nur die 30 Kapitelüberschriften erhalten geblieben. In einem Schriftchen „Gebräuche der alten Deutschen"[64] haben wir aus der Feder eines in diesem Falle unverfänglichen Zeugen, eines bischöflichen Konsistorialrats Widlak in Znaim eine beachtenswerte Überlieferung.

Der Verfasser bespricht die Überschriften und fügt hinzu, was er sonst über den Gegenstand in Erfahrung gebracht hatte. Die Überschrift des XIII. Kanons lautet: Von den Vogel- und Pferdevorzeichen usw. Widlak führt erst die bekannte Stelle aus Tacitus Germania 10

---

[64] Franz Widlak, bischöflicher Konsistorialrat, Znaim, bei M. F. Lenke, ohne Jahreszahl.

an: „Eigentümlich ist den Germanen die Weissagung und Mahnung durch das Pferd. In gewissen deutschen heiligen Hainen und Gehölzen werden auf Gemeindekosten weiße, durch keine irdische Arbeit entweihte Rosse gehalten; diese, vor den heiligen Wagen geschirrt, begleitet der Priester mit dem König oder dem sonstigen Oberhaupt der Gemeinde und beobachtet das Wiehern und Schnauben der Tiere[65]. Und kein Vorzeichen gilt für so zuverlässig, nicht allein beim Volke, sondern auch bei den Häuptlingen und Priestern. Denn diese betrachten sich selbst nur als Diener, jene Tiere als Vertraute der Götter." Widlak fährt fort: „Es wurde kein Krieg angefangen, ohne die geheiligten Pferde zuvor befragt zu haben. Dies geschah auf folgende Art: Vor dem Götzenheiligtum wurden die Kriegslanzen in drei Linien gelegt und in jeder derselben zwei Lanzen mit ihren Spitzen gegeneinander in die Erde geheftet; hierauf verrichtete der Priester einige feierliche Gebetsformeln, führte dann das Pferd, welches im Vorhofe bereit stand, zu dieser dreifachen Linie der Lanzen; trat das Pferd zuerst mit dem rechten Fuß in eine dieser Linien, so weissagte man hieraus den Sieg; trat es aber zuerst mit dem linken Fuß darein, so war dies das sicherste Zeichen der Niederlage, und man suchte den Krieg zu vermeiden." Bei den Pommern war die Feierlichkeit der Ausfrage anders: „Man legte neun Stangen in einer gewissen Entfernung, gewöhnlich eine Elle voneinander, auf die Erde; der heidnische Priester führte das schwarze Pferd, herrlich bekleidet, durch diese Stangenreihe hin und her; blieb die Ordnung ungestört, ohne daß das Pferd mit seinen Füßen eine Stange berührt oder verrückt hatte, so war dies ein gutes Vorzeichen, im entgegengesetzten Falle aber ein böses." In dieser Überlieferung mag immerhin noch Richtiges stecken.

Das Pferd, vor allem ein Attribut Wodans, war bei den großen Festen die vornehmste Opfergabe, die den Göttern geweiht werden konnte. Menschenopfer wurden jedenfalls nur in den allerseltensten Fällen dargebracht. Es ist sogar fraglich, ob nicht alles, oder fast alles, was darüber bei römischen Schriftstellern und in späteren Nachrichten

---

[65] Vgl. die Königswahl des Cyrus bei Herodot.

gesagt ist, in das Reich des Mißverständnisses, der Entstellung und der absichtlichen Herabwürdigung des germanischen Kultus zu verweisen ist. Die Opferung von Kriegsgefangenen als Vergeltung für Schandtaten des Feindes und die starken Verfallserscheinungen des germanischen Glaubens von der Wikingerzeit an, bedürfen natürlich ganz gesonderte Beurteilung. (Vgl. S. 52 und 285.)

Die Schädel der geopferten Pferde wurden an die geheiligten Bäume genagelt und galten auch sonst als geheiligte Gegenstände. Das Fleisch war bei den Opfermahlzeiten, besonders auch, wenn es sich um die Totenopfer angesehener Männer handelte, die meistgeschätzte Speise. Da es sich beim Essen von Pferdefleisch wohl zumeist um Opfermahlzeiten gehandelt hat, so erklärt sich, daß es zugleich mit den Opfern bei der Einführung des Christentums in Verruf gebracht wurde. Damit ist dem deutschen Volke ein Widerwillen gegen Pferdefleisch eingepflanzt worden, der bis zum heutigen Tage ohne ersichtlichen sonstigen Grund anhält. Isländische Bekehrer ordneten an: „Das ist die größte Christentumsverletzung, Pferdefleisch zu essen."

Die Zwillinge am Himmel galten auch als Pferdegottheiten, und merkwürdigerweise ist Castor noch jetzt ein Pferdename im Westfälischen. Die sagenhaften ersten Missionare im Münsterlande wurden der schwarze und der weiße Ewald genannt. Ehwald = Ehuwald = Hippokrates. Auch Hengist und Horsa hatten sich Namen vom heiligen Pferde gegeben.

Die Pferdeköpfe auf den niedersächsischen Bauernhäusern legen noch in unseren Tagen Zeugnis davon ab, welches Ansehen das Pferd bei unseren Vorvätern genossen hat. Denn auch unter wirtschaftlichem und militärischem Gesichtspunkte stand natürlich unter den Haustieren das Pferd oben an: als Reittier, Zugtier, Milchtier und Fleischtier. Es ist erklärlich, daß für seine sorgfältige Aufzucht und Pflege besondere Einrichtungen getroffen waren. Dabei spielten die großen Pferdemärkte, die zugleich Wodansfeste gewesen sein werden, offenbar eine erhebliche Rolle. Dafür haben wir eine trefflich stimmende Urkunde aus dem Jahre

1146, in der Papst Eugenius dem Paderborner Kloster Abdinghoff den Besitz von dem bereits erwähnten Pferdemarktplatz Wilbasen b. Blomberg (Wilbodessun) erneut zuspricht. Die Kapelle, die man an den einsamen Platz gesetzt hatte, ist erst 1708 abgebrochen. Was hatte das Kloster in Wilbasen anders auszurichten, als daß der den heiligen Rossen des Wodans gehörende Platz durch die Kapelle entsühnt werden sollte?

Wenn Tacitus ganz allgemein erzählt, daß die heiligen Pferde auf Gemeindekosten gehalten wurden, so müssen wir daraus schließen, daß für die großen gemeinschaftlichen Opferfeste der Stämme in den Marken auch dementsprechend große Veranstaltungen zu ihrer Haltung und Aufzucht vorhanden waren. Ich hoffe, daß meine folgenden Ausführungen zur Anerkennung des nordwestlich von Oesterholz gelegenen Lopshorner Gestüts als gradliniger Fortsetzung einer germanischen großen Einrichtung zur Aufzucht, Haltung und auch kultischen Verwendung der Pferde hinführen wird.

Unmittelbar anstoßend an die Oesterholzer Mark und die heiligen Haine Eckelau, Lindelau, Langelau und Königslau liegt die sogenannte Kammersenne und mit ihr zusammengehörig ein großes Senne- und Waldgebiet mit dem bis vor kurzem fürstlichen Sennergestüt Lopshorn. Die alte Geschichte des Gestüts verliert sich in dem Dunkel des frühen Mittelalters, von wo aus wir in allen Fällen, wenn es sich nicht um erkennbare Neuerungen der Frankenherrschaft und der Kirche handelt, fragend und suchend den Blick in die germanische Vorzeit zu richten haben. O. von Meysenbug[66] erwähnt eine Sage, die das Pferdegeschlecht der Senne auf die in der Varusschlacht erbeuteten und reiterlos gewordenen römischen Pferde zurückführt! Charakteristisch ist hier wieder die Neigung auch des Volksmundes, ein Germanengut auf fremde Herkunft zurückzuführen. Einige Zeilen weiter kommt Meysenbug selbst bei einem Vergleich der Senner mit dem englischen Vollblut gar nicht

---

[66] O. von Meysenbug, In einem Artikel über das Sennergestüt in „Niedersachsen", 1911, Nr. 1.

auf den Gedanken, daß das englische Vollblut eben das von unseren Sachsen dorthin gebrachte und dort hochgezüchtete Sennepferd ist. Ganz stolz gibt er die Meinung eines österreichischen Kenners über „die charakteristischen Kennzeichen des morgenländischen Blutes" beim Senner wieder. Immerhin mag uns die erwähnte Sage das in die Römerzeit, also tief in die vorgeschichtliche Zeit hineinragende Alter der Lopshorner Pferdezucht bestätigen.

Urkundlich wird 1160 zuerst von den ungezähmten Stuten und den leges equitum (Gestüt) gesprochen, womit wir uns beim „Feld Truc" eingehender zu beschäftigen haben werden. Aus den allgemeinen Zuständen des Mittelalters ist anzunehmen, daß die Lopshorner Pferdezucht mehrere Jahrhunderte lang in Verfall gewesen sein wird; der Wegfall eines so wichtigen Momentes, wie es die Zucht heiliger Pferde war, mußte ebenfalls schädigend wirken.

Der nördliche Sennerand, nordwestlich bis Stukenbrok und südöstlich bis zu den genannten heiligen Hainen bei Oesterholz, hat den Pferdeherden gehört; außerdem auch das Waldgebirge bis hinauf nach Hartrören und dem Winfelde, dessen noch jetzt vorhandene eigenartige Einteilung und dessen sonstige Verhältnisse schon von sich aus die Vermutung wachrufen, daß es sich hier um einen Hauptplatz für die Haltung der frei aufwachsenden Pferde gehandelt haben muß. Noch 1538 wird ein Gebäude für den Gestütswärter auf dem Winfelde erwähnt. Auch das Donopertal war in den Bezirk einbezogen.

„Sehr merkwürdig bleibt so schreibt Peez[67], dies Naturgestüte (der Senne), aus welchem unsere Vorfahren auf einfache Art ganz vortreffliche, für den Frieden und besonders für den Krieg geeignete Pferde gewannen. Ohne Zweifel tat die Natur das Beste dabei. In ihrer rauhen Zucht starben die schwachen Pferde und die starken pflanzten sich fort. Eine gewisse Kunst bestand in geduldiger Erziehung, großer Freiheit und spätem Dienste ... Feiner Kopf und feine Glieder, fast freiliegende Sehnen, gelockte Mähne und ein oft

---

[67] A. Peez, Erlebtes und Erwandertes, Band II, Haine und Heiligtümer S. 66, Wien 1899. Mitgeteilt durch stud. arch. Huth, Juli 1930.

bis zur Erde reichender Schweif zeichneten sie aus. Fremde Pferde duldeten sie nicht im Felde, dagegen standen sie mit den Hirschen auf gutem Fuße. Kein Fremder konnte sie einfangen ...; sie erkletterten die steilsten Gebirge, strichen durch den dicksten Wald und zeigten die größte Ausdauer. In Bezug auf den Charakter erwiesen sich die Senner als das echte deutsche Pferd guter Art, sie waren treu und lenksam, und mit Güte konnte man viel von ihnen erreichen; einmal verdorben und gereizt aber waren sie unlenksam und gingen dann zuweilen mit offenem Maul, funkelnden Augen und auf den Hinterbeinen gegen den Angreifer los. Ein eigener Brand, die lippische Rose mit der Krone darüber, diente als Zeichen ihrer Echtheit." Peez vermutet, daß wir in den Sennern ein „Tempelgestüt aus der Heidenzeit" vor uns haben. Daß Peez durch seine Studien, ohne von den Oesterholzer Heiligtümern etwas zu wissen, zu dieser Auffassung gelangt ist, dient umso mehr zur Erhärtung der Nichtigkeit unserer zum gleichen Ziele gelangten Gedankengänge.

Germanisten sagen, diese ganze Gegend sei reich und überreich an Namen, die mit der Pferdezucht zusammenhängen. Wenn von der Senne sich nach Hartrören und zum Winfelde Täler hinaufziehen, die „Röschengrund" und „Rosental" heißen, Täler, in denen bisher und Wohl niemals Rosen wuchsen, so wird auch der Nicht-Germanist an die Rosse denken, denen sie ihren Namen verdanken. Auch unser Oesterholzer Eckelau wird um seines Namens willen als ein Hain für die heiligen Pferde erklärt, und ein weiteres Lau, welches wir außer den vier Oesterholzer Lauen noch in dieser Gegend haben, liegt in der Richtung auf Lopshorn und heißt „Krähenlau"; es dürfte mit den überall sich findenden und an vielen Stellen sich versammelnden Krähen nichts zu tun haben, sondern seinen Namen von den älteren Stuten tragen, die dort gesondert gehalten wurden. Prof. Stuhl bringt noch eine Reihe weiterer Namen mit dem Pferd in Verbindung.

Die bedeutsamste Beobachtung aber über den Zusammenhang der großen Lopshorner Pferdezucht mit dem Gutshof Oesterholz und seinem Heiligtum bezieht sich auf den unter dem Geschichtlichen bereits kurz erwähnten, aus den Katasterkarten und unserem Bilde deutlich zu ersehenden staatlichen Gebietsstreifen, der, im Nordwesten noch 8-900 m breit, nach und nach sich verengend, sich nach Südosten erstreckt und schließlich nur noch eine Breite von 80 m aufweist. Die Gesamtlänge ist 7-8 km. Sein Vorhandensein als staatliches Eigentum bedeutet einen Pfahl im Fleisch der Oesterholzer Gemeindejagd, die auf beiden Seiten liegt, und es ist erstaunlich, daß dies dauernde Ärgernis für die Pächter der Jagd bis zum heutigen Tage geblieben ist; aber für unsere Forschungen ist es überaus wertvoll.

Dieser Geländekorridor zieht sich aus der Nähe des Lopshorner

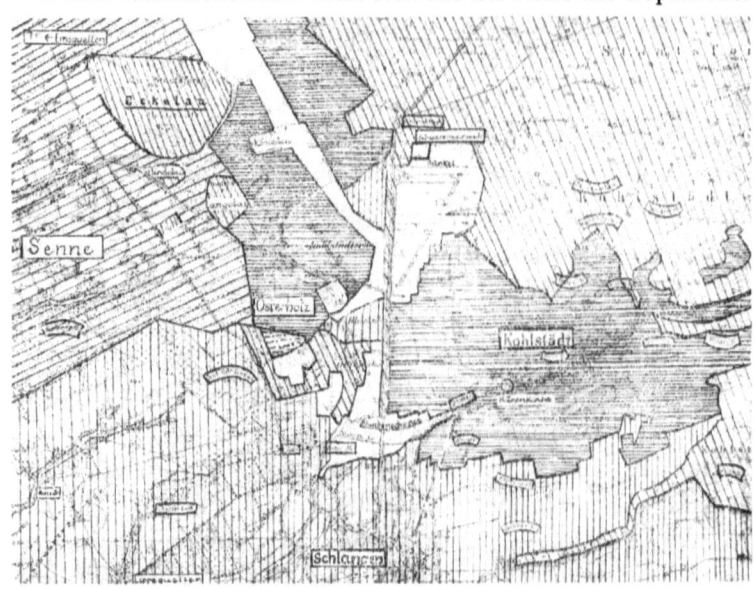

Abb. 43. Die Sennetrift.
Gebietsschlauch zwischen Lopshorn und Oesterholz

Gestüts am Eckelau und Königslau vorbei, durch die Kohlstädter Heide, an der Fürstenallee entlang bis unmittelbar an die Mauer V des Gutshofs Oesterholz (Haus Gierken) heran, wo er ein klar bestimmtes Ende nimmt. Das ist die Stelle der Oesterholzer Umwallung, wo auf der Ecke zwischen Mauer V und Mauer IV ein ansehnlicher Hügel aufgeschüttet ist.

Es ist natürlich möglich und von mir in zwei Fällen festgestellt, daß in den Jahrhunderten bis zur Herstellung der Karte (um 1870) am und in Beziehung auf den Korridor durch Kauf oder Tausch Wandlungen im Nachbarbesitz vorgekommen sind. Aber das tut nichts zur Sache; denn das Vorhandensein des Korridors, dessen zufälliges Zustandekommen schlechterdings ausgeschlossen erscheint, sagt uns auf jeden Fall, daß die Abgrenzungsverhältnisse deutlich und bedeutsam genug gewesen sind, um diese unpraktische Form auch gegen Ausgleichsversuche aufrechtzuerhalten.

Amtlich heißt der Korridor Senne-Trift. Trift ist stets ein Geländestück, auf dem oder auf das das Vieh getrieben wird. Mag der südöstliche Teil auch Schafen einige Weide geboten haben, für den weitaus größten Heideteil kommen Schafe nicht in Betracht, sondern lediglich die einstigen wilden Pferde des Lopshorner Zuchtgebiets, die sich im Winter vom Heidekraut nähren konnten und mußten. Die Verbindung der weiten Heide mit dem Laubwald des Gebirges und seinen Bergwiesen war der Grund, weswegen dieses große Markengebiet zwischen Oesterholz und Donoper Teich bei Detmold sich in so hervorragender Weise zur Haltung der wilden Pferde eignete.

Im alten Marser-, Tubanten- und Brukrererland gab's außerdem bis in die Neuzeit hinein Wildpferdezucht: im Emscherbruche mit dem uralten Pferdemarkt zu Krange im Meerfelder Bruch mit dem jährlichen Fest des Einfangens der jungen Pferde und „in der Davert" mit ihren unverwüstlichen Davertnickels. Das Gerede geht, richtige Pferdezucht sei von Karl dem Großen eingeführt. Wieder einer der schimpflichen ins deutsche Denken hineingefälschten Gedanken! Haben die germanischen Krieger auf Ziegenböcken oder Kamelen gesessen, als sie die Römer schlugen, zur Eroberung der Welt hinauszogen und bei Lübbeke, Detmold und am Süntel mit den Heeren Karls kämpften? Hat Westfalenland, Hannoverland und Braunschweig um deswillen das Pferd im Wappen, weil - die Westfranken auf ihre Pferdezucht stolz waren? Oder weil Karl von Harun al Raschid einige arabische Rosse geschenkt bekam?

Ob in den genannten Pferdegebieten, die in ähnlicher Weise natürlich auch in den anderen germanischen Stammesgebieten vorhanden waren, auch die heiligen Pferde gezogen wurden, oder ob man seinen Bedarf daran aus der Osningmark bezog, wird wohl auch von dem jeweiligen Verhältnis der Stämme zueinander und von der Festigkeit des in erster Linie religiösen Verbandes abgehangen haben. Ich nehme an, daß das religiöse Band ein durch unverletzliche Tradition und durch Einsicht gefestigtes war, welches man sich nicht durch die ja der göttlichen Entscheidung unterlegenen Streitigkeiten zerreißen lassen wollte, und daß um deswillen auch die Heilige Mark den neutralen Dulgubinern als Wächtern übertragen war. Dann aber wird man sich die heiligen Pferde von da geholt haben, wo man sich die Berührung der Erdenwelt mit der Himmelswelt am engsten vorstellte, und das dürfte an den Hängen des Gebirges der Asen, am Osning, gewesen sein.

„Das heute noch bestehende Gestüt Dierhagen (Tierhain) in Mecklenburg soll nach Jähns bis in diese fernen Jahrhunderte zurückgehen und noch Spuren eines Tempelwalles zeigen. Ähnliches wird von Schwerin berichtet. Auch Stuttgart würde dann der Stutengarten jener Alemannen sein, die als mirifice ex equo pugnantes von Aurelius Victor in die Geschichte eingeführt wurden[68]."

In meiner Jugend noch hielt der Schaumburg-Lippische Fürst in Bückeburg - wie auch vorher der König von Hannover in Herrenhausen, mindestens 8, es können auch 12 gewesen sein, weißgelbe (cremefarbene) Pferde, Isabellen genannt, wunderbare Tiere mit roten Augen (Kakerlaken), die in Viererzügen bei allen festlichen Gelegenheiten durch ihre ganze Erscheinung und mit ihren zur Erde reichenden Schweifen einen mächtigen Eindruck machten und wohl die Vorstellung heiliger Pferde erwecken konnten. Ihre Herkunft habe ich trotz Bemühungen nicht ermitteln können.

Also bis zur Mauer V des Gutshofes Oesterholz wurden die Pferde von der Senne her getrieben, wenn sie etwa bei den feierlichen

---

[68] Stud. arch. Huth, Manuskript.

Handlungen der in Oesterholz Versammelten besichtigt werden sollten oder sonst gebraucht wurden - das ist die Schlußfolgerung des nachdenklichen Beschauers des Korridorbildes (Abb. 43), welches ich hier gemäß den mir vorgelegten amtlichen Grundlagen wiedergebe. An keiner Stelle hat trotz der für die nachfolgenden Zeiten anzunehmenden Tendenz der Vereinfachung der Grenzen eine wirklich störende und verwirrende Unterbrechung des augenfälligen Bildes stattgefunden. Erst etwa 2 km südlich der Lopshorner Fasanerie verliert sich der Geländestreifen in dem Gesamtgelände der Lopshorner Pferdezucht.

Zu dieser zunächst durch die Eigentumsverhältnisse als solche dargestellten Erscheinung kommt eine Bestätigung durch den örtlichen Befund hinzu, wodurch eine andere Erklärung, als wir sie hier gegeben haben, kaum möglich wird. Die Trift ist nicht eine freie Geländetrift, sondern es sind stärkste Anzeichen vorhanden, daß sie auf beiden Seiten durch eine Umhegung mit und ohne Wallgrundlage eingeschlossen war. Große Teile des alten Walls, auf dem wahrscheinlich das Holzgitter oder durchgezäunte Bäume gestanden haben, sind noch vielfach festzustellen, und an andern Stellen, wo die Trift an kultiviertes Land grenzt, hat die dünn meist vorgenommene Einebnung des Walles noch immerhin Spuren übriggelassen, die die Auffindung seiner Linie ermöglichen.

Es ist gut, wenn wir jede andere mögliche Erklärung der Erscheinung aufs ernstlichste durchprüfen, ehe wir eine Erklärung als gesichert annehmen, die uns zu so wertvollen Rückschlüssen auf die Bedeutung der Oesterholzer Mark und des Oesterholzer Gutshofs zwingt, wie es durch die Einbeziehung der Lopshorner Pferdezucht in den Kreis der Oesterholzer Heiligtümer geschieht. Denn wir würden eine starke Stütze gewinnen für die Annahme, daß hier der Zentralplatz gewesen ist für die großen Heiligtümer der umwohnenden germanischen Stämme. Vorsicht ist freilich geboten, da im ganzen Lande die Zahl solcher mehr oder weniger gut erhaltenen Wallreste eine sehr große ist. Als Grenzeinhegungen sind sie fast sämtlich anzusehen; je fraglicher ihr Sinn, umso höher das Alter der Anlage, zumal wenn sie einen praktischen Zweck nicht mehr erkennen lassen, und wenn sie wohl gar neben den jetzigen Gebietsgrenzen herlaufen. Dies habe ich in auffälliger Weise z. B. auf dem Rehberge bei Papenhausen, Amt Schötmar, gefunden, wo jetzt eine Bezirksgrenze durchläuft und wo ein gemeinschaftliches Bergheiligtum mehrerer Hunschaften (vgl. Nr. 1 der Orientierungsbeispiele), deren Grenze über den Berg lief, anzunehmen ist.

Im Unterschied von den um Höfe und Gärten sich findenden Einhegungen der verschiedensten Art sind die alten Wälle in den Wäldern und Feldern einst keine Privatgrenzen gewesen – Privateigentum an Acker und Wald gab es in Germanien nicht –, sondern es sind die restlichen Zeugen der Vorliebe, mit der die Alten sich ihren gemeinschaftlichen Besitz[69] einzuhegen pflegten. In manchen Rheingegenden heißen solche Wälle in den Wäldern „Waldfrieden".

In Ostfriesland, wo solche kleinen Wälle wegen der Landbeschaffenheit einen praktischen Zweck erfüllen, hat sich diese Einhegungsart auf den Privatbesitz im Felde übertragen.

Daß alte Germanenwälle in der Senne in den folgenden 1150 Jahren dann zu Hudegrenzen, Schutzknicks gegen die wilden Pferde und zu sonstigen Zwecken verwertet, auch wohl erhöht oder erniedrigt sein mögen, wird natürlich nicht bestritten, sondern als selbstverständlich angesehen. Der Nachweis späterer Benutzung sagt nichts gegen früheres Vorhandensein aus.

Der äußere Eindruck vom Alter der Wälle ist oft unmaßgeblich, da die Dauerhaftigkeit der Form nicht nur vom Alter, sondern – außer vom Material – am meisten von der Art der Bewachsung abhängt. Junge Wälle können stark verwaschen und abgetragen sein, uralte Wälle können noch verhältnismäßig scharfe Formen zeigen. Wir sind bei Beurteilung der Wälle auf vernünftige Überlegung der Zusammenhänge, in denen sie auftreten, angewiesen. Unsere Aufgabe ist es, in jedem Einzelfalle zu prüfen, ob der Aufwand, den die Herstellung solcher Grenzen erforderte, auch

---

[69] E. v. Wekus, Ortsnamen, S. 21, 28 ff.

mit dem dadurch erzielten Nutzen nicht in einem zu starken Mißverhältnis steht.

Die Annahme, daß die Wälle zu Verteidigungszwecken gedient haben könnten, kommt meist wegen ihrer Unordnung und Lage, dann aber auch wegen ihrer geringen und wechselnden Breite und Höhe nicht in Betracht; die Sohle ist oft nur 1-2 m breit und auch die Höhe wird daher nur gering gewesen sein.

Abgesehen davon, daß die in Rede stehenden Wälle der Sennetrift an manchen Strecken ein solches Mißverhältnis in offensichtlicher Weise zeigen, wird dieser ganze Erklärungsversuch ausgeschlossen durch die schlauchförmige, sich immer mehr verengende Gestalt der Trift. Diese Gestalt nebst Umhegung müßte geradezu als zweckwidrig und unvernünftig angesehen werden, wenn nicht eben die Aufgabe der Trift, durch die die Tiere getrieben werden und aus der sie nicht ausbrechen sollten, eine völlig befriedigende Erklärung böte.

Nun kommt uns noch ein kleiner, aber lehrreicher Befund zu Hilfe, um die Erklärung als richtig anzusehen. Etwa 500 m nordwestlich der nordwestlichen Grenze des Königslaus zweigt sich ein ganz schmaler, allmählich nur wegebreit werdender staatlicher Streifen (Interessentenweg) ab, der für den Staat selbst zwecklos außerhalb seines eingezäunten Geländes sich hinzieht. Nach etwa 500 m, wo er auf Gemeindebesitz stößt, hört er auf. 200 m weiter liegt das wieder in Staatsbesitz befindliche Langelau. Eine Fortsetzung macht sich auf dieser Zwischenstrecke an einigen Stellen noch bemerkbar. Dieser Gebietsstreifen ist nicht nur auf der Eigentumskarte als abgesondert verzeichnet, sondern er ist auch in der Natur beiderseits von Wällen eingehegt gewesen, die auf der einen Seite durchweg, auf der andern Seite streckenweise noch kenntlich sind. Er kann kaum etwas anderes sein, als eine schmale Trift, auf der die Tiere von der Haupttrift wahrscheinlich zu dem Platze hinter dem Langelau hingetrieben worden sind. Ähnlich ist`s noch mit einem zweiten Streifen, der auch von der Sennetrift in der Richtung auf das Langelau verläuft, da, wo jetzt die Quellen des Schlangener Wasserwerks sind.

Damit haben wir ein sehr deutliches Zeugnis von der Aufgabe dieser Wälle; denn es wäre widersinnig, für einen Streifen von wenigen Metern Breite um seiner selbst willen eine Umhegung herzustellen. Sowohl zur Abgrenzung eines Gebiets, als auch zu feinem Schutz genügt eine Umhegung.

Wenn hier der enge Zusammenhang zwischen dem Gutshof Oesterholz und dem Lopshorner Pferdezuchtgebiete in Rede steht, so sind wir in der Lage, den aus der Trift gezogenen Folgerungen einen urkundlichen Beweis hinzuzufügen. Der ganze einst von den wilden Pferden bevölkerte Bergwald vom Kreuzkruge an der Fürstenallee bis hinauf zum Winfelde, zum Braunental und Lopshorn gehörte zum Schwarzeschen Güterkomplex in Oesterholz, dem jetzigen Haus Gierken! Das besagt eine in den Händen des jetzigen Besitzers von Braunenbruch befindliche Urkunde von 1802. Danach ist bei der 1593 erfolgten Güterregelung dieser Wald nicht bedingungslos zugleich mit dem damals Schwarzmeiershof genannten Gute in die Hände des Grafen Simon übergegangen, vielmehr haben die Besitzer von Braunenbruch bis in die neueste Zeit ihre Holzgerechtsame daselbst gehabt. Dieser Wald muß also unter den „Holzungen" verstanden werden, über die Herzog Ecberts Sohn zwischen 826 und 853 zu verfügen hatte (vgl. S. 96), und die 150 Jahre später als Erbgut der Nonne Oda von Geseke dem Kloster Paderborn zufielen, um von diesem an die Familie Schwarz verlehnt zu werden.

Nach Erkenntnis einer so bedeutungsvollen Tatsache, wie es der Zusammenhang der großen Lopshorner Pferdezucht mit Oesterholz ist, dürfen wir umso zuversichtlicher weiteren Beobachtungen und Annahmen Ausdruck geben, wodurch wir ein wesentliches Stück zur Wiedererkennung der Heiligtümer in dieser so inhaltsreichen germanischen Mark weitergeführt werden.

9. Rennbahn im Langelau

In dem zur Oesterholzer Gemeinde gehörigen Teile der Senne, der noch vor kurzem Kohlstädterheide hieß, ehe Oesterholz wieder zur selbständigen Gemeinde mit ihrem Namen wurde, liegt ein mehrere Quadratkilometer großes Gebiet, welches als der heilige Hain der Oesterholzer Mark angesehen werden muß, weil in ihm das vierfach aufgeteilte Loh liegt mit den vier Namen Eckelau, Lindelau, Langelau und Königslau. Lau = Loh. Loh = heiliger Hain.

Alle vier aus unserer Karte ersichtlichen Waldteile, mit größtenteils – für diese Gegend – außergewöhnlich kräftigem Baumbestande, sind Staatsbesitz. Zwischen ihnen und um sie herum ist Gemeindebesitz mit weitaus schlechterem Baumbestande. Der Grund für den auffälligen Unterschied wird auch in der bekannten Vernachlässigung und voreiligen Abholzung des Bauernwaldes liegen. Aber andere staatliche Forsten der Gegend zeigen ein schlechteres Aussehen. Es wird der Eindruck erweckt, als ob die Laue entweder ausgesucht guter Boden wären, oder eine besondere Bodenpflege erfahren hätten.

Bei der Verteilung der Marken durch Karl den Großen und seine Nachfolger, bei der auch das Oesterholzer Loh seinem Schicksal verfallen mußte, ist offenbar nach dem Grundsatz verfahren, daß diese vier Teile innerhalb des ganzen Hains, von denen drei auch noch besonders umhegt waren, dem königlichen Besitz oder sonst der regierenden Hand vorbehalten blieben, während das übrige an die als genügend königstreu erachteten Großen verschenkt und auf diese Weise zum Privat- und Gemeindebesitz wurde. Bedeutsam ist hier der Name Königslau, der sich bis heute erhalten hat. Vielleicht lagen besondere Gründe vor, daß der König gerade dieses Stück für sich behielt, vielleicht sind ursprünglich alle vier Laue zum königlichen Privatbesitz erklärt worden, wie Karl es ja in ganz Deutschland mit unzähligen Besitztümern innerhalb und außerhalb der Marken kurzerhand gemacht hat.[70] In letzterem Falle wäre der Name unter Verdrängung des früheren Namens nur an dem Stück hängen geblieben, welches bis zuletzt in der Hand der obersten Machthaber im Land geblieben ist. Schließlich kann Königslau aber auch der Name sein, den dieser Hain schon in der vorchristlichen Zeit hatte.

Die Verschiedenartigkeit der Bedeutung oder Aufgabe der vier Hainteile in der vorangegangenen Zeit ihrer ohne Zweifel kultischen Verwendung ist möglicherweise auch aus dem Namen zu schließen, geht aber mit großer Bestimmtheit aus der Tatsache hervor, daß Eckelau, Königslau und Langelau, jeder Teil gesondert für sich, eine durch alte Wälle stark ausgeprägte Umhegung haben. Durch einen Blick auf die Karte ist zu erkennen, daß eine Erwerbung und Einzelumhegung von Staatsbesitz aus Gemeindebesitz heraus in späterer Zeit in dieser Weise als vollkommen ausgeschlossen angesehen werden muß. Mit dem Haustenbecker hereingreifenden Gemeindebesitz hat es seine besondere Bewandtnis, die aber an dieser Erwägung nichts ändert.

Die Umwallung des Langelau in seiner Gesamtgröße von 15 Hektar (60 Morgen) ist besonders kräftig und auch nahezu überall gut erhalten. Man könnte fast auf den Gedanken an eine Burg oder ein Heerlager kommen, wenn nicht eine solche Annahme wiederum aus nahezu sämtlichen anderen Gründen als unmöglich erscheinen müßte.

Daß es sich um die Umwallung irgendeiner Siedlung handeln könne, ist durch den Hügelrücken (Sanddüne) und die Linienführung des Walles im Verhältnis zu ihm schlechterdings ausgeschlossen (Abb. 46), da wir u. a. die Torheit einer absichtlich geschaffenen Unübersehbarkeit annehmen müßten. Insbesondere kann auch nicht angenommen werden, daß hier eins der im 30jährigen Kriege zerstörten Häuser gestanden habe, sowohl wegen des völligen Mangels von Spuren einstiger Bebauung, sondern auch, weil Oesterholz außer dem Henkeschen Meierhof (später herrschaftliche Meierei) und Schwarzmeiers Hof nur einige Kötterhäuser hatte,

---

[70] Rübel, Die Franken an zahlreichen Stellen.

nicht aber noch einen dritten großen Hof, dessen umwallter Raum den des schon rätselhaft großen Schwarzmeierschen Hofraums um nahezu das Doppelte übertroffen haben würde. Obendrein sagt es uns aber nun noch der Name Langelau, daß wir es eben nicht mit einer Siedlung, sondern mit einem Loh, d. h. mit einem heiligen

Abb. 44. Stärke des Walles um Langelau

Hain zu tun haben. Vielmehr bleibt uns, wenn keine gewichtigen Gründe dagegen sprechen, nur die Fragestellung: Haben wir ausreichende Gründe, aus denen wir auf einen besonderen Zweck dieses so stark umgrenzten heiligen Hains schließen dürfen?

Der ganze Befund deutet bis in Einzelheiten darauf hin, daß wir eine zum germanischen Kultus gehörige Kampf-, Spiel- oder Rennbahn großen Stils vor uns haben, die man mit einer kräftigeren Umhegung abzusondern für nötig befunden hat.

Bei meiner kartenmäßigen Durchforschung des niedersächsischen Gebiets, besonders auch beim Studium der Orientierungserscheinungen, ist es mir zweifelhaft geworden, ob die mit dem Worte

„lang" zusammengesetzten Namen lediglich den Begriff der Länge zum Ausdruck bringen sollen, oder ob nicht eine bestimmtere andere Bedeutung dahintersteckt –, und zwar eine Bedeutung, die irgendwie mit den Thingplätzen und Kultstätten zusammenhängt. Denn der Name „lang" taucht gar zu oft in der Nähe dieser Stätten auf und widerspricht nicht selten sich selbst, wenn etwa die Nachbarberge, -täler oder -wiesen weit länger sind, als der Langenberg, das Langental oder die Langenwiese.
Ein Längenmaß Stadion hat den Rennbahnen Griechenlands ihren Namen gegeben oder umgekehrt. Warum soll nicht auch in Ger-

Abb. 45. Langelauwall

manien der Begriff der Länge auf die Rennbahnen angewandt sein? Unser „anlangen" = „ankommen" und „langen" = „ausreichend sein" hat unverkennbare Beziehung zum Lauf nach dem Ziel der Rennbahn. Es war anfangs nur ein tastendes Vermuten, wenn ich die Frage stellte, ob die Langenorte nicht die Kampf- und Spielplätze der Alten gewesen sein könnten. Es ist ja nicht nur aus den spärlichen Mitteilungen der römischen Schriftsteller und aus dem

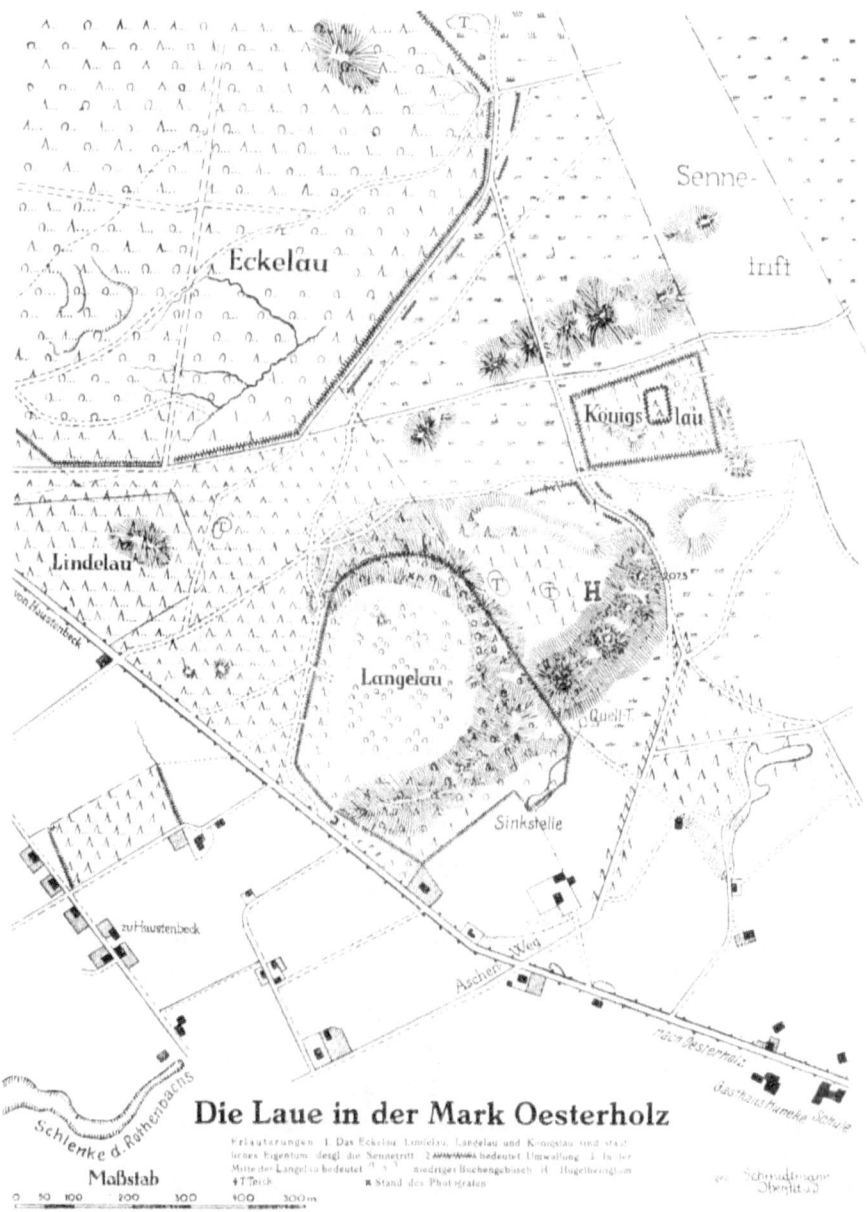

Abb. 46. Karte der Oesterholzer Laue

Vergleich mit anderen Völkern wahrscheinlich, sondern es gehört zu den Postulaten unseres vernünftigen Denkens, daß Reit- und Waffenübungen, Spiele und Wettspiele, folglich auch Plätze dafür, gewesen sein müssen. Das kann aus dem Leben der wehrhaften alten Germanen nicht weggedacht werden.

Ja noch mehr, diese Spiele waren mit in den religiösen Kultus einbegriffen und verwoben. Das tritt uns bei den Olympien, Isthmien und Nemeen der Griechen und sonst bei den Mittelmeervölkern deutlich entgegen. Insbesondere gab es die Leichenspiele bei dem Begräbnis hochgeehrter Personen. Ähnliches ist von Indien bezeugt und neuerdings haben wir auch Kenntnis davon bekommen, daß bei den Majas in Mittelamerika, an deren Zugehörigkeit zum germanischen Stamme wohl kaum zu zweifeln ist, das Spiel ein Stück ihres Gottesdienstes gewesen ist.

Zum religiösen Kult der Majas gehörte, wie der Yukatan-Forscher Theobert Mahler mitteilt, auch ein Ballspiel, bei dem der Ball mit dem Knie durch ein in der Tempelwand befindliches Loch getrieben werden mußte. Gjellerup schildert im Pilger Kamanita das Ballspiel einer Jungfrau zu Ehren einer indischen Gottheit.

Als ganz Rom nach der Varusschlacht vor dem erwarteten Einbruch der Germanen in Italien zitterte, gelobte der Kaiser Augustus dem allgütigen und allmächtigen Jupiter feierliche Spiele, um die drohende Gefahr abzuwenden.

Dürfen wir nun sagen: das waren die andern Völker, aber solche geordneten Spiele und die Plätze dafür hatten die Germanen in Germanien nicht? Unser trauriges Nichtwissen über das Leben unserer eigenen Vorfahren gibt uns nicht entfernt das Recht, ihnen mit Achselzucken auch das Selbstverständliche abzusprechen und von dem Barbarentum der germanischen Horden und der wilden Sachsen zu reden, auch nicht in Bezug auf Kampfspiele und Rennbahnen.

An Zeugnissen über hervorragende körperliche Leistungen der Germanen, die auf systematische Leibesübungen schließen lassen, fehlt es nicht[71]. Nach Cäsar hat der Suebenherzog in der Entscheidungsschlacht gegen Ariovist einen Schnellauf ausführen lassen, der ohne gleichmäßige Ausbildung seiner Krieger unmöglich gewesen wäre. „Da es einen militärischen Drill im Suebenheere nicht gab, sagt Weber, setzt diese erstaunliche Leistung eine entsprechende allgemeine Vorbildung der Kämpfer voraus". Es wird von Künsten im Pfeilschießen und Messerwerfen berichtet, die heute nur noch bei Gauklern zu sehen sind. „Ein beliebtes Osterspiel, das bis tief in das Mittelalter hinein erwähnt wird, ist der zuerst von Tacitus erwähnte Schwertertanz, bei dem bis zum Gürtel entblößte Jünglinge zwischen scharfen Schwertern sich im Reigen schwangen. Jede Jahreszeit bot Gelegenheit zu Leib und Geist stählenden Übungen. Daß sich ihnen nicht bloß einzelne Begeisterte gewidmet haben, sondern daß sie Volkssache gewesen, und fest in Sitte und Brauch verankert gewesen sein müssen, dafür spricht mancherlei, wenn es uns auch nicht in schriftlichen Urkunden überliefert ist. Jung und Alt muß sich tüchtig getummelt haben; das läßt sich ahnen aus der Skaldenschilderung des Lebens der Einherier in Wallhall, in dem uns ein dichterisch verklärtes Abbild der täglichen Leibesübungen aller Waffenfähigen gegeben ist. Tacitus berichtet uns von der gewaltigen Macht der Sitte bei den Germanen ... Wo nun durch das Mittelalter hindurch sich auf uralt germanischem Boden bis auf unsere Tage Wettkämpfe im Freien erhalten haben, bei denen die Mannschaft eines Dorfes oder Gaues gegen die eines anderen steht, darf man schließen, daß ein solcher Brauch im deutschen Altertum wurzelt".

Außer dem Schwertertanz, der bei den großen Frühlingsfeiern, die der Ostera geweiht waren, nicht gefehlt haben wird, interessiert uns die Stelle bei dem römischen Schriftsteller Florus, wo es heißt: „Der König Teutobodus selbst, der sonst gewöhnlich über 4-6 Pferde hinwegsprang ..." und bei Procop[72], wo vom Ostgotenkönig Totilas die Rede ist: „Auf einem prachtvollen Pferde reitend, führte er auf dem freien Raum mit Geschicklichkeit das Waffenspiel aus.

---

[71] Nach E. Weber, Akadem. Turnbundsblätter Febr. 27.
[72] Procop, Gotenkrieg IV, 31.

Zuerst ließ er sein Roß die zierlichsten Wendungen und Volten machen. Dann warf er in vollem Jagen den Speer hoch in die Lüfte und faßte ihn, wenn er wirbelnd niedersank, in der Mitte; er fing ihn bald mit der rechten, bald mit der linken Hand in künstlicher Abwechslung, wobei er seine ganze Gewandtheit zeigte, sprang von hinten und von vorn sowie von beiden Seiten vom Pferde herab und wieder hinauf wie einer, der von Jugend auf die Künste der Reitbahn geübt hat."

Dazu empfehle ich weiter der Beachtung, was Tacitus[73] von der germanischen Reiterei sagt: „Die Reiter machen Rechtsschwenkungen, die sie in so festgefügter Reihe ausführen, daß keiner hinter der Linie zurückbleibt." Da diese Beobachtung nicht im Kriege gemacht werden konnte, wo es solche sauberen Schaustücke nicht gibt, muß der Gewährsmann des Schriftstellers in Germanien entweder Zuschauer bei Übungen oder bei öffentlichen Vorführungen in der Reitbahn gewesen sein. Das ist es, worauf es uns hier vor allem ankommt. Erwähnt seien noch die beliebten germanischen Ballspiele, an denen sich nach einem Saga-Bericht die Helden der Erzählung mit strengem Ernste vor versammelter Bewohnerschaft beteiligten.

In keiner Bauernschaft Germaniens, wo es Pferde und Reiter, wo es Übungen für den Kampf und Wettspiel gab, hat's an dem geeigneten ausgewählten „Anger" gefehlt, desgleichen in keinem größeren Verbände, in dem es gemeinsame Versammlungen und große Samtfeste gab, an der Kampfspielbahn, die man sich auserwählt oder wohl auch geebnet hatte; wo aber eine Umwallung und Einrichtungen für das zuschauende Volk geschaffen waren, da werden wir in allen Gegenden Germaniens in vielen Fällen noch jetzt die Rennbahn, den Ort großer, zum Kultus gehöriger, festlicher Kampfspiele wiedererkennen können. Sie sind nicht aus der Landschaft verschwunden, und die etwaigen Erdbewegungen, die keine nachträgliche Störung erlitten haben, lassen sich noch nachweisen.

Wenn wir in Germanien nach den Spiel- und Rennplätzen suchen, so werden wir sie – vielleicht unter Irrungen – auch finden.

---

[73] Tacitus, Germania 6.

Was der Anthropologe Dr. Hauser in Bezug auf die urgeschichtliche Forschung sagt: „Man findet nichts, weil man nicht sucht", das gilt auch hier.

Das Recht, auf germanischem Boden nach Spiel- und Rennplätzen Ausschau zu halten, wird dadurch gestützt, daß wenigstens an einer Stelle auf nordwest-germanischem Boden unwidersprochen die Überreste einer Rennbahn aus der vorgeschichtlichen Zeit festgestellt sind, nämlich bei Stonehenge in England. Diese Rennbahn, ein langestreckter ringsumwallter Raum von 2700 m Länge und 120 m Breite, liegt nach Schuchhardt[74] 700 m von dem berühmten Monumentalheiligtum entfernt und hat ihre Zuwegung durch eine Abzweigung der von dem Heiligtum ausgehenden Feststraße.

Der Rennbahn von Stonehenge können wir nunmehr ein zweites nicht minder eindrückliches Beispiel einer solchen Bahn auf festländisch-germanischem Boden an die Seite stellen. Es ist unser Langelau in der Oesterholzer Mark. Durch die gleichzeitige Aufweisung eines Bergheiligtums in seiner unmittelbaren Nähe, taucht eine unverkennbare Gleichartigkeit der Verhältnisse in bei Oesterholzer Mark und in Stonehenge auf, die wir bei der folgenden Darlegung im Auge behalten wollen.

Aufs Ganze geblickt ist die Auswahl des Langelau-Geländes für die Aufgabe einer Rennbahn, was natürliche Lage, Gelände- und Höhenverhältnisse, Größe und Form anlangt, eine ideale zu nennen. Das Langelau entspricht in jeder Beziehung dem Begriff einer solchen Anlage, wie wir ihn uns nach dem Stadion der Antike, als dem Vorbilde des modernen Renn- und Sportplatzes, gebildet haben. Demgegenüber scheint das übermäßig langgestreckte schmale Stonehenge-Gelände wohl nur für die Wettkämpfe und Spiele der Reiter und Streitwagen bestimmt gewesen zu sein. Die Form der Bahn in Langelau ist eine Ellipse, die Größenverhältnisse – 500 m mal 300 m des umwallten Raums und 400 m mal 230 m für die innere ebene Fläche – bieten Raum für die größten Veranstaltungen, ohne ins

---

[74] Prähistorische Zeitschrift II. Heft IV, 1911, S. 325.

Abb. 47. Der Kampfplan im Langelau

Unübersehbare zu gehen, wie das in Stonehenge in der Längsrichtung der Fall ist.

Mit bewundernswertem Geschick und Glück ist ein Platz ausgewählt, der zu mehr als ⅔ von einem Hügelring umschlossen ist. Der Hügelring, in einer durchschnittlichen Höhe von 13 m über dem Gelände, hat den erwünschten Erhebungswinkel für einen Schauraum, der eine ungeheuer große Zuschauermenge aufnehmen soll. Von jedem Punkte aus ist ein guter Überblick ermöglicht.

In der Richtung auf Oesterholz, also nach der Verkehrsseite hin, ist noch hinter dem Hügel ein Bewegungsraum für die Volksmenge in die Umwallung mit hereingezogen. Dagegen schließt sich der etwas höhere Hügelteil im Norden, wo wir die Tribüne für die Fürsten und Führer des Volkes vermuten dürfen, so nahe an die Umwallung an, daß das, was dahinter vor sich ging, bequem überblickbar war. Hier, wo sich als Tränke ein ansehnlicher Teich von 40 m Durchmesser befindet, dürfte der Sattelplatz gewesen sein. Auf dem im vorigen Kapitel besprochenen eingewallten Triftweg gelangten die Pferde vom Gestüt her aus der Senne zuerst hierhin. Zu demselben Zweck wird der andere von der Sennetrift noch jetzt bis auf 300 m an Langelau heranführende staatliche Gebietsschlauch von meist 23 m Breite gedient haben.

Für die Volksmenge war eine Wasserschöpfstelle von 100 m Länge, auf beiden Seiten zugänglich, vorgesehen, deren geschickte Anlage man sich auf unserer Kartenskizze ansehen wolle. Von dem bis auf ⅓ geschlossenen Hügelring wird ein Mittelraum umrahmt, der dem Auge eine ebene Fläche darbietet. Eine Jägerkanzel ermöglicht den Überblick über die ganze von dichtem, zurzeit noch niedrigem Buchengestrüpp bedeckte ebene Mittelfläche. Bis jetzt wurde in dieser nur eine etwa 80 m hohe hünengrabähnliche Erhebung bemerkt, wie ja auch in Stonehege innerhalb der Rennbahn sich eine solche Erhebung befindet, die Schuchhardt für ein Hünengrab hält, die aber mit größerer Wahrscheinlichkeit wohl als Meta, als Platz für Schiedsrichter oder dergleichen angesehen werden muß, ohne daß damit die Einbettung von Urnen ausgeschlossen ist.

Rund um die ebene Fläche, also auf dem gesamten Zuschauerraum erhebt sich jetzt stolz ein Hochwald, gemischt aus Buchen, Kiefern und Eichen, mit größtenteils auffällig gutem Baumwuchs.

Die mit Buchengestrüpp bewachsene Innenfläche geht jedoch nicht ganz bis an den Hügel heran, sondern läßt zwischen sich und dem beginnenden Hügel einen ringsherum laufenden Streifen von 20 bis 25 m Breite frei: Das Geläuf der Rennbahn! Hier und da hat die Bewachsung früher oder jetzt übergegriffen, aber wie sich heute dem Auge der Zustand bietet, zeigt unsere sorgfältiger Beachtung empfohlene Photographie (Abb. 47). Für den, der Karten zu lesen versteht, wird unsere Karte von den Lauen (Abb. 46) noch eindrücklicher sein.

Der Umstand, daß der gegenwärtige Waldbestand des Langelau dem Beschauer eine so starke Ausprägung eines Rennbahnbildes, ja sogar des Geläufs einer Rennbahn bietet, wirkt fast verblüffend. Jedenfalls ist das wunderbare Naturpanorama, welches wir vor uns haben, überaus günstig für die Beantwortung unserer Frage, so günstig, daß wir aufmerksam werden, ob nicht Gründe dafür vorliegen, die eben in der einstigen noch nachwirkenden Verwendung des Platzes zu suchen sind. Unmöglich ist es ja nicht, daß eine sehr langfristige Benutzung eines ursprünglichen Heideplatzes durch Menschen einen Einfluß auf die Qualität des Bodens und seine Brauchbarkeit für den Baumwuchs ausgeübt habe. Auch der lippische Landforstmeister und der zuständige Oberförster waren dieser Meinung.

Kleine Bodenuntersuchungen an 13 Stellen der inneren Fläche und besonders ihres Randes haben eine bemerkenswerte Tatsache festgestellt. Während in der Senne sonst unter der sandigen Fruchtkrume (Humus) der durch pflanzliche Säuren entstandene „Ortstein" steht, haben wir im Langelau keinen Ortstein, sondern sofort lehmigen Mutterboden und gelben Sand. Daraus muß geschlossen werden, daß die Heidebewachsung hier durch lange Zeiträume entfernt gewesen ist.

Ferner ist durch einen senkrecht in den Hügel getriebenen Horizontalschnitt die zweimalige Überschichtung der ursprünglichen Düne erkannt. Das kann entweder durch Sandwehe, oder durch Aufschüttung erklärt werden. Aber die Hügel, die durch Sandwehen entstanden sind, haben den steileren Neigungswinkel auf der dem Winde abgekehrten Seite, während es hier umgekehrt ist. Außerdem sind die Überschichtungen nicht einheitlich gefärbt.

Da sich nun der Rundhügel nicht nur durch seine auffällig brauchbare Gestaltung als Schaubühne, sondern auch durch guten Wuchs von Laubbäumen auszeichnet, so legen die genannten Grabungsergebnisse den Gedanken nahe, daß Menschenhand mit dem aus der Mitte zwecks Ebnung abgeräumten Boden der natürlichen Gestaltung des Hügels zu Hilfe gekommen ist. Einige auf der Oberfläche gefundene Keramikscherben können aus vorkarolingischer Zeit stammen; abgeschlissene Feuersteinstückchen zeugen von sehr alter menschlicher Benutzung des Platzes, mindestens bis zur Bronzezeit zurück.

Unsere Vermutung, daß zur Herstellung einer den Bedürfnissen einer Kampfspielbahn so entsprechenden Lage Menschenhand der Natur nachgeholfen habe, kann durch ausgedehntere Grabungen zur Gewißheit erhoben werden. Bei entsprechendem Aufwande dürften auch weitere gute Funde nicht ausbleiben. Aber solange für solche Arbeiten nur eine geringe Aussicht besteht, können wir uns mit denselben Beweisen begnügen, wie sie in Stonehenge ausgereicht haben, um eine allgemeine Anerkennung der vorgeschichtlichen Rennbahn zu bringen; denn dort fehlen auch die Spatenbeweise gänzlich.

In Stonehenge beruht die Anerkennung der Rennbahn ausschließlich: 1. auf dem Vorhandensein der Umwallung, 2. auf der Nähe des Monumentalheiligtums und seiner Feststraße, von der eine Abzweigung zur Rennbahn führte, sowie der Nähe von Hünengräbern, 3. auf der Eignung des Geländes für die Rennbahn.

Die starke, ganz besondere Aufmerksamkeit auf sich ziehende Umwallung des Langelau ist bereits oben und bei der allgemeinen Besprechung der Wälle in der Oesterholzer Mark im vorigen Kapitel Gegenstand meines Berichtes gewesen. Unser Bild (Abb. 44), welches den durchschnittlichen, fast nirgends gestörten Zustand des Walles wiedergibt, zeigt jedem Beschauer, daß hier von einer bloßen Hude- oder Eigentumsgrenze nicht mehr die Rede sein kann. Stärke und Beschaffenheit des Walles ist nach dem Urteil von Dr. Häberlin, Wyk auf Föhr, etwa die gleiche, wie die des Rennbahnwalles in Stonehenge.

Von noch größerer Wichtigkeit ist es, daß auch beim Langelau ein enger Zusammenhang mit einem Monumentalheiligtum – vielleicht dem fanum Ostarae Deae prope Oesterholz – aufgewiesen werden kann. Diesem kultischen Monumental-Erdwerk, welches sich etwa 100 m entfernt von dem erwähnten Teich und dem als Fürstentribüne angenommenen Teil des Langelau befindet, wird das nächste Kapitel gewidmet sein. Dabei wird auch die Art der Zuwegung zu diesen Feststätten als Abzweigung von der Oesterholzer Feststraße noch einmal zur Besprechung kommen.

Was die Nähe von Hünengräbern anlangt, so ist die Umgebung des Langelau, ebenso wie Stonehenge als ein bevorzugtes Gebiet für vorgeschichtliche Begräbnisstätten anzusehen. Das Meßtischblatt weist 150 m, westlich vom Langelau zwei Hünengräber auf, von denen sich das eine in der Natur als ein ganz besonders großer und eindrucksvoller Grabhügel zeigt; aber die Geometer haben auf der Karte eine ganze Anzahl von Gräbern nicht vermerkt, die dem geschärften Blick nicht entgehen können. Von Pastor Schelpf wurde mir berichtet, daß der verstorbene Forstmeister Wagener in Langenholzhausen, der Mitte vorigen Jahrhunderts das Oesterholzer Loh vermessen hat, als großer Altertumsfreund mit ihm manchmal von dem gesprochen habe, was dort zu finden sei. Derselbe habe den Ertrag seiner Ausgrabungen an das Detmolder Museum abgeliefert, wo sie aus den Funden ohne lokale Bestimmung leider nicht mehr herauszuerkennen sind. Auch das Erdwerk kann Wagener nicht entgangen sein, und vielleicht ist er es auch, der in demselben nach Urnen gesucht hat. Ich nehme an, daß sein Bericht über das Erdwerk bei seinen Zeitgenossen kein Gehör und keine Beachtung gefunden hat, wie es, scheint`s, oft ergangen ist.

3. Die Eignung des Langelaugeländes zur Kampf-, Spiel- und Rennbahn ergibt sich aus meiner obigen Schilderung. In dieser Hinsicht ist jedenfalls Langelau noch eindrücklicher, als Stonehenge,

soweit wenigstens nach dem Schuchhardtschen Berichte über die Rennbahnen geurteilt werden kann. Zum Vergleich bringe ich daraus alles Wesentliche. Er schreibt:

„Nur ¼ Stunde nördlich von Stonehenge liegt eine Umwallung, die sich sehr lang und sehr schmal fast direkt von Osten nach Westen erstreckt. Ihre Länge beträgt rund 9000" (2700 m), die Breite durchweg 350", an den Enden etwas weniger, Die Umhegung besteht aus Wall mit vorliegendem Graben, genau in der verwaschenen Form und den Maßen, wie die runde Umhegung von Stonehenge sie zeigt. Diese Anlage habe ich am 16. September 1910 besucht. Wenige hundert Meter nordwestlich von ihr liegt eine zweite von ähnlicher Form, aber weit kleiner; nur ihr westlicher Teil ist erhalten und 1200" lang, die Breite beträgt 150"; diese Anlage habe ich nicht besucht.

Beide Umwallungen werden von den Engländern ´cursus` genannt und als Rennbahnen zu Stonehenge gehörig, angesehen. Soviel ich weiß, ist nur Fergusson von dieser Auffassung abgewichen, indem er die merkwürdige Erklärung gab: mit der Umwallung habe man das Schlachtfeld markieren wollen, auf dem die Sachsen unter Hengist die Briten überwunden hätten, für deren Häuptlinge dann Stonehenge als Grabmal errichtet sei.

Ich bin mit großem Mißtrauen zu dieser Anlage gegangen, habe ihren Wall und Graben mit kritischem Blick gemustert, habe alle erdenklichen Möglichleiten, wann und wozu sie geschaffen sein könnte, erwogen, aber ich bin zu keinem andern Ergebnis gekommen, als die Engländer von jeher. Die Auffassung Fergussons ist gar nicht diskutabel. Die Form der Umwallung und die Wahl des Geländes sprechen so entschieden für eine Rennbahn, daß kein anderer Zweck auszudenken ist. Es könnte sich nur fragen, ob es nicht eine Rennbahn neuerer Zeit wäre. Dem widerspricht aber der alte Charakter von Wall und Graben, die Einheitlichkeit der ganzen Kultur von Stonehenge und auch der Umstand, daß ein von Grabhügeln so gut wie freies Gelände von dem ´cursus` umschlossen ist. Nur im Westen liegen in einem Endstück zwei kleine Hügel, die sich später eingenistet haben können, sowie die an der Umwallung von Stonehenge, Im Übrigen aber ist es bei der dichten Besetzung mit Grabhügeln auffallend, daß ein so langer Strich noch hügelfrei gefunden sein sollte, wenn der ´cursus` später als diese Hügel angelegt wäre. Vortrefflich gewählt ist sodann das Gelände. Die beiden Enden der Bahn liegen auf hoher Fläche 360" hoch, die Mitte zieht sich durch eine leise Senke, die bis unter 300" hinabgeht. Die Zuschauer konnten also auf jedem Standpunkt die ganze Ausdehnung der Bahn überblicken und die Wettrennenden hatten Gelegenheit, bei dem Hinauf und Hinab ihre volle Geschicklichkeit zu erweisen.

Ich kann also nicht anders, als diese Umwallungen tatsächlich als Rennbahnen ansehen.

In Betracht kommen dabei Wagen- und Pferderennen, Reiterei und Streitwagen sind für den Norden schon durch bronzezeitliche Steinbilder in Bohuslän und

Schonen bezeugt. Und zwar tritt dabei der Streitwagen in einer Form auf, die den ältesten im Süden und Osten überlieferten, noch um eine Stufe vorausliegt.

Die Rennbahn bei Stonehenge in ihrer urwüchsigen, riesenhaften Ausdehnung ist sicher nicht die Nachbildung eines griechischen Stadions; aber auch bei Homer geht am Grabe des Patrokles das Wagenrennen noch über eine sehr weite Fläche. Zu Beginn zeigt Achill in der Ferne das Ziel, das umfahren werden soll, und schickt Phönix zur Beobachtung des Rennens dorthin. Dann wird losgefahren ... aber die am Ausgangspunkt sitzenden Zuschauer erkennen immer noch nicht, welche Pferde voran sind und Ajas und Idomeneus streiten heftig darüber. So entrollt sich uns nun auch bei Stonehenge mit der fürstlichen Grabanlage und den Wagenrennen als Leichenspielen ein ganz homerisches Bild – Jahrhunderte vor der homerischen Zeit ...

Die Feststraße, die mit ähnlichem, nur etwas schwächerem Wall und Graben flankiert ist wie die äußerste Einhegung von Stonehenge, endigt heute nach gradlinigem Verlauf 1500" vom 'astronomischen Stein', weiterhin ist ihr Lauf verwischt. Es sind aber sichere Zeugnisse vorhanden, daß sie ursprünglich bis 1800" vom astronomischen Stein gradlinig weiter lief und dann in der Senke sich gabelte ...

Der nördliche Arm scheint unzweifelhaft zur Rennbahn zu führen, wenn auch seine Spuren gleich nach der Gabelung sehr schwach werden; er scheint im Bogen nach der Rennbahn hingelaufen zu sein, aber ich konnte nicht erkennen, daß er einer bestimmten Öffnung in jener Anlage zustrebte."

Der Vergleich ergibt, daß die Rennbahn in Langelau für unsere Begriffe brauchbarer angelegt ist, als jene homerische Rennbahn oder als die in Stonehenge.

Bei solchen Vergleichen ist nun aber die Frage der Entstehungszeit von größter Bedeutung. Die Anlagen in Stonehenge schreibt man der Bronzezeit zu. Wir haben ausreichende Gründe, die umliegenden Hünengräber der Bronzezeit zuzuschreiben; aber das darf uns nach meiner Meinung nicht hindern, anzunehmen, daß die Langelaubahn ebenso wie der ganze Kreis der Heiligtümer in der Oesterholzer Mark in der Zeit vor der Unterwerfung der Sachsen durch Karl noch in Gebrauch gewesen ist. Davon zeugen einige von Müller-Brauel bestimmte Scherben aus jener Zeit, während die bearbeiteten Feuersteinstückchen die Verwertung des Platzes schon in der Stein- und Bronzezeit beweisen. Die Bahn wird zuletzt den Bedürfnissen der spätgermanischen Jahrhunderte entsprechend hergerichtet gewesen sein. Dies veranlaßt mich zu einer grundsätzlichen Bemerkung.

An solcher Auffassung würde auch nichts zu andern sein, wenn etwa in oder bei Langelau Funde aus der frühen Eisenzeit, aus der Bronzezeit oder aus dem Steinzeitalter gemacht wären, aber keine aus der späteren Zeit. Ebenso wie Funde aus späterer Zeit niemals die Benutzung eines Platzes in früherer Zeit ausschließen, ebenso wenig darf allein um älterer Funde willen das Auge gegen die spätere Benutzung sich verschließen. Es ist gewiß berechtigt, aus den jüngsten Benutzungszeiten mehr Funde zu erwarten, als aus den älteren Benutzungszeiten, aber es kann auch umgekehrt kommen. Das Finden ist eine derartig unsichere Sache – unsicher nicht nur wegen des tückischen Finderglücks – daß eine Wissenschaft, die nur auf Grund von Spatenfunden exklusive Zeitbestimmungen machen wollte, auf einem sehr schwankenden, fort und fort zu Irrungen führenden Boden steht.

Doch die Zeitbestimmung ist spätere Sorge und insofern unwichtig, als zunächst Langelau als vorgeschichtliche, d. h. in das germanische Dunkel fallende Kampfspielbahn zu erkennen und in den Kreis der Oesterholzer Heiligtümer aufzunehmen ist, ohne Rücksicht auf die Entstehungszeit.

Von unseren Facharchäologen darf erwartet werden, daß meine Annahme einer vorgeschichtlichen Langelau-Rennbahn genau nach denselben sachlichen Maßstäben und Anhaltspunkten beurteilt wird, nach denen die Stonehenge-Rennbahn beurteilt und dann anerkannt worden ist.

Von germanistischer Seite ist meine Deutung des „lang" in Langelau bestätigt. Studiendirektor Dr. Erbt schreibt: „lang, als germanisches Eigenschaftswort im Namen der Langobarden bezeugt, ist mit dem lateinischen longus und dem keltischen longos (in Langovicium) verwandt. Von diesem lang ist eine andere Wurzel zu unterscheiden, die im mittelhochdeutschen lingen = glücken, vorwärtsgehen, vorwärtskommen, und im althochdeutschen lungarc = schnell vorliegt. Die indogermanische Wurzel *lengh hat griechisches ελαφρος = behend, flink, schnell und altindisches lañgh = springen, vorwärtskommen geliefert. Zur selben Wurzel gehören langen = zu einem Ziel hinreichen, nach etwas greifen (die

Zielstrebigkeit ist also die Grundbedeutung!) anlangen, belangen, erlangen, gelangen, verlangen (vorlangen). Langelau bedeutet also Zielrenn-Hain."

Unter den Zuschriften, die aus der praktischen Untersuchung der heimischen Landschaft heraus meiner Lang-Deutung zustimmten, kam die eindrücklichste aus Hagen i. Westf. von Herrn Kottmann und veranlaßte einen Besuch der Stätte. Es ist ein geebneter Bergrücken mit herrlicher Aussicht und heißt „Im langen Loh". Die kultische Bedeutung der Umgebung wird durch zahlreiche Flurnamen, Hilge Land, Rosengarten, Ascheroth, Donnerkuhle, Hilge Eike, bezeugt.

Verblüffend wirkt, daß dieser Platz seit Menschengedenken Reitbahn gewesen und geblieben ist bis in unsere Tage, in denen er zugleich zum Sportplatz der Hagener Jugend hergerichtet wurde. Auf der von den alten Sigambrern klug ausgewählten Stelle sah ich Herren und Frauen ihre Rosse tummeln und die Jugend im Kampfspiel.

Ein hierher gehöriger Fall scheint mir bei einer auffällig umwallten Waldwiese im Donoper Walde nahe der Pivitsheide vorzuliegen, der auch längs der einen Seite eine Zuschauerbühne und im Innern der Schiedsrichterhügel nicht fehlt. Dieser Platz bekundet seine Eignung dadurch, daß er neuerdings zum Sportplatz für die umwohnenden Jugendverbände auserwählt und hergerichtet ist!

Wenn irgendwo an einem alten öffentlichen Platze die alte Gewohnheit von Volksspielen (auch Schützenfeste u. dgl.) haftet, dann sollte die Frage gestellt werden, ob er nicht schon in germanischer Zeit dazu auserwählt wurde. Wenn es sich einst um große Feste mit kultischem Gepräge gehandelt hat, dann sind vielleicht auch noch Spuren besonderer Herrichtung des Platzes für seinen Zweck aufzufinden.

Schuchhardt sagt[75]: „Die Kunst des Paläolithikums war für die Altertumsforscher eine große Überraschung", und er rechnet mit noch mehr Überraschungen. Meine Oesterholzer Überraschung, die

---

[75] Schuchhardt, Alteuropa, 1919, S. 24.

aus einer für ihn unerwarteten Richtung kam, hat er vorweg wegen der Astronomie abgelehnt. Aber es würde mich freuen, wenn wir uns hier über Langelau die Hände reichen könnten. Das dürfte mit von der Anerkennung des Hügelheiligtums zwischen Langelau und Königslau, sei es als Stätte des Ahnenkultus, sei es als Stätte des Götterkultus, sei es als beides zugleich, abhängen, zu dessen Besuch in seiner stillen Senneeinsamkeit ich durch das folgende Kapitel einlade.

Unsere von Herrn O. Binz gezeichnete Skizze, die Panoramaaufnahme des Rennbahngeländes durch Herrn Düstersiek, die um der örtlichen Schwierigkeiten willen aus zwei Aufnahmen zusammengearbeitet und einheitlich gemacht werden mußte, sowie die Karte des Herrn Oberstleutnant Schmidtmann mögen eine Vorbereitung des Besuches sein. Ein unsagbarer Frieden lagert über der Landschaft, von der eine einsichtige Regierung hoffentlich den bedenklich näherrückenden Dampfpflug fernhalten wird. Wer die Stätte aufsuchen will, wird am besten 100 Schritte westlich des Oesterholzer Gasthauses Hunecke von der Landstraße nördlich abbiegen.

10. Hügelheiligtum zwischen den Lauen

(Fanum Ostarae Deae prope Oesterholz?)

Die alten Bewohner Englands und der Bretagne haben mit Vorliebe zu ihren Kultstätten, sei es nun des Ahnendienstes, sei es des Götterdienstes, gewaltige Steinblöcke herangeschafft. Auch im nordwestlichen Germanien, besonders da, wo ein großer Findlingssegen zur Verfügung stand, fehlen Beispiele in dieser Richtung nicht. Wer einmal die mächtigen Steinsetzungen der Glaner Braut, der Visbecker Braut, des Visbecker Bräutigams oder eins der gewaltigen Megalithgräber in der Nähe Osnabrücks, der Lüneburger Heide usw. gesehen hat, wird davon einen starken Eindruck bekommen haben.

Jede Verzweiflung großzügig organisierten Wollens und großen technischen Könnens unserer Vorfahren wird durch die Megalithgräber zunichte gemacht.

Unsere Vorfahren? Wenn es auf archäologischem Gebiete überhaupt einen Beweis für etwas gibt, was über die materielle Seite eines Befundes hinausgeht, so berechtigt uns die Durchforschung der vorgeschichtlichen Gräber zur Behauptung der Stetigkeit der Bevölkerung im nordwestlichen Deutschland. Müller-Brauel sagt[76]: „Wir sehen klar, wie sich die Formen der Gräber aus sich heraus immer natürlich weiter entwickeln –, wer sehen will, muß das sehen." Und Schuchhardt[77] „Für Nordwestdeutschland zweifelt niemand, daß die Sachsen Wittekinds noch die unverfälschten Nachkommen sind der Steinzeitleute, die die großen Megalithgräber erbaut haben."

Aber wo Findlinge fehlten, war in Germanien die Neigung weit mehr auf die Errichtung von Holzbauten und Erdwerken gerichtet. Die Holzbauten sind mit Leichtigkeit schnell und restlos der grundsätzlichen Zerstörung anheimgefallen. Von den kultischen Steinbauten sollten auch die Grundsteine aus der Erde gegraben

---

[76] Müller-Brauel in der Weserzeitung 1930 Nr. 489.
[77] Schuchhardt, Alteuropa, S.341, Straßburg und Berlin, Trübner 1919.

und verstreut werden. Darüber wird in unserem Kapitel über die Ortung der Bergheiligtümer eingehender zu reden sein.

Was die Erdwerke anlangt, von denen uns Willy Pastor in seiner Altgermanischen Monumentalkunst[78] interessante Beispiele bietet, so ist man sicherlich auch auf ihre Zerstörung bedacht gewesen. Aber die dazu nötige Arbeit dürfte wohl um deswillen nicht immer aufgewendet worden sein, weil man sich scheute, die Gräber mit zu stören, die unsere Vorfahren mit Vorliebe in die geheiligten Erdwerke eingebettet hatten. Nur dieser Scheu verdanken wir auch wohl die teilweise Erhaltung der großen Findlings-Steinsetzungen des nordwestdeutschen Heidegebietes.

In gleiche Richtung werden unsere Gedanken zu gehen haben, wenn in der Oesterholzer Mark noch gut erkennbar ein kultisches Erdwerk erhalten ist, welches ohne jeden Zweifel zugleich auch dem Ahnenkultus gedient hat (Abb. 50). Es wird deswegen von den wenigen, die es überhaupt in seiner Einsamkeit erblickt hatten, wahrscheinlich mit einigem Staunen in die Reihe der Hünengräbergruppen gerechnet worden sein.

Ein Vergleich mit allen anderen Hünengräbergruppen weist beachtenswerte Unterschiede auf. Die auf eine feierliche Unordnung des Ganzen verwendete Mühe und Sorgfalt ist unverkennbar. Auch Unterscheidungsmerkmale in der Form der Hügel sind vorhanden. Dazu kommt eine auffällige Zuwegung, und schließlich weisen die ganzen Zusammenhänge mit der Umgebung Verhältnisse auf, die uns zu der Annahme führen, daß hier nicht nur ein hervorragendes Gräberheiligtum, sondern auch eine Kultstätte zur Götterverehrung von besonderer Bedeutung vor uns liegt. Daran muß sich dann die Frage knüpfen, ob es nicht das "Fanum Osterae Deae prope Oesterholz" ist, von dem im 17. Jahrhundert noch eine Erinnerung sich erhalten hatte.

In fast unmittelbarem Anschluß an die Umwallung des Langelau, und weniger als 100 m hinter dem stattlichsten Teil des den Kampfplatz umgebenden Hügels, erstreckt sich etwa im rechten

---

[78] Willy Pastor, Altgermanische Monumentalkunst, Eckard, Leipzig, 1910.

Winkel zur Umwallung ein etwas nach Nordwesten gekrümmter Hügelrücken von 230 m Länge, in dessen Bogen, vom Kamm des

Abb. 48. Der mittlere Kegel

Hügels etwa 90 m entfernt, ein weiterer Senneteich, nicht weit von dem bereits erwähnten Teich an der Umwallung des Langelau, sich befindet. Man vergleiche unsere Karte der Laue in der Mark Oesterholz.

Die Höhe des Hügelrückens über dem Gelände ist etwa 12 m. Aber auf dem schmalen Kamm desselben erheben sich noch, in etwas ungleicher Entfernung voneinander, aber in der gleichen Höhe von 1,50 m drei Kegel in reichlicher Hünengrabgröße. Sie unterscheiden sich von anderen Hünengräbern durch den steileren Aufhäufungswinkel, durch die Kegelform, also den Mangel der üblichen Form als Kugelabschnitt, schließlich durch die Größe und Art einer scharfen Abplattungsfläche von 7 m Durchmesser, die aus den Störungen durch die Ausgrabungsversuche (welche zweifellos stattgefunden haben) nicht erklärt wird. Sie bieten den Anblick von Brandstapeln, denen die Abplattungsfläche den entsprechenden bequemen Raum bot.

Auch eine vierte, etwas höhere und umfangreichere Erhebung über dem Hügelkamm in der bewahrten oder hergestellten Form eines Kugelabschnitts, die sich, wie unsere Karte zeigt, in etwas größerer Entfernung am südwestlichen Ende des Hügelrückens zunächst dem Langelau-Walle befindet, gehört sicherlich auch zu dem System und wird seine besondere Bedeutung neben den drei Kegeln gehabt haben.

Ob der gleichmäßig gesteigerte Unterschied der Entfernung von Nordosten nach Südwesten auf Absicht beruht, entzieht sich auch der Vermutung. Jedenfalls ist ein so stattlich, symmetrisches, feierliches Aussehen bei gewöhnlichen Hünengräbergruppen nach meiner Kenntnis auch nicht annähernd zu finden.

Das Material zur Aufhäufung wenigstens von zwei der drei Kegel scheint nicht nur dem Sandboden des Hügels entnommen zu sein, sondern aus dem bis auf die Höhenlage des Geländes heruntergegrabenen nördlichen Ende des Hügels. Durch diese Arbeit ist unser Hügel mit den vier Erhebungen auf seinem Rücken als ein abgesondertes, zusammengehöriges Ganzes noch klarer herausgearbeitet und wird dadurch von seiner flacheren Fortsetzung nach Nordosten ganz getrennt. An dieser Stelle ist die sehr ansehnliche Zugangsstraße zu dem Heiligtum in einer Breite von 12 m durchgelassen und führt weiter zu dem sich hier anschließenden „Königslau". Daß der Durchschnitt des Hügels nicht auf die gleiche Art wie Hohlwege entstanden ist, sondern auf menschlicher Arbeit und Absicht beruht, ist aus dem Verlauf der Linien an dieser Stelle anzunehmen. Die Vermutung, daß Erdboden aus diesem Durchschnitt für die zwei nächsten Kegel auf den Hügel hinaufgeschafft sei, beruht darauf, daß sich an diesen Kegeln eine von der gleichmäßigen Bewachsung des ganzen Hügels mit Heidekraut sehr verschiedenartige Flora zeigt, und zwar dieselbe, die auch unten in der kaum benutzten breiten Straße zu finden ist.

Unsere Skizze, auf der einzelne störende Bäume fortgelassen sind, gibt einen Eindruck von dem Bild, welches sich uns bietet, während vom Photographen um des Baumbestandes willen kein Standort zur Erfassung des Ganzen gewählt werden konnte. Das

Bild genügt, um den Unterschied zu erkennen, den dieses Erdwerk von einer bloßen Hünengräbergruppe aufweist, und daß hier eine monumentale Anordnung vorhanden ist, die für nach und nach sich aneinander schließende Hügelgräber weder nötig noch üblich war, sondern noch unter anderem Gesichtspunkte mit anderem Zweck entstanden sein wird.

Von größter Bedeutung zur Klärung der ganzen Sachlage ist die Erkenntnis, daß Ahnenverehrung und Götterdienst in der alten Völkerwelt aufs innigste miteinander verknüpft waren. Alle Gräber waren heilig und zogen die Gedanken zur Gottheit empor. Alle dem Götterkult geweihten Stätten waren zugleich bevorzugte Stätten für die Bestattung der Verstorbenen. Die Pyramiden nicht minder wie Stonehenge dienten beiden Seiten des religiösen Lebens der Alten. Der Macht dieses Gebrauchs hat sich auch die christliche Kirche keineswegs entziehen können. Nicht nur an der Kirche wurde begraben, sondern die Kirchen selbst wurden zu Begräbnisstätten. So wenig jemand einer Kirche den Charakter einer Stätte des Gottesdienstes absprechen darf, weil darin begraben ist, so irrig ist es, einer germanischen Stätte ihren Hauptcharakter als Kultstätte absprechen zu wollen, weil sie zugleich eine Begräbnisstätte war. Die Anzeichen für eine Kultstätte dürfen nicht nach Möglichkeit beiseitegeschoben werden, sondern müssen umgekehrt aufs sorgfältigste beachtet werden, weil sie auf der Linie höchster Wahrscheinlichkeit liegen.

Vielleicht ist unser ganzes Hügelheiligtum durchsetzt mit Urnengräbern. Ich habe jedoch keineswegs die Absicht eine Durchsuchung dieses Hügels, der eine Außenfläche von mehr als 2x250x15 gleich 7500 Quadratmetern darbietet, zu befürworten, weil das Ergebnis für die hier vorliegenden wichtigen Fragen auf keinen Fall wesentlich neue Erkenntnisse bringen kann. Finden wir Gräber, so wird unsere jetzt schon absolute Gewißheit nur noch unterstrichen; denn kein Mensch wird an dem Vorhandensein von Gräbern zweifeln. Finden wir keine, so tritt der Gedanke an die Götterverehrung bei diesem eindrücklichen Erdwerk als sein Hauptzweck umso mehr in den Vordergrund. Der Unterschied gegenüber anderen Hügelgräbergruppen und der wichtige Zusammenhang mit dem als Rennbahn erkannten Langelau – wie in Stonehenge – ist so oder so da. Kleine Grabungsversuche sind ganz zwecklos; eine Durchsuchung im großen Ausmaße, die ein irgendwie beachtenswertes Ergebnis zeitigen könnte, müßte zugleich auch eine empfindliche Störung der jetzt wunderbar gleichmäßig mit Heidekraut überwachsenen Fläche und dessen, was darunter ist, mit sich bringen. Überlassen wir es daher dem einzelnen, ob er mehr oder weniger Gräber unter dieser friedlichen Decke vermuten will.

Von erheblicher Wichtigkeit für die Beurteilung unseres Hügelheiligtums wird ein Vergleich mit dem bedeutendsten derartigen Erdwerk in Schweden, den drei „Königs"-oder „Thingstätten"hügeln in Altuppsala. Man hielt sie auch früher in der archäologischen Wissenschaft Schwedens für bloße Hünengräber. Da man aber nur je ein nicht überschüttetes, sondern nur in die aufgeschüttete Erde eingebettetes Grab fand, so hat die Archäologie das gewaltige Erdwerk nunmehr als ein Heiligtum zur Götterverehrung erklärt (Abb. 49). Diese Einsicht kommt ergänzend zu den Forschungsergebnissen Nermanns in den Jahren 1913 und 1917 hinzu.

Auch Altuppsala hat, trotzdem sein Name auf drei Hügel lautet, noch einen vierten, der mit zum System gehört, da er auch künstlich entstanden ist, er ist kleiner als die drei anderen. Unsere Strichzeichnung ist zur Wiedergabe des Eindrucks geeigneter, als die Photographie, die ich in der ersten Auflage brachte. Die Gleichartigkeit des der schwedischen Anlage zugrunde liegenden Gedankens mit unserem Oesterholzer Hügelheiligtum springt in die Augen.

Eine unmittelbare Beziehung zum Hügelheiligtum und den zahlreichen hinter dem Königslau und vor dem Kreuzkruge liegenden Hünengräbern hat eine 5 km lange, von Süden und Südwesten heranführende Straße, die seit alters den Namen „Aschenweg" trägt: auf ihm wurde im feierlichen Zuge die Asche der Großen aus dem Gebiet der Marser zum Heiligtum zwischen Langelau und Königslau und zu den Grabstätten geführt. Die übrigen versuchten

Deutungen befriedigen ganz und gar nicht, aber für einen Weg, der in dem mehr als zweitausendjährigem Zeitalter der Leichenverbrennung in einen so hervorragenden Gräberbezirk führt, ist die obige Deutung die Nächstliegende und einfachste. Sie setzt voraus, daß die feierliche Verbrennung des Leichnams mit den auserwählten Hölzern, von denen uns Tacitus erzählt, im Heimatorte vor sich ging. Wir erinnern uns hier an die auch in unserer Zeit noch nicht überall aufgegebene alte christliche Sitte, den Sarg eines Verstorbenen vor der Bestattung um die Kirche oder wenigstens an ihr vorüber zu führen. Wir nehmen an, daß die Alten in der gleichen Empfindung die Asche der Verstorbenen an dem ihnen besonders heiligen Dreihügelheiligtum vorbeiführten, wenn sie sich nicht wegen allzu großer Entfernung der Begräbnisstätte mit der Umführung um eine der kleineren Kultstätten begnügen mußten.

Von erheblicher Bedeutung für die Richtigkeit unserer Deutung des Aschenwegs und der hier vermuteten Sitte ist die neueste

Abb. 49. Altuppsala

Feststellung W. Düstersieks, daß der vom Dreihügelheiligtum sich in der Richtung auf den Kreuzkrug fortsetzende Aschenweg in der gleichen erheblichen Breite von 12–14 m, deutlich erkennbar durch die Reste der Umwallung, die Feststraße südlich des Kreuzkruges überquert, noch 700 m weiter zu einem großen Hünengrabhügel hinführt und an diesem sein Ende nimmt. Eine Fortsetzung wurde nicht gefunden, auch nicht in normaler Wegbreite, so daß hier der

Zweck und die Bedeutung des Aschenwegs, zu der Begräbnisstätte zu führen, unverkennbar zutage tritt.

Die Kegelform des großen Grabes, an welchem der Weg endet, läßt vermuten, daß es zugleich eine kultische Feuerstätte war. Dies werden wir überall annehmen müssen, wo sich auf den Hügelgräbern eine nicht durch Grabungsstörungen entstandene, ebene Fläche von mindestens 5–6 m Durchmesser findet.

Auch bei den Dötlinger heiligen Stätten in Oldenburg gibt es neben der „Gerichtsstätte" zwischen Hünengräbergruppen, der Glaner Braut und der „Langewand" ein Aschenbeck und Aschenstedt.

Der Aschenweg, der jetzt an der westfälischen Grenze schroff abbricht, aber doch weiter nach Südwesten geführt haben muß und den Anschluß an die große jetzige Tollstraße des Truppenübungsplatzes gehabt haben wird, bildet auf 3 km die Grenze zwischen der Vogtei Schlangen und der Gemeinde Haustenbeck, deren einst fiskalisches Gebiet entweder noch zu dem Markengürtel Oesterholz–Schlangen gehört hat, oder das östlichste Gebiet der „ultimi Brukterorum" gebildet haben muß, wenn wir die taciteische Ortsbeschreibung genau nehmen. So bekommt der Aschenweg zugleich die Bedeutung einer Grenzscheide, auf der die Marser zu dem auch ihnen zugehörigen Loh mit seinen heiligen Stätten herankamen, ohne ein nicht ihnen gehöriges Gebiet zu betreten. Der Weg trägt jetzt noch stellenweise ein feierliches Aussehen durch hohe, zum Teil doppelte Tanneneinfassung auf noch teilweise erkennbaren Wällen, die auch ihn auf beiden Seiten ganz begleitet zu haben scheinen.

Auch sonst müssen wir der Zuwegung zu den Heiligtümern unsere Aufmerksamkeit zuwenden. Kleinere oder größere Strecken von Kiefernalleen oder Kiefern-Doppelalleen, die sich in der schlichten Heidelandschaft merkwürdig genug ausnehmen und für alle späteren Verhältnisse zwecklos erscheinen, finden sich auf allen Wegen, die sich noch als Zuwegung zu dem Heiligtum erkennen lassen: zunächst zwischen dem Heiligtum und der kaum 100 m entfernten Straßenkreuzung, zu der der Aschenweg führt, dann von eben diesem Punkt aus in nördlicher Richtung, ferner auf mehreren Strecken des Weges, der vom Heiligtume zu der großen Feststraße (Fürstenallee) führt und am Gutshof Oesterholz in sie einmündet.

Abb. 50. Dreihügelheiligtum

Daß sich überhaupt solche abgerissenen Strecken mit ihrer neueren und neuesten Tannenbewachsung noch finden und von uns als Erinnerung an Verhältnisse einer Zeit vor 1000 Jahren angesehen werden dürfen, hat seine gute forstliche Begründung. Denn sehr oft ist unter der stärkeren Bewachsung noch der Wall zu bemerken, dessen einstige Aufschüttung die Möglichkeit zu so stattlicher Bewachsung inmitten des sterilen Sennebodens hergegeben hat. Auch wo keine Spur des Walles mehr zu entdecken ist, ist mit Sicherheit anzunehmen, daß er einst dagewesen ist.

Ein besonderes Interesse hat die Zugangsstraße zu den Heiligtümern von Oesterholz her, weil sie eine Abzweigung der großen Feststraße (Fürstenallee) ist. Ihre beiderseitige einstige Umwallung liegt noch an mehreren auch ziemlich langen Strecken handgreiflich vor Augen. In Stonehenge ist der Weg zu der Rennbahn ebenfalls eine Abzweigung von der dortigen Feststraße. An der Abzweigstelle bei Oesterholz geht von der Feststraße noch eine weitere alte Straße in nordöstlicher Richtung ab; sie führt nach der alten Hauptstelle des Waldes für die Haltung des Schwarzwildes (die einstige Eberzucht?) und dann weiter nach den Externsteinen.

Kehren wir zum Hügelheiligtume zurück! In seine tiefe Heideeinsamkeit führte mich zum ersten Male ein alter anwohnender Heidjer, um mir auf meinen Wunsch die Stelle zu zeigen, wo die Jugend der früher ganz vereinzelten, jetzt in dieser Gegend etwas zahlreicheren Heidebewohner gewohnt sei, ihre Osterfeuer abzubrennen. Auf einer ziemlich großen Lichtung lag der Hügel mit seinen vier Erhebungen – eindrucksvoll gleich auf den ersten Blick – vor mir. Er wies auf den mittleren der drei gleichförmigen Kegel. „Das ist die Stelle!" So lange er sich erinnern könne, sei niemals ein anderer von den zahlreichen Hügeln der Umgegend genommen.

Es gibt viele Osterfeuerstellen im Lande, wechselnd und ohne Bedeutung. Aber an dieser Stelle in diesem Zusammenhange darf doch der in solcher Überlieferung liegende unwägbare Wert nicht unbeachtet bleiben. Die Gewohnheit mag ein Erbe des alten Sachsen sein, der als letzter – vielleicht noch viele Jahrzehnte nach Einführung des Christentums – an dieser Stelle beim Aufflackern seines Holzstoßes weniger an die Mächte des neuen Glaubens gedacht hat, als an das, was ihm der Großvater von der Frühlingsgottheit, der geschlechtslosen Ostara, erzählt hat.

Freilich auch ohnedem hätte sich die Osterfeuerjugend dieses Sennewinkels keinen schöneren Platz auswählen können. Hinter sich hat der auf dem Osterhügel Stehende die stattlichen Kiefern und Buchen des Langelau, seitlich den nicht minder prächtigen, in dieser Heidegegend doppelt eindrücklichen Hochwald des Königslau, vor ihm liegt die schimmernde Kammersenne und der langhin sich streckende kräftig ansteigende Teutoburger Wald in den hellen, bunten Frühlingsfarben des Mischwaldes. Und das Ganze ist von dem tiefblauen Ton überhaucht, den wir über der Senne gewohnt sind.

In Würdigung aller hier zusammenkommenden Anzeichen und Umstände dürfte die Annahme als berechtigt und wohlbegründet erscheinen, daß wir in diesem unzweifelhaft vorgeschichtlichen Heiligtume eine Haupt-Kultstätte der Mark Oesterholz, etwa das „Fanum Oestarae Deae prope Oesterholz" der Erinnerung des 17. Jahrhunderts zu sehen haben. Die drei gleichmäßig auf dem Hügelrücken errichteten Kegel sind dann wohl in erster Linie als Brandstapel anzusehen, auf denen am höchsten gemeinsamen Feste der benachbarten Stämme die heiligen Feuer zu Ehren der Götter – vielleicht der drei Ebengötter Wodan, Thumar und Sahsnot (Fro, Ostara), der altsächsischen Abschwörungsformel – emporloderten. Daneben war das unentbehrliche Wasser für die Opfer und im unmittelbar sich anschließenden Langelau rollte sich in den Kampfspielen vor den Augen der festlichen Menge, ebenfalls zu Ehren der Götter und der toten Helden, das begehrte Schauspiel der Spiele und der Kämpfe ab. Man kämpfte zu Fuß, zu Wagen und auf den Rossen, die durch die Trift am Eckelau der Rennbahn zugeführt waren.

Fehlgriffe oder Irrungen hier und da wird kein Verständiger als einen Grund zur Verwerfung des Ganzen ansehen. Es kann ja nur ein tastendes Vordringen in das uns fremd gewordene und nahezu unbekannte Land des geistigen Schaffens unserer Vorfahren sein, in ein Land, zu dem die rechtmäßigen Brücken und Wege zerstört sind und in dem die Wegweiser und Wahrzeichen nach Möglichkeit vernichtet wurden.

Aber wir sind, glaube ich, auf glücklicher Fährte. Denn es scheint mir über alle Zweifel erhaben zu sein, daß die Forschung in der Oesterholzer Mark und dem damit in Verbindung stehenden Markengebiete der Lippequellen bis hin zu den Externsteinen nach Lopshorn und zur Teutoburg, den kulturlichen Mittelpunkt der großen hier zusammenstoßenden germanischen Stämme zu erblicken hat, und daß sich hier für die Forschung ein Feld von außergewöhnlicher Ergiebigkeit auftut.

Eckelau, Lindelau, Königslau

Ehe die Haine der Oesterholzer Mark so viel öffentliches Interesse erweckt haben, daß manche wünschenswerte Grabungen von den dazu Berufenen – zu denen ich mich nicht rechne – ausgeführt werden können, ist die Erkennung ihrer Bedeutung auf den zutage liegenden Befund und auf ihre Namen angewiesen im

Zusammenhange mit der Gesamtbedeutung der Oesterholzer Mark. Ganz ohne den Versuch einer Deutung der drei anderen Haine Eckelau, Lindelau und Königslau will ich an ihnen nicht vorübergehen.

Die mächtige Größe des Eckelau von einem Quadratkilometer = 400 Morgen, seine vollständige Umwallung, seine Bewässerung und sein Name führen zu seiner Deutung als Fohlenkamp, und zwar, weil es eben ein Lau ist, als das für die jungen heiligen Pferde bestimmte Gebiet.

In seiner Umwallung steckt eine gewaltige Arbeit, obgleich die Wälle, die eine Umzäunung (Knick) zu tragen hatten, jetzt erheblich schwächer sind und stets gewesen sind, als die Wälle von Langelau und Königslau.

Eine starke Bestätigung unserer Deutung liegt in der von dem großen Quellenteich in der Sennetrift abhängigen, in dem ganzen östlichen Teil noch bemerkbaren Bewässerung, an der Menschenhand mitgeholfen zu haben scheint. Welcher Besitzer könnte und würde einen derartigen Aufwand für ein Sennestück machen, außer jene Männer der germanischen Zeit, die für auserwählte heilige Pferde sorgen wollten?

Dazu kommt der Name Eckelau, dessen Zusammenhang mit dem in equus liegenden Stamm von den von mir befragten Germanisten als wahrscheinlich oder auch möglich angesehen wird. In Schleswig-Holstein ist „Ecke" noch jetzt ein Name für „Stute". Der Zusammenhang des Wortes mit „Egge" ist um des Geländes willen unmöglich, mit „Eiche" unwahrscheinlich, weil Eichen neben Buchen nur einen eingesprengten Teil des Kiefernwaldes ausmachen. Es könnte noch an den Riesen Ecke der Thidreksage gedacht werden, den der von Soest kommende Dietrich antraf; dazu gehört dann ein Stein, in dem der Riese wohnte, und von dem er ausgegangen war (Externstein?). Die Höhenlinien der geologischen Karte weisen im Eckelau an zwei Stellen eine bemerkenswerte Regelmäßigkeit auf. Die Bodenbeschaffenheit ist aus der Umgebung mit Sorgfalt herausgesucht (Ton und Mergel mit Plänergeschieben, Lokalfacies der Grundmoränen).

Das Lindelau ist im Gegensatz zu den drei anderen Lauen nicht umwallt. Es ist eine Bodenerhebung darin; Wasser ist nicht vorhanden, aber einige Schritte außerhalb seiner Grenze ein ansehnlicher Teich. Der Name weist, wenn wir nicht an Lind = Wurm, Lindwurm, denken wollen, auf die Linde hin, die in Deutschland als Waldbaum nicht in Betracht kommt, dagegen als Gerichtsbaum noch über die germanische Zeit hinaus in unseren alten Ortschaften eine Rolle gespielt hat. Es mag deswegen nicht als unbegründet erscheinen, wenn wir im Lindelau die Gerichtsstätte sehen, die bei dem Heiligtum zu erwarten ist. Die Linde scheint sich nirgends ohne Anpflanzung zu erhalten; darum ist von ihr auch im Lindelau keine Spur mehr zu entdecken. Dagegen finden wir zwischen den Kiefern die Eberesche, die ebenfalls als Gerichtsbaum galt. In der Nähe zeigt sich auch die Akazie. Sie scheint in Süddeutschland ein bevorzugter Gerichtsbaum gewesen zu sein; aber ich fand sie auch in Norddeutschland mehrfach bei alten Gerichtsstätten, z. B. in Hermsdorf bei Berlin. Aus Akazienholz war nach der Legende die Dornenkrone Christi und der Stab Arons. Die großblühende Art (Farnesiana) ist erst um 1700 aus Mittelamerika in Deutschland eingeführt.

Das Königslau ist in einer Größe von nur 14 Morgen ganz von einer kräftigen, den Wällen des Langelau (Abb. 45) mindestens gleichwertigen Umwallung eingehegt, die zu dem Wert dieses Senne-Stückchens als Hude in gar keinem Verhältnis steht. Ein bloßer wirtschaftlicher Zweck der Umwallung ist entschieden abzulehnen.

Das Königslau hat jetzt kein Wasser, eine winzige Sumpfstelle könnte als Anzeichen früheren Wassers angesehen werden. Es ist dürrer Sandboden, der aber trotzdem einen stattlichen Kiefernhochwald trägt. Der Gedanke an ein Lager, eine Siedlung oder irgendeine Einrichtung zum Aufenthalt für Menschen oder Tiere muß als ganz unwahrscheinlich erscheinen.

Was kann dieser starkeingehegte Platz des Königslau, der durch seinen Namen das Gepräge eines auserwählten heiligen Hains trägt, bedeuten?

Der einzige in Königslau befindliche Hügel, der möglicherweise Gräber birgt, ist länglich gestreckt (etwa 80 m) und bietet nichts Bemerkenswertes. Solche langgestreckten Hügel, etwa in der Form, wie Schuchhardt einen solchen am Ostende der Rennbahn von Stonehenge als Hünenhügel aufführt, werden um dieser Form willen wahrscheinlich häufiger der Aufmerksamkeit der Archäologen entgehen. Denn die auffällige regelmäßige Abrundung und der feststellbare Mittelpunkt fehlt, der bei den kreisrunden Hügeln zugleich die Stelle angibt, wo mit Aussicht auf Erfolg eine Grabung begonnen werden kann; bei den länglichen Hügeln aber ist die Aussicht, die richtige Stelle zu treffen, weit geringer. Aus einem erfolglosen Grabungsversuch in Königslau, der sich auf etwa zwei Quadratmeter in einer Tiefe von 1,60 m erstreckte, können deswegen keine Schlüsse gezogen werden.

Wenn es sich um einen Gräberhügel handeln sollte, dann taucht für uns die im hohen Grade bedeutsame Frage auf, ob nicht auch beim Königslau, wie bei den übrigen drei Lauen, der Name alt ist, und von der Bedeutung zeugt, die diese Begräbnisstätte in der Gebrauchszeit gehabt hat. Es würde sich dann um das Königsbegräbnis der umwohnenden Stämme handeln. Wir erinnern uns an die Auffindung des Königsgrabes von Sedin. – Innerhalb der Umwallung befindet sich noch ein kleiner gesondert umwallter Platz in quadratischer Form. Seine Bedeutung ist ebenfalls noch dunkel.

Der Prozentsatz der Irrtumsmöglichkeit ist in einem solchen Falle natürlich hoch, und die Gewähr irgendeines Grabungserfolges kann in keiner Weise übernommen werden. Im Rahmen unserer Gesamtauffassung von den heiligen Stätten muß es jedoch erlaubt sein, die Frage zu stellen. Ob der Frage die Bedeutung beigemessen werden soll, um ernstliche und kostspielige Grabungsversuche anzustellen, muß den Sachverständigen der Wissenschaft des Spatens und den zuständigen Stellen überlassen bleiben. Verneinendenfalls müßten wir auf eine Gewißheit hinsichtlich der Bestimmung dieses heiligen Hains verzichten.

Auch auf dem Gebiete der Altertumswissenschaft gibt es eine heilsame Beschränkung. Ich meinerseits sehe meine Aufgabe darin, nachzuforschen, ob es außerhalb der Spatenwissenschaft und fußend auf den Ergebnissen der Spatenwissenschaft noch Wege gibt, auf denen an der Beseitigung des Dunkels über der germanischen Vergangenheit gearbeitet werden kann.

11. Teuderi und Truc

eine germanische „Stadt" und ein Feld

Der alte Paderbornsche Schriftsteller Schaten (1693) wendet seine Aufmerksamkeit der Frage zu, warum wohl Paderborn, wo Karl die erste Kirche in weiter Umgegend schon 785 bauen und weihen ließ, von vornherein eine so starke Bevölkerung gehabt habe. Er findet keine andere Antwort, als daß eben die Kirchengründung eine so große Anziehungskraft ausgeübt habe. Er kommt nicht auf den Gedanken, daß eine bereits vorhandene starke Bevölkerung und die Bedeutung des Platzes für das ganze Land ja eben selbst erst der Grund gewesen ist, warum gerade hier die erste Kirchengründung stattgefunden hat.

Seit den Zeiten des Apostel Paulus, der nach Athen, Korinth und Rom, und nicht in menschenleere Gegend ging, ist es die Weise der missionierenden christlichen Kirche gewesen, dahin zu gehen, wo die meisten Menschen mit der Predigt zu erfassen waren. Wenn man Gotteshäuser in die Einsamkeit baute, dann haben wir stets nach dem besonderen anderweitigen Grunde zu fragen.

Schon diese Überlegung führt dazu, in Paderborn, dem ersten Kirchorte, auch den bedeutendsten volksreichsten Ort des Landes vor der Einführung des Christentums zu erblicken.

Für diese Ansicht fällt ferner und ebenso schwer, als die Kirchengründung, auch die Tatsache ins Gewicht, daß Karl d. Gr. wenigstens achtmal seine Residenz an den Lippequellen aufgeschlagen hat: 776, 777, 780, 782, 783, 785, 799, 804, sowie Ludwig d. Fr. 815 – davon sechsmal in Paderborn und dreimal in Lippspringe, welches sich zu Paderborn etwa so verhält, wie Versailles zu Paris.

Dorthin wurden die Großen des Reiches berufen, dorthin kamen die Gesandtschaften der fremden Völker und einmal der Papst Leo. Viermal werden die Versammlungen ausdrücklich „Reichstage" genannt, wozu also die Vertreter der fränkischen Macht aus dem ganzen großen Reiche anwesend waren. Der erste tagte schon 777, also 5 Jahre nach Beginn des 32jährigen Krieges, als von einem westfränkischen Einfluß auf das Gepräge des rein germanischen Wohnplatzes noch nicht im Geringsten die Rede sein konnte. Der Aufenthalt muß in hohem Grade befriedigt haben.

Es ist nützlich, einmal die Überlegung anzustellen, warum Karl auf den Gedanken kommen konnte, seinem Hofmarschall den Befehl zur Vorbereitung eines Reichstages in Paderborn zu geben, und das nicht einmal, sondern mehrfach. Wollte und konnte er seinen Großen und den fremden hohen Gästen mit ihrem Gefolge die Beschwerlichkeiten, die Entbehrungen und die Einsamkeit eines Feldlagers in der Öde oder zwischen einsamen Siedlungen zumuten, oder wollte er, daß sie sich einmal die landläufigen Zustände irgendeines unbedeutenden Durchschnittsdorfes im neu unterworfenem Sachsenlande betrachteten? Dürfen die praktischen Schwierigkeiten der Verpflegung, der Unterkunft, der Versammlungsräume, der Verkehrsstraßen, die jeder ungeeignete Ort solchen Versammlungen in den Weg stellt, ganz übersehen werden? Können wir uns vernünftige Gedanken hierzu machen, ohne uns die äußeren Kulturverhältnisse und -Ansprüche vorzustellen, die ums Jahr 800 an den Höfen der Fürsten und Großen aller Länder üblich waren, und die bei Karl als einem Emporkömmling, eine ganz besonders große Rolle gespielt haben?

Karl ging nach Paderborn, weil es die volkreichste, ansehnlichste und bedeutendste Stadt des alten Sachsenlandes war, weil dort die geringsten Schwierigkeiten und feste Einrichtungen für große, anspruchsvolle Versammlungen waren. Eine Stadt, die geeignet gewesen ist, einen Eindruck von der Bedeutung seines Sieges über dieses kraftvolle Land zu hinterlassen, – eine Stadt, die mit Aachen, Mainz und Frankfurt in eine Reihe gestellt zu werden für würdig befunden wurde. Umgekehrt wollte Karl durch den Anblick seiner Macht und Pracht Eindruck auf die Bevölkerung Paderborns machen. In den Annalen lesen wir, daß es im Jahre 776 eine zahllose, verängstigte Menge mit Weibern und Kindern (Saxones per-territi – innumerabilis multitudo) gewesen ist, die zur Taufe in den

Quellgewässern bei Lippspringe (Jordanquelle!) geführt wurde. Es muß im Wesentlichen die Bewohnerschaft Paderborns gewesen sein, da die Umgegend schwach bewohnt oder auch – im Sennegebiet – nahezu menschenleer war.

Eine ansehnliche Stadt der Germanen? Wenn eben dasselbe von den Arabern, den Äthiopiern, den Mexikanern oder den Mandschuren gesagt würde, dann würde es keine Verwunderung erregen. Aber wir haben es so weit gebracht, daß bei der Erwähnung der Germanen bedenklich mit dem Kopf geschüttelt wird. Ein von Tacitus berichtetes, vielleicht gar nicht umfassend und abschließend gemeintes Urteil seines Gewährsmannes wird aufgegriffen, verallgemeinert, womöglich auch noch gepreßt und im Handumdrehen ist einer sehr weitgreifenden, kulturlich herabdrückenden Meinung der Weg bereitet. Es liegt auf der Hand, daß ein Volk ohne jede örtliche Zusammenfassung der auf Zusammenarbeit angewiesenen menschlichen Kräfte unter kulturlichem Gesichtspunkte rückständig bleiben muß. So hat man denn auch die Germanen mit merklicher Betonung als ein Bauernvolk zu bezeichnen beliebt. Eine ganz andere Auffassung von der Besiedlungsweise Germaniens, als Tacitus, hatte der etwa gleichzeitig mit ihm lebende Geograph Ptolemäus, wenn er 69 namhafte „Städte" in Germanien aufzählt.

Freilich, es gab keine Städte nach dem Muster und Geschmack der Städte des römisch-orientalischen Altertums, Steinhaus an Steinhaus und ringsum befestigt, es gab keine Städte in späterem mittelalterlichen Sinne, wo um der Sicherheit vor äußeren Feinden, vor Raubrittertum und Faustrecht willen die Fachwerkbauten eng aneinander gepreßt und von der Stadtmauer umgeben waren. Es waren eben germanische Städte, und in unserem Falle eine westfälische Stadt, die wohl ein ähnliches Bild geboten hat, wie es jetzt noch große Teile der alten westfälischen Stadt Soest bieten: Haus bei Haus, jedes im Garten gelegen und für sich mit einer Mauer eingehegt. Die Häuser waren Fachwerkbauten mit breitem Dach, reich bemalt, mit kunstvollem oder einfachem Schnitzwerk verziert; Paläste der großen Herren, stolze Häuser der Vornehmen, einfachere der Handwerker und Händler, kleine Häuser der Liten oder Knechte.

In den Städten saß das ganze Händlertum für die zahlreichen nicht selbst erzeugten, vielleicht gar nicht selbst erzeugbaren Dinge. Mancherlei Rohstoffe wie Farben, Metalle, Fremdhölzer, Bernstein, Mühlsteine, Töpfe und Handwerkszeug, Musikinstrumente und sonstige Fertigwaren, auch Salz und Lebensmittel, die man an Ort und Stelle nicht hatte oder herstellte, mußten verhöckert werden.

Für den Austausch der Waren dagegen, die von fremden Händlern herangeschafft wurden, aus anderen Stämmen oder vom Auslande her, waren an bestimmten Tagen die großen Markplätze in den Marken da; dahin pilgerte man von weither, wie es jetzt noch das Landvolk liebt. Wir haben jetzt noch Plätze im freien Gelände ohne Stadt und Dorf, besonders auch Pferde- und Krammärkte, oft auf Gaugrenzen gelegen, bei denen man sich fragt, aus welcher Zeit wohl eine solche Einrichtung stammen mag.

Besonders wichtig ist es, daß wir uns die Verhältnisse des Handwerks in den vorkarolingischen Jahrhunderten klarmachen. Gewiß verfertigte jeder im eigenen Hause, was irgend möglich war. So geschah jeder Handschlag zur Herstellung der Leinenkleidung vom Ausstreuen des Leinsamens bis zum Weben innerhalb der Familie; noch vor 60 Jahren gab es in meinem Heimatdorfe fast in jedem Hause einen Webstuhl.

Aber die Möglichkeiten hatten ihre naturgegebene Grenze. Schon die Frage nach den zur Herstellung der Leinwand nötigen Geräten und Werkzeugen führt uns zum Handwerker und Händler. Oder konnte man etwa alles selbst

Abb. 51. Gleicharmiges Bronzeschmuckstück aus Quelkhorn, Kreis Achim Morgenstern-Museum Wesermünde 207 (ungefähr nat. Größe)

herstellen? womöglich selbst erst erfinden? oder dem ebenso ungeschickten Nachbar abgucken?

Man sehe sich die Funde in den Museen an, so kümmerliche Reste einer Kultur sie auch sein mögen, oder die Germanenbilder aus der Zeit Trajans oder Marc Aurels, die von dem zeugen, was schon zur Römerzeit in Germanien gebraucht und hergestellt wurde. Es gibt auch nicht ein Stück der in den Museen zu findenden Hallstatt- und Latenekultur, dessen Herstellung oder händlerischer Vertrieb nicht über ganz Germanien verbreitet gewesen wäre, wenn es sich Beliebtheit erworben hatte.

Zu karolingischer Zeit hatte sich längst ein zünftiges Handwerk entwickelt für alle Erzeugnisse, die nur auf Grund sorgfältig gesammelter und mühsam erlernter Erfahrungen vieler Geschlechter zustande kommen können, besonders, wenn sie die Ansprüche der Vornehmen und Wohlhabenderen befriedigen sollten. Daß Zünfte und Bauhütten erst später entstanden sein sollen, ist eine völlig in der Luft hängende, durch nichts begründete Annahme.

Regelrechte geübte Handwerker waren nötig für den uns in Abb. 78 vor Augen geführten germanischen Pelzmantel, für die schwierig herzustellende, trefflich sitzende Hosentracht der Männer, für die gemusterte Frauenkleidung aus verschiedenen Stoffen, für die Wagen und Schiffe, für die Töpferwaren und Fässer, für Tische und Sessel, für die Erzeugnisse der Gelbgießer und Goldschmiede usw.

Die Schmiede, hervorgegangen aus den Wärtern der heiligen Feuer in Wäldern und auf den Bergen, scheinen lange in der Einsamkeit geblieben zu sein, und auch manches andere Handwerk konnte auf Einzelhöfen ausgeübt werden. Aber was auf Zusammenarbeit, mancherlei Hilfsmittel und Kundschaft angewiesen war, wohnte in den großen Ortschaften, Märkten und Städten. Es ist ein völlig abwegiger Gedanke, daß das Handwerk im Allgemeinen in Germanien von jedem Bauer für sich und allenfalls noch für den ungeschickteren Nachbarn betrieben sei. Was unvernünftig ist, dürfen wir auch nicht für die alte Geschichte als einst gewesen annehmen. Was uns die hier gebrachten Abbildungen[79] (51–55) niedersächsischer Bodenfunde (Ahausen b. Verden, Landes-

Abb. 52. Einzelne Teile des Ahauser Fundes
Eine der Armschienen, Hängebecken, darüber ein Halsring,
Schildbuckel? Tüllenaxt

museum Hannover) vor Augen führen, ist nicht das Bemühen einsam wohnender Landleute, sondern Frucht einer organisierten Erwerbstätigkeit, der nach keiner Richtung die nötigen Vorbedingungen gefehlt haben. Ihre Bodenständigkeit haben die Halbfabrikate und Tiegel des Eberswalder Goldfundes erwiesen.

Alle, die irgendetwas für andere zu leisten, zu lehren, zu vermitteln oder zu vergeben hatten, viele, die zu ordnen, zu regieren hatten, alle, die nicht in der Einsamkeit des Landes zu leben veranlaßt und gewillt waren, bildeten im ganz natürlichen Lauf der Dinge die Bewohnerschaft der Stadt.

Also germanische Städte! Es ist einer der törichtesten Widersprüche der Weltgeschichte, zu meinen, daß von einer germanischen Stadt nur auf Grund solcher Vernunftschlüsse geredet werden könne; in Wirklichkeit habe sich germanisches Städtewesen ja erst seit Heinrich I. entwickelt. War es nicht geradezu kindisch von

---

[79] Aus I. Holste, Unsere Heimat, Verl. Mahnke, Berden a. Aller, 1927 freundlichst zur Verfügung gestellt.

uns anzunehmen, daß wirtschaftliche Verhältnisse, die jahrhundertelangen Werdens bedürftig sind, auf Kommando entstehen konnten? Heinrichs I. Städte waren nichts anderes, als kleine Festungswerke, die allerdings infolge der eingerissenen allgemeinen Verworrenheit und Unsicherheit zum Schutze der unbefestigten dörflichen und städtischen Siedlungen im Lande nötig geworden waren und nunmehr die Schutzbedürftigen mehr und mehr an sich zogen.

Für das Vorhandensein germanischer Städte haben wir auch geschichtliche Zeugnisse. Bei Tacitus ist außer den Rheinstädten eine bedeutende germanische Stadt genannt, nämlich die Hauptstadt der Chatten, Mattiacum jetzt Wiesbaden. Aber, wie erwähnt, Ptolemäus, der erste, der über Germanien als Geograph geschrieben hat, zählt uns 69 germanische Städte mit Namen und mit ihrer geographischen Länge und Breite auf. Nach der landläufigen Geschichtsvorstellung müßten diese vielen Städte in den folgenden 500 Jahren verschwunden sein, um dann unter dem Einfluß des eindringenden Christentums allmählich durch neue Städte, in denen Kirchen und Bistümer begründet wurden, ersetzt zu werden! In der Karolingerzeit ist es schon eine ansehnliche Zahl, die wir mit Namen kennenlernen.

Auch Ptolemäus war landes- und sprachunkundig, entbehrte auch Wohl sicherer Gewährsmänner. Obendrein haben die Abschreiber, offenbar ohne Ahnung von der Bedeutung und der Zugehörigkeit der Gradzahlen, die Reihenfolge der Namen verändert und dabei die Zahlen oft durcheinandergeworfen. Sprachunkenntnis und Latinisierung hat die Namen verdorben. Es ist ein Jammer.

Abb. 53. Ein Luttumer Bronzeeimer aus der Jastorfzeit 600-300 v. Chr. (Prov. Museum, Hannover)

Und dennoch ist Ptolemäus uns von höchster Wichtigkeit, weil er das Zeugnis vom Vorhandensein namhafter germanischer Städte schon zur Römerzeit bringt. Die Tabellen würden uns außerdem noch manche Kenntnis vom alten Germanien vermitteln können, wenn nicht Karl d. Gr. und die christliche Kirche die für unsere Geschichte verhängnisvolle Gewohnheit gehabt hätten, die alten Ortsnamen zu beseitigen und durch neue zu ersetzen.

Karl hat auch der von ihm nicht begründeten, aber mit einer Kirche ausgestatteten Stadt den neuen Namen Paderborn beigelegt, der höchstwahrscheinlich den Namen Teuderi verdrängt hat. Außer einigen Rheinstädten sind infolge dieser Gewohnheit nahezu sämtliche Namen der Städtetabelle des Ptolemäus verschwunden. Ein kleiner Anhaltspunkt für ihre Lage ist uns aber bei Ptolomäus doch geblieben. Die Längengrade aller aufgeführten Rheinstädte stimmen nämlich bis auf eine gut. Daraus läßt sich wenigstens der Schluß ziehen, daß Städte, deren angegebene Längengrade davon erheblich abweichen, auch nicht am Rhein gelegen haben. Teuderium kann danach nicht links des Rheins gelegen haben; es kann deswegen auch nicht, wie Antonin meint, Tüdder gewesen sein. Aber wir können auch auf diese Beobachtung verzichten.

Wie hieß Paderborn vor Karl? Bischof Ferdinand v. Fürstenberg, der als Verehrer Karls offenbar lieber annehmen möchte, daß Karl auch der Begründer Paderborns gewesen ist, führt mit anerkennenswerter Objektivität vier von ihm als tüchtig anerkannte Geschichtsschreiber und Erklärer der Tabelle auf – Petrus Montanus, Althamar, Harius, Glockner – die besagen, daß Paderborn das von Ptolemäus aufgezählte Teuderium sei. Sie werden auch gestützt durch einen Paderborner Kleriker, Thonerius, der auf Grund anderer Zeugnisse behauptet, daß der an Paderborns Stelle gelegene Ort Tutorium geheißen habe. Wir haben keinen Grund diesen Gewährsmännern zu widersprechen.

Damit ist dann der alte Name Teuderi gefunden für den volkreichen Ort, der, an der Grenze des heiligen Markengebietes gelegen, die Bundeshauptstadt der vereinigten Stämme gewesen ist und nachträglich von Karl den Namen Paderborn erhalten hat.

Die Bedeutung Teuderis wird der jeweiligen Festigkeit und Bedeutung des religiösen und politischen Bündnisses der Stämme entsprochen haben. Das war der Grund, warum die Römer und Franken auf Teuderi-Paderborn stießen, ähnlich wie jeder ins Land dringende Feind Rom, Paris, Wien oder Berlin als die Brennpunkte der Widerstandskraft zu gewinnen suchte.

Zu Zeiten großer Feste in der Osningmark war Teuderi der gegebene Hauptverkehrspunkt für die aus Südosten, Süden und Südwesten zusammenströmenden Massen. Dann wird die nach Norden über Lippspringe ins heilige Gebiet führende Straße von langen Pilgerzügen belebt gewesen sein.

Das Feld Truc

Der deutsche Wieland besaß eine Tierfalle, und die Tierfallen hießen im Altdeutschen Dru, Druch, Trouch. Eine einleuchtende Linie führt von der Tierfalle Druch zu dem sonst rätselhaften Namen der Trojaburgen[80]. Diese in germanischen Ländern noch vielfach sich findenden kreis- oder spiralförmigen Steinsetzungen dienten ohne Zweifel religiösen Übungen. Vielleicht war die Vorstellung, daß man sich Gott ganz gefangen geben wollte, ehe man an dem in der Mitte der Trojaburg befindlichen heiligen Stein sein Gebet verrichtete. Auf dem „Loh" bei Döttlingen, der großen germanischen Versammlungsstätte im Oldenburgischen (in der Nähe der gewaltigen Megalithstätten „Glaner Braut", „Visbecker Braut und Bräutigam") fand ich ein der Verwüstung preisgegebenes Feld mit noch völlig unverkennbaren Resten zahlreicher Trojaburgen. Darauf, daß sie auch in der hiesigen Gegend nicht gefehlt haben, werden wir durch die auf dem Bärenstein und im Leistruper Walde aufgefundenen Spuren hingewiesen (Abb. 56 unten).

Der Name eines Feldes Truc fiel mir auf in zwei Schenkungsurkunden des Bischofs Evergisus von Paderborn an das Kloster

---

[80] Dr. E. Krause, Die Trojaburgen Nordeuropas, Glogau 1893, S. 71.– Willi Pastor, Altgermanische Monumentalkunst, Eckardtverlag, Leipzig 1910.

Hardehusen bei Marburg im sächsischen Hessengau vom Jahre 1160. Aber nicht nur der Name des verschenkten Feldes fiel auf, sondern auch nahezu sämtliche Einzelheiten dieser merkwürdigen Schenkung. Von privater Seite sind in zahllosen Fällen den zuständigen Kirchen und nahege-legenen Klöstern auch kleine und kleinste Besitztümer, meist durch Testament, zugefallen. Hier aber schenkt ein Bischof in feierlichster Form, in der das damit erworbene Verdienst mehrfach betont wird, einem Kloster einen in 40 km Entfernung gelegenen campus, also ein unbeackertes, allenfalls grastragendes Feld, und zwar ohne Gebäude, in einem abgeschiedenen und hochgelegenen, wenig fruchtbaren Gebirgstal, ein Feld, welches den Namen Truc trägt, und dazu eine Anzahl, nämlich den

Abb.54. Webemuster des Tuches aus dem Verdener Moor in nat. Größe

dritten Teil seiner wilden Pferde. Die wilden Pferde lassen sich als die eigentliche Hauptsache der im Übrigen für das Kloster Hardehusen wertlosen Schenkung an.

In der zweiten, sich auf eben dieselbe Schenkung beziehenden Urkunde steht Thruheim als Name des bei dem Felde Truc entstandenen Dörfchens. Aus „Feld zu Thruheim" ist dann „Feld to Drome" geworden und schließlich „Feldrom", wie der Ort jetzt noch heißt, gelegen auf der Landesgrenze südlich Horn, so daß die eine Hälfte des Dorfes lippisch und evangelisch, die andere preußisch und katholisch ist.

Über den Ort ist kein Zweifel möglich; auch für das Feld Truc selbst kommt in dem engen Gebirgstal wohl nur ein runder flacher Hügel in Betracht, den die Bewohner jetzt Wallauf nennen, und den Professor Nebert-Gütersloh (†), der vor 20 Jahren an dem Hügel Grabungen vorgenommen hat, als ein Römerlager in Anspruch nimmt, weil er Wall und Graben zu finden glaubte.

In beiden Urkunden ist der Ort des Feldes Truc aber auch noch auf eine andere, für uns besonders lehrreiche Weise festgelegt, und zwar durch die Benennung eines höchst merkwürdigen Weges, an dem das Feld liegt. Er hieß Weg „von Ogenhusen nach Kohlstädt"; aus dem amtlichen Gebrauch des Namens ergibt sich, daß der Weg als solcher ein allgemein bekannter Begriff war. (Ogenhusen jetzt Oeynhausen bei Nieheim.)

Nun aber ist dieser Weg keine Verkehrsstraße, geschweige denn eine durchgehende. Er verbindet über zwei Gebirgsrücken hinweg in sehr verzwickter Weise zwei 15 km voneinander entfernt liegende Dörfer, die weder kirchlich, noch wirtschaftlich, noch politisch irgendetwas miteinander zu tun haben. Ein 3 km langes Teilstück zwischen Feldrom und Sandebeck hat früher, als es in Feldrom noch keine katholische Kirche gab, als Kirchweg gedient und ist deswegen auf dieser besonders schwierigen Strecke auch als unfahrbarer Gebirgspfad noch durchaus feststellbar.

Der Weg führte gemäß den Urkunden bis zu den „pascua gregum" südlich Kohlstädt, womit die bei der Kohlstädter Ruine beginnenden Weiden gemeint sein müssen, von denen die wilden (also einst heiligen) Pferde des Oesterholzer und Lopshorner Sennegebiets zu holen waren. Kuhherden konnte das Sennegebiet nicht bieten, und von Pferden ist hier ja auch die Rede.

Damit dürfte der Schlüssel zu dem eigenartigen Wegevorgange gefunden sein. Eine unter normalen Verhältnissen entstandene Wegebezeichnung haben wir hier auf keinen Fall vor uns. Sie verdankt ihr Vorhandensein auch nicht den Verhältnissen um 1160, sondern geht zurück auf eine Zeit, in der man von Osten her noch mehr Beziehungen nach Kohlstädt und der dort beginnenden Oesterholzer Mark hatte. Es war ein Weg, auf dem man zu den heiligen Stätten pilgerte, und auf dem man sich natürlich auch die heiligen ungezähmten Pferde holte, die überall gebraucht wurden, wo man des gleichen Glaubens war, Pferde, von denen Tacitus weiß, daß sie auf gemeinsame Kosten unterhalten wurden.

Nach mehr als dreihundert Jahren war dieser Pilgerweg von Osten nach Kohlstädt noch immer als solcher bekannt und nach Ogenhusen benannt, wo eine Sammelstelle auf dem jetzigen Gut Oeynhausen gewesen sein dürfte. Aus den heiligen, frei aufgewachsenen Pferden waren wilde Pferde geworden im Besitze der lippischen Grafen und der Paderborner Bischöfe. Letztere müssen sich bei der Verlehnung von Oesterholz die wilden Pferde oder einen Teil derselben vorbehalten haben.

Interessant ist, daß man das Recht an den Pferden, die einst gemeinsamer Besitz der Stämme umher gewesen waren, im Hessengau noch immer nicht vergessen hatte. Denn der Paderborner Bischof gab offenbar den Wünschen oder gar Ansprüchen der Warburger nach, legte aber Wert darauf, daß es als freie verdienstliche Schenkung angesehen wurde. Er überließ den Warburgern den dritten Teil seines Gestüts und dazu das Feld Truc am Wege von Ogenhusen nach Kohlstädt, das Feld, wo einst ein Rast- und Lagerplatz der Pilger gewesen war, und der um seines kultischen Charakters willen mit zu den dem Kloster zugefallenen Grundstücken gehörte. So wurde der Platz auch noch 1160 als Rast- und Weideplatz gebraucht, wenn wilde Pferde aus der Oesterholzer Mark geholt wurden. Aber der Truc, die Trojaburg, die einst den Pilgern unterwegs Gelegenheit zur letzten frommen Übung vor dem Eintritt in die heilige Mark geboten hatte, war längst ihrem Schicksal verfallen.

Wir bemerken noch, daß der zumeist auf dem Bergrücken zwischen dem Feld Truc und Kohlstädt entlanglaufende Weg an der „Heidenkirche" endet. Dort mag mancher Pilger sich Rat und Weissagung bei der Seherin geholt haben, beim Betreten oder Verlassen der heiligen Mark.

Wir wissen noch von einer anderen Beziehung zwischen der Oesterholzer Mark und dem Hessengau, nämlich, daß ein Herr von Calenberg bei Warburg vom Grafen von Waldeck mit dem Oesterholzer Freistuhl nebst zugehöriger Hufe belehnt worden ist. Der Vorgang ist auffällig wegen der kultischen Eigenart des kleinen Besitzes und auffällig als ein von weiter Entfernung in die Oesterholzer Mark führender Faden, der um seiner materiellen Unbedeutenheit willen eine umso höhere Bedeutung für unsere Forschung hat. Denn es ist zu vermuten, daß der Waldecker Edle, der später

Abb. 55. Verzierung des Ahauser Hängebecken, Durchmesser 23 cm

Graf wurde, zur Zeit, als Karl die Markenverteilung vornahm, gerade als Gerichtsherr des Freistuhls in Oesterholz geamtet hat, und daß er zu den Großen jener Zeit gehörte, die als getreuliche

Anhänger Karls ohne weiteres zu Eigentümern der von ihnen verwalteten Gemeingüter gemacht wurden. Wie sollte sonst ein Graf von Waldeck in den Besitz einer weit entfernten vereinzelten Freistuhlhufe gekommen sein?

Wenn G. A. Schierenberg recht hat, daß die Grenzen der Chatten – wenigstens zeitweise – nach Norden über den Hessengau hinaus bis Erpentrup und Merlsheim unweit Oeynhausen (Ogenhusen) gereicht habe, dann hätten wir in dem Wege „von Ogenhusen nach Kohlstädt" einen Pilgerweg der Chatten ins Markengebiet. So konnten sie auf eigenem Gebiete so nahe wie möglich an die Gesamtheiligtümer der zusammengeschlossenen Stämme herankommen. Aber, wer auch immer auf dem Felde Truc seine letzte Rast genommen hat, hatte nur noch einen kurzen Weg sowohl nach Kohlstädt wie auch nach den Externsteinen.

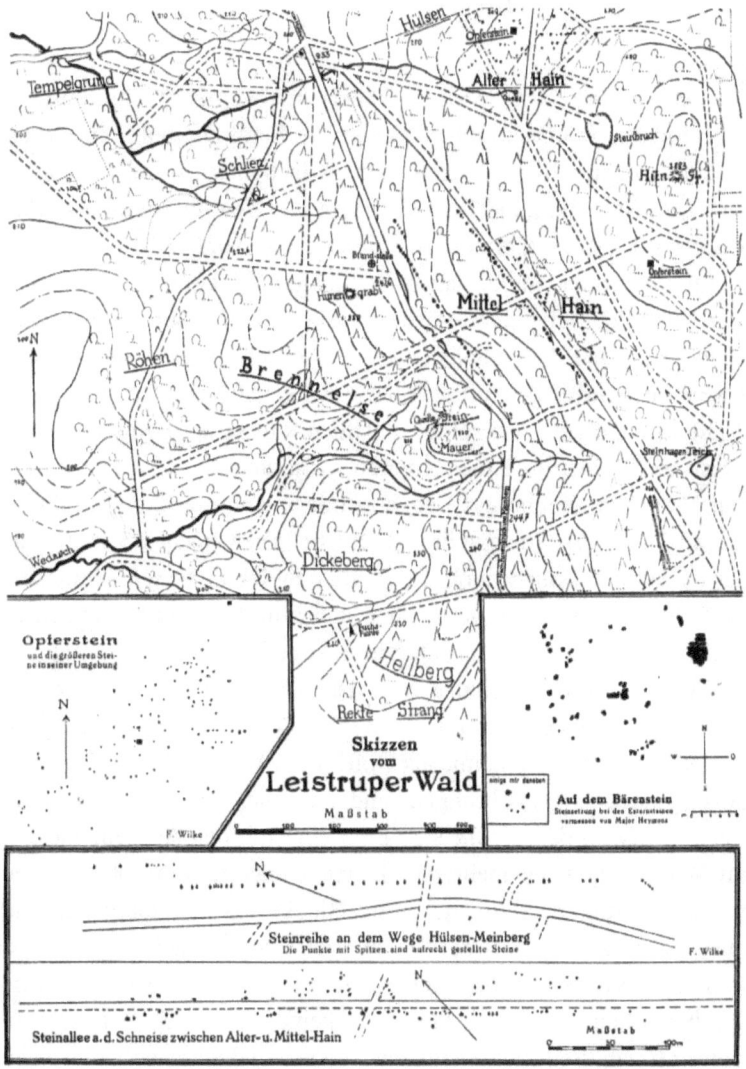

Abb.56. Karte Leistruper Wald

12. Theotmalli

Leistruper Wald – Detmold

Die Bedeutung des Wortes Theot mit seiner vielgestaltigen Schreibweise in urkundlichen Namen der Stadt Detmold bis zurück zu dem Theotmalli, wo der Kampf zwischen Karl und Wittekind stattfand, ist Volk. Es ist dasselbe Wort wie Teut in Teutoburg. Das Malli = Mal ist das Gericht oder die Gerichtsstätte.

Im Leistruper Walde, auch Steinhagen genannt, 6 km östlich von Detmold, (Übersichtskarte und Sonderkarte) soll nach Schierenberg das alte Theotmalli (Volksmalstätte) gewesen sein. In der Tat enthält dieser geheimnisvolle, etwa 2 Quadratkilometer große Wald so viele Beweise seiner einstigen kultischen Bedeutung und weist auch sonst so entsprechende Verhältnisse auf, daß die Behauptung Schierenbergs, der besonders auch auf urkundliche Gründe aufmerksam machte, Recht behalten hat. Er kannte außer den Opfersteinen auch die Reste der zyklopischen Mauer im südlichen Teile des Waldes, ohne daß ihm die Kenntnisse seiner Zeit die Möglichkeit einer Deutung derselben gegeben hätten.

Zwei schwere Felsblöcke, von denen ich einen im Bilde zeige, 500 m voneinander entfernt, werden im Volksmunde und auf den Karten der Landesaufnahme als Opfersteine bezeichnet. Mulden und unverständliche Einbohrungen sind an ihnen zu bemerken, aber sonst nichts, so daß die meisten Beurteiler mit den Achseln zucken. Im Walde liegen an mehreren Stellen Hunderte von unbehauenen Steinen, darunter zahlreiche grobe Blöcke bis 1 Kubikmeter und mehr wüst umher. Sie dürften aus dem Sandgestein des Berges stammen. Wie es kommt, daß sie so lose auf dem Waldboden liegen, darüber scheint auch von Geologen keine einheitliche Antwort zu haben zu sein. Seit Menschengedenken haben die Umwohner sich zu ihren Bauten Steine aus dem Walde geholt; zuletzt ist noch eine gewaltige Mauer, ähnlich wie ich sie in der Abb. 58 bringe, im Jahre 1917 zum Wiederaufbau des abgebrannten Haupthauses von

Döringsfeld verbraucht. Auch zum Wegebau sind die Steine verwertet. Der natürliche Steinreichtum scheint mir eine der Ursachen gewesen zu sein, warum die Alten sich den Wald zu ihren kultischen Zwecken ausgesucht haben; aber er hat auch eine hervorragende Lage.

Der Mangel einer sonstigen Bearbeitung und irgendwelcher Zeichen oder Bilder an allen uns bekannten Opfersteinen erklärt sich aus der im Altertum zu findenden Vorschrift, die Altarsteine „unbehauen", also im Naturzustande zu lassen. Löcherreihen, die mit der Absicht der Spaltung und Zerstörung der Steine eingehauen sind, falls sie zum Wegschleppen zu groß waren, sind zu einem Teile zweifellos auf die Bekehrungszeit zurückzuführen, weil Steine und Blöcke von jeder gewünschten Größe im Walde genug vorhanden sind. Niemand unternimmt eine so schwere Arbeit der Sprengung, wenn sie gänzlich überflüssig ist. Der Stein, den ich im Bilde zeige, hat der Zerstörungsabsicht getrotzt und die Arbeit, ihn gemäß dem ersten Edikt von Nantes (vgl. Seite 201) zu verschleppen, ist den Eiferern doch auch zu schwierig gewesen.

Ein Verbot des Behauens von Altarsteinen finden wir im Alten Testament, Josua 8, 31. Anders wurde es mit den Tempeln selbst gehalten (Esra 5,8). Solche Zeugnisse sind uns auch für die Erkundung unserer germanischen Verhältnisse umso wichtiger, je mehr wir es lernen, in der Bibel und auch im Alten Testamente die ehrwürdigen Bestandteile religiöser Urvorstellungen, Urempfindungen und Urbräuche der Menschheit aus der Überwucherung und Belastung mit semitischer Eigenart herauszuerkennen. Der biblische Anteil an der Urüberlieferung hat ja seine nachweisbaren Wurzeln. Abraham kam aus Ur in Chaldäa, dem Sitz uralten Wissens, und Moses war am ägyptischen Königshofe „in aller Weisheit" der Ägypter unterrichtet. Auf diese Weise findet der auffällige Mangel an Inschriften, Zeichen und sonstiger menschlicher Bearbeitung der kultischen Steine ihre ausreichende Erklärung. Bei den Mulden an unserem Opfersteine kann man sich allerdings des Gedankens nicht erwehren, daß

Menschenhand nachgeholfen habe, um den Stein zum Schlachten großer Opfertiere bequemer zu machen.

Eine große Aufmerksamkeit ist dem Leistruper Walde bisher nicht zugewandt, obgleich auch die alten Namen der Forstbezirke es unzweifelhaft machen, daß wir uns auf einst geheiligtem Boden befinden. Wir haben die Zeitperiode noch nicht überwunden, in der man die Bedeutung der alten Namen unter grundsätzlicher Nichtachtung eines etwaigen in die germanische Zeit zurückreichenden Sinnes auf die trivialste Weise zu erklären suchte. Auch unsere Zeitgenossen im 20. Jahrhundert können sich schwer wieder hineinfinden, daß für unsere Alten im schroffsten Gegensatz zum Materialismus die ganze Umwelt durchgeistert war und von ihnen durchgeistert wurde – nicht unter dem Gesichtspunkte der Ursache, sondern im Lichte der davon ausgehenden Wirkung.

Herr Weiken von der Fissenknicker Mühle, der schon früher durch einen Zeitungsartikel versucht hatte, Interesse für den Leistruper Wald zu erwecken, führte mich zu den Resten des, schon von Schierenberg erwähnten zyklopischen Steinwalles. Herr Landwirt Dickewied, dessen Name mit dem Wied zusammenhängen dürfte, an dem sein Hof liegt, zeigte mir eine gradlinige Reihe von groben, einzeln stehenden Blöcken, deren Zahl in seiner Jugend noch 60–100 gewesen sein möchte, die aber jetzt auf die Hälfte zusammengeschrumpft ist. Um diese Überlieferung sicherzustellen, gebe ich in der Fußnote noch das Zeugnis des Herrn F. Düstersiek, Detmold[81]. Herr Wilke fand dazu noch eine aus einem kümmerlichen Rest bestehende und doch eindrückliche Parallele sowie weitere deutliche Linien, zahlreiche Erdwälle, Mauern und

---

[81] Er schreibt: Im Leistruper Walde war der schnurgerade verlaufende breite Waldweg, der nach Meinberg führt, an einer Seite auf einer Strecke von einigen hundert Metern mit Steinen von ½ bis 1 Kubikmeter besetzt, die leider zum größten Teil in den 90er Jahren des vorigen Jahrhunderts zerschlagen und zu Grenzsteinen benutzt worden sind. Die Entfernung der Steine voneinander war unregelmäßig und Lücken von einigen Metern dazwischen. Ich habe diese Steinsetzung noch deutlich in Erinnerung. F. Düstersiek. (Geb. 1856.)

auch ein ganzes Feld voll Steinhügelgräbern zwischen dem „Knick" und der „Fissenknicker Mühle", deren Einbeziehung in den ganzen heiligen Bezirk sich durch einen Wall zeigte. Dazu kommen die Zeugnisse Scheppes von dem in den letzten 60 Jahren verschwundenen Reichtum, so daß wir vor einer Überfülle von Erscheinungen stehen, die von der einstigen regen und mannigfaltigen Benutzung des Waldes durch offenbar große Volksmengen reden. Die vielen Umhegungen innerhalb des Waldes können kaum anders erklärt werden, als daß die verschiedenen Volksteile, Gaue und Hundertschaften ihren angewiesenen umhegten Platz hatten, wo sie während des Aufenthalts für ihre Verpflegung sorgten. Dazu stand ihnen in Quellen, Bächen und Teichen das Wasser reichlich zur Verfügung.

Eine unschätzbare Unterstützung der Erforschung des „Steinhagens" oder Leistruper Waldes sowie einer Anzahl anderer Plätze in

Abb. 57. Opferstein

hiesiger Gegend ist im Sommer 1929 unvermutet entstanden durch das bisher unbekannte, ungedruckte Manuskript, in dem Oberst Scheppe das Ergebnis seiner jahrzehntelangen Arbeit in den 60er und 70er Jahren niedergelegt hat. Wissenschaftliche Sorgfalt und Klarheit zeichnen die mit zahlreichen vortrefflichen Zeichnungen ausgestatteten 115 Folioseiten aus. Unsere Abb. 58 zeigt eine der noch 1871 im Walde vorhandenen, mittlerweile ganz beseitigten Mauern, von deren unmöglicher Deutung als Hude-, Eigentums- oder Schutzgrenze späterer Zeit sich jeder Beschauer sofort überzeugen wird. Wir sehen darin die unwidersprechliche Bestätigung unserer Deutung der Mauern und Steinsetzungen, wie sie uns die Bilder des gegenwärtigen Zustandes zeigen. Der Titel lautet: „Verschiedenes aus dem alten Sachsenlande". Wir verdanken die Überlassung dem Interesse und der Einsicht des Sohnes des Verfassers, des Herrn Korv.-Kapt. Scheppe-Eutin. Unsere Karte vom Leistruper Walde bringt das jetzt gewonnene Bild desselben noch nicht; ihre Neubearbeitung hat begonnen.

Für die Archäologie liegt im „Steinhagen", den wir mit aller Bestimmtheit nunmehr als einen heiligen Hain erklären müssen, ein weites, nahezu unerschöpfliches Feld der Forschung vor. Die Aufgabe übersteigt durchaus das Wollen einzelner, die sich – wie Schulrat Schwanold bisher schon – um sie bemüht haben.

Die Steinalleen, d. h. die in gerader Linie gesetzten einzelnen Blöcke, sind zwar ein Beweis erster Ordnung für den kultischen Charakter des Waldes, weil sie ihre Entsprechung in den Steinalleen Südenglands und der Bretagne haben, aber eine Erkennung ihrer praktisch-kultischen Verwendung ist uns hier wie dort noch unmöglich (Abb. 1).

Eingehendere Gedanken können wir uns dagegen bei dem ovalen Steinwall zwischen Brennelse und Mittelhain machen. Für die Annahme, daß es die Umhegung einer alten Siedlung sei, fehlt nicht nur der Beweis, sondern die bisherigen Erfahrungen sprechen gegen sie; auch wird eine gewöhnliche Siedlung innerhalb eines heiligen Hains nichts zu suchen haben. Alle sonstigen Erklärungsversuche für den zyklopischen Steinwall sind völlig unglaubhaft und haltlos. Mit großer Bestimmtheit kann ich die Behauptung aufstellen: hier haben wir die Trümmer der Umhegung einer germanischen Malstätte. Für sie trifft alles zu, was wir vor Augen haben; sie befindet sich im Einklang mit der bisherigen Malstätten-Forschung, und sie stellt zu der

Gesamtanschauung, die wir uns vom Leistruper Walde zu machen haben werden, einen wertvollen Beitrag. Gegen die Behauptung aber spricht nichts (Abb. 59).

Abb. 58. Zyklopenmauer (Leistruper Wald)

Die eingehendste Darlegung dessen, was über die germanischen Malstätten zu sagen ist, finden wir bei E. v. Wekus (Die Bedeutung der Ortsnamen für die Vorgeschichte, Sis-Verlag in Zeitz). Er selbst nennt seine Arbeit das Ergebnis langjähriger mühevoller Forschungen sowohl in Geschichts- und Sprachwerken, Ortsnamenregistern, staatlichen, kirchlichen, Gemeinde- und Sippenurkunden, als auch zahlloser Ortsbesichtigungen auf weiten Reisen und Wanderungen. Nach ihm umfaßte eine Mal statt (auch Ding, Tum, Weichtum, Wichhus genannt): 1. Das Mal (eine Eiche, Esche, Buche, Linde oder Birke, stellenweise eine Säule) darin das Malkreuz X gehauen ist, in dem heiligen Ring. 2. Die Hundmühle. 3. Den blauen oder blutigen Stein, den Opferstein. 4. Den aus verschiedenen Hölzern bestehenden Brandstapel oder Opferstoß. 5. Den heiligen Bronn (Sonnborn). 6. Den Hammer des Tor, das Rechtszeichen, das im Malkreuz aufgehängt wurde.

Die Malstatt war umgeben mit einer hölzernen Umhegung (einem doppelt gelatschten Balken) und roten Weihebändern, sowie mit einer Umwallung. Die äußere Umhegung des Versammlungsplatzes bestand aus Hagedorn, Hasel, Hülse, Brombeer oder anderen Dornen, im Sumpfgebiet auch Binsen. Zum Ganzen gehörte der Hain und weiterhin: die Kampfwiese – Das Allod des Edeling, aus Herrenhof und Wirtschaftshof bestehend, von dem ein versteckter Weg zur Malstatt führte. – Die Verbrennungs- oder Bestattungsstätte. – Das Hochgericht oder Wolf. – Wachtürme oder Hügel. – Sonstige Stätten der Götterverehrung.

Mag auch v. Wekus in seiner sich anschließenden Deutung von Ortsnamen hier und da fehlgreifen, seine Malstättenforschung ist jedenfalls von hohem Wert und bietet zahlreiche Anregungen.

Allen Anzeichen nach ist der Leistruper Wald als ein Stück des Markengürtels anzusehen, der sich zwischen dem Cherusker- und Angrivarier-Stamm befunden hat, und der bei den Externsteinen Anschluß an die große Osning-Mark mit den vielen gemeinsamen Heiligtümern der angrenzenden Stämme gehabt hat. Von den Externsteinen und dem Holzhäuser Teutberg zieht sich der Gürtel über den Brautberg und Bannenberg bei Schmedissen, die Schönemark, Fissenknick (durch Wall verbunden mit der Fissenknikker Mühle), Leistruper Wald, wie es scheint, bis zur Veltheimer Mark östlich Vlotho (vgl. S. 129).

Abb. 59. Malstattumhegung
(Leistruper Wald)

Es sind freilich nur Bruchstücke, aber der Gürtel ist doch noch deutlich genug zu verfolgen. Westlich fängt allmählich die Siedlungsweise an, in der die Einzelhöfe überwiegen, östlich von ihm sind die geschlossenen Dorfschaften, wovon uns ein Blick auf die Karte der Landesaufnahme 1:100 000 überzeugen kann. Auch wird mir mitgeteilt, daß sich in der niedersächsischen Sprechweise ein Unterschied bemerkbar mache, z. B. darin, daß auf der östlichen Seite für „mich" das „mek" herrscht, während die westliche Seite dafür das „mi" hat, – ein in der Stammesforschung auch sonst beachteter Unterschied.

Wenn der Leistruper Wald der Ort für die gemeinsamen Volksversammlungen der beiden genannten germanischen Stämme gewesen ist, so erklären sich auch die großen Ausmaße des heiligen Hains und insbesondere der auf einem gewölbten Hange gelegenen Malstätte, deren Umgebung sich nach rechts, links und vorn amphitheatralisch erhebt. Es konnten Tausende beobachten und hören, was auf der Malstätte vor sich ging und geredet wurde. Der Steinwall der Malstatt selbst ist noch etwa 180 m lang und würde vielleicht 250 m haben, wenn das gestörte Oval vervollständigt würde. Das für die Opferhandlung notwendige Wasser, das einer jetzt noch erkennbaren alten Quelle entsprang, fehlt nicht, wie auch sonst der Wald wasserreich ist und zwei ansehnliche Teiche birgt. Die Verhältnisse des einen Teiches geben starken Anlaß, seine Quelle zu untersuchen, ob nicht noch Weihegaben da zu finden sind.

Die in hohem Grade bedeutsamen Namen wie Alterhain, Mittelhain, Tempelgrund, Brennelse, Hülsen, Dickwied und Dikkerberg sind sorgfältig zu beachten.

Eins der Hünengräber im Walde hatte Steinpackung. Ein zweiter unmittelbar daneben liegender, ganz wie ein Hünengrab aussehender, kreisrunder Hügel wurde auch geöffnet. Es bot sich Herrn Schwanold eine ganz merkwürdige Überraschung: eine Brandstätte so intensiver Art, daß das tonige Erdreich ziegelsteinartig gebrannt worden ist und durch geschmolzenes Gestein an dem gebrannten Ton schöne Glasurflächen entstanden sind! Eine Erklärung der Erscheinung aus späterem Ziegeleibetrieb an dieser Stelle ist schwer möglich. Die Brandstelle – im Forstort Brennelse gelegen – mag die Unterlage eines Brandstapels, der einem dauernd unterhaltenen starken Feuer diente, gewesen sein; denn ohne solche durch einen Dauerbrand erzeugte, sich nicht durch Pausen vermindernde

Hitze konnten die Glasurflächen nicht entstehen. Die Brandstelle harrt einer besseren Erklärung durch Sachverständige. Wenn eine solche nicht gegeben werden kann, dann werden wir mit der Annahme zu rechnen haben, daß unsere Vorfahren in ihren heiligen Hainen auch Dauer-Feuer hatten, an die sich vielleicht in christlicher Zeit die Sitte der ewigen Lampe angeschlossen hat.

Zu aufmerksamem Studium empfehle ich unser zunächst im Maßstabe von 1:2500 (unter Verzehnfachung des Meßtischblattes) hergestelltes und dann verkleinertes Kartenbild (Abb.56) vom Leistruper Wald. Es ist mit erheblichem Aufwande von Arbeit und Sorgfalt auf Grund der Messung der Lage jedes einzelnen Steins von den Herren F. Wilke, Oberstleutnant Platz und Major v. Donop hergestellt, so daß es den Anspruch machen kann, ein zutreffendes Bild der jetzigen Lage der Steine zu geben. Es hat nicht nur den Wert einer Skizze. Überall, wo es zur Veranschaulichung nötig war, sind auch die sonst herumliegenden, nicht in Betracht kommenden Steine von mehr als etwa einem halben Zentner eingezeichnet. Auf diese Weise kommt für unser Auge ein Bild zustande, welches weitaus lehrreicher und brauchbarer für Beurteilung ist, als wenn wir den Wald besuchen und uns immer nur vor kleine Teilstücke des Ganzen gestellt sehen, deren Anblick außerdem noch vielfach durch Unterholz und Bäume beeinträchtigt ist. Die Photographie bringt wenig. Schon in der Natur lassen sich gerade Linien feststellen, aber erst auf der Karte zeigen sich ganze Alleen als unleugbar vorhanden! Die Gleichartigkeit mit den Steinalleen bei Kerleskau in der Bretagne ist ganz unverkennbar. Ein Urteil, ob in den sich z. Z. bemerkbar machenden Kreislagen die letzten Reste zerstörter sogenannter Trojaburgen erblickt werden dürfen, kann ebenfalls nicht durch Ortsbesichtigung, auch nicht durch Erklettern der höchsten Spitzen von Bäumen, und noch weniger durch Flugzeugaufnahmen, sondern nur auf Grund eines Kartenbildes, wie des unserigen, herbeigeführt werden. Die Mehrzahl der Beurteiler entscheidet sich dahin, daß in Berücksichtigung des ganzen Zusammenhanges der Dinge und der Vorbilder, die wir in

Südengland und in der Bretagne haben, auch an dem einstigen Vorhandensein kultischer Steinkreise im Leistruper Walde nicht zu zweifeln ist. Hier erinnern wir uns an das Feld Truc.

Ähnlich verhält es sich mit dem trümmerhaften Steinkreise auf dem Bärenstein, 5 Minuten von den Externsteinen, dessen Kartenbild ich in der unteren rechten Ecke des Kartenbildes vom Leistruper Walde bringe. Dazu Abb. 60.

Aber den Ausschlag für das Gesamturteil geben die Steinalleen. Bei ihnen handelt es sich in der Mehrzahl um die groben Blöcke, von denen mancher bis zu 25 Zentner schwer ist. Wer wollte die Behauptung wagen, daß die unendliche Mühe der Heranschleifung, Aufrichtung und Ausrichtung solcher Blöcke auch in späteren Zeiten aufgewandt sein könne? Die Skizze unterscheidet die noch nicht umgesunkenen Steine.

Werden aber die Steinalleen anerkannt, dann schwindet das Recht der Bezweifelung der übrigen kultischen Ruinen, und es

Abb. 60. Steinkreis auf dem Bärenstein

entsteht für die auf sicherem Boden befindliche Archäologie die aussichtsreiche Aufgabe der genaueren Durchforschung des alten germanischen Heiligtums.

Der Leistruper Wald wird zu einer Rechtfertigung und Erhebung des Geistes August Schierenbergs. Seine Zeit (die 70er und 80er Jahre des vorigen Jahrhunderts), voran die meisten damaligen Vertreter der Wissenschaft und wissenschaftliche Vereine haben ihn verhöhnt und als Querulanten vor die Tür gesetzt. Seine Freunde haben ihn im Stich gelassen. Wer seine Geistesfrüchte benutzte, unterschlug seinen Namen. Sein Schwanengesang als 87jähriger schneidet durchs Herz.

In seiner Jugend hat er hinter dem Ladentisch gestanden. Seine mit unendlichem Fleiß erworbenen Kenntnisse zeigen Lücken und den Mangel an Methode und Ordnung, beim Lesen seiner Schriften wird man hin und her gezerrt. Aber an Geist ließ er seine Kritiker weit hinter sich. Daß der Eddaschauplatz in Germanien lag, unterliegt keinem Zweifel mehr, aber in seiner schnellfertigen Namendeutung kann auch ich ihm nicht folgen.

Die Altertumswissenschaft ist ihm Sühne und Dank schuldig. Deren damalige Vertreter sind verstummt. Gekannt habe ich A. Schierenberg nicht, seine Schriften sind mir erst vor einigen Jahren in die Hände gekommen. Aber ich möchte meinerseits das damals Versäumte nachholen.

Das spätere Theotmalli-Detmold

Dem Ergebnis der Nachforschungen Schierenbergs, daß der Leistruper Wald das alte Theotmalli, Detmold aber dessen Nachfolger, das neue Theotmalli, sei, ist volle Beachtung zu schenken. Auch im alten Germanien wechselten und steigerten sich die Bedürfnisse. Die Täler waren durch ihre fortschreitende Entsumpfung zu menschlichem Gebrauch geeigneter geworden und so begab man sich vom Leistruper Walde ins Werretal.

Vielleicht sind erst in den letzten germanischen Jahrhunderten die großen Hallen aufgekommen, von denen uns die Edda zu reden weiß, und die auf skandinavischem Boden noch tief in die geschichtliche Zeit hineinragten. Bei uns aber sind solche mächtigen Holzbauten nebst der Kenntnis von ihrem einstigen Dasein in der gähnend aufgerissenen Kluft zwischen germanischer und römisch-christlicher Zeit verschwunden. Auch in Detmold sind wir nur auf die Wahrscheinlichkeit angewiesen, daß auf dem alten Friedhof (Bürgerknabenschule) eine Halle größten Ausmaßes gestanden hat. Die Annahme gründet sich auf die Stetigkeit der Verhältnisse, die ja auch durch solche Ereignisse, wie es der Beginn der Westfrankenherrschaft war, nicht gänzlich unterbrochen werden konnte. Wenn auch die Halle niedergebrannt und die Ordnung der Dinge fast restlos zerschlagen war, so lebte das übriggebliebene Volk doch weiter und hatte seine Anlässe zur Zusammenkunft auch außerhalb der Kirchen. Da waren die alten Plätze noch immer die zum Wiederaufbau gegebenen. Oder sollte dort die älteste (Holz-) Kirche Detmolds gestanden haben?

Detmold gehört zu der Zahl germanischer Städte östlich des Rheins und nördlich des Mains, deren Name in der Geschichte der 33jährigen Sachsenkriege erwähnt ist. Hier wurde 780 unentschieden von Karl gekämpft. Denn die Folge der Schlacht war der Rückzug Karls auf Paderborn, wo in den nächsten Wochen ein erwartetes zweites fränkisches Heer eintraf; mit den vereinigten Heeren wurden die Sachsen an der Haase geschlagen. Der Standort der Kirche, die Karl für den Fall des Sieges dem Petrus zu bauen gelobt hatte, ist unsicher geblieben. Man hat auf die Hünenkirche im Tönsberglager bei Örlinghausen, auf eine, Kapelle auf dem Jakobsberge der Westfälischen Pforte und auf die Kirche in Heiligenkirchen geschlossen. Vielleicht ist es aber auch die Herrichtung der unteren Grotte der Externsteine zur Kapelle gewesen, woran wegen der (umgewandelten?) Petrusfigur vor dem alten Eingange zu denken wäre. Schierenberg schreibt[82] „In einer kleinen Schrift 'Excerpte' aus anscheinend verloren gegangenen Osnabrücker Chroniken betitelt, gibt nämlich Dr. Veltmann Auskunft über eine Nachricht, die einer Chronik des 12. Jahrhunderts entstammend, von ihr aber älteren Chroniken entnommen ist und sich auf die Schlachten des Jahres

---

[82] A. Schierenberg, Die Kriege der Römer. Reitz u. Koehler, Frankfurt a. M. 1888, S. 6.

783, bei Detmold und an der Haase bezieht, in denen Karl d. Gr. die Sachsen unter Wittekind besiegte. Als Ort der ersten Schlacht nennt der Chronist Gadesmelle statt Thietmelle, und berichtet dann wörtlich weiter, „doch beheil Carolus alsdar den Platz, warumme he Gode ein Geloffte dede, um dat he em even gevecht geve van Synen Vianden, he walde Sünte Peter buven to Godes Ehren einen Tempel der Ewigheit".

Das Nächstliegende aber ist, daß die Kirche in Detmold selbst erbaut worden ist. Denn wir wissen von einer Detmolder Kirche, der Karl die höchste Fürsorge zugewendet hat. Papst Leo, der ihn im Jahre 799 für einige Monate in Paderborn besuchte, wurde von ihm veranlaßt, in der Detmolder Kirche einen Altar zu weihen. Das erfahren wir aus der Lebensbeschreibung des um 1000 lebenden Bischofs Meinwerk von Paderborn, der diesen aus einem großen Stein bestehenden Altar aus Detmold weggeholt und in die Abdinghofer Kirche zu Paderborn verbracht hat.

Die von Schaten[83] zum Papstbesuch wiedergegebene Erzählung, an deren Wahrheitskern jedenfalls nicht zu zweifeln ist, mutet in hohem Grade rätselhaft an, als ob es um diesen großen Stein eine besondere Bewandtnis gehabt habe. Warum beraubt Meinwerk die von dem großen Karl selbst gestiftete und bevorzugte Kirche in Detmold ihres Altars, der für sie höchster Ruhm und Stolz sein mußte? Ist es vielleicht eine besondere, im Vertrauen auf die päpstliche Weihe gewagte Glaubenstat gewesen, gerade diesen großen Stein zu einem Altar zu machen, und hat sich dann die Anziehungskraft dieses Steins – der vielleicht ein heiliger Stein gewesen war – auf die Sachsen in derartig unerwünschter Weise geltend gemacht, daß der tatkräftige Bischof Meinwerk ihn in die Behandlung und Bedienung der Abdinghofer Mönche gab?

Mögen diese Fragen so oder so beantwortet werden, auf jeden Fall war die hohe Bedeutung Detmolds als Volksmalstätte mit all den zugehörigen Aufgaben und Einrichtungen des alten Glaubens

---

[83] Schaten, Histor. Jahr- und Kirchengeschichte, Paderborn 1798, S. 34.

bei der zwangsmäßigen, schnellen Einführung des Christentums ein zwingender Grund, diesen Ort als einen der ersten mit einer Kirche auszustatten unter Beseitigung alles dessen, was zum Fortbestehen des alten Gottesdienstes hätte dienen können.

Aber, wo waren zunächst noch in der Germanenzeit die Feste und Versammlungsplätze des Volkes im Freien?

Es sind Anzeichen vorhanden, die uns auf den Hiddeser Berg führen, und zwar nicht nur die Quellen, die an seinem Nordostabhange in einer für solche Stätten geeigneten Weise vorhanden waren und z. T. noch vorhanden sind, sondern mehrere andere bemerkenswerte Erscheinungen. Das sind die Verhältnisse von Braunenbruch, darunter auch die uns schon mehrfach begegneten Besitzer von Braunenbruch, die Schwarzen; dann die Boden- und Kulturverhältnisse, die Namen der Fluren, die sogenannte Detmolder Warte mit mehreren danebengelegenen Hünengräbern und schließlich – von ganz unvermuteter Seite kommend – das Dörrenbergsche Grabungsergebnis.

Die Familie der Schwarzen gehörte zu den bevorzugten, auf das allerreichlichste mit Gütern ausgestatteten Stapeln (Stützen) des Paderborner Klosters. Sie besaßen Braunenbruch, das wie es scheint eigentliche große Hauptgut von Detmold, als Stammgut und dazu Oesterholz mit den Holzungsgerechtsamen über das ganze zwischenliegende Osninggebirge hinweg als Paderbornsches Lehen. Dann aber auch auffälliger Weise mehrere braunschweigische Lehen, die wir wohl mit dem Namen „cheruskische" Lehen kennzeichnen dürfen, während das Paderborner Kloster ja mehr in den einst engrischen (angrivarischen) und um Osning und Eggegebirge gelegenen Gegenden seine Hände hatte. Unsere Aufmerksamkeit wird aufs äußerste gespannt, wenn wir nun hören, daß diese braunschweigischen Lehen in Leistrup, Döringsfeld und Schönemark bestanden, also den mit dem Leistruper Walde zusammengehörigen Markenhöfen! Oesterholz, die Markenhöfe des Leistruper Waldes und Braunenbruch in den Händen ein und derselben Familie Schwarz!

Wenn Oesterholz, Leistrup, Döringsfeld und Schönemark Kultusgüter waren, aus Markenbesitz heraus, dann dürfen wir wohl die neugierige Frage stellen, ob nicht auch Braunenbruch mit seinem Hiddeser Berge und dem Schwarzenbrink (s. Kap. 15, Beispiel 31) ein Kultusgut gewesen ist. Die Schwarzen hatten ja, wie wir oben sahen, Oesterholz „schon immer" von Paderborn zum Lehen gehabt, d. h. doch wohl, so lange es zum Paderbornschen Besitz gehörte, also zum mindesten seit 1011, oder – von Corvey übernommen – seit Bevos Tode in den Jahren zwischen 826 und 853.

Vor unseren Blicken steigt die karolingische Periode der Verschenkung und Verlehnung der Markengüter an die Günstlinge westfränkischen und sächsischen Bluts auf. Der Grundsatz war, in erster Linie diejenigen zu bedenken, die bereits das betreffende Gut als Allod innehatten; wenn sie „treu" waren, lag das im Interesse der Befestigung der neuen Herrschaft. Wir können uns nicht der Annahme verschließen, daß den Schwarzen von ihrem Volke die Kultusgüter in den Marken von Oesterholz und vom alten und neuen Theotmalli zur Bewirtschaftung oder Verwaltung anvertraut waren, und daß ihnen dann um ihres Übergangs zu Karls Parteigängern willen die Güter teils als Eigentum, teils als Lehen bestätigt wurden. Auch hier kann ich mich auf Schierenberg beziehen, der bereits – ohne etwas von Oesterholz zu wissen! – auf den Namen der Schwarzen aufmerksam geworden war. Es gibt noch Wege, um hinter die Zusammenhänge jener Zeit zu kommen!

Woher der Name Schwarz? Die Schwarzen sind nicht weniger blond oder braun, als die übrigen Deutschstämmigen. Eher könnte man an den alten, ursprünglich mit der Kleidung kaum zusammenhängenden Beinamen der Priester denken, der vielleicht bis in die germanische Zeit zurückreicht, wo Raben und Krähen neben den Eulen die Wahrzeichen der Gelehrsamkeit und der Priester waren. Vielleicht kann aus der Familienforschung heutiger Schwarzen darüber einiges Licht gewonnen werden.

Aber diese ganze Überlegung mag dahingestellt bleiben, ihre Richtigkeit oder Unrichtigkeit ändert nichts daran, daß der Hiddeser Berg zu dem Braunenbruch der Schwarzen gehörte, und daß auch noch der jetzige Befund des Hiddeser Berges unserer Annahme, daß hier die Theotmalli-Kultstätte gewesen sei, äußerst günstig ist.

Auf die Quellen des Hiddeser Berges, von denen die eine die geschätzte Eigenschaft einer Heilquelle hat, habe ich schon hingewiesen. Nicht minder wichtig ist es, wenn die Gunst der Umstände einen Wahrscheinlichkeitsbeweis für das Vorhandensein eines geeigneten Kampfspielplatzes ermöglicht. Wer von Detmold aus auf dem schmalen Kamm des Berges entlang geht, wird sich davon überzeugen können, daß zunächst überall eine für den Getreidebau ausreichende Humusschicht bis an den Kamm heran vorhanden ist. Von einer Abschwemmung derselben kann keine Rede sein. Dann aber gelangt man etwa 250 m hinter der neugebauten Landstraße vom Wege rechts abbiegend und auf der Höhe bleibend zu einer Bodenerhebung, von wo aus ein guter Überblick über die nächsten 300 m des Kammes bis zur folgenden Erhebung vorhanden ist. Während bis dahin der oberste

Abb. 61. Detmolder Warte

Kamm noch Restbestände der ursprünglichen Bewaldung aufweist, haben wir hier unter Verbreiterung des Kamines auf etwa 150 m eine geebnete Fläche. Diese Fläche zeichnet sich durch Sterilität und Fehlen der Humusschicht aus, obgleich hier die Neigungsverhältnisse weniger Grund zur Abschwemmung bieten, als sonst auf dem Berge, wo die Humusschicht noch vorhanden ist. Der Besitzer hat eine besondere Futtergrasart auf der ganzen Fläche angebaut, in der Hoffnung, daß dadurch allmählich eine Humusbildung erreicht wird.

Vom Gutshofe Braunenbruch führt eine z. T. jetzt noch auffällig breite, schnurgerade Straße zu dieser Fläche, an deren Rande ein einsames Haus mit einzelnen uralten Wänden steht, die ebenso gut aus der Sachsenbundzeit stammen können, als aus der nächstfolgenden Zeit. Es heißt Elendshaus, ist im Mittelalter also wohl Aussätzigenasyl gewesen. Nach Lage der Dinge muß die Entstehung dieser Fläche- auf eine mühsame Einebnung zurückgeführt werden, die nicht nur ohne ackerbaulichen Zweck erfolgt ist, sondern geradezu die fruchtbare Akkerkrume beseitigt hat, die – wie es scheint – den darunterliegenden Äckern zugutegekommen ist. Daher müssen wir einen andern Zweck der Einebnung annehmen. Weil ich keine andere Aufgabe sehe, die man durch so großen Kraftaufwand in geschichtlicher und vorgeschichtlicher Zeit hätte erfüllen wollen, außer der Schaffung eines Kampfspielplatzes oder eines Versammlungsplatzes, so stelle ich diese Vermutung zur Erwägung.

Und nun ein hochinteressantes Ausstattungsstück des Hiddeser Berges, dessen archäologischer Wert in umgekehrtem Verhältnis zu seinem Ansehen und Aussehen stehen dürfte: Die Detmolder Warte! Sie liegt auf Höhenzahl 197, 6 an abgelegener Stelle in dichtem Gebüsch versteckt (so daß kein besseres Bild zu haben war) und ist von wenigen Menschen gekannt. Den Altertumsfreunden, die von ihr wußten, mußte sie ein Rätsel sein. Auf sie und damit auf den Hiddeser Berg wurde meine Aufmerksamkeit aufs lebhafteste durch die Tatsache gelenkt, daß der Punkt mit großer Genauigkeit auf der Nordlinie der Teutoburg (Hermannsdenkmal) liegt. Auch die danebenliegenden Hünengräber (Steinhügel) verstärken den Gedanken an eine geweihte Stätte.

Der mit schlechtem oder durch sein Alter schlecht gewordenen Mörtel ordnungsmäßig aufgebaute kreisrunde Turmstumpf hat nur 3⅓ m Durchmesser und im Innern nichts oder einen Schlot, in dem sich kein Mensch aufhalten kann.

Von einer mittelalterlichen Warte, wie wir sie z. B. in der Steinbecker Ruine bei Salzuflen haben, mit dem Zweck, einem oder mehreren Wächtern Aufenthalt und Sicht zu geben, kann also gar keine Rede sein. Dagegen ist es die völlig gleiche Bauart wie die Stümpfe der Warte auf dem Ziegenberge bei Horn und auf dem Dickerberge bei Barntrup. Die beiden letzteren sind besser erhalten und zeigen deutlich den Schlot. Die Dickerbergwarte hat unten ein Loch in der Größe, daß ein Schaf hindurch kann. Mir kam schon vor meinen Studien über die Bergheiligtümer der Alten beim Besuch der Dikkerbergwarte der Gedanke, daß ein solcher Turmstumpf der Sockel für einen Brandstapel gewesen sein könne, dem durch den Schlot Luft zugeführt wurde; er muß dann ein ihn bedeckendes Gitter gehabt haben. Oder ist sonst eine vernünftige Erklärung möglich?

Ist die Dickerbergwarte, wie wir sehen werden (Seite 333), ein „Teufelsturm" gewesen, so war jedenfalls die Warte auf dem Hiddeser Berge um nichts besser. Über die Bedeutung der Feuerwarten auf den Bergen werden wir in unserem Ortungs-Kapitel des näheren zu handeln haben.

Wenn wir nicht zu bedenklichen Ausflüchten die Zuflucht nehmen wollen, müssen wir die Warte auf dem Hiddeser Berge unbedingt als ein aus der Germanenzeit stammendes Bergheiligtum anerkennen, welches auch um deswillen seine besondere archäologische Bedeutung hat, weil es eben eine von den wenigen Steinbauruinen jener Zeit ist, und obendrein Gebäude mit Kalkmörtel! Unbedingt sage ich, da hier auch keine spätere Überbauung des alten orientierten Platzes in Frage kommen kann. Denn sowohl unter christlichem Gesichtspunkte, als auch in Ansehung der Aufgaben einer mittelalterlichen Warte würde ein derartiger Bau sinnlos sein. Die christliche Religion kennt keine Feuertürme. Sicherheitswarten für Städte durften weder unbewohnbar und unbesteigbar sein, noch wurden sie an ungünstigster Stelle abseits der in Betracht kommenden Straßen (hier vor allem des Lippstadter Wegs) erbaut.

Wenn an dieser Stelle die erwünschten Grabungen Funde zutage fördern sollten, so würden sie geradezu den Anstoß zu einer Änderung der üblichen Bestimmung solcher Funde geben können. Daß andernfalls sie als mittelalterlich erklärt werden würden, ist mir keinen Augenblick zweifelhaft, zumal auch bei meiner Auffassung eine verhältnismäßig späte germanische Entstehungszeit der Warte in Frage kommt. Aber die Gründe, daß dieser Bau nicht erst in christlicher Zeit entstanden sein kann, und daß in der späteren Zeit schwerlich eine Verwendung des Baus stattgefunden hat, sind stärker als das Fundament, auf dem die übliche Bestimmung beruht. Vorweg schon ist uns durch Oberflächenfunde vorgeschichtlicher Keramik und Bewurfstückchen der fundarchäologische Beweis geliefert, daß die Stelle als ein Schauplatz germanischer Betätigung angesehen werden muß.

Bei der Bedeutung, die große Findlinge für die kultischen Stätten Nordwestdeutschlands gehabt haben, darf nicht unerwähnt bleiben, daß sowohl am Nordost- als auch am Nordwestfuße der Höhe unterhalb der Warte sich eine ganze Anzahl von Findlingen befunden hat, die bei der Zerstörung von oben dahin geschafft sein können. Einer scheint besonders verwendet gewesen zu sein, da er nach fachmännischer Aussage seine Ringform durch menschliche Bearbeitung erhalten hat.

Schließlich die Flurnamen. Auf dem langgestreckten in gleichmäßiger Höhe verlaufenden Hügelrücken, hat eine Stelle, und zwar die Stelle, wo der Turmstumpf steht, den Flurnamen „Berg". Rund um diesen Punkt herumgelagert liegen die Parzellen „Vor dem Berge", noch einmal „Vor dem Berge", „Auf dem Berge", „Hinter dem Berge", „Großer Berg", „Kleiner Berg". Die Stelle mit dem Turmstumpf war demnach für die Bevölkerung „Der" Berg schlechthin – ein unverkennbarer Hinweis auf ihre besondere Bedeutung. An der einen Quelle haben wir den „Lindenort", wo die Gerichtsstätte gewesen sein dürfte; ferner eine „Saalbreite", eine

„Kohlstätte" und eine „Helle". Auf einstige Umhegung des ganzen Berges weisen die Namen Im Knick, Stumperhagen, Ellernhagen und vielleicht auch Nullmeiers Hagen. Dann aber wieder die Bezeichnung „lang"! Sie begreift den ganzen Raum von dem mutmaßlichen Kampfspielplatz (und zwar in dessen Ausdehnung) bis hin nach Braunenbruch, 300 m breit und 1000 m lang, von der Höhe aus ganz übersehbar, überall eben, zur einen Hälfte sanft abfällig, zur anderen Hälfte horizontal. Die auf die Fläche verteilten Namen sind Langewand, Landewand, Langenkamp und Langewiese. Auch 2 km westlich vom Hiddeser Berge, nicht weit vom Schwarzenbrink und der Waldheide, wohin nach Dörrenberg das Germanikuslager reichte, scheint ein Kampfspielplatz gewesen zu sein; denn es findet sich dort der Name Langeloh.

Als Bergheiligtum von Theotmalli mit seinen der Gottheit geweihten heiligen Flammen auf heiliger Linie angesehen, überragte die Warte den Volksversammlungsplatz und auch die in 400 m Entfernung gelegene oben beschriebene Kampfbahn. Außerdem war sie mit dem Gutshof Braunenbruch auf der Sonnwendlinie orientiert (131°). Die an ihr Versammelten sahen am festlichen Tage über Braunenbruch und dem Mönkeberge die Sommersonne hochgehen. Für die Braunenbrucher war sie das Merkmal für die Umkehr der Wintersonne dem Frühling entgegen. Gleichzeitig war dann wohl der Huno der den Mönkeberg umwohnenden Sippen mit seinen Leuten bei dem dortigen Bergheiligtum festlich versammelt, denen wiederum das Heiligtum auf dem Dörenberge bei Sternberg (Kap. Heilige Linien, Beispiel 15) als Mal der Sonnenwende diente. Das zum Mönkeberge gehörige Allod war Röhrentrup, von wo aus der zum Bergheiligtum führende Weg noch jetzt deutlich erkennbar ist. Der heilige Hain ist zur Hälfte an Röhrentrup gefallen, zur Hälfte als Streubesitz zum staatlichen Forste geworden. Die Grenze läuft über die Stätte des Mals auf dem Mönkeberge und war vielleicht auch die Grenze zweier Hunschaften, die hier ihr gemeinsames Heiligtum hatten. Sie ist als Wall noch vorhanden. Auch der Name des Berges ist zu beachten. Wurde Mönchshilfe zu seiner Entgreuelung für nötig befunden, war hier klösterlicher Besitz oder ist der Name verstümmelt? Ich habe es nicht in Erfahrung bringen können.

Der auf dem Rehberge liegende Nordpunkt für Teutoburg und die Feuerwarte von Theotmalli bietet leider kaum noch etwas Bemerkenswertes, da die Hauptstelle Acker geworden ist. Aber der „versteckte" Weg und das Allod des Huno in Papenhausen ist ebenfalls noch jetzt – auch durch zusammengeschleppte Findlinge und andere Anzeichen – zu erkennen.

13. Teutoburg und Teutoburgiensis saltus

Es ist eine der verdienstvollsten Taten Schuchhardts, daß er im Jahre 1904 durch seine Untersuchung des zyklopischen Mauerwalles, der einst die ganze Bergkuppe (mit dem jetzigen Hermannsdenkmal) umzog, die Grotenburg in unzweifelhafter Weise als altgermanische Volksburg, und dann als die Teutoburg erwiesen hat[84].

Unser Bild stellt die Breite der Trümmer dar, wie sie sich jetzt noch in einer Länge von 250 m durch den Wald ziehen. Zum Teil sind die Steinmassen, die einst die gewaltige Umhegung gebildet

Abb. 62. Teutoburg-Trümmer

haben, den Hang hinuntergewälzt, zum Teil sind sie zum Bau des Hermannsdenkmals verwendet und der Rest ist verschwunden. Der umhegte Raum ist etwa 400x900 m (150 Morgen) groß gewesen, stellt also ein mächtiges Lager dar. Ein jetzt noch vorhandener Quellteich läßt darauf schließen, daß es hier oben auf dem Gipfel

---

[84] Schuchhardt, Die frühgeschichtlichen Befestigungen in Niedersachsen.

des Berges in der früheren wasserreicheren Zeit einer versammelten Volksmasse möglich war, das unmittelbare Bedürfnis nach Wasser bei festlichen Gelegenheiten zu decken. Aber für eine „Fluchtburg" reichte das Wasser nicht entfernt aus.

In der Tat ist durch Schuchhardts spaten- und namenskundliche Feststellungen der ganze Fragenkreis, der sich um den Teutoburgiensis saltus gebildet hatte, endgültig entschieden. Es dient zur klareren Herausstellung des Ergebnisses, daß die sorgfältige Arbeit keine Funde und Anzeichen zu Tage gefördert hat, auf Grund deren die Möglichkeit gegeben wäre, die Herkunft auch dieser germanischen Volksburg anzuzweifeln. Es ist nichts dagegen einzuwenden, wenn Schuchhardt sagt: „Wer die Teutoburg hat, hat auch den saltus Teutoburgiensis, der nur nach ihr benannt sein kann, und damit auch das Schlachtfeld."

Wenn diese bedeutungsvolle Tat eines führenden Archäologen, dem man sonst zu folgen pflegt, so wenig Eindruck gemacht hat, daß die Schlachtfeldhypothesen unbekümmert weiter wuchern, so ist das für unser Volk zu beklagen und zeugt von der noch längst nicht überwundenen Unterströmung, von der sich auch unbewußt trefflichste deutsche Männer mitziehen lassen. Angesteckt von dem nun schon viele Jahrzehnte währenden Rausch des Suchens und Findens von Varusschlachtfeldern, versäumen sie die Untersuchung und Erkennung der Tatsache, daß das Suchen und Finden eines anderen Varusschlachtfeldes gegenstandslos ist, weil die Überlieferung einwandfrei und so gesichert dasteht, wie es nur irgend erwartet werden kann.

Um ihrer Bedeutung willen darf ich an der Frage nicht vorübergehen, hoffe auch, meine Leser endgültig von den Zweifeln befreien zu können, die unserem vorgeschichtsarmen Volke auch noch die Freude an der großen Befreiungstat Hermanns des Cheruskers herabmindern. Nenn die Erinnerungsstätte macht ein wesentliches Stück des Wertes einer Erinnerung aus.

Abgesehen von geographischen Torheiten, mit denen sich Fürstenberg herumschlägt (Augsburg! Duisburg!), hat die

Meinungsverschiedenheit wegen der Örtlichkeit der Schlacht sich bis in das vorige Jahrhundert um die Frage gedreht, ob der Ort nördlich, südlich, östlich oder westlich unserer Grotenburg zu suchen ist. Diesen Streit läßt der Teutoburgiensis Saltus natürlich zu, und er ist daher berechtigt.

Dann kam, ob aus Unkenntnis, Mißverständnis oder aus anderem Grunde, die Zeit, in der die wertvolle Überlieferung entweder unter Hinweis auf angebliche Unbezeugtheit der Grotenburg = Teutoburg, oder auf ein ebenso unrichtiges als kümmerliches Auslegungskunststück mit einer Handbewegung beiseite gewischt wurde.

Das Auslegungskunststück geht auf Mommsen zurück, der im 8. Kap. der Annalen II des Tacitus „laevo amne" (auf dem linken Flusse) liest, als ob da stünde „laeva ripa" (auf dem linken Ufer). Unter Umständen kann ja der Vorschlag einer Textveränderung erlaubt sein; aber eine unsichere Sache bleibt so etwas immer. Mommsen dagegen braucht die Textänderung für die Schlußfolgerung: „Also nördlich von der Lippe, östlich von der Ems haben wir das Schlachtfeld zu suchen"!! Sobald der große Mommsen sich leichthin über die alte Überlieferung hinwegsetzte, hielten es die anderen nicht mehr für nötig, sich noch ernstlich mit der alten Überlieferung zu befassen.

Nun wurde die Schlacht an alle möglichen Stellen, wo römische Befestigungswerke und Bodenfunde, Vergleichsmomente und Namensanklänge sich boten, verlegt. Die letzte Hypothese schlug natürlich immer alle vorhergehenden tot, und der Erfolg konnte nur erhöhte Verwirrung sein. Meist benahm man sich, als ob die alte Überlieferung mit ihrer wohlbezeugten Teutoburg und mit ihrer völlig ungetrübten Stimmigkeit sämtlicher in Betracht kommenden Umstände geschichtlicher, militärischer, geographischer und typographischer Art sowie der Fundnachrichten gar nicht existierten, oder man schalt auf Fürstenberg.

Ich besitze über ein Dutzend Monographien zur Varusschlacht, auch die Henke-Lehmannsche Übersicht, und habe viele andere gelesen. Soweit meine Kenntnis reicht, sehe ich nichts als

Oberflächlichkeit der Behandlung, die sich ein unschätzbares Stück unserer germanischen Überlieferung nebst den für sie sprechenden einzelnen Tatsachen gefallen lassen muß. Henke-Lehmann wollen ohne irgendeinen Grund durch eine geringschätzige Bemerkung den Weltreisenden Klüver (Cluverius) zum Lokalpatrioten und Erfinder des Teutoburger Waldes stempeln und nennen es einen Unfug, daß das ganze Gebirge den Namen Teutoburger Wald erlangt hat. Auch wir bedauern das, aber der Unfug liegt auf Seiten derer, die aus einem solchen unzählig oft vorkommenden namensgeschichtlichen Vorgange die Berechtigung zur Unterdrückung der Teutoburg-Grotenburg nahmen.

Unbegreiflich ist es, mit welcher Unbekümmertheit man sich in Widerspruch setzte mit der uns durch die Geschichtsquellen dargebotenen geographischen Grundlage der ganzen Frage, nämlich, daß die Schlacht stattfand

1. zwischen dem Lande der Marser und Cherusker;
2. zwischen dem Lande der Brukterer und Cherusker.

Auch danach kann die Schlacht nur in der Gegend um die Grotenburg-Teutoburg stattgefunden haben, wo die Grenzen dieser Stämme zusammenstoßen. Man findet die Quellen auf das beste zusammengestellt und erörtert in der für diese Fragen wichtigsten kleinen Schrift von Neubourg[85], die schon wegen ihrer Fundberichte unentbehrlich ist, aber den Bearbeitern überhaupt nicht bekannt zu sein scheint.

Die Schlußkatastrophe der Varianischen Niederlage hat nach Tacitus im Teutoburgiensis saltus, also in einem Gebirgswalde, der sich bei einer Teutoburg befindet, stattgefunden, nicht bei einem Dütebach oder dgl. mehr. Es gibt (außer der nicht in Betracht kommenden Teutoburg in Ungarn) nur eine Burg, die auf den alten Namen Teutoburg Anspruch hat, das ist die Teutoburg-Grotenburg bei Detmold. Was die Hypothesen, durch die die alte Überlieferung erschüttert werden soll, dafür ausgeben, ist nachträglich zusammengereimt.

---

[85] Neubourg, Örtlichkeit der Varusschlacht, Meyers Hofbuchhandlung 1887. Desgleichen: Wilms, Der Hauptfeldzug des Germanicus, Hamburg, Herold, 1909.

Auch die neuesten Bearbeitungen von Kreye und Prein unterliegen der Versuchung, die Varusschlacht durchaus in ihrem Forschungsgebiet haben zu wollen. Kreye zieht die Schlacht an den Deister und beruft sich auf Mommsen, der den Namen Teutoburgiensis saltus keck ans Wiehengebirge schreibt. Prein übergeht eiligst die alte Überlieferung und die ihr zugrundeliegenden Tatsachen und belastet seine sonst so wertvolle Arbeit damit, daß er in verwikkelter Verkettung mit der Birkenbaumsage sich für die Umgegend von Werl (Büderich) den nun einmal unentbehrlichen Namen der Teutoburg zusammenreimt, weil sich 15 km westwärts bei und hinter Unna Grenzwälle finden, die auch Tüten oder Teuten genannt werden. Da muß dann der Teutoburgiensis saltus gewesen sein!

Wie steht es nun um die Einwände gegen die alte Überlieferung? Wenn immer wieder gesagt wird, daß erst Bischof Ferdinand von Fürstenberg ums Jahr 1672 den Namen Teutoburger Wald aufgebracht habe, so ist das nicht richtig und muß als Irreführung bezeichnet werden. Schon 60 Jahre früher haben Piderit und Klüver[86] den Wald bei Detmold als Teutoburgiensis saltus gekannt und genannt. Leider hat Fürstenberg auf seiner Karte den Namen allzu weit am Gebirge entlang (Abb. 68) geschrieben, wodurch die Benennung des ganzen 100 km langen Gebirges bis hin nach Osnabrück als Teutoburger Wald üblich geworden ist. Fürstenberg sagt ausdrücklich, daß der Wald „hier", also in Paderborn und Münster, so genannt werde. Von ihm stammt also der Name nicht; er war allbekannt.

Außerdem hängt Existenz und Name der Teutoburg nicht davon ab, ob es jemand zu irgendeiner Zeit beliebt hat, einen Gebirgszug danach zu benennen! Der ganze Einwand müßte als eine Verhöhnung der Gedankenlosen eingeschätzt werden, wenn es nicht so viele sonst verständige Leute gäbe, die sich harmlos durch den Einwand beirren ließen. Darum wäre es besser gewesen, wenn der Paderborner Bischof, der übrigens als zuverlässiger, vorsichtiger und kenntnisreicher Geschichtsschreiber einwandfrei dasteht, dem

---

[86] Ph. Cluverius, Germaniae antiquae libri III. Pideritius, Chronikon comitatus Lippiae, Rinteln 1627.

ganzen Gebirge seinen wertvollen alten Namen Osning = Asenegge gelassen und nur den unmittelbar um die Teutoburg gelegenen Wald nach ihr benannt hätte.

Es ist nichts dagegen einzuwenden, daß bei Werl, Kneblinghausen, Iburg, am Plackwege usw., ja vielleicht auch bei Barenau und am Deister Schlachtfelder aus den 30jährigen Römerkämpfen und hier und dort starke römische Befestigungswerke nachgewiesen werden; gab es doch allein am Rhein 40 Römerkastelle. Aber keins von den aufgewiesenen Schlachtfeldern war das Varianische Schlachtfeld, außer dem einen, welches bei der Teutoburg liegt.

Das Lipperland ist das Land der Teutberge und -Stätten, d. h. der Volksberge, mit denen dieser Name bis heute verknüpft ist. Es ist die einzige Gegend, in der sich dieser Name in dieser Weise findet. Wir haben hier den Namen noch bei Hellinghausen, Wiembeck, Holzhausen, bei Almena, im Donopertal, bei Humfeld-Alverdissen und bei Detmold.

Überall waren es Berge, von denen die an ihnen gelegenen Höfe benannt wurden. Den klarsten Beweis, daß Teut schlichtweg der Name für einen Berg sein kann und bis zum heutigen Tage ist, liefert „der Teut" bei Humfeld und Alverdissen. (In Humfeld - 1284 Honevelde – hat der Huno [Hundertschaftsführer], der zuletzt am Teut seines Amtes gewaltet hat, seinen Amtstitel als Familiennamen bis in unsere Zeit vererbt.) – Im Donoper Tal muß der Forstort Teut von dem da gelegenen wunderbaren Volksberge benannt sein. – Bei Holzhausen steht auf einer alten Karte ein Teutberg verzeichnet. Nach Preuß[87] besitzt das Kolonat Tödtmann in Holzhausen (1650 Teuthenrich) ein „der Tödtberg genanntes Grundstück". Ich habe den Berg besucht; er trägt die allerstärksten Anzeichen der künstlichen Gestaltung zu einem Volksberge. Preuß, der im Übrigen meist irrigerweise die Ortsnamen von den Familiennamen ableitet, muß in diesem Falle das umgekehrte zugestehen, „da die übrigen Höhen des Landes, die

---

[87] Preuß, Die lippischen Familiennamen, Meyersche Hofbuchhandlung, Detmold 1887, S. 47.

den Namen Teut führen, einfach der Teut und nicht der Teutberg heißen".

Ganz besonders eindrücklich liegen die Verhältnisse mit dem uns hier angehenden Teutberge bei Detmold, auf den Bandel mit richtigem Griff das Hermannsdenkmal gestellt hat. „Twe Hus to

Abb. 63. Karte der Gegend um den Teuteberg (17. Jahrhundert). Norden ist rechts

dem Toyte", die am Grotenburg-Bergkegel liegen, werden noch mehrfach im 15. und 16. Jahrhundert erwähnt. Der Meier auf dem einen dieser beiden Höfe, und zwar auf dem Haupthofe, hieß früher Teutemeier und heißt jetzt noch Tötemeier. Der Besitzer des Hofes im Jahre 1373 wird Nolte to dem Toyte, ein späterer Hermann in dem Toyte genannt; die Wegekreuzung neben dem Hofe heißt Töterdreh; die Oberförsterei im Heidentale am Fuße der Grotenburg war ebenfalls ein Teuthof und bei unsern heutigen Bewohnern von Hiddesen unter der Grotenburg heißt das Gelände am östlichen Hange des Berges „im Teut". Wo der Bischof Fürstenberg den ihm bekannten Teutberg des Teutoburgiensis Saltus gewußt hat, wolle der Leser auf dem Kartenbildchen Nr. 63 nachsehen, welches seine Lage mit aller wünschenswerten Bestimmtheit zwischen „Dethmold" (am Werrefluß) und dem Winfelde aufweist. Man beachte das eigenartige, mir unverständliche Punktkreuzchen, welches der Bischof zwischen den Namen Teuteberg, Osterholt und Hestenbecker Dorf angebracht hat. Es ist genau die Stelle der Oesterholzer Laue (nördlich des Punktes zwischen Lippe- und Emsquelle, wohin Fürstenberg auf seiner Karte der Stammessitze [Abb. 68] den Altar des Drusus verlegt). Sollte er noch Kenntnis der Bedeutung dieses Ortes gehabt haben?

Wenn ein Berg „Teut" heißt und auf seinem Gipfel eine große Burg liegt, darf man dann noch krampfhaft irgendwo anders nach einer Teutoburg suchen? Wer nach allen diesen Tatsachen und Zeugnissen nicht anerkennen will, daß der Grotenburgberg mit Fug und Recht als Träger des alten Namens Teut angesehen wird, in dem dürften hartnäckige Meinungen wirksam sein, die der Objektivität seines Urteils entgegenstehen.

Nicht versäumen darf ich es hier, besonders auch die Sachverständigen der frühmittelalterlichen Quellenforschung auf die Stelle der Monumenta Paderbornensia aufmerksam zu machen, die Fürstenberg seinen Darlegungen über den Teutoburgiensis saltus als Nr. 11 noch angefügt hat, worin besagt ist, daß der Wald schon in der Zeit der Niederschrift der fränkischen Annalen „Theutwald" genannt wurde. Trotz ihrer Bedeutung ist die

Stelle m. W. bisher ganz unbeachtet geblieben, und zwar auch von Pertz, dem Herausgeber der Monumenta Germaniae, wohl deswegen, weil die übrigen Ausgaben der Annalen statt des Wortes „Theutwaldi" das Wort „Theutmalli" bringen. Die Sache ist umso auffälliger als Pertz selbst die Wiener Handschrift, in der „Theutwaldi" steht, und die offenbar den übrigen in der Stelle erwähnten Quellen zugrunde gelegen hat, als alt und relativ gut anerkennt. Die Stelle lautet in Micus Übersetzung: „Im Jahre 783. Die fränkischen Annalen bei Pithäus, Astronomus bei Rauberus, Regino in der Chronik, Poeta Anonymus im I. Buche, die kanisianischen Annalen geben es so an: „Der König Karl zog durch die Teile Sachsens, weil die Sachsen wieder zu den Waffen griffen und langte mit wenigen Franken beim Theutwalde (im lateinischen steht Theotvvaldi) an; dort bereiteten sich die Sachsen zur Schlacht in der Ebene vor" usw. Dann: „Theotwaldi, sagt er, als ob er Teutenberg oder Teutoburgiensis saltus bezeichnete" (Ringel S. 43).

Nach den Untersuchungen, die Prof. Anemüller-Detmold der Sache gewidmet hat, ist eine volle Klarheit über die Entstehung der doppelten Lesart jetzt nicht mehr zu gewinnen. Gegen Ende des 17. Jahrhunderts aber hat Fürstenberg, dieser Archivkundige ersten Ranges, die Stelle aufs sorgfältigste nachgeprüft, oder nachprüfen lassen, sonst würde er nicht in auffälliger Weise 5 (!) Quellen anführen, die die Lesart „Theutwaldi" haben. Das Schlußergebnis ist für Fürstenberg gewesen, daß der Name „Theutwald" für den Wald bei Detmold in der karolingischen Zeit, als die Annalen geschrieben wurden, also in unserer ältesten geschichtlichen Zeit, im Gebrauch war.

Durch dieses Zeugnis wird Ansehen und Ehre des Paderborner Bischofs noch weit schwerer für den Teutoburger Wald in die Waagschale geworfen, als es bisher beachtet worden ist. Wer möchte behaupten, daß Fürstenberg die 5 Quellen nur vorgespiegelt habe?

Wir aber können dies Zeugnis auch entbehren. Die Beweise für die Teutoburg bei Detmold sind ohnedem schlüssig.

Die Burg, die auf dem Gipfel eines Berges namens Teut liegt, ist die Teutoburg; das Ulmer Münster liegt nicht irgendwo anders, sondern in Ulm.

Wie aber hat sich der leidige Zustand herausgebildet, daß der Teut-Name dieses Berges jetzt als solcher nicht mehr gebräuchlich ist, sondern daß man sich mit dem für einen ansehnlichen Berg ganz unpassenden Namen Grotenburg begnügt? Der Vorgang ist überaus einleuchtend zu erklären.

Weil es auf diesem Teut-Berge außer der gewaltigen, den Gipfel umfassenden Volksburg auch noch eine kleinere, an sich freilich auch mächtige Burg gab, genannt der „kleine Hünenring", deswegen sagte das Volk umher, wenn es die große Burg auf dem Gipfel des Berges meinte, zur Unterscheidung kurzweg „grote Borg". So ist es gekommen, daß der Name Grotenburg und nicht der Name Teutoburg allgemein geworden ist. Aber diese abgekürzte Sprechweise ändert nichts an dem alten Teut-Namen des Berges. Es ist derselbe Vorgang, wie wenn eine Stadt, die konkurrenzlos für die weite Umgegend der Mittelpunkt ist, von den Umwohnern nicht mit ihrem Namen, sondern kurzweg „Stadt" genannt wird, ohne dadurch ihres eigentlichen Namens verlustig zu gehen. So war auch die Teutoburg konkurrenzlos die große Burg. Aber sie blieb deswegen doch die Teutoburg. Ob das o latinisierend von Tacitus eingeschoben wurde, oder zum germanischen Namen gehörte, ist gleichgültig. Es ist auch nicht feststellbar, weil das lateinisch eingeschulte Mittelalter wenn möglich alle Namen in lateinischer Form gebrauchte. Solches Verblassen von Namen kann in neuerer Zeit nicht mehr vorkommen, weil die schriftliche Festlegung aller Dinge und das allgemeine Bedürfnis im flutenden Verkehr den Sieg über die Sprechfaulheit der Umwohner behält.

Und nun der andere, nicht weniger unberechtigte Einwand gegen die alte Überlieferung, daß in der Gegend um die Grotenburg zu wenig stützende Bodenfunde gemacht seien.

Es wäre erwünscht, daß die über die Örtlichkeit der varianischen Niederlage redenden und schreibenden Herren auf meine nachfolgenden Fragen eine unumwunden befriedigende Antwort geben könnten.

Berücksichtigen die Bearbeiter das, was an Fundberichten und Fundverzeichnissen vorhanden ist, und haben sie sich einmal kritisch mit der Art befaßt, wie man die Zeugnisse von den ganz erheblichen Oberflächenfunden der früheren Jahrhunderte behandelt und beiseite geschoben hat?

Neubourg berichtet teils einzeln, teils summarisch, von einer größern Zahl beweiskräftiger Funde, die im 16. und 17. Jahrhundert in der Gegend um die Grotenburg, besonders auf dem „Winnefelde" ausgepflügt oder „ausgegraben" (also absichtliche Forschungen!) sind. Man wolle sie auf Seite 49 seines auch sonst für die Fragen der Varusschlacht unentbehrlichen Büchleins nachlesen. Wenn diese Funde das Schicksal der meisten Funde früherer Zeiten teilen und in der großen Mehrzahl verloren gegangen sind, so daß wir auf den Glauben an die Ehrlichkeit der Berichte angewiesen sind, so sollten alle, denen es um die Erforschung der Wahrheit zu tun ist, wenigstens die Gefährlichkeit ihrer Nichtbeachtung und Unterdrückung einsehen. Das erwähnte Winfeld gilt seit alters als einer der Hauptschauplätze des Kampfes. Ganz neuerdings hat General Haenichen den ganzen Umkreis der Varusschlachtfragen geschichtlich und militärisch untersucht, besonders auch von seinem Standpunkte als Festungsbauer und Sachverständiger für Verteidigungswerke. Auch er kommt darauf hinaus, daß nach Abriegelung der Dörenschlucht, das Heidental, die Straße über Berlebeck, Gausekötte, Winfeld und die Straße über Horn, Feldrom vom Heer des Varus als Rückzugsstraßen versucht worden sind[88]. Auch sonst ist Zahl und Beschaffenheit von Römerfunden in hiesiger Gegend durchaus beachtenswert.

Ich erinnere an den kaum beachteten großen Horner Hufeisenfund des vorigen Jahrhunderts, der noch jetzt auf Würdigung wartet. In den 4 im Rathaus zu Horn aufbewahrten Hufeisen und in sonstigen Akten

---

[88] Im Manuskript vorliegend Berlin W 50, Rankestr. 25.

sind die Unterlagen dafür noch vorhanden. Ich teile den Bericht A. Schierenbergs[89] mit: „... bei dieser Gelegenheit (nämlich bei der Anlage von Entwässerungskanälen in Horn 1868) fanden sich in der Tiefe von 5 und mehr Fuß kleine Hufeisen in großer Menge ... Die Arbeiter erzählten mir, daß die Hufeisen sich in so großer Menge gefunden haben, daß sie sie in Schiebkarren zum Trödler gefahren und für Alt-Eisen verkauft haben ... Indes war die letzte Strecke der Kanäle noch offen, so daß der ausgeworfene Boden noch daneben lag, und ich Nachlese halten konnte, da vereinzelte Hufeisen, die wieder mit Erde bedeckt waren, noch zu Tage kamen. Von diesen habe ich noch eine Anzahl aufgesammelt, von denen etwa noch acht Stück vorhanden sein mögen, und einige mögen bei meinem Umzuge nach Frankfurt wohl verloren gegangen sein, aber alle, die noch vorhanden sind, in Münster, Detmold usw. sind soviel ich weiß, durch mich gesammelt. Es fanden sich auch andere Eisensachen, die meist schon verschleppt waren ... Die Hufeisen habe ich schon s. Z. auf der Generalversammlung der Altertumsvereine vorgezeigt, wo sie freilich von Süddeutschen Mitgliedern für römische erkannt wurden; indes da damals noch die Ansicht herrschte, daß die Römer keine Hufeisen für ihre Pferde verwandt haben, berücksichtigte man die Sache nicht weiter. In den letzten Jahren hat aber dieses Vorkommen jener Hufeisen Bedeutung gewonnen, seit durch die Ausgrabungen auf der Saalburg bei Homburg die Hufeisenfrage bejahend entschieden ist, indem dort mehr als hundert unzweifelhaft römische Hufeisen zum Vorschein gekommen sind. Als nun im Jahre 1883 in Horn noch einmal ein Seitenkanal angelegt wurde, wurde abermals eine Anzahl Hufeisen gefunden, nach Angabe 15–20, von denen eins durch Herrn Pastor Wolf, ein zweites durch Herrn Cameria-rius Geise aufgehoben und mir übergeben sind, nebst Pferdezähnen und einem Radnagel. Als ich nun vor einigen Wochen wieder nach Horn kam, hatte man dort eben damit begonnen, eine Wasserleitung zu legen, wobei gleich auf der ersten Strecke abermals drei Hufeisen der nämlichen Art wie die des frühern

---

[89] Schierenberg, Die Kriege der Römer, Frankfurt a. Main, Reitz und Koehler 1888.

Fundes zum Vorschein kamen, die nun ebenfalls in meinem Besitze sind. Wie man mir meldet, sind seitdem noch weitere 8–10 Stück gefunden und es ist Aussicht vorhanden, daß noch weitere interessante Funde gemacht werden ... Die in meinen Händen befindlichen 5 Hufeisen habe ich wiederholt mit denen auf der Saalburg gefundenen verglichen, habe sie auch Herrn Baumeister Jakoby gezeigt, der die Ausgrabungen auf der Saalburg leitet. Er hat wiederholt erklärt, daß sie seiner Überzeugung nach ohne Zweifel römischen Ursprungs seien. Meines Erachtens gehören diese in und bei Horn gefundenen Hufeisen zum Nachlasse der im Jahre 9 n. Chr. dort zugrunde gegangenen Armee des Varus, die nach Florus`, Dios`, Vellejus` und Tacitus` Berichte in der Nähe des Sommerlagers zugrunde gegangen sein muß. Ich nehme an, daß diese Hufeisen entweder den Maultieren angehört haben, welche das Gepäck der Armee trugen, oder auch der Reiterei des Vala Nummonius, von dem Vellejus II. 19 erzählt, daß er gesucht habe, mit der Reiterei nach dem Rheine zu entfliehen, aber vom Geschicke ereilt sei ... Somit hoffe ich, daß ... die Frage über die Örtlichkeit der Varusschlacht wird endgültig entschieden werden können." So weit Schierenberg.

In den beim Magistrat der Stadt Horn einzusehenden „Tiermannschen Nachrichten über die Stadt Horn" Seite 366 f. findet sich die Bemerkung: „Die hier im Erdboden aufgefundenen Münzen Römischer Kaiser und Adeliger und die Hufeisenfunde bestätigen das" (nämlich die Römerkämpfe an diesem Orte).

Im Jahre 1913 griff Prof. Nebert-Gütersloh die Angelegenheit ernstlich auf und veranlaßte die Einholung eines Gutachtens des Baurats Jakoby in Homburg v. d. H. Derselbe schreibt unter dem 29. November 1913 aus dem Saalburgmuseum an den Magistrat zu Horn: „In der Anlage lasse ich die 3 Hufeisen zurückgehen mit dem ergebensten Bemerken, daß sie aller Wahrscheinlichkeit nach römisch sind. Allerdings, soweit ich unsere Hufeisen damit vergleichen kann. Ob aber ihre kleinen Formen und die eigenartigen Stollen, die nach unseren Fundergebnissen allerdings die ältesten

Abb. 64. Bölkehals im Heidental

Typen darstellen, in Niederdeutschland nicht etwa auch im frühen Mittelalter vorkommen, entzieht sich meiner Beurteilung. Zu einer endgültigen Trennung der Hufeisen fehlt bisher noch immer einwandfreies Material, auch aus dem frühen Mittelalter." gez. Jakoby, Königlicher Baurat.

Das Ergebnis bleibt auf jeden Fall, daß die Hufeisen aufs wahrscheinlichste römischen Ursprungs sind und aus der Varusschlacht stammen können. Schon diese Möglichkeit ist überaus wichtig, weil die Geschichte Horns von einer anderen Gelegenheit, bei der eine so große Zahl von Pferden in einer Sumpfstelle Hufeisen verlieren konnte, außer bei der Varusschlacht, nichts weiß. Wie berichtet, hält es auch Haenichen für wahrscheinlich, daß Nummonius mit seiner Reiterei sich auf der Straße nach Horn zu retten versucht hat. Hastende Flucht ließ sie in die Sumpfstelle geraten.

Zu erwähnen ist weiter ein Eisenfund in und am Bach an einer schluchtartigen Stelle des Heidentals, wo der Heidenbach überschritten werden muß, um in den Wahrwegsgrund (Richtung Winfeld) zu gelangen. Der Bach trägt hier den eigenartigen Namen

„Bölkehals" (bölken ist das Schreien von Tieren und Menschen). Es sind mehr als 100 Stücke und Stückchen von unförmigen Rostklümpchen bis zu gut erhaltenen Stücken, die zeigen, daß es sich um einheitliche Überreste zusammengebrochener Wagen handelt aus einer Zeit, wo noch an Stelle der jetzigen Reifen kurze schwere Nägel mit großen Köpfen (4x4 cm) zum Schutze der Räder gebraucht wurden. Unter den Stücken befindet sich auch das Drittel eines Hufeisens, dessen Form genau dem Bilde entspricht, welches Neuburger[90] Seite 55 mit der Unterschrift „Altrömisches Hufeisen" bringt. Bei Durchsuchung des z. T. verschwemmten Bodens der 50–100 m langen Fundstelle in ausreichender Tiefe, dürfte die vielfache Zahl dieser Oberflächenfunde zutage kommen. Nach Auskunft der befragten Sachverständigen läßt sich aus den Eisenstücken bislang weder Herkunft noch Entstehungszeit sicher bestimmen. Aber angesichts unserer Anschauung von den Rückzugswegen des Varus liegt es nahe, an dieser für eine Heeresabteilung schwierigsten Stelle des Heidentals, wo sich außerdem rätselhafte Wälle befinden (Abb. 64), auch an die Möglichkeit zu denken, daß es Wagen des römischen Trosses waren, die hier zusammengebrochen sind, und zwar in solcher Fülle, daß nicht alle Stücke des damals wertvollen Eisens von den Germanen aufgefunden worden sind. Von den Radreifen der Assyrer und Ägypter sagt Neuburger[91]: „Sie bestanden zuerst aus dicht eingeschlagenen Nägeln, deren aneinander anschließende Köpfe die hölzernen Radfelgen schuppenartig bedeckten." Bei den übrigen alten Völkern ist es jedenfalls nicht anders gewesen; aber wir wissen, daß die Nägel noch viele Jahrhunderte n. Chr. Geburt neben den Reifen zum Radschutz gebraucht wurden. Die Wälle im Bölkehals enthalten Anzeichen der Aufschüttung, so daß an Grabhügel gedacht werden kann. Knochenfunde aber sind in dem Boden nicht zu erwarten.

Die Funde in Horn und im Bölkehals sind besondere Fälle. Im Übrigen dürften wenigstens Funde auf der Oberfläche und in einer

---

[90] Neuburger, Technik des Altertums, S. 213–215.
[91] Neuburger, Technik des Altertums, S. 213–215.

vom Pfluge noch erfaßbaren Tiefe auf dem Varusschlachtfelde noch weniger zu erwarten sein, als auf anderen alten Schlachtfeldern, wo ebenfalls schon nach mehreren Jahrzehnten ganz erstaunlich wenig gefunden zu werden pflegt, wenn es sich nicht um die Geschosse der modernen Waffen handelt. Infolgedessen ist z. B. bis jetzt auch keinerlei Beweis dafür anzutreten, an welcher Stelle bei Detmold die Schlacht zwischen den Franken und Sachsen im Jahre 780 sich ereignet hat, obwohl kein Zweifel darüber aufkommen kann, daß sie bei Detmold gewesen ist.

Es gibt keinen Raum im deutschen Vaterlande, der auch nur annähernd so interessiert und gründlich in früheren Zeiten von geschichtlich empfindenden, sicherlich oft auch findigen Menschen abgesucht ist, als die Erinnerungsstätten der Varusschlacht. Dabei haben wir vor allem auch an die unmittelbar auf die Schlacht selbst folgenden Zeiten zu denken. Nachdem das Schlachtfeld – nach Entnahme des Brauchbaren von den Römerleichen – zunächst den Aasvögeln überlassen worden war, woraus seine Abgelegenheit von menschlichen Siedlungen zu schließen ist, und nachdem die

Abb. 65. Römischer Spitzgraben (Heidenoldendorf)

Durchzüge des Germanicus vorüber waren, haben wir keinerlei Veranlassung, etwas anderes anzunehmen, als daß das alljährlich mehrfach zu den gemeinsamen Festen am Osning zusammenkommende Volk aus den verschiedenen verbündeten Stämmen aufs fleißigste die denkwürdigen Stätten des Kampfes ihrer Mannen besucht und kein habhaftes Erinnerungsstück liegen gelassen haben wird, so daß alle späteren Oberflächenfunde nur auf sonst unbeachteten Nebenschauplätzen gemacht werden konnten oder besonderen Glückszufällen zu danken waren. Oder will man unseren Vorfahren in der damaligen Zeit auch die hierzu gehörigen Pietäts- und Gedächtnisempfindungen absprechen? Das ist die für uns Freunde germanischer Vorgeschichte durch die Ergebnisse der Wissenschaft verbesserte Lage, daß wir über solche Rückständigkeiten, die mit Wissenschaft nichts mehr zu tun haben, hinweggehen können.

Immerhin kann manches, sei es durch Begräbnis, sei es durch die bekannten natürlichen Ursachen – Wasser, Wind, Wachsung – tiefer unter die Oberfläche geraten sein.

Außerdem handelt es sich um die Überbleibsel und Anzeichen der Befestigungswerke, die nach den Geschichtsquellen in der Nähe oder innerhalb des Schlachtfeldes gewesen sind. Beides ist der Gegenstand von Ausgrabungen. Eine überaus große Zahl alter Befestigungswerke ist in der Umgegend der Teutoburg vorhanden und auch als solche anerkannt, – vor allem die Absperrung der Pässe.

Sofern aber durch ähnliche Grabungen, wie man sie mit erheblichem Kostenaufwande an anderen Stellen, in anderen Gegenden, zu anderen oder zu gleichem Zwecke unternimmt, auf dem in der Nähe der Teutoburg gesuchten Schlachtfelde trotz allem noch etwas wesentliches aus der Ende herauszuholen wäre, – jedenfalls ist es bei der Beurteilung der alten Varusschlacht-Überlieferung im Vergleich zu den neuen Hypothesen die allerwichtigste Frage, ob um die Teutoburg-Grotenburg in ausreichendem Maße mit dem gleichen Aufwande gegraben und gesucht worden ist, und nun aus dem vergeblichen Suchen auf das Nichtvorhandensein der gewünschten Fundbeweise geschlossen werden muß. Ist es bekannt, daß derartige von berufener und sachverständiger Seite angefaßten und durchgeführten Grabungen niemals stattgefunden haben[92]? Daß einem solchen Vorhaben wegen der Ausdehnung und Beschaffenheit des in Betracht kommenden Suchgebietes vielleicht allzu große Schwierigkeiten entgegenstehen, so daß den Stellen, denen früher oder jetzt eine solche Aufgabe zufallen würde, kein Vorwurf gemacht werden darf, ändert nichts an dem Urteil:

Wenn aus dem Mangel der gewünschten Quantität oder Qualität von Römerfunden in der Umgebung der Teutoburg ein Beweis gegen die alte Volkstradition von dem Ort der Römerschlacht entnommen wird, so ist das eine oberflächliche, der Sachlage Gewalt antuende Behauptung.

Ich möchte keinem der von mir hochgeschätzten Vertreter anderer Auffassung, die mit so großer Hingabe und Sorgfalt für ihre Sache einstehen, zu nahetreten, aber ich darf mit meiner Meinung nicht zurückhalten:

Es gibt auf gewissen Gebieten auch eine Grenze für das Recht, Privatmeinungen öffentlich zu vertreten, wenn für sie die allgemeine Anerkennung niemals zu erhoffen ist und wenn deren Erfolg nur eine Steigerung der Verwirrung sein kann. Dafür sorgt in unserem Falle schon die miteinander unvereinbare Mannigfaltigkeit der Hypothesen. Nach Lage der Dinge ist eine Ersetzung der alten Überlieferung durch eine moderne Hypothese auf Grund noch so zahlreicher Funde oder auch Fündlein einfach ein Ding der Unmöglichkeit. Auf jeden Fall wolle man von Freunden germanischer Vorgeschichte, zu denen ich mich rechne, und für deren Mehrzahl ich hier das Wort ergreife, die Bitte an sich richten lassen: Verfahren Sie behutsam, vorsichtig und rücksichtsvoll mit der wohlbegründeten und wertvollen Tradition unseres Volks! Wir aber sind der Überzeugung, die ich ausreichend begründet zu haben glaube: Der Teutoburgiensis Saltus rauscht nirgends anderes, als um die

---

[92] Sowohl Stamfords als auch Dörrenbergs Unternehmung entbehren nach meiner Kenntnis der geldlichen Unterstützung und der tätigen Beteiligung der Wissenschaft und der Behörden.

Grotenburg = Teutoburg und schüttelt über allem solchem Beginnen traurig seine Kronen.

Geheimrat Dr. Dörrenberg-Soest, Verfasser der „Römerspuren"[93] hat nach dem Varusschlachtfelde im Teutoburger Walde ernstlich gesucht. Das Ergebnis seiner jahrelangen, leider durch die Inflation an völliger Durchführung behinderten Arbeiten, besteht in seiner These, daß das Standlager des Varus (und dicht daneben das Lager des Germanicus) in Heidenoldendorf und der sich anschließenden Waldheide gelegen hat, also nur einige hundert Meter entfernt von dem von mir angenommenen Thingplatze (Nr. 28 der Übersichtskarte). Die Tatsache, daß die Römer dort gewesen sind, ist von Dörrenberg vor allem durch eine Aufdeckung eines über 1,70 m tiefen Spitzgrabens mit einem Querschnitt erwiesen, der nur ein römischer Graben sein kann. Dies eine Beweisstück genügt für unsere Frage. Denn die Anwesenheit eines Römerheeres an dieser Stelle kann nur mit dem Namen des Varus und des das Schlachtfeld besuchenden Germanicus verknüpft sein. Dazu kommt der Fund einer Bleihülse, die als römisch angesehen wird, sowie von Wällen, die als zugehörige römische Lagerwälle einleuchtend sind. Eine Augusteische Münze fand man nicht weit davon in der Pivits-Heide und unter dem nordöstlichen Hange der Grotenburg römische Scherben (Abb. 65).

Abb. 66. Düne über einem Wall (Heidenoldendorf)

Es gereicht nur zur besonderen Freude, daß mich Dörrenberg ermächtigt hat, das Lichtbild des Spitzgrabens zu veröffentlichen (Abb. 65). Es zeigt

---

[93] Theodor Weicher, Leipzig 1909.

aufs deutlichste rechts und links den gewachsenen Boden im Unterschied von dem gerührten Boden, mit dem der Spitzgraben zugeschwemmt und ausgefüllt ist. Dem Archäologen wird kein Zweifel darüber möglich sein, daß dieser Graben von Römerhand ausgeworfen ist. Es steht nunmehr in Aussicht, daß sich an die Besichtigung des Geländes, an der auch der Landeskonservator, Regierungs- und Baurat Vollpracht und Schulrat Schwanold teilnahm, der Fortgang der unterbrochenen Grabungen anschließt.

Eine hübsche Bestätigung des richtigen Blicks Dörrenbergs konnten wir im Sommer 1929 erleben; bei der Abtragung einer schnurgeraden Düne, die Dörrenberg als künstliche Fortsetzung eines Lagerwalles angesprochen hatte, ergab sich zwar die natürliche (äolische) Entstehung der Düne, aber unter der Düne wurde als Grund ihrer Entstehung ein Lehmwall deutlich zutage gefördert! Ich zeige das lehrreiche Bild (Abb. 66), auf dem sich auch die Verschiedenartigkeit des Neigungswinkels einer äolischen Düne nach der dem Winde abgekehrten und zugekehrten Seite hin zeigt (vgl. S. 203). Daß Sanddünen in 2000 Jahren entstehen können, ist bekannte Tatsache.

An die Archäologen und Historiker, die sich mit der Frage der Römer in Germanien befassen, dürfen wir die Bitten richten um Bestätigung des Vorhandenseins des römischen Lagergrabens in Heidenoldendorf; um Feststellung, daß, wenn ein römisches Heer an dieser Stelle gelagert hat, nach unserer geschichtlichen Kenntnis es nur das Heer des Varus, sowie wenige Jahre später das Heer des Germanicus gewesen sein kann; um Unterrichtung der Öffentlichkeit über die Bedeutung, die dem Funde zur endgültigen Klärung der Frage nach der Örtlichkeit der Varusschlacht beizumessen ist.

Stellen wir meine Annahme, daß der große Thingplatz Theotmalli auf dem Hiddeser Berge zu suchen sei, in das Licht dieses Ergebnisses der Arbeit Dörrenbergs, dann gewinnen die übereinstimmenden Nachrichten aller drei über die Gerichtstätigkeit des Varus schreibenden römischen Schriftsteller – Velleius Paterkulus, Cassius Dio und Florus – auch für die Ortsfrage der Varusschlacht eine erhebliche Bedeutung.

Velleius sagt, Varus habe in dem Wahn gelebt, den Germanen mit Juristerei beikommen zu können und habe die Sommerzeit damit ausgefüllt, daß er ihnen Recht sprach und ordentliche Gerichtsverhandlungen vor seinem Richterstuhle führte: „Die Germanen heuchelten dem Varus ganze Reihen erdichteter Rechtshändel vor." – Cassius Dio betont, daß Varus als oberster Verwaltungsbeamter regiert, den Fürsten ihre Rechte und der Masse die gewohnte Ordnung der Dinge genommen habe, und daß die Germanen so getan hätten, als ob sie sich allen seinen Befehlen fügen wollten. – Florus aber meldet kurz und bündig das dieser Sachlage entsprechende Ereignis, an welches sich dann der Ausbruch der Empörung anknüpfte: „Varus unterfing sich, einen Kreistag zu halten ... Die Germanen fallen über den nichts Schlimmes Ahnenden her, während er gerade Parteien vor sein Tribunal ladet."

Wo stand der Richterstuhl des Varus, vor dem man ihm ganze Reihen erdichteter Rechtshändel vorheuchelte? Wo kränkte er die Masse durch Eingriff in die gewohnte Ordnung der Dinge? Es hat die höchste Wahrscheinlichkeit, daß Varus sein Heerlager nicht an beliebiger gleichgültiger Stelle aufgeschlagen hat, sondern bei einem großen, vom Volke anerkannten Thing- und Gerichtsplatze, wo er sich am besten das Ansehen des neuen Herren geben und als oberster Gerichtsherr sein Wesen treiben konnte. Vielleicht gehörte es zu den Kriegslisten Hermanns, daß er Varus veranlaßte, das Gebirge zu überschreiten und auf dem Kreistage zu Theotmalli den Glanz seiner Oberherrlichkeit zu entfalten.

Auch wenn die Annahme von Dr. H. Schmidt und General Haenichen richtig ist, daß das Lager des Varus eine Anzahl von Kilometern weiter nordwestlich bei Schötmar war, und daß Germanicus zwecks Absuchung des Schlachtfeldes bei Heidenoldendorf gelagert hat, wird an unserer Erwägung nichts geändert.

Daß ein so wichtiger Gesichtspunkt bisher beim Suchen nach dem Platze des Varianischen Lagers ungenutzt bleiben konnte, ist wohl dadurch zu erklären, daß man sich bisher nicht um eine Nachweisung der Thingplätze gekümmert hat. Aber eine Thingplatzforschung ist keineswegs aussichtslos. Die zahlreichen von E. v. Wecus zusammengestellten Gesichtspunkte werden wichtige Dienste leisten können und die von mir dargelegte Ortung wird sich ebenfalls als geeignet erweisen, manchem Thingplatz auf die Spur zu kommen.

Die Kombination der Dörrenbergschen, der Haenichen-Schmidtschen und meiner These, wonach das Varuslager nicht weit von dem Volksthingplatz der Cherusker und Angrivarier lag, hineingerückt in das Licht der weiteren von den römischen Schriftstellern berichteten Einzelnachrichten und verwertet sowohl unter geschichtlicher und militärischer, als auch unter geologisch-topographischer Bearbeitung der Frage, dürfte imstande sein, ein nach jeder Richtung wissenschaftlich einwandfreies und befriedigendes geschichtlich-geographisches Bild der siegreichen Erhebung der Germanen gegen die Römer zu geben. Hoffentlich werden wir es bald erhalten. Aber auch ohne dem bleibt die Überlieferung unangetastet stehen.

Meinerseits will ich noch darauf hinweisen, daß die beiden Heidenoldendorfer Plätze in 3½ km Entfernung dem Heidentale

Abb. 67. Das Heidental unter der Teutoburg

vorgelagert sind. Durch das Heidental führte der nächste Weg, aber ein gefährlicher Weg zwischen Sümpfen, durch Schluchten und über Klüfte zum Winfelde, nach Lippspringe und einem irgendwo an der Lippe gelegenen Aliso, so wie es den römischen Beschreibungen entspricht. Ein jetzt unwegsames fast unpassierbares Seitental, der „Wahrwegs"grund, legt durch Stellen mit ausgefahrenen Parallelwegen und durch seinen Namen Zeugnis ab, daß er einst zur Verbindung des Heidentales nach dem Hangstein hinüber gedient hat. Darauf, daß in „Wahrweg" ein Anklang an Varus liegen könnte, bin ich erst durch einen sonst kritisch veranlagten Professor aufmerksam gemacht. In der Nähe, außerhalb des Waldes, liegen vereinzelte Bauernhöfe, von denen einer in alten Urkunden als „Wahrweg" erwähnt wird. Da der Wahrwegsgrund zum herrschaftlichen Forst gehört, so müssen es eigenartige alte Beziehungen sein, die dieses Haus mit dem Wahrweg verknüpfen. Von dem Eisenfunde im Bölkehals zwischen Heidental und Wahrwegsgrund habe ich oben berichtet.

Das dürfte die strategische Kunst Hermanns gewesen sein, daß er dem Römerheer den Weg durch die Dörenschlucht verlegt und Varus in die verhängnisvolle Zwangslage versetzt hatte, den Rückzug durch den hier 10 km breiten Bergwald anzuordnen. Ebenso zeugen die „Kriegergräben" am Ufler von einer einstigen Sperrung des Weges nach Lopshorn.

Das Heidental, an dem die jetzt nahezu erdrückte Volkserinnerung als Schlachtfeld haftete, liegt unmittelbar unter dem südwestlichen Hange der Grotenburg und ist daher „Teutoburgiensis Saltus" im höchsten Sinne des Wortes. Sein Name hat mit „Haide" nichts zu tun, da im Gegensatz zu vielen Stellen der Umgebung dort keine Haide zu finden ist und wohl auch niemals zu finden war. Eher mag der Name mit „Heddern" = Fremden zusammenhängen, wie in Heddernheim bei Frankfurt a. M. Auch das Dorf Heiden, 4 km nördlich von Heidenoldendorf, wo Dörrenberg ebenfalls Römerwälle (Vorwerk für das Hauptlager?) aufweisen will, ist keine Haide gewesen und hat keine Haide; dagegen hat es einen Hof, der „Hedderhagen" heißt, so daß wir hier mit einiger Gewißheit die Identität von Heiden und Heddern behaupten können. Das würde sein Licht auch auf Heidenoldendorf selbst werfen, dessen Name seinerseits für diese Erörterung ungeeignet ist, weil dort wirklicher Haideboden ist. Solche in hiesiger Gegend besonders dankbaren geologisch-topographischen Feststellungen bedürfen noch sorgfältiger Bearbeitung und werden dann für die Siedlungsgeschichte des Landes und auch für die kriegsgeschichtlichen Fragen der Römerzeit von erheblicher Bedeutung sein.

Die Entstehung des Wortes Heide = Nichtchrist dürfte mit obigen Erwägungen Berührung haben und sich so erklären, daß irgendwo eine ältere Bewohnerschaft noch nicht christlich geworden war, so daß Hedder (Fremder) = Nichtchrist (paganus) werden konnte – eine Benennung, die dann allgemein geworden ist.

Mit Genugtuung bin ich somit in der Lage, das Heidental der alten Volkserinnerung, gelegen unter den Trümmern der Teutoburg, die Schuchhardt erneut als solche feststellen konnte, ernstlich in die Erörterungen über die Varusschlacht hineinzuschieben und zu seiner Durchforschung anzuregen. Eine solche hat meines Wissens in beachtenswerter Weise überhaupt noch nicht stattgefunden. Vom Winfelde liegen, wie erwähnt, die bedeutenden Fundnachrichten der früheren Jahrhunderte vor. Bei ihnen fragt es sich nur, ob man die Berichterstatter jener Zeit der Lüge und des Betrugs zeihen will.

Die Wälder der Grotenburg gehörten mit zu dem ausgedehnten einheitlichen Waldgebiet zwischen Dörenschlucht und Horn, über das sich die Holzungsgerechtsame von Oesterholz und Braunenbruch ausdehnten. Dadurch werden wir zu der Schlußfolgerung veranlaßt, daß das gemeinschaftliche große Markengebiet der umwohnenden germanischen Stämme auch noch die Teutoburg umfaßte. Auch die gewaltige Größe und Veranlagung dieser Volksburg rechtfertigt eine solche Annahme.

Die Größe der Anlage wächst sich noch mächtig aus, wenn die von Schuchhardt a. a. O. verzeichneten Steinwallreste unten am Bergwalde eine Umhegung anzeigen, die einst den ganzen Berg mit feinen beiden Burgen umgeben hat.

Wenn wir uns die einstige praktische Verwertung der Burg vorstellen wollen, so brauchen wir erst in letzter Linie an kriegerische Zwecke oder gar an „Fluchtburg" zu denken. Auch die Teutoburg darf nicht ohne ein bedeutsames Heiligtum der vielgestaltigen Religion unserer Vorfahren vorgestellt werden.

Die gewaltige Steinumwallung gehörte mit zu den Formen, in denen unsere Väter nicht anders, als es die Ägypter und Babylonier in ihrer Weise mit Pyramide und Turmbau taten, die Gottheit ehren und deren Plätze aussondern und auszeichnen wollten.

Ein Gebirgsweg, der von den Externsteinen zur Teutoburg führt, trägt den Namen Peterstieg. Der streitbare Petrus wurde in der Bekehrungszeit mit Vorliebe an die Stelle geschoben, die Donar in der Volksseele eingenommen hatte. Hundertfach ist eine Umwechslung ihrer Namen vorgenommen[94]. Sollte nicht auch der Peterstieg ursprünglich ein Donarstieg gewesen sein?

Tacitus berichtet, daß Germanicus bei seinem Besuch des Varianischen Schlachtfeldes auch die Erdgruben («scrobes») gesehen habe, in denen die römischen Gefangenen zunächst untergebracht und bewacht worden sind. Wenn solche Gruben auch nur wenige hundert Gefangene gefaßt haben, so müssen sie immerhin so groß gewesen sein, daß ihre Spuren kaum gänzlich verwischt sein können. Auf die Nähe solcher Gruben muß daher geachtet werden, wenn das Varianische Schlachtfeld gesucht wird. Natürliche große Höhlen, die zur Aufnahme von Gefangenen gedient haben können, gibt es im Kalkgebirge des Osnings mehrere, besonders zwischen Horn und Altenbeken. Aber sie lagen so weit ab, daß Germanicus sie kaum besucht haben wird, es sei denn, daß das Schlachtfeld in der Gegend von Horn gewesen ist; und auch dann hätte ihr Besuch noch Mühe und Zeit gekostet. Wahrscheinlicher ist es, daß die Gruben näher dem

---

[94] Hungerland, Spuren altgermanischen Götterdienstes, Osnabrück 1924, S. 215. – Erich Jung, Germanische Götter und Helden in christlicher Zeit. I. F. Lehmann, München 1922, S. 219 ff.

Lager lagen. Es ist jedenfalls beachtenswert, daß der Hiddeser Berg auffallend viele kleine Steinbrüche hat, aus denen man schlechte Steine für Wegebauten holt, und auch andere Gruben, die sehr wohl zur Aufnahme von Gefangenen gedient haben können. Mehr läßt sich natürlich nicht sagen; aber Gegenden, wo keinerlei Spuren solcher Gruben aufzuweisen sind, verlieren an Wahrscheinlichkeit im Vergleich zu Plätzen, wo sie vorhanden sind.

Die römischen Schriftsteller machen glauben, daß die Gefangenen in den Gruben zu qualvollem Tode aufbewahrt wurden. Es lohnt sich, der Frage näher nachzugehen und nach der Glaubwürdigkeit der römischen Schriftsteller zu fragen.

Über die Gefangenen der Varusschlacht haben wir von Cassius Dio[95] und dem Philosophen Lucius Annäus Seneca zwei hochinteressante Mitteilungen, die Woyte (Quellen usw. III. Voigtländer, Leipzig) bringt. Cassius Dio: „Einige der Gefangenen wurden später von ihren Angehörigen losgekauft und konnten Germanien verlassen, aber nur unter der Bedingung, daß sie außerhalb Italiens lebten." Annäus: „Durch des Varus Niederlage sind viele aus den höchsten Ständen, die den Kriegsdienst als Vorstufe zum Senatorenstande betrachteten, vom Schicksal zu Boden geschmettert worden. Den einen machte es zum Hirten, den anderen zum Haussklaven."

Wir lernen daraus:

1. Von der sofortigen Tötung oder allmählichen Opferung aller Gefangenen kann gar keine Rede sein.

2. Noch nicht einmal die Offiziere „aus den höchsten Ständen" fielen der germanischen Volkswut zum Opfer, obgleich sie doch für die römischen Greueltaten in Germanien in erster Linie verantwortlich waren. Von diesen schreibt Vellejus Paterculus selbst, daß die Römer die Germanen „jederzeit wie das Vieh abgeschlachtet hatten, so daß ihr Leben und Tod nur von der Römer Gnade und Ungnade abhing." Daß man nach der Schlacht an einzelnen, die sich durch Grausamkeit und

---

[95] Historia Romana LVI, 22, 4.

schimpfliche Behandlung besonders hervorgetan hatten, Vergeltung nahm, ist durchaus zu glauben.

3. Die Kriegsgefangenen wurden unter die Sklaven, die damals in sämtlichen Völkern die niedern Dienste zu leisten hatten, eingereiht.

4. Ein Loskaufen der Gefangenen war möglich, geschah aber auch bei Vornehmen durchaus nicht immer, weil es Sache der Angehörigen war, das Lösegeld zu zahlen.

5. Das Lösegeld scheint nach der Varusschlacht hoch gewesen zu sein, da nur wenige frei wurden; Dio spricht von einigen, Annäus kennt überhaupt keine, obgleich er die Zeit nach der Varusschlacht in Rom miterlebt hat als heranwachsender Jüngling. Dagegen war, wie es scheint, das Lösegeld nach der Schlacht am Angrivarierwall ein geringes. Denn ein großer Teil konnte losgekauft werden, weil offenbar die „Stämme des Binnenlandes" an römischen Gefangenen übersättigt waren. Das kann aus der durch und durch unwahren, widerspruchsvollen Schilderung des Tacitus (Ann. II, 23. 24) gefolgert werden.

6. Die Gefangenen durften sich in Italien nicht mehr sehen lassen, geschweige denn in Rom. Das war die Bedingung, unter der das Römerreich die Loskaufung und die notwendige Vermittlung durch seine Organe zuließ. Nicht die Germanen stellen die in ihrem Interesse liegende Bedingung, daß die Freigelassenen in Italien bleiben und nicht mehr gegen Germanien kämpfen sollten – eine nicht ungewöhnliche Bedingung –, sondern Rom will keine in Germanien gewesenen Gefangenen in Italien haben!

Wie erklärt sich diese auffällige Mitteilung? Es ist nur eine Erklärung möglich: In Italien sollte die Wahrheit über die kriegerischen Vorgänge und über die in Germanien vorgefundenen Verhältnisse nicht durch die Gefangenen verbreitet werden. Die amtlich anerkannte Meinung, daß die Germanen Barbaren seien, minderwertig und wert, ausgerottet zu werden, sollte bleiben. Gefangene, die als Hausklaven in die Lebensgewohnheiten des Volkes weit tieferen Einblick bekamen als die Kaufleute an den Marktorten und in den Herbergen, konnten – davon hatte man wohl schon Erfahrung gemacht – ein ganz anderes Bild bringen, konnten die Menschen als freundlich, den Römern ebenbürtige, gesittete Leute schildern, und das war unerwünscht, konnten wohl gar die Holzhäuser der Germanen für angenehmer als die Steinhäuser der Römer, und die Fluren, Gärten und Wälder für ebenso schön halten, als die kahlen Berge Italiens und daß auch der Herbst und Winter in Germanien sein Schönes habe. Kurz, es war so mancherlei da, was ein freundliches und ein achtunggebietendes Bild von Germanien bringen konnte. Und das sollte nicht sein. Das soll ja bei vielen auch heute noch nicht sein. Ähnliches haben wir nach dem Kriege erlebt, als es den nach Frankreich zurückgekehrten Kriegsgefangenen verboten wurde, sich über ihre Erlebnisse zu äußern.

Über das Schicksal und die Behandlung der Gefangenen in Germanien müssen wir uns ein anderes Bild machen, als wir bisher hatten. Sklaven wurden sie; das gab`s nun einmal in der Alten Welt nicht anders. Aber im Übrigen wird kein Volk die Germanen in humaner Behandlung der Gefangenen übertroffen haben, wie es heute noch ist. Greuelberichte wurden damals genauso erlogen, wie 1914–1918, wenn es gegen die Germanen oder Deutschen geht, doppelt und dreifach.

Mit diesen Sätzen möchte ich auch ein Heiligtum von Schutt befreien und aufdecken helfen, das ist das germanische Gemüt, dessen Erben wir sind, oder doch sein sollten.

14. Gesuchte Heiligtümer

Nachdem der Sinn einiger weniger Hieroglyphen richtig erkannt war, kam schnell die Erschließung der ganzen Schrift. Wer den Hauptschlüssel in der Hand hat, dem öffnet sich mehr als eine Tür. Ein gutes Licht leuchtet auch in dunkle Ecken.

Nehmen wir einmal an, daß es ein richtiger Weg war, wenn wir uns von den Externsteinen nach Oesterholz, von Oesterholz zu den Lopshorner heiligen Rossen und von den heiligen Rossen zur Rennbahn im Langelau und dem Hügelheiligtum der Oesterholzer Mark führen ließen!

Dann haben wir an Lippequellen und Osning eine Anhäufung bedeutsamer, über lokale Geltung hinausgreifender Heiligtümer. Wir sind bei dem mehrfach zur Erwägung gestellten Gedanken angelangt, daß hier die Hauptstätte der umwohnenden Stämme für ihre gemeinsamen religiös-kulturlichen Einrichtungen gewesen ist.

Als vor 50 Jahren A. Schierenberg die Osninggegend in ihrer Bedeutung für die germanische Geschichte erkannt hatte, wenn auch allzu sehr geleitet und eingeengt von dem Gedanken an den Eddaschauplatz, da wurde er, der eine alle Gegner völlig in den Schatten stellende Ortskenntnis hatte, mit dem bequemen Vorwurfe, er sei ein verblendeter Lokalpatriot[96], abgelehnt. Ähnlich, wenn auch nicht so schlimm, erging es Wasserbach, Clostermeier, Veltmann, Stamford, Neubourg u. a. Wenn ich recht sehe, haben sich andere Kenner des hiesigen Landes aus Besorgnis vor dem gleichen Schicksal davon zurückhalten lassen, für die genannten Männer einzutreten.

Aber darf schließlich die Besorgnis, daß der Wert genauer Kenntnis aller in Betracht kommenden Verhältnisse und Örtlichkeiten durch den Vorwurf des Lokalpatriotismus erstickt werden könnte, dazu führen, mit dem zurückzuhalten, was zur Erforschung der Wahrheit dienlich fein kann? Und gewinnt nicht in unserem

---

[96] Schierenberg, a. a. O. XIIa.

besonderen Falle das Gesamtbild an innerer Wahrheit, je abgerundeter und vollständiger es sich vor unseren Augen erhebt?

Wenn die Dinge hier zu Lande so stehen, wie ich darzulegen mich bemüht habe, ist es dann nicht erlaubt zu fragen, ob von solcher Kenntnis aus nicht auch ein Licht auf andere bisher dunkel gebliebene Ortsfragen geworfen wird? Jedes zum Bilde herangeschaffte passende Stück trägt nicht nur zur Klärung des Ganzen bei, sondern erleichtert auch die Auffindung der noch fehlenden Teile, so wie es bei den Geduldsspielen der Kinder geht. Mir scheint, daß es sich bei Tanfana und Marklo um hierher gehörige Stücke handelt.

Tanfana

Im Herbst des Jahres 14 nach Christi Geburt begannen die seit fünf Jahren sorgfältig vorbereiteten Rachezüge der Römer unter Germanicus mit einem von den Germanen zwar sicherlich vorgesehenen, aber in so später Jahreszeit für das Jahr nicht mehr erwarteten Einfall in das Gebiet der Marser. Es waren die Tage der großen germanischen Ernte- und Herbstfeierlichkeiten, in denen sich die Bevölkerung, wie uns Tacitus (Annalen I 51) berichtet, friedlicher Ruhe hingegeben oder zu „Schmausereien und Kurzweil" sich versammelt hatte. 12 000 Legionssoldaten, 26 Kohorten Bundestruppen und 8 Reitergeschwader wurden bei Xanten über die Rheinbrücke geführt. Der Cäsische Wald (bei Oberhausen „Heißen", Essen, Steele), wo die Römer ihre Herrschaft noch durch Kastelle aufrecht erhalten hatten und nichts befürchtet zu werden brauchte, war in Eilmärschen durchschritten. Aber Germanicus brach in das Marserland nicht durch deren Westmark bei Kamen ein, sondern wählte den „beschwerlicheren, noch nicht versuchten, und darum von den Feinden unbesetzten" Weg durch die Berge südlich der Lippe. Geographisch ist dieses eine wichtige Bemerkung, weil dadurch die übliche Annahme einer südlicheren Richtung des Rachezuges hinfällig wird. Germanicus ist also durch den Haarstrang in seiner Längsrichtung marschiert und an irgendeiner

Stelle, von wo aus er noch 75 km des Marserlandes vor sich hatte, aus den Bergen nach Norden in die fruchtbaren Gebiete des Landes, „wo der Marser Rind sich streckt", abgebogen. Die Beschreibung des Zuges in den Annalen lautet dann weiter folgendermaßen:

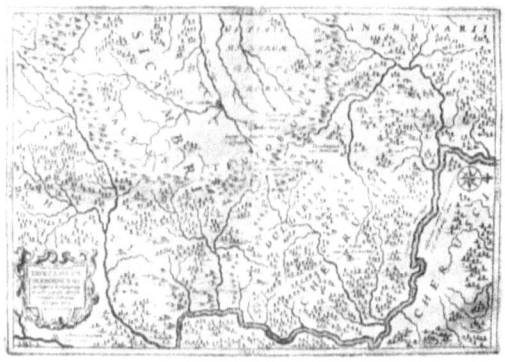

Abb. 68. Alte Karte der Stammessitze (Bischof von Fürstenberg)

„Eine Strecke von 50 Meilen (75 km) ließ er durch Feuer und Schwert vollständig verwüsten. Kein Geschlecht, kein Alter fand Erbarmen; profane und heilige Stätten und auch das bei jenen Völkern für hochheilig geltende Heiligtum, welches man das der Tanfana nannte, wurde dem Erdboden gleich gemacht. Die Römer waren unversehrt, da sie nur Schlaftrunkene, Waffenlose oder Versprengte niedergemacht hatten." Das Ganze hatte den Zweck, dem meuternden Heere das Selbstvertrauen wieder zu verschaffen.

Auf die Breite in der Front können sich bei einem Heere von etwa 17 000 Mann die 75 km aus militärischen Gründen nicht beziehen. Die Frontbreite eines solchen Zuges wird auch durch die Rücksichten auf Sicherheit und Zusammenhalt des Heeres mitbestimmt; sie konnte keinesfalls größer als 20 bis 30 km sein. Etwa in dieser Breite zieht sich das Marserland von Westen her zwischen den Bergen und der Lippe bis zur Höhe von Lippstadt hin. Von diesem Punkte ab verengert sich das Gebiet bis zu den Lippequellen, was wir aus einem Markengürtel erkennen (Brenkermark, Adlermark, Espenfeld-Willsöden, Sammtholzsundern mit der Imsenburg, Habrighauser Mark), welcher das Land nach Südosten gegen die Sugambrer abschloß. Dies Verhältnis der beiden Stammesgebiete zueinander wird auch von Schwabe in seinem Geschichtsatlas und sonst ziemlich allgemein angenommen. Dazu dürfte die von mir hier gebrachte (nicht in allen Exemplaren der Monumenta Paderb. zu findende) Karte vom Fürstenberg aus dem Jahre 1682 von Interesse sein. Diesem Paderborner Bischofe ist ja in allen solchen Dingen eine mehr als gewöhnliche Kenntnis der Dinge zuzutrauen. Wichtig für uns ist, daß auch er die Marser, die ein Teil der Sugambrer waren, in die Nähe der Emsquellen versetzt. Das ist mit einiger Mühe aus unserer Karte zu erlesen, wo der Name Marser am Teutoburgiensis Saltus steht. Sehr unbequem für unser Auge ist es, daß auf dieser Karte der Norden rechts zu suchen ist. Vielfach sind bisher – auch von Fürstenberg – die Sugambrer als der südlich der Lippe wohnende Hauptstamm angesehen worden, während der angeführte Markengürtel, den Karl der Große vorfand, uns sehr deutlich zeigt, daß hier noch eine Grenze war gegen das große Sugambrerland (Sugarland = Sauerland). Nach Paderborn zu war das Sugambrergebiet zugespitzt, denn schon bei Helmern saßen die Katten. Die gute Henkesche Übersichtskarte (Forschungen zur Varusschlacht, Gütersloh, 1910) ist nach Fürstenberg und unter Berücksichtigung des Markengürtels an der Alme dahin zu korrigieren, daß die Susatier nicht zu den Sugambrern, sondern zu den Marsern gehören. Sie gibt übrigens auch ein vortreffliches Bild von der zentralen Lage der Oesterholzer Mark zwischen den sechs großen Stämmen. Dasselbe gilt von der Dörrenbergschen Karte. Diese bezieht sich auf eine spätere Zeit, als bereits die Brukterer das Marsergebiet zwischen Unna und Neuhaus sich Untertan gemacht hatten. Später kamen die Angrivarier über diese fruchtbare Gegend. Sie bietet daher der Stammesforschung erhebliche Schwierigkeiten.

Nehmen wir das Wahrscheinlichste an, daß Germanicus südlich Werl aus den Bergen herausgetreten ist, weil hier das Ruhrknie einer Fortsetzung des Gebirgsmarsches entgegenstand. Hier hatte er noch gerade 75 km des Marsergebietes bis zu den Lippequellen zur Verwüstung vor sich. Er gelangte auf diese Weise bis zur Mark Oesterholz. Dann sind das Königslau, Langelau, Ekkelau und Lindelau als die „bei jenen Völkern (man beachte die

Mehrzahl) berühmtesten Tempel der Tanfana" anzusehen. Tempel bedeutet ursprünglich jede umhegte heilige Stätte (celeberrimum illis gentibus templum, quod Tamfanae vocabant).

Hierfür spricht auch ein hierdurch der Beachtung empfohlener Grund. Tacitus gebraucht den Genitiv Tanfanae, woraus auf eine sonst völlig unbekannte und nirgends weiter erwähnte weibliche Göttin „Tanfana" geschlossen werden mußte. Der Name bietet trotz aller Versuche zu einer wirklich einleuchtenden Erklärung keinen Anlaß.

Aber kann hier nicht, wie es in so vielen anderen Fällen angenommen wird, ein Schreibfehler der Abschreiber vorliegen? Streichen wir nur den einzigen Buchstaben e vom Schlusse des Wortes Tamfanae fort und lasten Tanfana einen Nominativ Pluralis sein, so ist des Rätsels Lösung da. Fanum heißt Heiligtum, fana heißt Heiligtümer, und Tanfana sind die Großheiligtümer, Samtheiligtümer oder Allheiligtümer. Wir haben es dann nicht mit dem Heiligtume einer Göttin „Tanfana" zu tun, die es nicht gibt, sondern mit den Samtheiligtümern jener Völker. Der Gewährsmann des Tacitus hat mit Tanfana den leidlich geglückten Versuch gemacht, die germanische Kennzeichnung der Heiligtümer zu übersetzen. Grimm[97] hat Recht, wenn er sagt: „Der Darstellungsweise der Römer war es weit mehr angelegen, durch freie Übersetzung halbe Deutlichkeit zu erreichen, als durch Beibehaltung barbarischer Ausdrücke der Nachwelt einen Dienst zu erweisen." Das Tan und Tam im Lateinischen ist dasselbe wie das griechische Tan, welches, vor einen anderen Begriff gesetzt, eine erweiternde, vergrößernde Bedeutung gibt; und in den lateinischen Wörtern mit Tan oder Tam liegt dieser Sinn leise eingeschlossen. Der Übersetzer des Wortes mag ein griechisch Denkender gewesen sein.

Meiner Deutung des „tam" ist von freundschaftlicher Seite widersprochen worden. Aber ich finde 10 mit dem Stamm ταν (in τανώος = weitgestreckt) zusammengesetzte Worte, die dadurch den

---

[97] Grimm, Mythol., S. 108.

Begriff der Erweiterung erlangt haben. Die vorgeschlagenen anderweitigen Erklärungen für tamfana, die übrigens meist das fanum gelten lassen, sind viel zu gesucht und verwickelt, als daß man sich damit befreunden könnte. Im Ohr des Tacitus war noch das profana seiner letzten Zeile nicht verklungen. Ihm mußte eine germanische Göttin namens „Tamfana" ebenso schnurrig und verdächtig klingen, wie wenn uns etwa von einer Göttin namens „Hochkirchen" berichtet würde. Er hätte für seine ebenso empfindenden Leser ein Wort der Aufklärung hinzufügen müssen. Nach meinem Sprachgefühl ist es Tacitus nicht entfernt eingefallen, seinen Lesern eine germanische Göttin namens „Tanfana" oder „Tamfana" vorzustellen.

Mit der Deutung des Namens, wie ich sie vorschlage, ist für die Ortsfrage zwar nichts geklärt, wenn eine andere Marschrichtung des Verwüstungszuges angenommen wird. Ist aber Germanicus auf die Lippequellen marschiert, dann wird auch diese Namensdeutung zu dem hellen Licht beitragen, mit dem nicht nur der Herbstfeldzug des Jahres 14, sondern auch die Oesterholzer Mark selbst beleuchtet wird. Diese Bedeutung des Berichtes bleibt bestehen, auch wenn er stark aufgebauscht ist, wenn also die Römer damals gar nicht bis zu den Tanfanastätten gekommen sind, sondern nur eine ahnungslose örtliche Festversammlung an der Grenze überfallen haben – was auch mir als das wahrscheinlichere erscheint. Das wichtige bleibt die Mitteilung, daß die Tanfanastätten 75 km ostwärts im Marserlande zu suchen sind.

Bei dem Versuche, die Stätte des Tanfana-Heiligtums ausfindig zu machen, hat Adolf Meinders im 18. Jahrhundert auf einen Stadtteil in Borgholzhausen aufmerksam gemacht, welcher Tämfanne oder Tennfanne heißt. Aber das Marserland bis nach Borgholzhausen zu verlegen oder bis in dessen Nähe, ist mit allem, was über die Stammessitze bekannt ist, unvereinbar. Und das Rätsel des Namens wird durch die Tämfanne in Borgholzhausen nicht geringer, sondern eher noch größer.

Die Entscheidung der Frage wird also darin liegen, ob die Ausdehnung des Marsergebiets bis zu den Lippequellen als richtig angesehen und meine Gesamtlösung als wahrscheinlich und befriedigend erachtet wird. Kommt noch die Aufhellung des sonst dunklen Wortes Tamfana hinzu, so ist das auch ein Gewinn.

Nachdem dieser erste Racheakt der Römer verlustlos mit einer solchen Tat an heiligster Stelle gekrönt war, trat Germanicus den Rückmarsch an, der nun freilich ein wesentlich anderes Aussehen bekam. Die Marser mit ihren Bundesgenossen hatten sich mittlerweile zum Widerstande gesammelt. Sie stießen auf die Nachhut des Römerheeres und zersprengten sie. Das Hauptheer konnte noch soeben ein befestigtes Lager erreichen und der Gefahr entgehen: „Im stolzen Selbstbewußtsein infolge ihres Sieges und ohne an die Vergangenheit zu denken, rückten die Truppen in die Winterquartiere ein." In den beiden folgenden Jahren ist es den Römern dann so schlecht ergangen, daß sie das Wiederkommen vergaßen.

Sowohl die Schlacht im Unwegsamen als auch an den langen Brücken im Jahre 15 waren schwere Niederlagen, in denen Germanicus und Cäcina kaum der Vernichtung entgingen. Das Jahr 16 aber brachte den Zusammenbruch des größten Heeres, welches Rom jemals gegen Barbaren geschickt hat: 100 000 Mann! Auch zu Lebzeiten der Schriftsteller, denen Tacitus nacherzählt hat, war der Papyros geduldig; und Schlachtberichte von Völkern, die zum Prahlen neigen, wie die Römer einst und die Franzosen jetzt, müssen stets nach dem Erfolge der Schlachten beurteilt werden. Danach kann die Schlacht bei Idistaviso (Eisbergen bei Rinteln a. W.), deren Schilderung übrigens z. T. unmöglich, z. T. lächerlich anmutet, nur ein Scheingefecht gewesen sein, wodurch die weichenden Germanen das römische Heer bis an den Angrivarierwall zogen, wo Hermann die Entscheidungsschlacht schlagen wollte und geschlagen hat. Das Ergebnis war: Anstatt des Marsches nach der Elbe, den Germanicus noch am Abend vor Idistaviso laut verkündet hatte, fluteten die Trümmer des römischen Heeres westwärts zur Ems, um sich auf den 1000 Schiffen über die Nordsee zu retten.

Als noch ein Sturm hinzukam, und die Masse der Flüchtlinge auf feindliches oder unbewohntes Land verschlagen war, um dort in germanische Gefangenschaft zu geraten oder umzukommen, entging der Imperator Germanicus soeben noch dem Schicksal des Varus. Darüber lautet der Bericht des Tacitus[98] in Woytes Übersetzung wörtlich: „Ein einziger Dreiruderer, der des Germanicus, landete an der Küste der Chauken. All die folgendenTage und Nächte irrte dieser auf den Dünen und Landzungen umher, indem er sich selbst als Urheber des so gräßlichen Unglücks anklagte, und kaum konnten ihn seine Freunde davon zurückhalten, in denselben Wogen, die sein Heer verschlungen, den Tod zu suchen."

Dies Kriegsende hinderte natürlich nicht, daß Germanicus sich einen Triumphzug in Rom bewilligen ließ. Aber man wartete vorsichtigerweise bis zum nächsten Frühjahr, ob nun nicht die Germanen ihrerseits einen Rachezug über die Alpen unternehmen würden, was sie – ebenso natürlich – nicht taten. Es muß schon sehr schlimm kommen, ehe Germanen einen Rachezug unternehmen. Im Triumphzuge wurde den schaubegierigen Römern eine erschwindelte Thusnelda vorgeführt. Wer mag nach allem noch an den von Tacitus nach 90 Jahren gutgläubig gebrachten Bericht über die ganz aus dem Rahmen fallende „Umkehr" des Germanicus zur Entsetzung des Segestes zu glauben? Er ist mit allem Drum und Dran eigens für den Thusneldaschwindel erfunden. So haben schon Schierenberg und andere geurteilt. Ich stimme ihnen bei.

Vor allem aber wollte ich diese Gelegenheit benutzen, mich zu der Schlacht am Angrivarierwall zu äußern, dieser germanischen Großtat, die in der bisherigen Anschauung keine Beachtung findet. Noch weniger werden die logischen Schlüsse daraus gezogen.

Marklo

Nach Einhard kamen die Vertreter der Stämme des Sachsenbundes jährlich in Marklo zu gemeinsamer Beratung zusammen. Das Wort Marklo ist eindeutig. Es heißt ein heiliger Hain in einer Mark. Danach

---

[98] Tacitus, Annal. II, 24.

muß es viele Orte gegeben haben, die den Namen verdienen, wenn auch nur ein Marklo, wo die Vertreter der Sachsenstämme gewohnt waren, zusammenzukommen.

Es ist demnach nicht zu verwundern, daß dies Marklo allein auf Grund seines Namens weder bisher gefunden ist, noch jemals gefunden werden kann, sei es an der Weser, wohin es Einhard verlegt, oder sonstwo. Einhard hat es vielleicht selbst nicht gewußt, daß es sich gar nicht um einen Eigennamen, sondern um eine Eigenschaftsbezeichnung handelt. Es ist, wie wenn man jetzt sagte: Die Abgeordneten pflegen sich im Reichstage zu versammeln, und wenn dann jemand eine Stadt namens Reichstag in Deutschland suchen wollte. Einhard war mit den sächsischen Dingen überhaupt wenig vertraut; er wohnte weitab in der Pfalz, so daß man nicht weiß, ob ihm bei der Ortsangabe „an der Weser" nicht das Wesergebiet etwa im Unterschiede von dem Elbgebiet vorgeschwebt hat, wobei es auf einige Meilen Entfernung nicht ankam. Jedenfalls dürfen wir auf seine Ortsbestimmung nur ein geringes Gewicht legen.

Es ist im hohen Grade unwahrscheinlich, daß der gewohnte Ort der Beratungen der Sachsenstämme an der Weser selbst gelegen hat, da die Weser von Münden abwärts weithin durch reines Cheruskerland floß, und weder rechts noch links bis Veltheim bei Vlotho eine Mark hatte, in der das Marklo vermutet werden könnte. Die Veltheimer Mark käme allein in Frage, wenn die Bezeichnung an der Weser streng genommen werden soll. Maßloh, 6 km östlich der Weser bei Petershagen in einem einstigen heiligen Hain gelegen, dürfte um seines Namens willen nicht in Betracht kommen, weil der wichtige Kehllaut des Wortes „Mark" fehlt. Es gibt in jener Gegend viele Ortsnamen mit Maß oder Meß (Meßlingen, Maßlingen, Meßwinkel, Mesmerode usw.), die mit Mark nichts zu tun haben.

Da wir bei dieser Gewohnheit der germanischen Stämme die bei wichtigen Angelegenheiten stets eine Rolle spielenden religiösen Gründe mitsprechen lassen müssen, so dürfen wir das Marklo nicht nur irgendwo in einer Mark suchen, sondern da, wo sich die allen genehmen gemeinsamen religiösen Heiligtümer befanden.

Dieses wissen wir mit einer Gewißheit, die kaum etwas zu wünschen übrig läßt, nur von der Oesterholzer Mark. Sie ist in der Luftlinie 38 km von der Weser entfernt gelegen. Ihre zentrale Lage für die im Sachsenbunde zusammengeschlossenen Stämme leuchtet ein.

Diesen inneren Gründen noch geschichtliche oder sonstige äußere Gründe hinzuzufügen, wird schwer sein, weil nur die einzige kurze geschichtliche Erwähnung der Tatsache vorhanden ist. Es wird dem subjektiven Ermessen des Einzelnen überlassen bleiben, ob er den für die Oesterholzer Mark sprechenden inneren Gründen den Vorzug geben, oder auf eine geographische Bestimmung von Marklo verzichten will. Im ersteren Falle liegt wenigstens die Möglichkeit vor, die an sich so wertvolle Nachricht von einem Parlament der verbundenen Stämme mit Fleisch und Blut zu umkleiden, während das immer nur gesuchte und nicht zu findende Marklo am Weserufer dem Geschichtsbilde nichts weiter hinzufügen kann. Unsere Geschichtsschreiber, und nicht die schlechtesten, haben stets mit derartigen Wahrscheinlichkeitsannahmen gearbeitet. Darum muß es auch bei Marklo erlaubt sein. –

Zu Marklo bemerkt Webers Weltgeschichte I, § 318: „Eine gemeinsame Obrigkeit für das ganze Volk fehlte; auf der Landesgemeinde zu Marklo an der Weser, wo aus freien Ständen des Volks Abgeordnete erschienen, wurde über die allgemeinen Landesangelegenheiten Rats gepflogen und über Krieg und Frieden entschieden."

Wir wollen in germanischen Dingen feinfühlig werden und auch in derartigen Sätzen die für unsere frühere Geschichtsschreibung charakteristische, von uns jetzt grundsätzlich abzulehnende Behandlung der germanischen Dinge nicht mehr übersehen. In demselben Atemzuge, in dem Weber über die höchsten staatlichen Einrichtungen und Befugnisse eines großen politischen Bundes in Germanien berichtet, wird dem germanischen Volke ganz allgemein eine gemeinsame Obrigkeit abgesprochen! Gemeint ist natürlich, daß man dazu nicht weit genug gewesen sei in der Kultur.

Einige Zeilen früher nennt Weber die wahrscheinlichen Akte der Notwehr der gutmütigen, arbeitsamen Westfalen gegen die

Quälereien des unruhigen, unverschämten und herrschsüchtigen westfränkischen Nachbarn ohne weiteres „räuberische Einfälle". Georg Weber in allen Ehren, aber hier ist doch die immer und immer wieder in der Geschichtsschreibung über das germanische Altertum sich bemerkbar machende Parteilichkeit vom fremden Standpunkte aus, die in dem vorliegenden Falle der Geschichtslüge von den „wilden Sachsen" Gefolgschaft leistet.

Festhalten wollen wir auf jeden Fall: die Landesgemeinde zu Marklo war nicht eine gelegentliche Zusammenkunft, sondern eine regelrechte Bundesregierung, die das höchste staatliche Recht, über Krieg und Frieden zu entscheiden, ausgeübt hat. Sie wird es ausgeübt haben an einer Stätte religiöser Heiligtümer der zusammengeschlossenen Stämme, wie wir sie in der Oesterholzer Mark erkannten.

15. Heilige Linien

Ortung germanischer Bergheiligtümer

Ein stets wiederholter Zufall negiert sich selbst.

Bastian

In den Mittelmeerländern gab`s im Altertum eine Ortung (Orientierung) von Grundstücken und heiligen Bauten. Das Nochvorhandensein solcher Bauten oder deren Trümmer gab die Möglichkeit wissenschaftlicher Untersuchungen, wie sie Prof. Nissen-Bonn im Anfange dieses Jahrhunderts an 350 Tempeln mit positivem Erfolge angestellt hat[99].

Aus Germanien sind alle heiligen Bauten der vorchristlichen Zeit, sofern sie überhaupt vorhanden waren, vom Erdboden verschwunden, wovon vielleicht das Sazellum der Externsteine die einzige Ausnahme bildet. Aus der Tiefe gräbt jetzt Dr. Löschke in Trier die Trümmer heiliger Bauten, deren Bedeutung wir noch nicht überblicken.

Prächtige Tempel im antiken Sinne wird man schwerlich gehabt haben, weil man der Gottheit lieber im Haine und auf Bergeshöhen diente. Soweit das Bedürfnis dennoch überdachte Räume zu heiligen Zwecken forderte, waren es im Allgemeinen Holzbauten, die auch ohne ihre Zerstörung zur Zeit der Einführung des Christentums nur wenige Jahrhunderte hätten überdauern können.

Aber man hat hin und her im Lande zahlreiche andere aus Stein errichtete, dem Dienst der Gottheit geweihte Maler und Türme gehabt, die ebenfalls verschwunden sind. Ihr Dasein sowohl, als auch ihre völlige Vernichtung erhellt mit erschütternder Deutlichkeit aus einem kaum bekannten Beschluß einer Kirchenversammlung von Nanzig, welcher das Kapitulare Karls des Großen vom Jahre 789 zu Aachen bestätigte und noch verschärfte. Ich entnehme den Beschluß einer Schrift des bischöflichen Konsistorialrats K. K. Prof. Franz Widlak-Znaim[100], einer gewiß unverfänglichen Quelle,

---

[99] Nissen, die Orientation ägyptischer und griechischer Bauwerke, 3 Bände.
[100] Widlak, Gebräuche der alten Deutschen, Verlag F. M. Lenks, Znaim. (Sperrsatz

und stelle ihn wörtlich an die Spitze, weil die Erinnerung daran meine Ausführungen vom Anfang bis zum Ende begleiten muß. Es ist der 20. Kanon dieser offenbar sehr fruchtbaren Kirchenversammlung, dem die bereits vollzogene Zerstörung der Mäler noch nicht genug war. Er lautet:

"Lapides quoque, quos in ruinosis locis et silvestribus daemonum ludificationibus decepti venerantur, ubi et vota vovent et deferunt, funditus effodiantur atque in tali loco proiciantur, ubi nunquam a cultoribus suis inveniri possint. Omnibusque interdicatur, ut nullus votum faciat ant candelem ant aliquit nummus pro salute sua rogaturus alibi deferat, nisi ad ecclesiam vel Domino Deo suo."

Zu deutsch:

Auch die Steine, die das durch Dänionenblendwerl getäuschte Volk an den Trümmerstätten in den Wäldern verehrt, wo es auch Gelübde ablegt und erfüllt, sollen von Grund aus ausgegraben und an einen solchen Ort geworfen werden, wo sie von ihren Verehrern niemals aufgefunden werden können. Es soll allen verboten werden, daß niemand in der Sorge um sein Seelenheil ein Gelübde ablege oder ein Licht oder eine Opfergabe anderswohin bringe, als zur Kirche und zu seinem Herrn und Gott.

Wer Zweifelt angesichts der Macht Roms und des Fanatismus jener Zeiten, in den das Volk selbst nach und nach hereingezogen wurde, daran, daß der Beschluß wortgetreu ausgeführt worden ist?

Eine Ausnahme scheint mit den Steinkreuzen (Sühnekreuzen, Martern, Abb. 69) gemacht zu sein, von denen sich noch eine große Zahl auf germanischem Boden findet. Sie verdanken ihre Rettung jedenfalls ihrer Kreuzform, die als geeignet angesehen wurde, die germanische Sitte in eine christliche Sitte umzubiegen. Das ist schon durch Papst Leo III. 779 geschehen, als er die Aufforderung erließ, an Wegkreuzungen, wo man sich zu begegnen pflegt, Wegkreuze zu errichten[101]. Das wollte jedoch wegen ihrer unheimlichen Urbedeutung und auch wohl wegen der nicht ganz zutreffenden Form nicht ganz glücken. Auch der spätere Versuch, sie zu Sühnekreuzen zu machen und dann entsprechend auch

---

vom Verfasser, wie auch sonst.)
[101] Kalliefe, im Korrespondenzblatt des Gesamtvereins Deutscher Geschichts- und Altertumsvereine 1918, Nr. 7/8 Sp. 7. Sächsischer Heimatschutz zu Dresden 1928.

neue Sühnekreuze zu errichten, schlug nicht durch, so daß Dr. Kuhfahl in seiner wertvollen Arbeit über „Die alten Steinkreuze in Sachsen" zu dem Gesamturteil kommt: „Angesichts der weitzerstreuten Steinkreuzfunde, die ich auf mitteleuropäischem Boden zwischen den Vogesen und dem westlichen Kaukasus, zwischen der oberitalienischen Ebene und den nordischen Gestaden nach Tausenden verzeichnen konnte, steht man also noch heute vor einem Rätsel". Wir werden es als eine unzweifelhafte Tatsache anzusehen haben, daß die Mehrzahl der alten Steinkreuze germanischen Ursprungs sind und mit dem alten Glauben zusammenhängen. Die sich auf ihnen vielfach findenden Zeichen dürften noch manche Aufklärung bringen können. In unserem letzten Ortungsbeispiel werden wir einem Steinkreuze begegnen, welches die Vermutung verstärkt, daß die Thingstätten solche Kreuze als „Malzeichen" hatten.

Wenn man es in Nanzig für nötig hielt obigen Beschluß hinsichtlich der in den Wäldern errichteten heiligen Steinbauten zu fassen, um wieviel mehr sind wir gezwungen anzunehmen, daß in den Ortschaften etwaige Tempel und sonstige heilige Bauten, sei es aus Stein oder Holz, ausnahmslos mit einer nicht mehr überbietbaren Gründlichkeit zerstört worden sind. Eine ähnliche, die Mittelmeerländer betreffende kirchliche Unordnung ist nicht bekannt, und wenn sie erlassen wurde, ist sie jedenfalls nicht durchgeführt, wie die tatsächlich noch vorhandenen Tempelruinen zeigen; wohl deswegen nicht, weil die geringere religiöse Beharrlichkeit der Mittelmeervölker eine solche Maßregel als unnötig erscheinen ließ. In Germanien aber blieb`s nicht nur bei der äußerlichen Vernichtung der Tempel, sondern es kam noch hinzu, daß über solche und ähnliche Geschehnisse nach aller Möglichkeit – und auch mit gutem Erfolge – der Schleier der Vergessenheit gebreitet wurde. So muß man sich z. B. aus den Lebensbeschreibungen Karls des Großen mit einiger Mühe die kurzen Erwähnungen der Zerstörungstaten heraussuchen, wie ja auch das Blutbad von Verden mit wenigen Zeilen abgetan wird.

Aus der Unkenntnis oder Nichtbeachtung des tiefgreifenden Vorgangs der Bautenzerstörung in der Bekehrungszeit konnte im deutschen Volke der verhängnisvolle Irrtum entstehen, daß aus einem völligen Fehlen von Baudenkmälern oder ihren Resten ein Schluß auf die Tiefe der germanischen Baukunst und damit auch der ganzen Kultur jener Zeit gezogen werden dürfe und müsse.

Über das Vorhandensein einer astronomischen Ortung im vorchristlichen Germanien habe ich irgendwelche Erörterungen in unserer Literatur nicht ausfindig machen können, außer daß Ingenieur Stephan Halle a. S. die Festlegung des Sonnenortes zur Sommerwende in Stonehenge und die Festlegung von Sternörtern in der Steinsetzung der Tucheler Heide behandelt. Auf Stephans Arbeit in den Mannusheften mache ich hier besonders aufmerksam. Neuerdings sind die Erörterungen über „Mecklenburgs 'Steintanz'" von Werner Timm u. a. hinzugekommen. General Schradin-Ulm macht in einer Handschrift auf eine von ihm beobachtete Orientierung in Lothringen und Süddeutschland aufmerksam. In der Zeitschrift „Das Weltall"[102] bringt Prof. Dittrich eine inhaltreiche Zusammenstellung von Nachrichten und Gedanken über astronomische Neigungen im Allgemeinen und über die Ortung und ihre Wahrscheinlichkeit im Besonderen.

Ferner hatte die von alters her geübte Ortung der Längsachse der christlichen Kirchenbauten auf der Westostlinie hier und da zu der berechtigten Frage geführt, ob sie nicht wie ungezählte

Abb. 69. Mordkreuz bei Probsthagen

---

[102] „Das Weltall", Zeitschrift für Astronomie usw., Treptow-Sternwarte, Mai 1930.

andere christliche Sitten auf einen in Germanien üblichen Brauch zurückzuführen sei, da ja die Hinwendung nach den heiligen Stätten in Palästina in den germanischen Ländern eine südöstliche und nicht eine östliche Richtung erfordert haben würde. Die Oststellung als solche hat wohl im germanischen Gestirndienst, nicht aber in der christlichen Religion eine Begründung.

Mein durch die Beobachtungen an den Externsteinen und an Oesterholz angeregtes Suchen nach etwa noch vorhandenen Spuren und Anzeichen einer Ortung in Germanien ist von positivem Erfolge begleitet gewesen. Sie führten zu dem Satze:

Es ist in weiten Teilen Germaniens der auf astronomischer Beobachtung beruhende Brauch einer Nord- und Osteinstellung heiliger Bauten und anderer öffentlicher Stätten in ihrem Verhältnis zueinander geübt worden. Auch Einstellungen auf die Örter der Sonnenwende und andere Ortungen sind nachweisbar.

Die noch vorhandene letzte Spur des Brauchs wird uns befähigen, Plätze einstiger Heiligtümer herauszufinden, so daß dann mit den der Archäologie zur Verfügung stehenden Mitteln weitere Forschungen angestellt werden können.

Die Externsteine und Oesterholz lenkten bereits die Aufmerksamkeit darauf, daß die Alten sich in der umgebenden Natur Richtpunkte für ihre astronomischen Linien verschafft hatten. Aber meine weiteren Nachforschungen stießen zunächst nur auf vereinzelte und darum unsicher bleibende Ortungen auf die Sonnen- und Mondwenden.

Auch die auffällige Tatsache, daß (1) die den Meridian anzeigende Umgrenzungslinie des Oesterholzer Gutshofs über einen Bergrücken hinweg die Trümmer derTeutoburg neben dem Hermannsdenkmal durchschnitt und weiter nördlich erst einen rätselhaften Turmstumpf auf dem Hiddeser Berge und dann den Kapellenplatz in Heidenoldendorf traf, konnte nicht genügen, hielt aber die Aufmerksamkeit wach.

Den Anlaß zu den mühsamen und dann mit überraschendem Ergebnis belohnten Nachforschungen gab ein Besuch des auf unseren Karten noch nicht verzeichneten alten Germanenlagers „Dehmerburg" am Südhange des Wittekindberges in der Nähe der Porta Westfalica. Ich bemerkte, daß der das Lager überragende Aussichtsturm am „Wilden Schmied", an dessen Stelle der Luginsland des Lagers gewesen sein wird, nördlich des Hermannsdenkmals steht mit einer Abweichung von der astronomischen Nordlinie von etwa 0,8 bis 1,0 Grad, je nachdem man den Punkt auf der Grotenburg nimmt. Die Entfernung zwischen Teutoburger Wald und den Weserbergen beträgt hier 37 km.

Danach zeigte sich mir (2) auch die durch die Teutoburg gehende Westostlinie (Tag- und Nachtgleiche), im Osten scharf bestimmt wiederum durch einen Aussichtsturm, Kalenberg, der sich über der anerkannt alten Schiederburg (Altschieder) erhebt. Dieses Mal war die Abweichung von der astronomischen Breite so klein, daß sie auch mit einem großen Transporteur von 30 cm Durchmesser kaum noch meßbar ist. Auf der Mitte der 23 km langen Strecke, wo der gegebene Platz für eine Zwischenstation ist, begegnete ich zu meiner Überraschung noch einmal dem Meinberger Aussichtsturm, der schon als Richtpunkt der Externsteiner Mondlinie uns bekannt ist. Westlich der Teutoburg hebt sich auf dieser Linie noch die Kirche von Stukenbrok hervor. Ich stand also vor der merkwürdigen Tatsache, daß sowohl die Nordlinie als auch die Ostlinie der Teutoburg, deren Ortung auf Oesterholz bereits aufgefallen war, auf dem Kamm des Gebirges am Horizont einen durch einen Aussichtsturm sehr stark ausgeprägten Endpunkt hatte, und daß sich beide Male unter dem Aussichtsturm ein altes Lager befand!

Nun können solche Erscheinungen, wie diese beiden Teutoburglinien, wenn sie vereinzelt auftreten, gewiß auch einem merkwürdigen Zufall zugeschrieben werden. Denn jede durch eine Karte gezogene längere Linie trifft ja allerlei Punkte, darunter auch wohl einen oder gar mehrere Punkte, denen eine archäologische Bedeutung zugesprochen werden kann. Aber schließlich hört einmal der Glaube an einen Zufall oder die Möglichkeit eines Zufalls auf, wenn die gleichen Erscheinungen bei unserem System der

Nord- und Ostlinie sich häufen, bei einem andern beliebig gewählten, in gleicher Weise angewendeten System aber seltener auftreten.

Als die Untersuchung nun auch bei einer größeren Zahl der übrigen alten Lager und Burgen Niedersachsens ein mehr oder weniger eindrückliches Ergebnis hatte, da entstand allmählich vor meinem und meiner Mitarbeiter Auge das Bild einer Orientierung der alten Stätten, welches zwar natürlich durchaus lückenhaft und in zahlreichen Einzelheiten verwischt ist, aber doch noch immer überzeugend genug wirkt, obgleich nun seit 1150 Jahren nur zerstörende Kräfte an ihm gearbeitet haben.

Neben die ansehnliche Zahl von Linien, die den beiden oben erwähnten ähnlich sind, trat dann eine sehr große Zahl kurzer, leicht überblickbarer, und darum für viele noch eindrücklicherer Ortungen mit ihrer örtlichen Bedeutung für das Glaubensleben und für den Kalender der Nächstwohnenden.

Nach allem, was wir von dem Glaubensleben und den Sitten der alten Kulturvölker wissen, haben in ihm die Himmelsrichtungen eine bedeutsame Rolle gespielt. Im Deutschen Museum in München befindet sich das Bild: Der ägyptische König und die Weisheitsgöttin errichten im Jahre 1475 vor Chr. Geb. die Fluchtstäbe für die Nordsüdachse bei der Tempelgründung von Amada.

Durch das Vorhandensein der Nordorientierung, die im alten germanischen Glauben eine tiefe Wurzel hat, während sie für den christlichen Gedanken- und Empfindungskreis überhaupt nicht in Betracht kommen kann, ist jedem Gedanken, daß die Ortungserscheinungen noch in christlicher Zeit entstanden sein könnten, der Boden entzogen. „Nach dem Norden wurde der Wohnsitz des Teufels verlegt, und die Neubekehrten mußten mit gerunzelter Stirn und zorniger Gebärde nordwärts gerichtet dem alten Glauben entsagen[103]." Damit dürfte das Verhältnis der christlichen Kirche einerseits und des germanischen Glaubens anderseits zur Nordrichtung

---

[103] Biedenkapp, Der Nordpol als Völkerheimat. Verlag Costenoble, Jena 1906, S.153.

ausreichend gekennzeichnet sein. Dazu kommt, daß unsere Beobachtungen oft gerade die Stätten als Hauptpunkte der Orientierung aufweisen, die mit Kirche und Christentum nichts zu tun haben.

Die Nordrichtung hat auch weiterhin in der Völkerwelt eine in die Lebensgewohnheiten des Volkes eingreifende Bedeutung gehabt. Bis heute hat sich bei den Indiern die Gewohnheit erhalten, zum Schlafen den Körper in die Nordrichtung zu bringen; wenn im Wuppertale jemand nicht schlafen kann, wird ihm wohl der gute Rat gegeben, sich nach Norden zu wenden.

Die Neigung zur Ortung dürfte bis in die Urzeit der erwachenden Religion und Kultur zurückzuführen sein. Praktisch wird man damit begonnen haben, von gewissen Plätzen aus durch Merkzeichen der umgebenden Natur am Horizont die Örter sich einzuprägen und immer sorgfältiger festzulegen, wo die Sonne zu bestimmten wichtigen Zeiten auf- oder unterging. Dadurch gewann man einen Anhalt für die Jahreseinteilung, die mit dem Beginn des Ackerbauens auch zu einer der wichtigsten praktischen Lebensfragen geworden war. In den Küstenländern kam dazu das dringende Bedürfnis der Schiffahrt. Auch Viehzucht, Jagd, Fischerei bedurften der Beachtung des Kalenders.

Von vornherein aufs engste mit der Ortung verbunden, ja als Urgrund der ganzen Neigung anzusehen, war das Bedürfnis des religiösen Empfindens, sich nach der Richtung hinzuwenden, wo man die zu verehrende Gottheit sich vorstellte. Je mehr sich ein Brauchtum ausbildete für Opfer und Gebet, für Gelübde, Eid und andere feierliche Handlungen, umso mehr mußte die Bedeutung der Himmelsrichtungen steigen. Und je gottesfürchtiger man war, umso genauer mußte es mit der Richtung genommen werden.

In dieser religiösen Sorgfalt, verbunden mit der Sorge für den Kalender, ist der Ursprung der „wissenschaftlichen" Astronomie zu erblicken. Als wissenschaftlich muß sie deswegen bezeichnet werden, weil sie unter geringstem Wettbewerb des Empfindungsmäßigen und des Wunschmäßigen auf die Erfassung der wirklichen Verhältnisse der Himmelskörper ernstlich bedacht war und zur Erreichung des Ziels die geeigneten Wege sich erdenken mußte.

Das Ergebnis war denn auch ein durchaus anerkennenswertes. Die Pollinie ist mit einer Richtigkeit erkannt worden, die einen Unterschied von der Pollinie der neueren Astronomie nicht erkennen läßt. Nach astronomischem Urteil dürfte es einem Laien unserer Zeit trotz Ausrüstung mit Uhr und Kompaß schwer halten, die nicht leichte Aufgabe so richtig zu lösen, wie es die Alten zu unserer Bewunderung getan haben. Auch die Beobachtungsfehler, mit denen natürlich in allen praktischen Einzelfällen gerechnet werden muß, und um derentwillen nach sachverständiger Meinung eine Genauigkeitsgrenze von einem Grad oder mehr zuzulassen ist, sind, wie es scheint, bei den Alten sehr gering gewesen. Ein Spielraum von einem Grad soll daher nur in den seltensten Fällen, wenn andere Gründe mitsprechen, in Betracht gezogen werden – immer bei Zugrundelegung der jetzt geltenden Pollinie. Dabei bleibt natürlich die Möglichkeit, ja die Wahrscheinlichkeit, daß die Alten sehr oft noch ungenauer gemessen haben. In der ältesten christlichen Zeit, als die germanische Astronomie unterdrückt und vergessen war, hat man sich bei der Ortung der Kirchen bis zu 14 Grad vermessen.

Zur Schwierigkeit der Bestimmung der Pollinie sei noch bemerkt, daß schon vor wenigen tausend Jahren der jetzige Polarstern weit abseits stand und ein anderer brauchbarer Polarstern nicht vorhanden war.

Der nächste einleuchtende, psychologisch unausbleibliche Schritt der Entwicklung war die Erhebung der in der Natur vermerkten Orientierungsstellen zu Heiligtümern, da sie ja doch von dem Geist der Gottheit umschwebt waren. Damit war dann ihre Ausstattung mit dem verbunden, was man gebrauchte, wenn man an den festlichen Tagen der betreffenden Gottheit an diesen geheiligten Stätten zusammenkam. Worin die Ausstattung bestand, können wir nur vermuten; vielleicht in einem Mal aus Holz oder Stein (Menhir), in einer erhöhten Unterlage, einem Steinhügel oder einem Turmsockel für den Brandstapel, damit das Feuer recht hoch emporlodere.

Ja, das Feuer, dieses eigentlich oberste, bevorzugte Mittel der Gottesverehrung! Es gab eine feierliche Weckung der Flamme aus Holzreibung, wofür von alters her der Name Notfeuer (Nodfyr) bekannt ist. Der Indikulus verbietet „illos sacrileges ignes quos niedfyr vocant" – jene frevlerischen Feuer, die sie Niedfyr nennen. Reichliche Kenntnis haben wir über die Oster- und Johannisfeuer.

Daß es sich bei den Ortungspunkten in der Tat um die Plätze der Berg- und Waldheiligtümer handelt, von deren Dasein wir bereits wußten, deren Orte wir aber nicht kannten, um Plätze, an denen man zusammenkam, erhellt auch aus einer vielfach bis in unsere Zeit erhaltenen lebhaften Zuwegung; denn die Beschaffenheit und Benutzung der Stellen in der späteren Zeit läßt oft keinen zureichenden Grund für die gerade da entstandenen Wegespinnen erkennen.

Manchmal, und zwar in den Lagen, wo sich die Ortsbeschaffenheit zur Ackerbebauung und Ansiedlung eignete, sind diese eingehegten Heiligtümer und die Wohnstätten ihrer ersten Anwohner – Feuerwärter und von der Metallzeit an zugleich auch Schmiede – zu Verdichtungspunkten für spätere Ortschaften geworden. Da wurde dann das Ortungsheiligtum zum Dorfthingplatz. Je tiefer wir mit unserer Annahme des Aufkommens der Ortung in die ersten Besiedlungszeiten zurückgehen, umso erklärlicher wird die ganze Erscheinung.

Nicht wenige der so entstandenen Dörfer zeigen noch heutigen Tages – wie auch natürlich die übrigen Thingplatz-Kirchdörfer – durch die Straßenanlage, daß die zusammenlaufenden Wege an dieser Stelle ein Gehege zu umgehen hatten. Bei schnellem Durchfahren solcher Dörfer erscheinen die Kirchplätze dem Autofahrer unserer Zeit wie in den Weg gestellte Verkehrshindernisse.

Was diese ältesten Kirchdörfer anbelangt, so gehört es zu dem gesichertsten Wissen von unserer germanischen Vergangenheit, daß die Kirchen in der Bekehrungszeit gemäß Anordnung der sämtlichen damaligen Päpste, wo es anging, auf die Thingplätze gesetzt worden sind, „wo das Volk gewohnt sei, zusammenzukommen". Das war eine ebenso grausame als wirksame Anordnung zur Beseitigung des alten Glaubens, zumal die Beschädigung der Kirchen unter Todesstrafe gestellt wurde.

Immerhin werden wir wegen ihrer Häufigkeit in kirchenreichen Gegenden die Kirchen nur dann zu den Beweisen mit heranziehen dürfen, wenn eine Linie bereits anderweitig als gesichert erscheint, oder wenn ihre Orientierung auf kurze Entfernung eine sehr eindrückliche ist.

Sobald die Ortungsstellen als festliche Versammlungsplätze benutzt wurden, lag für sie selbst wiederum das Bedürfnis einer Ortung vor, und zwar in der gleichen Richtung, in der sie selbst zur Ortung bestimmt waren. Auf diese einfache Weise erklärt sich die Entstehung der längeren, manchmal in erhebliche Entfernung über Berg und Tal gehenden Linien, auf denen – natürlich für uns nur lückenhaft – die Stationen wie Perlen an der Schnur erscheinen (s. Beispiel 31). Beachtenswert und erklärlich ist es, daß die Beobachtungsfehler von Meßstelle zu Meßstelle sich bei den meisten solcher längeren Linien nahezu ausgeglichen haben, so daß Anfangs- und Endpunkt in ihrer Entfernung vom astronomischen Breitengrad oder Längengrad meist nur einen geringen Unterschied zeigen. Denn die Fehler ereigneten sich ja nicht nach ein und derselben Seite.

Die weithin leuchtenden Feuer boten sich nun den Führern des Volkes von selbst an als Mittel zur Benachrichtigung der Fernwohnenden. Mit den fortschreitenden Bedürfnissen der Gemeinschaft wird sich ein Signalwesen für friedliche und kriegerische Zwecke herausgebildet haben, welches das auch bei den Wilden in Afrika zu findende Signalwesen in dem gleichen Maße an Durchbildung und kultureller Brauchbarkeit übertroffen haben dürfte, als die alten nordischen Völker an Geist und sonstiger Begabung über die farbigen Rassen unserer Zeit hinausragen.

Die Germanen wurden zur Römerzeit aus einem Leben aufgeschreckt, welches wohl die zwischen den Großen mit ihren Gefolgschaften[104] zweikampfartig ausgefochtenen Streitigkeiten

---

[104] Des Tacitus Schilderung des faulen Lebens der germanischen Männer kann

und auch blutige Stammeshändel, an den Grenzen auch die Abwehr andrängender fremder Völkerschaften mit Weib und Kind kannte. Aber man kannte keinen Kampf mit wohlgeschulter, fremder, feindlicher Heeresmacht. Als dieser nun um die Wende unserer Zeitrechnung notwendig wurde, da haben sich die Germanen mehrfach – im Jahre 15 und 16 n. Chr. Geburt noch mehr als im Jahre 9 – zu militärischen Taten aufgerafft von solchem Umfange und mit so geschickter Führung großer Massen, daß diese Taten vor einem militärisch sachverständigen Urteil unbedingt zugleich auch als Zeugnisse für ein hervorragend brauchbares Nachrichtenwesen erscheinen müssen. Ähnlich war es später in den 32jährigen Kämpfen des Sachsenbundes gegen Karl, der als fremder Eroberer und Bedrücker mit seinen wohlgeschulten, bereits völlig romanisierten Westfranken anrückte.

In solchen kriegerischen Leistungen liegt eine starke Begründung für die Annahme, daß die vorhandenen kultisch-kalendrischen Leuchtwarten auch für das öffentliche Nachrichtenwesen verwertet worden sind. Dabei ist der Gedanke nicht von der Hand zu weisen, daß es inmitten eines Gewirrs von ungezählten, bei allen möglichen Gelegenheiten im Lande aufleuchtenden Feuern gerade die geraden astronomisch bestimmten Linien, wie sie durch die Ortung entstanden waren, gewesen sind, die die Möglichkeit einer sicheren Beförderung von Nachrichten bis an die Grenze des Landes geboten haben. Von der Richtigkeit dieses Gedankens kann man sich durch einen Rundblick auf die Osterfeuer, z. B. in der hiesigen Gegend vom Meinberger Aussichtsturm aus, überzeugen. Nur durch astronomisch bestimmte gerade Linien konnten Störungen und Mißverständnisse in der Nachrichtenübermittlung ausgeschlossen werden.

---

sich, soweit Wahres daran ist, nur auf diese Gefolgschaften beziehen, die die heimatlichen Höfe verlassen hatten und nun im Dienst und in der Umgebung ihres Fürsten ein Ritterleben führten, welches sich von dem dem Tacitus bekannten Leben der römischen Söldner allerdings stark unterschieden haben wird.

An den Stellen auf Bergeshöhe, wo die Feuer der Alten weithin leuchteten, finden wir jetzt in auffälliger Anzahl unsere Aussichtstürme, und zwar diejenigen, deren Plätze nicht erst zur Befriedigung des neuerlichen Bedürfnisses nach Naturfreude ausgesucht, gerodet und hergerichtet sind, sondern schon von alters her eine durch Menschenhand geschaffene, oder doch bewahrte Sonderstellung als weithin sichtbare freie Stellen gehabt haben. Die Plätze sind im Mittelalter dann oft für die Spähtürme benutzt, ehe sie neuerdings für die Aussichtstürme oder Tempelchen ausersehen wurden. Der Grund für diese uns jetzt so günstige Dauerhaftigkeit ihrer Sonderstellung in den Wäldern dürfte auch mit darin zu erblicken sein, daß die Bodenbeschaffenheit der durch Jahrtausende vom Waldwuchs freigehaltenen, an der Humusbildung behinderten Stellen sowohl dem freien Wachstum als auch der Aufforstung widerstrebt haben. Wenn sie zugleich ihre Zuwegung behalten hatten, boten sie somit alle Vorteile zur Errichtung der Aussichtstürme.

Aus ähnlichen Gründen wird auch manche mittelalterliche Warte im Lande und bei den Städten auf der gleichen Stelle erbaut sein, wo einst das germanische Heiligtum stand. Ehe man einen neuen Platz herrichtete oder gar aus dem Privatbesitz heraus erwarb, nahm man natürlich einen bereits vorhandenen, der sich in öffentlichem Besitz befand und sich gut eignete.

Außer den erwähnten Thingplatzkirchen, die in vielen Fällen aus der großen Zahl der übrigen Kirchorte schon kartenmäßig herauserkannt werden können, sowie den Aussichtstürmen und Warten kommen für uns ferner als Anzeichen einstiger Orientierungspunkte die einsamen Waldkapellen, Klausen und kleinen Klöster in Betracht. Ihre Vorgänger dürfen wir nahezu ausnahmslos als schon in der Bekehrungszeit zur Sühne und Entgreuelung an den Orten des germanischen Kultus errichtet ansehen.

In evangelischen Gegenden und in solchen katholischen Gegenden, wo Bildstöcke und Kreuze seltener vorkommen, sind auch diese hierhin zu rechnen, besonders wenn sie sich an abgelegenen Stellen finden. Die ältesten Kalvarienberge erwecken den größten

Verdacht, daß sie an den Stellen bedeutsamer germanischer Heiligtümer entstanden sind. Hierbei spielte derselbe Gesichtspunkt eine große Rolle, daß von solchen Stellen die bösen Geister der alten Götter vertrieben werden sollten, der Götter, die ja nach dem Glauben der ersten Christenheit lebten und an den gewohnten Stätten ihrer Verehrung weiter ihr Wesen trieben. Der zum Kalvarienberge nördlich Brakel führende Kreuzweg ist mit 130° auf den Sommersonnenort eingestellt.

Wenn die Stellen auf diese Weise nicht entsühnt werden konnten, so beschritt man den Weg der Satanisierung. Man bezeichnete sie als Teufels- und Hexenorte oder belegte sie mit verächtlichen Namen und brachte sie in einen Verruf, der vielfach bis zum heutigen Tage angehalten hat.

Weiter haben wir die meist hervorragend günstig gelegenen Plätze der als mittelalterlich angesehenen Burgruinen und Wohnburgen zu beachten. Es liegen starke Gründe vor, daß wir viele Burgen bis zu dem schwer erbringlichen Gegenbeweis als die Nachfolger und Nutznießer dessen ansehen dürfen, was bereits die Vorfahren in germanischer Zeit aus den Plätzen gemacht hatten. Ähnlich liegen auch unsere ältesten Bauernhöfe natürlich noch genau auf den Plätzen, wo die germanischen Vorfahren – zurück bis in die Urzeit der Ackerbebauung – im Schweiße ihres Angesichts den Wohnplatz und das Nutzland aus dem wüsten Eiszeitzustande herausgearbeitet und wo sie sich ihre Wohnungen breit und behäbig, entsprechend der fortschreitenden Kultur, errichtet hatten[105]. Die wenigen nicht in späterer Zeit überbauten Burgen und Ringwälle, die wir noch zur Untersuchung haben, geben uns immerhin ausreichende Lehren darüber, welche Plätze sich die Alten zu ihren Zwecken ausgesucht haben. Und unter diesen Zwecken standen die religiösen Heiligtümer in vorderster Reihe.

Schließlich müssen wir auch mit der gebotenen Vorsicht auf allerlei sonstige auf altöffentlichen Grund und Boden gesetzte, oft an

---

[105] Vgl. Seite 157.

Wegekreuzungen liegende Gebäude oder Einrichtungen, wie Schulen, Friedhöfe, selbst Abdeckereien, Mühlen u. a. m. achten, wenn sie sich an den Stellen zeigen, an denen wir aus anderen Gründen Orientierungsmale zu suchen veranlaßt sind.

Die Orientierungsbeispiele kann ich im gegenwärtigen Stande der Forschungen nur mit dem Vorbehalt der in vielen Punkten jedenfalls notwendig werdenden Verbesserung geben. Aber nachdem die Ortung in Germanien für mich und meine Mitarbeiter zu einer zweifellosen Tatsache geworden ist, die fort und fort ihre Bestätigung findet und die sich bereits als heuristisches Prinzip (Mittel zur Auffindung) bewährt hat[106], war die Darlegung der Sache vor der Öffentlichkeit geboten, da nur dadurch eine weitere Klärung, eine Verwertung und ein Fortschritt möglich ist.

Mein Vorbehalt ist um der vorliegenden Schwierigkeiten willen nötig. Zu überwinden ist nicht nur die unserem subjektiven Urteil überlassene Einschätzung der Beobachtungsfehler der Alten in jedem Einzelfalle und die wenn auch noch so geringe Ungenauigkeit unserer Karten, die wegen der Kugelgestaltung der Erde unvermeidlich ist, sondern auch der ganz allgemein geltende Umstand, daß wir den genauen Meßstandpunkt der Alten an einem Platze ja nicht kennen. Dadurch können z. B. schon bei Burgen Unterschiede entstehen, die bei Messungen auf nahe Entfernung etwas ausmachen. Noch mehr ist dies bei geräumigen Lagern der Fall. Auch die Thingplätze, auf denen jetzt die Kirchturmspitzen den Geometern wundervolle Richtpunkte darbieten, waren immerhin größer, als es für unsere Messungen erwünscht ist. Am sichersten sind wir noch bei Aussichtstürmen, Warten, einsamen Waldkapellen usw., daß wir die rechte Stelle vor uns haben. Nur kostspielige Ausgrabungsarbeiten, wenn sie von Glück begleitet sind, würden uns zur größten Gewißheit verhelfen können. Jedenfalls sind wir innerhalb kleiner Grenzen darauf angewiesen, von uns aus nach bestem Wissen Voraussetzungen zu machen und von einer Annahme auszugehen.

---

[106] Siehe zum Beispiel Nr. 30.

Dazu kommt noch eins. Wenn bei der Eigenart der vorliegenden Untersuchungen ein Vorwärtskommen möglich werden sollte, dann erschien es ausgeschlossen, den Charakter jedes einzelnen der vielen vorkommenden Punkte vor seiner Beachtung zu erkunden, oder auch – sofern dies doch geschehen konnte – sich dem bisherigen Urteil einfach zu unterwerfen. Ein Landwirt, den ich befragte, ob sich vielleicht an einen von mir besichtigten noch 10 (!) m hohen künstlich aufgeschütteten Hügel auf seiner Feldgrenze eine Spukgeschichte oder sonst eine Überlieferung knüpfe, war offenbar über die seinem Hof drohende Schmach unangenehm berührt und behauptete, daß sein Großvater den Hügel zur Beschäftigung Arbeitsloser habe aufhäufen lassen. Man muß einen westfälischen Landwirt kennen, um eine solche Antwort zu würdigen, wenn auch etwas Wahres daran sein mag.

Es ist eine bekannte Sache, daß außer den Hünengräbern die sich in unserm Lande noch findenden Reste menschlicher Bemühungen aus alter, nicht mehr überblickbarer Zeit, darunter auch Straßen, mit Vorliebe den Franzosen, Schweden, Hussiten, Franken und Römern oder gar den Polacken zugeschoben werden, beileibe aber nicht den Bewohnern, die in diesem Lande Tausende von Jahren gesessen haben und in demselben nicht nur gestorben sind, sondern auch gelebt, gedacht, geschafft haben. Und zwar geschieht dies nicht nur wie selbstverständlich vom Volk, sondern auch von einer großen Zahl der Gelehrten, die sich erst durch handfeste Gegenbeweise und dann noch mit saurer Miene zu einer andern Auffassung bequemen. Es wäre sachlicher und vernünftiger, wenn's umgekehrt wäre, wenn man also bei allem, was sich an Resten und Spuren alter Menschenwerke in unsern Landen findet, zunächst und bis zum wirklichen Gegenbeweise an das Tun derer dächte, die hier gelebt und geschafft haben und deren fleißiger Arbeit wir es in erster Linie verdanken, daß uns aus dem unwirtlichen Lande, wie es ursprünglich gewesen sein muß, allmählich das wohnliche Land geworden ist, wie es das Mittelalter übernahm. Denn dieses Mittelalter mit seinen unaufhörlichen Kämpfen, mit seinen fast immer schrecklichen, unsicheren und führerlosen politischen Zuständen, mit seinem Faustrecht, mit seinem weltabgewandten Geiste und seinem im Wesentlichen nur auf das Wohl der Herren und der Kirche bedachten Tun – Ausnahmeerscheinungen, besonders im Städteleben, immer zugegeben – hat zu der eigentlichen Landeskultur nur ein Geringes beitragen können. Für eine Anerkennung und Würdigung der Kultur der Alten, wie sie für uns jetzt in Rede steht, und für eine Wiederherausholung derselben aus dem Dunkel der Vergessenheit ist es eine unbedingte Voraussetzung, daß wir diesen und ähnlichen Gedankengängen Raum in vorderster Linie geben. Andernfalls werden wir in den tiefen Irrtümern stecken bleiben, die man seit 1150 Jahren unserm Volke mit größtem Erfolge eingeimpft hat.

Nach Lage der Dinge sind Irrtümer über den Ursprung, die Bestimmung und das Alter einzelner zunächst in Betracht gezogener Ortungspunkte fast unvermeidbar. Davon jedoch, daß durch diese sämtlichen Einschränkungen und Vorbehalte das Ganze der hier in Beweis gestellten Ortung kaum berührt wird, daß dieselbe vielmehr mit starker Beweiskraft wohl begründet vor unseren Augen steht, davon dürfte sich jeder überzeugen, der die gebotenen Beispiele mit Ernst und Ruhe prüft, womöglich selbst Kartenmaterial, Zirkel, Lineal und Transporteur zur Hand nimmt und – unter Anwendung aller Vorsicht – neue findet. Vorsicht, sehr große Vorsicht ist freilich nötig; denn es unterliegt keiner Frage, daß hier ein Feld ist für üppig wuchernde Selbsttäuschungen. Zu einer wissenschaftlich sorgfältigen, und darum von mir aufs wärmste empfohlenen Arbeit über die Ortungserscheinungen in Ostfriesland ist Dr. H. Röhrig durch unseren Ortungssatz angeregt worden[107]. Besonders lehrreich ist die Arbeit um deswillen, weil es in Ostfriesland keine Berge

---

[107] Dr. H. Röhrig, Heilige Linien durch Ostfriesland, herausgegeben vom Staatsarchiv in Aurich, Verlag Friemann, Aurich 1930, S. 87 Ein ergänzender Aufsatz, der die Zufallsfrage auf mathematischer Grundlage behandelt, ist vom Verfasser persönlich zu beziehen, Hannover, Meterstr. 21.

gibt. Auch von Herrn Fritz Fricke[108] liegt eine Untersuchung mehrerer Ortungserscheinungen zwischen Thüringer Wald und Harzer Land vor, während eine große Zahl brieflich mitgeteilter Ortungserscheinungen aus fast allen Gegenden des deutschen Vaterlandes zunächst in dem bereits stark angeschwollenen Archiv der „Freunde germanischer Vorgeschichte" in Detmold ruht und der Zeit ihrer Prüfung und Verwertung harrt.

Zu bewundern ist die Geschicklichkeit, mit der die Alten bei der Auswahl der Orte gleichzeitig ihren idealen Zwecken – Kultus, kultischen Orientierungen, ästhetischem Naturempfinden – und zugleich den praktischen Bedürfnissen hinsichtlich der Wasser- und Bodenverhältnisse und der militärischen Gesichtspunkte Rechnung zu tragen verstanden.

Um der Orientierung zu genügen, konnten sie keine Berge versetzen; aber sie konnten aus den sich ihnen darbietenden Möglichkeiten die günstigste Auswahl treffen. Sie legten ihre Lager den kriegerischen Erfordernissen entsprechend an, aber innerhalb des ihnen gelassenen Spielraums haben sie auf die von dem kundigen Goden gegebene Anweisung gehört, wo der Platz für Luginsland und Leuchtstelle zu roden sei. Altschieder hätte seinen militärischen Zweck auch an verschiedenen anderen Stellen des sich verengernden Emmertales erfüllen können, aber man hat die Absicht, der Ostergottheit auf der heiligen Teutoburglinie zu dienen, mitreden lassen und den Platz unter dem Kalenberge gewählt. Wer ausgerüstet mit einem gewissen Maß religiöser Veranlagung sich mit dem Studium der religiösen Empfindungswelt der alten Völker eingehender befaßt hat, der wird es verlernt haben, solche Einflüsse der Religion auf das praktische Tun und Lassen der Menschen im Altertum zu bezweifeln oder zu belächeln. Was von Altschieder gesagt ist, gilt auch von den anderen Orientierungen von Lagerburg zu Lagerburg. Und doch liegt es in der Natur der Sache, daß ihre Zahl

---

[108] Im Selbstverlag Fritz Fricke, Mühlhausen, Thüringen.

nur gering sein kann. Im Allgemeinen ist es so, daß die Errichtung eines Orientierungsmals für eine Lagerburg ihrer Anlage nachgefolgt sein dürfte.

Zu den selteneren Fällen gehört z. B. auch die Linie 3 Hünenburg, westlich Bielefeld, – Sparenburg in Bielefeld. Bei der Hünenburg handelt es sich um ein widerspruchslos als vorgeschichtlich gewertetes Lager, bei der Sparenburg lag bisher kein Anlaß für die Annahme eines hohen Alters vor. Da nun der Bergrücken, auf dem die Hünenburg liegt, ihren Erbauern eine Auswahl des Platzes und ein Hereinrücken in eine Ortungslinie gestattete, während der Kegel der Sparenburg den Platz fest vorschrieb, so muß sich die Orientierung der Hünenburg nach der Sparenburg gerichtet haben, und damit wäre der vorgeschichtlichen Ausnutzung des Sparenberges das höhere Alter zuzuerkennen. Die Abhängigkeit der Lage dieser beiden Burgen voneinander ist durch die Genauigkeit ihrer Ortung auf der Ostlinie überaus auffällig. Man muß schon eine willkürliche Auswahl aus den Ecken des jetzigen Sparenburggebäudes treffen, wenn man eine erkennbare Abweichung von der astronomischen Linie haben will. Die Entfernung ist kurz – nur 4 km über ein Tal und einen Rücken hinweg – und ihre Beurteilung wird durch keinerlei Konkurrenzpunkte beirrt. Ich rechne sie (bis Brake) zu denen, mit welchen man sich zunächst einmal abfinden sollte, wenn man einen Standpunkt zur Sache gewinnen will. Zu gleichem Zwecke empfehle ich noch die Beispiele Nr. 4. 5. 11. 29. 41. 42. 47.

Ich lege nunmehr etwa die Hälfte der von mir bisher festgestellten Ortungslinien vor. Es ist die gleiche Zahl und Auswahl, wie in der ersten Auflage; auch die Ausführungen dazu sind nahezu unverändert, weil meine Bitte um Meinungsäußerung und Kritik wohl Bestätigungen und Ergänzungen, nicht aber einen Anlaß zum Fallenlassen einer Linie oder eines Ortungspunktes eingetragen hat. Da ich leider nicht in der Lage war, die z. T. sehr wertvollen Anregungen zu bearbeiten und die Stätten zu besuchen, muß ich ihre Verwertung späterer Zeit überlassen und mich hier mit freundlichem Dank an die Einsender begnügen.

Die an die Beispiele geknüpften Ausführungen sind größtenteils nicht nur von örtlicher Bedeutung, sondern haben auch ihren allgemeinen Wert für unsere Auffassung der germanischen Dinge, z. T. grundsätzlicher Art. Das Örtliche konnte nicht entbehrt werden, aber es ist in Kleinschrift gesetzt.

Weitere Ortungsbeispiele

Erklärung der hier und später gebrauchten Abkürzungen:

Aw mit folgender Gradzahl bedeutet die Winkelabweichung der Orientierungslinie von dem astronomischen Längen- oder Breitengrad, nach bestem Können gemessen, oder nach der Formel tang a$= \frac{a}{b}$ ausgerechnet.

Alle kleinsten kartenmäßig mit einem Transporteur von 30 cm Durchmesser nicht mehr meßbaren Abweichungswinkel sind mit 0,05° eingeführt.

Wenn eine Winkelabweichung nicht angegeben ist, so ist entweder der Punkt so nahe oder so tief gelegen, daß eine Messung von ihm aus und zu ihm nicht anzunehmen ist, oder es ist kein Meßpunkt vorhanden, der für uns genau oder bestimmt genug wäre.

Das km bedeutet die Kilometerentfernung; Auss.T. = Aussichtsturm; W = Warte; R = Ruine; T.P. = Trigonometrischer Punkt. – Die Reihenfolge der Beispiele ist nicht nach dem Grade ihrer Wahrscheinlichkeit geordnet.

3. Hünenburg b. Bielefeld – 4 km – Aw 0,1° Sparenburg. Die östliche Fortsetzung dieser Linie zeigt sich: – 16½ km – Aw 0,05° Friedh. Waddenhausen – 10½ km – Aw 0,3° Kirche Brake b. Lemgo – 15 km Saalberg (südl. Alverdissen) – Saalberg (nordöstl. Sonneborn) – Denkmalsplatz südl. Reher – 13 km – Aw 0,16° Hünenschloß b. Amelgatzen – Ostpunkt.

Waddenhausen ist ein kirchenloser Ort; der nebst Schule an der Straßenkreuzung gelegene Friedhof ist Teil eines noch nicht kultiviert gewesenen Gemeindeplatzes. – Der Kirchplatz der alten Ortschaft Brake charakterisiert sich durch die Straßenführung als früherer Thingplatz. – Die mehrfach unter einer Orientierungslinie sich findenden Saalberge sagen uns, daß man mit Vorliebe die Versammlungsplätze an die vorhandenen Bergheiligtümer heranlegte. – Einen Platz für ein Denkmal pflegt eine Gemeinde nicht anzukaufen; auch die Gemeinde Reher wird einen gutgelegenen wüsten Gemeindeplatz für das Kriegerdenkmal hergegeben haben.

Im Hünenschloß bei Amelgatzen unweit Pyrmont haben wir eine im hohen Grade rätselhafte Ruine. Sie ist ein Knotenpunkt des Orientierungssystems, wie auch der Friedhof Waddenhausen (Bsp. 16):

4. Hünenschloß – 18km – Aw 0,1 ° Auss.T. Köterberg – 6 km Forsthaus Heiligengeisterholz – 7½ km – Aw 0,9° Heiligenberg (St. Michaelskapelle) – Südpunkt.

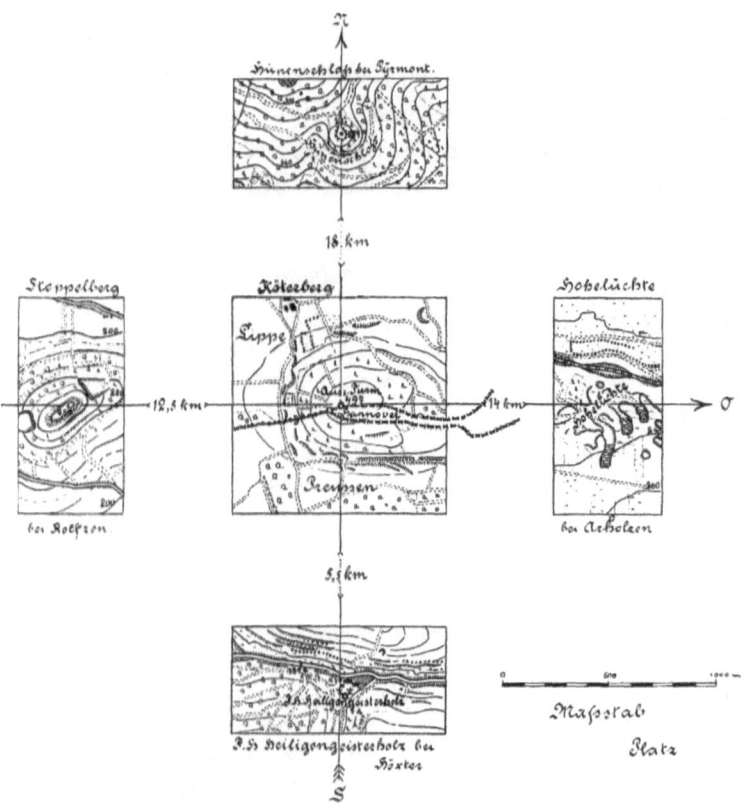

Abb. 70. Köterberg mit seinen 4 Ortungspunkten

Dazu nehmen wir sofort:
 5. Stoppelburg – 13 km – Aw 0,1° Auss.T. Köterberg – 16½ km „Hohelüchte" (zwischen Holzminden und Stadtoldendorf) – Ostpunkt.

Der Köterberg, die höchste Erhebung dieser Gegend westlich der Weser, spielt in der Volkssage eine große Rolle. Sein Name[109] wird im Volksmund als Götterberg gedeutet. Von ihm aus bewarfen sich die Riesen der Urzeit mit Steinbeilen oder Felsblocken nach dem Schwalenberge und dem Stoppelberg hinüber.

Unsere Abbildung zeigt die vom Köterberge ausgehende Ortung nach allen vier Himmelsrichtungen, wie es mit ähnlicher

---

[109] Nach Preuß, Lipp. Flurnamen, 1552 Kötterberg.

Eindrücklichkeit selten zu finden ist. Außerdem ist hier eine ganz eigenartige Grenzgestaltung der auf dem Köterberge zusammenstoßenden drei Gebiete Westfalen, Lippe, Hannover in hohem Maße beachtlich. Hannover schiebt sich mit einem zum Teil nur 60 m breiten Landstreifen bis unmittelbar an die alte Kultstätte heran. Was hat das zu bedeuten? Da die heutigen Grenzen manchmal unverändert sich aus den ältesten Zeiten herübergerettet haben, und da gar kein einleuchtender Grund aus christlicher Zeit für diese Grenzerscheinung auf dem Köterberge auszudenken ist, so dürfte die Annahme gerechtfertigt sein, daß einst auf dem Köterberge ein gemeinschaftliches Heiligtum der anstoßenden drei Gaue gewesen ist. Möglich wäre es, daß ursprünglich der Platz, ähnlich einer Mark, gemeinschaftliches Eigentum war, und daß dann bei der Verteilung der Marken in fränkischer Zeit alle drei Beteiligten, also auch der abseits gelegene östliche Teilhaber, ihr altes Recht an der Stätte greifbar in der Hand behalten wollten. Wahrscheinlicher aber ist, daß die auffällige Sache schon in germanischer Zeit eben deswegen entstanden ist, weil hier keine Mark war und alle drei an dem Heiligtume Beteiligten sich auf eigenem Grund und Boden an der heiligen Stätte versammeln wollten. Das Grenzbild des Köterberges ist ein Scheinwerfer in manche Verhältnisse der vorgeschichtlichen Zeit.

   Noch deutlicher zeigt das folgende Bild zur Bestätigung dieses Gedankenganges die ganz gleichartige Erscheinung auf der einige Kilometer nördlicher gelegenen Herlingsburg (Hermannsburg), an deren höchstem Punkt sich Waldeck-Pyrmont mit einem engen Gebietsschlauch zwischen Lippe und Preußen heranschiebt. Man sieht hier ganz klar, daß die alten Besitzer des preußischen Teils ihren Anspruch nicht am Berggipfel als solchem, sondern ausschließlich auf das dort auf Höhe 334,6 stehende Heiligtum hatten (Beispiel 31).

   Der Stoppelberg trägt auf seiner Kuppe innerhalb eines gewaltigen Erdwerks einen mehrere Meter hohen Steinhügel, der uns von der Benutzung des Berges als orientierte Station reden kann. Was wir im Ganzen auf dem Stoppelberge vor uns haben, ist bisher noch ein völliges Rätsel. Daß es keine mittelalterliche Wohnburg in den uns bekannten Formen gewesen sein kann, lehrt der Befund nach kurzer Untersuchung[110].

Über die sprachliche Bedeutung von „Hohelüchte" kann kein Zweifel bestehen. Wie hier werden auch sonst die Namen, die mit Licht und Leuchten zu tun haben, für uns von hoher Bedeutung, worauf wir zurückkommen werden. Hier haben wir einen jetzt von Steinbrüchen zerrissenen Berghang „Hohelüchte". – Der Name „Heiligengeisterholz" spricht für sich selbst. Aber es ist nur eine weniger wichtige Zwischenstation. Als mir das südlich anschließende Meßtischblatt zur Hand kam, fand ich neuerdings einen weit eindrücklicheren und bestimmteren Südpunkt in dem „Heiligen Berge" mit seiner einsamen St. Michaelskapelle, einem allgemein anerkannten germanischen Kultplatz (– 7½ km – Aw 0,9°). Wigand[111] äußert sich dazu (1817): „Ebenso wahrscheinlich ist es auch, daß die Gottesverehrungen auf diesem heiligen Berge so alt sind, wie die Ansiedlungen selbst, und daß beides bis in die germanische Zeit hinaufreicht. Man pflegt gern an heiligen Plätzen heidnischer Gottesverehrung Kirchen und Kapellen anzulegen." Unsere Abb. 70 zeigt den heiligen Berg noch nicht.

Abb. 71.
Die Grenzgestaltung
Der Herlingsburg

Auch zur Annahme einer Nordorientierung sowohl der Bielefelder Hünenburg, zu der wir zurückkehren, als auch der Sparenburg liegen Gründe vor, die im Zusammenhange des Ganzen nicht übersehen werden können.

---

[110] Daran ändert auch die Notiz v. Donops in seiner Beschreibung des lippischen Landes (1790) nichts.
[111] Wigand, Corveyscher Güterbesitz, S. 66.

6. Hünenburg b. Bielefeld – 28 km – Aw 0,6° (Rödinghausen) Auss.T. Nonnenstein – Nordpunkt.

Der Nonnenstein interessiert durch Volkssagen, eine derselben auch mit astronomischem Einschlag: der Stein dreht sich zur neunten Stunde. – Gewiß haben wir hier an eine Umbiegung der Sage in christlicher Zeit zu denken. Aber eben an eine Umbiegung, überall, wo sich irgendein Zusammenhang mit einer Nordorientierung zeigt, werden unsere Gedanken zwangsläufig in die vorchristliche Zeit geführt.

7. Sparenburg in Bielefeld – 9½ km – Aw 0,1° Tieplatz Jöllenbeck Höhe 149,1 – 15½ km – Aw 0,16° Kirche Bieren – Nordpunkt.

Jöllenbeck und Bieren geben Anlaß zu besondern Erwägungen. Die Jöllenbecker Kirche steht auf dem Platze der ersten Bodenerhebung zwischen Sparenburg und Wesergebirge, der für eine Zwischenstation der Nordlinie in Betracht kam.

Wir haben hier einen Fall, wo wir uns zunächst um die Lage des Kirchengebäudes nicht zu kümmern brauchen. Denn wir wissen, daß die Jöllenbecker Pfarrei eine spätere Gründung aus dem Jahre 1000 ist, als man schon keinen Wert mehr darauf zu legen brauchte, daß die Kirche genau auf den Platz des germanischen Heiligtums gesetzt wurde. Die erste Kirche stand auch etwa 100 m abseits und nur zufällig ist die jetzige Kirche wieder herübergerückt auf den alten auf der Sparenburglinie liegenden Gerichtsplatz, der noch jetzt der „Thi" heißt. So liegt sie nun wieder unter Höhe 149,1, die den Gerichtsplatz krönte. Da haben wir das alte Ortungsmal zu suchen. – Die Bierener Kirche liegt, nahezu vereinsamt zwischen wenigen Höfen, ordnungsmäßig da, wo die Wegeführung den Versammlungsplatz einer alten Siedlung anzeigt, und zwar wiederum in der Nordorientierung der Sparenburg, an der Stelle, wo eine Zwischenstation wegen der Höhenlage erwartet werden muß.

Irgendwann haben im Jöllenbecker Gebiet Menschen vor der Frage gestanden: wo legen wir den Gerichtsplatz an? und im Bierener Gebiet hat man irgendwann gefragt: wo soll unser Versammlungsplatz sein?

Daß die Jöllenbecker und die Bierener bei dieser Wahl der Plätze beide blindlings auf die heilige Pollinie der Sparenburg geraten seien, ist an sich schwer glaublich, aber umso weniger, je häufiger uns nun dieselben Erscheinungen entgegentreten.

    8. Kirche Werther (nordwestlich der Bielefelder Hünenburg) – 7½ km – Aw 0,3° Kirche Steinhagen – 6½ km – Aw 0,3° Kirche Isselhorst b. Gütersloh – Südpunkt.

Nach Norden fortgeführt schneidet die Linie die Straßenkreuzung in „Piepenbrink".

Der Name findet sich mehrfach an orientierten Stationen, und zwar nach meinem bisherigen Befunde fast nur da. Er dürfte wie Klockenbrink, Dönberg, Heulmeier, Klapperberg, Sackpfeife, Flötepfeife usw. mit den Hörsignalen zusammenhängen, die neben den Lichtsignalen von diesen Warten aus gegeben wurden.

Diese Orientierung dreier alter Kirchen in großen Ortschaften einer dorfarmen Gegend auf den Nordpol als vierten Punkt fällt sofort ins Auge und verlangt ernstliche Beachtung, zumal wenn das angelegte Lineal nach sorgfältiger Feststellung des Meridians eine solche Genauigkeit offenbart, wie sie hier vorliegt. An den Platz der Wertherschen Kirche mit ihrem alten „romanischen" Turm knüpft sich noch eine besondere Sage. Die Befreiung der „Wichbolde" zu Werther und „in der Halle" vom öffentlichen Dienst dürfte mit kultischen Obliegenheiten in Verbindung stehen. An den Übergangsstellen dieser Linie über den Teutoburger Wald zeigen die Karten nichts; ob sich noch Spuren erkennen lassen, wäre festzustellen. Steinhagen hatte schon vor seiner Trennung von Dornberg 1334 eine alte Kapelle[112].

Ebenso eindrücklich wie die Werthersche ist eine Kirchenlinie nördlich Hannover in der Lüneburger Heide, wo die Kirchen noch seltener sind.

    9. Kirche Suderbruch – 6½ km – Aw 0,1° Kirche Schwarmstedt – 10 km – Thören – 10 km – Aw 0,3° Kirche Winsen a. d. Aller – Ostpunkt.

Neben der unverkennbaren Orientierung dieser drei Kirchen auf den Osterpunkt müssen wir auch das Auftreten des Namens „Thören" für ein Dörfchen auf dieser Osterlinie, in der Mitte zwischen

---

[112] Schaten I c. II, S. 277–79.

Schwarmstedt und Winsen, beachten, wo wegen der Entfernung eine vermittelnde Station nötig war.

Zu Anfang meiner Untersuchungen bin ich der Namenfrage, die mit diesem Thören ernstlicher in unsere Erörterung eingreift, grundsätzlich aus dem Wege gegangen, um die durch die Namen so leicht entstehenden Irrungen zu vermeiden und erst festeren Boden unter den Füßen zu gewinnen. Bald aber drängten sich gewisse Namen mit einer Stetigkeit an und auf die erkannten Linien, daß ich sie nicht mehr übersehen konnte. Ich will deswegen die auf den Linien auftretenden wichtigen Namen auch in meiner Darlegung nicht unterdrücken.

Die Gradzahl der Winkelabweichung muß in den Fällen, wo wir uns zunächst nur auf die Namen stützen können, fortgelassen werden. Denn zumal für Messungen auf nahe Entfernung muß ein ausreichend scharf bestimmter Punkt vorhanden sein. Diese Frage hat nur geringe Bedeutung in allen den Fällen, wo es sich nicht um höhergelegene Stationen handelt, sondern um Plätze, die wahrscheinlich in erster Linie um des religiösen Empfindungswertes willen sich auf der heiligen Linie befinden, dann aber bei unsichtigem Wetter als Zwischenstationen zur Weitergabe der Feuerzeichen benutzt werden konnten.

Die bloßen Namen haben meine Arbeit schon mehrfach erleichtert zur Auffindung der anderen genauer bestimmten Stätten, durch die dann eine Orientierung festzustellen war. Zu diesen Namen gehört auch „Tören, Thören, Dören, Döhren, Dooren, Doren, Dorn" usw. Die sehr verschiedene Aussprache des niederdeutschen Worts für Turm bis zum heutigen Tage ist mir von Kind auf persönlich bekannt; t, th, d fließen sprachlich ineinander über und der Vokal ist schriftlich meist überhaupt nicht wiederzugeben. Daß das t lautlich nicht zu d werden könne, widerspricht der praktischen Erfahrung. Die meisten Dören usw. scheinen mir mit Dornen nichts zu tun zu haben, sondern sie werden „Turm" bedeuten. Die Möglichkeit der Lautverschiebung wird durch die Schreibweise von Dornberg im 12. Jahrhundert aufs deutlichste bestätigt; damals hieß Kirchdornberg b. Bielefeld „Thornbergon" (s. Beispiel 14). Erstaunlich ist hier allerdings, daß die Turmbedeutung von „Dören" in der Volkserinnerung erloschen zu sein scheint. Aber es ist mir gar nicht mehr unwahrscheinlich, daß die Schreibkundigen des 9. Jahrhunderts gemäß 5. Mose nachgeholfen haben und die Umbiegung des Namens und seiner Bedeutung veranlaßt haben. In Beispiel 16 wird uns noch der Name eines Forstortes sehr zu Hilfe kommen. – Übrigens sind in unserem Falle die Regeln der Lautverschiebung um deswillen kraftlos, weil ja der Turm und auch die Erinnerung an ihn fehlte, so daß die Sprechfaulheit der Niederdeutschen, die lieber d als t sagt, freie Bahn hatte. Diese Unart habe ich mit meinem Namen immerfort erleben müssen.

Bei allen übrigen Dören, die nicht Turm bedeuten, ist die Ursache der Namengebung ebenfalls nicht in dem landläufigen Dorngebüsch, sondern in dem Dorngehege zn suchen, welches die Heiligtümer umgab. Zu diesen Dornen gehörten in erster Linie die „Hülsen" (ilex).

Der Turm ist offenbar eine von den Formen gewesen, in denen die Alten ihre heiligen Bauten gestaltet haben. Sowohl die Türme als auch die Glocken der christlichen Kirchen müssen als ein Erbteil aus dem Germanentum angesehen werden. Die ersten Kirchengebäude in den Mittelmeerländern hatten ebenso wenig wie ihre Vorbilder, die Tempelbauten, Türme; Glocken sah Rom erst im 7. Jahrhundert, als die Berührung mit dem Germanentum bereits eine enge geworden war, und als germanische Sitten in großer Zahl vom Christentum aufgenommen wurden. Die Glocken, die dem germanischen Kultus gedient hatten, hat man, wie es scheint, anfangs zu vernichten gesucht oder ins Wasser versenkt – daher die vielen Sagen von den versenkten Glocken. Dann aber kam die Glockentaufe auf, wodurch die alten Glocken für den christlichen Kult brauchbar gemacht wurden; und dann wurden sie in einen Turm neben der Kirche gehängt. Daß man – klug wie man war – auch den einen oder anderen alten Turm stehen ließ und ebenfalls umtaufte, will ich nicht behaupten aber auch nicht abstreiten. Für uns ist jedenfalls das Dogma, die Germanen hätten niemals mit

Kalkmörtel gebaut, während die andern Völker längst den Kalkmörtel hatten, aus den dargelegten Gründen (Kap. 7) hinfällig geworden.

Im Anschluß an „Thören" kann ich es mir nicht versagen, auf eine Anzahl von Linien mit Türmen aufmerksam zu machen.

Die erste erweckt auch wegen ihrer Ausdehnung von über 100 km und wegen einer Anzahl auffälliger Namen Interesse.

    10. Thören (b. Schwarmstedt) – (Lister Turm b. Hannover – 32½ km –?) – 6 km – Kirche „Dörener Turm" – 2½ km – Kirche Schl. Wilkenburg – 5½ km – Kirche Pattensen – 5½ km – Auss.T. über Marienburg – 11 km – einsame Feldberger Kirche – 8 km – Lütgenholzer Friedh. (Grenzzipfel) – 4 km – Friedh. Hohenbüchener Forsthaus – 21 km – Seilzer Turm, Forsthaus.

Wenn sich herausstellen sollte, daß der von mir in Klammern gesetzte Lister Turm bei Hannover innerhalb des von der Linie durchschnittenen Parks einst seitlich des jetzigen Gebäudes gestanden hat, dann würde uns diese Linie also nicht weniger als fünf Türme bieten. Aber auch ohne den Lister Turm ist sie beachtenswert wegen der zahlreichen interessanten Stellen und Namen, die ihren Weg bezeichnen und wegen ihrer Ausdehnung.

Auch auf der Strecke zwischen Thören bei Winsen und dem Lister bzw. Dörener Turm bei Hannover fehlen auffällige Punkte nicht ganz (z. B. die nordöstlich naheliegende Stelle des Hainhauses).

Im sandigen Flachlande, wo Erdwerke dem schnellen Verderben preisgegeben sind, haben wir nicht viel zu erwarten. Aber auch da war die Orientation, wie die folgende Linie zeigt. Sie bringt uns ebenfalls einen Turm.

    11. Kattenturm, südl. Bremen – 5½ km – Aw 0,05° Dom Bremen Kirche – 11 km – Aw 0,05° St. Jürgen – 6 km– Osterholz Friedh. (nicht Kirche) – Nordpunkt.

Der 1803 abgebrochene Kattenturm ist nach der Bremer Chronik im Jahre 1309 an dem Übergang der Landstraße nach Brinkum über die Ochtum erbaut. Danach liegt seine Stelle für uns genau fest. Die geographische Lage der Stationen dieser Linie habe ich im Reichsamt für Landesaufnahme – nebst einigen anderen – genau bestimmen lassen, um mich über die Tragweite etwaiger Kartenfehler zu unterrichten. Der Turm, der Dom, das alte Kloster in der Einsamkeit! Diese drei Punkte mit nahezu absoluter Genauigkeit auf der Nordlinie auftretend, tragen eine schlichte Überzeugungskraft in sich. Nachträglich ist mir nun auch von kundiger

Seite die unzweifelhafte kultische Bedeutung von Oesterholz, wo sich auch ein alter Pferdemarkt befindet, bestätigt worden. Mit derartigen Erscheinungen muß sich der Kritiker einzeln auseinandersetzen.

Bremen veranlaßte mich, den Blick auf Minden und Osnabrück zu richten, und ich fand wiederum Türme auf den Linien.

  12. Mindener Dom Kirche – 3¼ km – Aw 0,4° „Wallfahrts"mühle – 1½ km – „Thoren" – Nordpunkt.

Bei dem Namen „Thoren" sind auf der Karte einzelne Häuser verzeichnet. Nachforschen konnte ich noch nicht, aber der Name an dieser Stelle sagt genug. Ebenso die Wallfahrtsmühle. Warum walfahrtete man gerade an diese auf der astronomischen Nordlinie des Mindener Doms gelegene Stelle?

  13. Domplatz in Osnabrück, Denkmal – 10 km – Aw 0,8° „Lechten"berg, Straßenkeuz. (Den jetzigen Aussichtsturm hat man 75 m neben das Straßenkreuz gesetzt,) – 4 km – Aw 1,0° Aussichtsturm bei Schledehausen – 8½ km – Natinger Heerlager – 9½ km – Aw 0,35° Burgruine auf dem Limberge – Ostpunkt.

Hier haben wir als eindrücklichen Endpunkt eine mit alten Ringwällen umgebene Burgruine, ferner einen „Lechten"berg und dazu einen Turm. Zu einem Limberge führte auch die folgende Untersuchung, Das Wort „Dorn" in Kirchdornberg, nordwestlich von Bielefeld, legte mir die Frage nahe, ob nicht auch hier ein Turm gemeint sei.

  14. Kirchdornberg – 16 km – Aw 0,25° Hünenburg bei Riemsloh – 6 km – Limburg (Lim = Linde).

Diese Untersuchung lohnte sich in doppelter Richtung. Geschichtlich brachte ich – wie bereits bemerkt – in Erfahrung, daß der Ort im 12. Jahrhundert noch „Thornbergon" geheißen hat, wodurch meine Vermutung, daß die Bedeutung von Dorn und damit auch von Dören in vielen Berg- und Ortsnamen in der Tat „Turm" ist, bestätigt wurde. Das ist für unsere Forschungen überaus wertvoll. Die germanische Bedeutung Dornbergs erhellt auch daraus, daß es der Ort eines alten Gerichts war[113]. Außerdem wurde mir das Ziehen dieser Linie zu einem Wegweiser zur Auffindung der Riemsloher Hünenburg, deren Lage ich nicht kannte.

Lebhaftes Interesse erweckt unter dem Gesichtspunkt der Turmbedeutung der „Dörenberg" bei Sternberg in Lippe.

---

[113] Zeitschrift für vaterl. Geschichte und Altertumskunde, Münster 1880, S. 96.

15. Hillentrup Kirche – 4½ km – Aw 0,4° T.P. Dörenberg bei Sternberg – 14 km – Aw 0,1° Kirche Ürzen – 9 km – Aw 0,1° Kirche Kirchohsen – Ostpunkt. (Nordsüdlinie siehe Beispiel 29.)

Der Gipfel des Dörenberges weist eine sehr merkwürdige Störung und Durchwühlung des Bodens auf, die in hohem Grade verdächtig ist, nicht durch Anfänge eines Steinbruchs verursacht zu sein. Steinwagen sind niemals zu dieser Stelle gefahren; ausgefahrene Wege führen vielmehr zu dem 150 m abseits liegenden Steinbruch. Das Meßtischblatt verzeichnet drei Hünengräber und das Wort „Auss.", obwohl jetzt der Wald die Aussicht versperrt. Der trigonometrische Punkt 393,1 liegt etwa auf gleicher Höhe 100 m abseits. Unser im Orte ansässiger Führer zeigte uns innerhalb der Verwühlung eine etwa 25 qm große Stelle und berichtete, daß die Umwohner an diesem kümmerlichen Orte der Verwüstung seit undenklichen Zeiten ihre Gelübde ablegen! Man erinnere sich an das meinen Ausführungen vorangestellte erste Edikt von Nanzig! Das Edikt hat also seinen Zweck doch nicht völlig erreicht. Das örtlich sich gebunden fühlende religiöse Empfinden unserer Niedersachsen ließ sich nicht von der heiligen Stelle verjagen, trotzdem man auch die tiefsten Grundsteine des Baues, vielleicht auch noch das darunter sitzende Gestein herausgerissen hatte! Das hat etwas Ergreifendes. Aus dem Namen des Berges ersehen wir, daß der heilige Bau ein Turm gewesen sein wird.

Aber noch mehr. Der Gipfel des Dörenbergs war der gegebene Luginsland für ein in kurzer Entfernung, 30 m tiefer gelegenes, noch gut umwalltes altes Lager, welches sich gefallen lassen muß, den Namen Polackenschanze zu tragen. Die Geschichte sagt, daß es von den Hussiten zur Belagerung der Sternburg angelegt und mit einer Kanone ausgerüstet gewesen sei. Mag sein, daß es einmal zu diesem Zwecke hat dienen müssen, aber daß die gewaltige Arbeit der Herstellung dieses Lagers, zu dem noch obendrein zwei mächtige Wallgräben aus mehreren 100 m Entfernung hinführten, von einem durchziehenden Hussitentrupp zu dem erwähnten Zweck geleistet worden sei, das ist aus militärischen und schlichten

Vernunftsgründen einfach unglaublich. Ehe nicht neue Ausgrabungen mehr Licht bringen als die bisherigen, sind wir wegen der Nähe des Bergheiligtums auf die Vermutung angewiesen, daß germanische Fäuste die Wälle aufgehäuft haben, und daß man das Lager in späterer Zeit vielleicht wieder benutzt hat.

Die Ausstattung des Dörenberges wird noch vervollständigt durch den Namen einer kleinen am Berghang 1 km südöstlich gelegenen Ortschaft „Hohensonne". Der Zusammenhang des Namens mit dem Bergheiligtum ist nicht unwahrscheinlich. Sehr zu beachten ist, daß der ganze Berg, dessen Gipfel der Dörenberg ist, „Sternberg" heißt. Die Burg (später Oberförsterei) war der Herrensitz und gab dem Lande umher feinen Namen und sein Wappen. Ein 2½ km abseits gelegener hochinteressanter Ringwall „Altsternberg" gibt Rätsel auf, die durch die dort gefundenen Grundmauern und Scherben noch nicht gelöst sind.

Nunmehr dürfen wir auch wohl die aus den Erörterungen über die Varusschlacht bekannte Dörenschlucht im Teutoburger Walde als Turmschlucht erklären. Für diese Deutung sprechen noch weitere Gründe. In dem Sennesande, der diese Schlucht zum Teil in starken Dünen ganz bedeckt, können jetzt keine Dornen wachsen und haben es seit den Eiszeiten wahrscheinlich niemals gekonnt. Warum also Dornenschlucht? Nun aber kommt noch etwas hinzu, was unsere Annahme aufs beste bestätigt. Der Forstort trägt den jetzt unverständlichen Namen „Wohr". Aber in den alten Urkunden heißt es „Wahrde"!

Als ich vor wenigen Monaten die Dörenschlucht besuchte, entdeckte ich auf dem ansehnlichen Hügel unmittelbar über den Retlager Quellen, die als heilige Quellen anzusehen sind, und wegen ihrer Schönheit viel aufgesucht werden, ein altes Heerlager mit noch deutlicher Umwallung. Eine mit Schulrat Schwanold unternommene Grabung hat zu keiner anderen Annahme geführt. Für einen Luginsland und Brandstapel auf der Paßhöhe dieses vielgestaltigen Schluchtgeländes war das Lager selbst der rechte Platz. Auf der Umwallung an höchster Stelle, in der Nähe des Hügelrandes, wo der Hügel in auffällig sorgfältiger Trichterform zu einer der Quellen herabfällt, befindet sich eine von Urnensuchern bereits geöffnete Aufschüttung, ähnlich einem großen Hünengrabe, auf der der Turm gestanden haben wird. Schließlich zeigt sich auch für die Dörenschlucht – als Turmschlucht – eine immerhin durch zwei bemerkenswerte Punkte gekennzeichnete Nordlinie, für die der soeben besprochene Hügel auf der Umwallung über den Quellen als Meßpunkt angesetzt ist.

16. Dörenschlucht (Teutob. Wald) – 10 km – Aw 0,05° Friedh. Waddenhausen – 9½ km – Aw 0,15° Steinbecker Warte (Höhenzug nördl. Salzuflen) – Nordpunkt.

Der Waddenhauser Friedhof, der als Zwischenstation für die Feuerzeichen bei Nacht und unsichtigem Wetter auf der Mitte dieser Strecke notwendig war und gerade an der richtigen Stelle sich findet, ist uns bereits in unserm Beispiel Nr. 3 bekannt geworden. Wo solche Knotenpunkte erscheinen, da dienen sie als Stütze für die Richtigkeit der Annahme beider Linien. Die jetzige Ruine der Steinbecker Warte in dem Sattel des Salzufler Bergzuges ist durchaus als mittelalterlicher Bau anzusehen, was aber natürlich gar nichts gegen die Verwendung dieses vortrefflichen Platzes in der vorgeschichtlichen Zeit aussagt, im Gegenteil! Dafür legen neue Funde Zeugnis ab.

Wenn Dören auch „Turm" heißen kann, so werden alle in Deutschland häufiger vorkommenden mit diesem Worte benannten Berge und Orte verdächtig, Träger von orientierten Warten gewesen zu sein.

Das folgende Turm-Beispiel ist mir von persönlichem Wert gewesen. Da es ohne Winkelmessung ist, lasse ich es ohne Nummer.

„Wietersheimer Turm" – 10 km – Königsberg T.P. (Porta) – 5 km – „Auf dem Leuchten" bei Veltheim – 13 km – Bavenhäuser Mühlenberg – 19 km – Malstatt des Leistruper Waldes – Südpunkt.

Als Knabe stellte mich mein Vater einmal vor die damals noch vorhandene Ruine des Wietersheimer Turms, von dem einige einzelne Häuser seiner Kirchengemeinde den Namen trugen, und sagte: „Was in aller Welt mag die Menschen einst wohl veranlaßt haben, gerade an dieser Stelle einen Turm zu bauen?" Jetzt taucht dieser Turm für mich auf als Glied der obigen Linie.

Auf die „Licht"orte werden wir zurückkommen und auch im Übrigen behalte ich mir eine nähere Erläuterung dieses Beispiels mit der Malstatt im Leistruper Wald für später vor.

17. Burg – 4½ km – „Hain"rot – 8 km – Auss.T. Sackpfeife (nördl. Biedenkopf) – 15 km – Aw 0,3° Kirche Christenberg – 22 km – Kirche Gilsenberg – 4½ km – Teufelsberg – Ostpunkt.

Der Name „Christenberg" kann einleuchtender Weise nur aus der Bekehrungszeit stammen, in der eine wahrscheinlich schroff heidnische Benennung des der „Abgötterei" geweihten Ortes – vielleicht auf eigenen Wunsch der Bewohner – in eine betont christliche Benennung umgewandelt worden ist. Die hohe Bedeutung Christenbergs für die germanische Vorgeschichte, ist mir von kundiger Seite nachträglich zu meiner Genugtuung bestätigt worden. – Über „Sackpfeife" siehe Beispiel 31 bei Flötepfeife.

Aus der großen Zahl der mir bis jetzt aufgefallenen Orientierungslinien, auf denen die Plätze der jetzigen Aussichtstürme vorkommen und einen scharf bestimmten Anhalt für die Meßungen geben, seien hier zunächst einmal weitere Beispiele ohne Erläuterung und auch nur bruchstückweise gegeben, hauptsächlich in Anschluß an Aussichtstürme.

18. Wittekindsburg, Porta – 13 km – Aw 0,1° Auss.T. Idaturm bei Bückeburg – 30 km – Aw 0,05° Auss.T. Annaturm im Deister – Ostpunkt.
19. Auss.T. Idaturm bei Bückeburg – 3½ km – Aw 0,5° P. 187 über Burgruine Todemann – 3½ km – Aw 0,1° Stiftskirche Rinteln – (½ km Abdeckerei!) – Nottberg über Thie und Hilgenplatz – 8½ km – Aw 0,1° Kirche Almena – Südpunkt.
20. Auss.T. über Ahrenfeld – 6½ km – Aw 0,1° Auss.T. über Deinsen – Ostpunkt.
21. Auss.T. über Ahrenfeld – 4 km – Aw 0,1° Gr. Oldendorf Kirche – Nordpunkt.
22. Auss.T. Lauensteinberg – 2 km – Aw 0,3° Bisperode Kirche – Westpunkt.
23. Auss.T. Lauenstein – 12 km – Aw 0,2° Königszinne bei Bodenwerder – Südpunkt.
24. Auss.T. nordöstlich Stadtoldendorf – 2 km – Aw 0,05° Ruine Homburg – Nordpunkt.
25. „Döhrenkopf" – 2½ km – Auss.T. Deisterwarte – 6 km – Aw 0,05° „Burg" südöstlich Altenhagen I. – Südpunkt.

26. Auss.T. Beutling (nordwestlich Borgholzhausen) – 1½ km – Aw 0,05° Wellingholzhausen Kirche – Nordpunkt.
27. Auss.T. Ebberg (bei Hillegossen, Bielefeld) – 15½ km – Aw 0,3° Johannissteine bei Lage – 2½ km – 0,5° Heiden Kirche – Ostpunkt.
28. Auss.T. Ebberg – 12½ km – Aw 0,6° Schule mit Glockenbaum (jetzt Kapelle Laar) – 12 km – Aw 1,1° Kirche Bünde – 8 km – Aw 1,2° Babilonie, Höhe 295,3 – Nordpunkt.

Unser Dörenberg bei Sternberg (Nr. 15) war auch Station einer Nordsüdlinie:
29. Alte Warte auf dem Dickerberge – 7¼ km – Galgenkuhle – 2 km – Aw 0,75° Dörenberg bei Sternberg – Nordpunkt.

Die Ruine „der alten Warte" auf dem Dickerberge, die bereits als ein der „Detmolder Warte" ganz ähnliches Bauwerk im Kapitel über Theotmalli erwähnt wurde, bringe ich im Bilde. Die Annahme, daß sie einst ein orientierter Feuerturm des alten Kultus gewesen

Abb. 72. Dickerbergwarte

ist, dessen völlige Zerstörung aus irgendeinem Grunde verabsäumt wurde, ist weitaus wahrscheinlicher, als die bloße Ansicht des alten v. Donop a. a. O., daß es eine von einem lippischen Grafen erbaute mittelalterliche Warte sei. Bei einem Durchmesser von etwa 3,80 m hat der kreisrund mit Kalkmörtel erbaute Turmstumpf in seiner Mitte ein quadratisches Loch von 55x55 cm Größe, welches den Aufenthalt und das Hinaufsteigen eines Menschen vollkommen ausschließt, so daß an eine mittelalterliche Warte nicht gedacht werden kann. Der Schlot hat unten eine nach außen gehende Öffnung, die eine Größe von 40 cm gehabt zu haben scheint. Die ganz gleichartigen Verhältnisse liegen bei der Ziegenbergwarte (Abb. 73), 3 km von Horn, mit ihrem gewaltigen Gräberfelde vor.

Ein Mauerwerk von 1½ m Dicke um ein Loch mit ½ m Durchmesser herum muß seinen Zweck entweder in sich selbst oder in der Schaffung einer erhöhten Fläche gehabt haben, die jedenfalls nicht oder nicht in erster Linie zur Ausschau dienen sollte. Dafür wäre das Loch in der Mitte nicht nur zwecklos, sondern zweckwidrig gewesen.

Eine halbwegs vernünftige andere Erklärung des Turmstumpfes, als daß er die erhöhte Unterlage für einen Holzstoß mit Luftzuführung von unten gewesen sei, erscheint mir nicht erfindlich. Als positive Beweise seiner kultischen Bedeutung kommen dann noch hinzu: 1. sein Name „Teufelsturm" oder „Teufelsloch" mit dem die Umwohner ihn benennen und die Erinnerung an die alte Kultstätte festhalten; 2. Seine Orientierung mit Galgenkuhle, Grotenburg und dem bereits in Beispiel 15 besprochenen Bergheiligtum auf dem Dörenberge auf der Nordsüdlinie.

Eng um den Turm in 2 m Entfernung scheint ein kleinerer Wall als Umhegung gelaufen zu sein. Im Übrigen habe ich in der schlichten Waldeinsamkeit dieses schmalen Bergrückens keine Baureste oder Wälle gefunden. Da der Wald gänzlich die herrliche Aussicht verhindert, die weithin vorhanden sein müßte, ist der starke Besuch des Turmstumpfes in der von Touristen nicht berührten, menschenarmen Gegend auffällig; ungezählte, in die Bäume geschnittene Namen legen Zeugnis davon ab, daß diese kümmerlichen Trümmer an reizloser Waldstelle, eine merkwürdige Anziehungskraft auf die Umwohner ausüben (vgl. Beispiel 15).

Abb. 73. Ziegenbergwarte

Die Beharrlichkeit der alten Gerichtsstätten, die ihre Eigenschaft über den großen Wandel der Dinge in der karolingischen Zeit hinaus behielten, dürfte allgemein anerkannt sein. Das Volk, dem nahezu alles, was ihm wert war – selbst der Grund und Boden durch die

Einführung des Feudalsystems – genommen oder doch umgestaltet war, hat es nicht erdulden brauchen, auch die altgewohnten Stätten des Rechts zu verlieren. Ein erheblicher Teil der Galgenberge wird bis in die germanische Zeit zurückzuführen sein.

> 30. Auss. Asse (südöstlich Wolfenbüttel) – 39½ km – Aw 0,4° Bergkapelle bei Kloster Ottbergen – 7½ km – Galgenbergwarte bei Hildesheim – 11½ km – 0,25° Auss.T. Konradisturm – 7½ km – Aw 0,6° Kirche Wittenburg – 4½ km – Aw 0,05° Königskanzel über der Barenburg – 18½ km – Aw 0,16° Stiftskirche Fischbeck – 19½ km – Aw 0,3° Stöckerberg, Steinhügelgrab T.P. 240,5 – 11¼ km – Aw 0,5° Kirche Valdorf – 20 km – Opferfeld-Engern – 19½ km – Aw 0,65° Auss.T. Beutling (nordwestlich Borgholzhausen) – Westpunkt.

Diese Linie scheint zu den wenigen großen Signallinien zu gehören, die weithin durchs ganze Land des Sachsenbundes ihre Spuren zeigen. Mir ist es nicht möglich gewesen, die Orientierung in der Hildesheimer Gegend auf einen Zufall zurückzuführen, obgleich auch gerade hier noch einige Überschreitungsstellen von Bergen ganz unaufgeklärt sind. Auch wenn eine solche Erscheinung vereinzelt dastände, bliebe sie ein Rätsel. Ich habe auch den gestörten und sehr lückenhaften Teil dieser Linie von Fischbeck westwärts hinzugefügt, weil ich von einem seine Wahrscheinlichkeit stützenden Vorgänge berichten kann, durch den sich meine Theorie zum ersten Male als Mittel zur Auffindung von Unbekannten bewährte. Auf dieser Strecke war eine Stelle, die wegen ihrer Höhenlage unbedingt einen Brandstapel getragen haben muß. Er muß auf einer von den beiden gleich hohen Punkten desselben Rückens, des Wirksberges oder der Höhe 240,5 des Stöckerberges, gestanden haben. Ich richtete an einen jungen, in der Nähe wohnenden Archäologen, Herrn Meier-Böke, die Bitte, an diesen beiden Punkten nachzusehen, ob sich auf der genau bezeichneten Ost-Westlinie noch etwas fände. Sein mir darüber erstatteter Bericht lautet: "Und nun das Überraschende: 60 m genau westlich von Höhe 240,5 vom TP-Stein, der neben dem hessisch-lippischen Grenzstein (1669, Jahreszahl) steht, erhebt sich ein Steinhügel unter der Linie. Leider ist er zu $\frac{3}{5}$ abgefahren. Bauern oder sonstwer haben ihn als Steinbruch benutzt; er ist ein reines Steinhügelgrab, höher als die beiden um und an 253,6. Etwa 1⅓ m hoch im erhaltenen Höchstpunkt. Durchmesser = etwa 14–15 m. Eine enorme Sammlerleistung des frühen Bronzealters. Der Kompaß sowohl als auch das X auf dem T.P. zeigten gute Orientierung, etwas vielleicht nach S von O–W abweichend."

Ich besuchte dann die Stelle mit dem Finder und mit Schulrat Schwanold, der die Ansicht Meier-Bökens bestätigte. Die Bedeutung derartiger Gräberfunde an den Stellen unserer Linien, wo heilige Warten gewesen sein müssen, zeigt uns die folgende Linie, deren sämtliche Punkte ich nennen will, auch wenn bei einzelnen nichts weiter zu sagen ist, als daß sie eben auf der Linie liegen.

31. Marienfeld Kirche (nordwestlich Gütersloh) – 8km – Isselhorst Kirche – 12 km – Kraks Kirche – 4½ km – Hünengräberhügel am Bartelskrug – 3½ km – Aw 0,4° Hünenkirche im Tönsberglager – 1½ km – Ückenpohl – 1½ km – Aw 0,1° Kirche Stapelage – Hiddentrup – 3 km – Friedh. Pivitsheide – 2 km – Schwarzen Brink (Hünengrab) – 8 km – Hohenwart bei Detmold – 3½ km Niederschönhagen – 1 km Flötpfeife 207,2 – 2 km Mossenberger Himmel – 2½ km Friedh. Istrup – 3 km „Altblomberg" – 5½ km Gr. Heimberg – 1½ km – Aw 0,05 ° Heerlingsburg, T.P. 334,6 im Lager. – Ostpunkt. – Gesamtstrecke 63 km – Aw zwischen Hünenkirche und Herlingsburg 0,05°.

Die Nordlinie von Isselhorst war uns bereits in unserm Beispiel Nr. 8 bekannt geworden. Hier haben wir eine der Ostlinien, die zu den weit durchgeführten zu rechnen ist und sich zweifellos durch sehr zahlreiche bemerkenswerte Zwischenstation auszeichnet. Sie allein würde reichlichen Stoff zu einem Sonderaufsatz bieten. Auf einige Gedanken, zu denen sie Anregung gibt, möchte ich hier eingehen.

Die Herlingsburg mit ihrer in hiesiger Gegend auffälligen Berggestaltung bringe ich in Abb. 74 nach einer älteren Zeichnung. Die Burg spielt nicht nur in der Überlieferung als Wohnsitz Hermanns des Cheruskers eine Rolle und Wasserbach hält sie für den Ort, wo ein Standbild des Befreiers Germaniens gestanden habe. Daß er das übrigens nicht schlecht bezeugte Standbild mit der Irminsul – der Weltsäule, die Alles trägt – verwechselt, ist wegen des Namens und wegen des über diesen Dingen lagernden Dunkels verständlich.

Auch durch die Tatsache, daß Karl dieser Gegend seine besondere Aufmerksamkeit widmete und 784 mehrere Monate in Lügde verbracht hat, läßt die Vermutung fast zur Gewißheit werden, daß Lügde mit der Herlingsburg die Hauptstadt des einstigen Cheruskergaus gewesen ist, wie Teuderi-Paderborn einst wie auch später die Bundeshauptstadt war. Ich schließe mich der Ansicht Schuchhardts an, daß die Germanenfürsten überhaupt nicht auf diesen Burgbergen gewohnt haben, sondern auf den zugehörigen großen Herrschaftshöfen, in diesem Falle wahrscheinlich der Domäne in Schieder. Hier mag Hermann sein Allod gehabt haben.

Auch die bereits beim Köterberg-Beispiel Nr. 5 besprochene Eigenschaft der Herlingsburg als Dreiländerecke schließt aus, daß

Abb. 74. Die Herlingsburg

sie jemals, solange solche Eigentumsverhältnisse obwalteten, eine Wohnburg gewesen ist. Die Grenzgestaltung wolle man sich auf unserem Kartenbildchen Seite 322 einmal genau ansehen. Der Grund, warum der Pyrmonter Gau sich diesen wirtschaftlich unbrauchbaren und lästigen, militärisch aber vollends sinnlosen Gebietsschlauch mit dem Schluchtwege bis heran an den höchsten Punkt vorbehalten haben, kann nur ein idealer gewesen sein. Die heilige Ortungslinie Herlingsburg – Hünenkirche (deren Lage auf dem langgestreckten Tönsberge nach der Herlingsburg bestimmt ist) bestätigt uns die kultische Bedeutung der Herlingsburg, wie wir sie bei der Teutoburg, dem Köterberge usw. gefunden haben. An die Herlingsburg schließt sich ein „Spielberg" an. Daß auch diese Burg zugleich als Sammelplatz für die kriegerische Mannschaft, als Festung in kriegerischer Notlage und wahrscheinlich noch für andere öffentliche Aufgaben der drei Gaue dienlich gewesen ist – davon zeugen die aufgefundenen Spuren von allerlei Wohngelegenheit –, das ist bei der einstigen engen Verbindung des religiösen und sonstigen öffentlichen Lebens eine selbstverständliche Sache. Weiteren Gedanken nachzugehen, ob dieser Berg ähnlich wie manche von Willy Pastor dargebotene Beispiele (etwa die Walburg bei Obergänserndorf in Österreich) hergerichtet gewesen sei, mag der Zukunft aufbehalten bleiben.

Die Höhenlage der beiden Hauptpunkte, der Hünenkirche und der Herlingsburg ist 332,0 und 334,2, also nahezu die gleiche. Da die zwischenliegenden Erhebungen diese Höhe nicht erreichen, war bei gutem Wetter zwischen den beiden großen Lagern eine direkte Verständigung durch Feuerzeichen über die 34 km lange Strecke möglich. Aber für den Fall weniger klarer Luft mußten Zwischenstationen da sein. (Die Höhenangabe auf Abb. 71 ist ein Druckfehler des Meßtischblattes.)

Wenn nun eine Linie, wie die vorliegende, über dieses Bedürfnis hinaus eine ganze Anzahl von Zwischenstätten zeigt, für die unverkennbar absichtlich eine solche Lage unter der Linie gewählt war, so ist daraus wieder die starke, auf religiöser Empfindung beruhende Vorliebe der Alten für diese heiligen Linien und ein starker Zug zu ihnen zu erkennen.

Es ist, als ob die Alten vor der endgültigen Wahl eines ihnen wichtigen Platzes erst einen mit der Praxis der Orientierung vertrauten Priester befragt hätten. Denn auch die Lage dieser Zwischenstationen pflegt, soweit wir es kartenmäßig kontrollieren können, nur um ein geringes von der über sie hinweglaufenden Linie abzuweichen, meist um weniger als 2 mm des Meßtischblattes (= 50 m in der Natur) – sofern ein Meßpunkt sich darbietet. Das ist eine Genauigkeit, die von einem Ungeübten schon bei wenigen Kilometern Entfernung von dem anderen Meßpunkte nicht mehr zu erzielen war. In den meisten Fällen war dazu sogar die Verabredung von Zeichen mit noch einem zweiten Feuerwärter, der sich hinter dem anderen Meßpunkt bemerklich machen konnte, unbedingt erforderlich.

Die Vorliebe, in die heilige Orientierungslinie hereinzurücken, kam nicht nur bei der Anlage von Thingplätzen zur Geltung, sondern spielt manchmal auch bei der Wahl der Begräbnisplätze angesehener Personen eine Rolle. Das zeigt sich bei dieser Tönsberglinie an zwei Stellen, wie ich es auch sonst beobachtet habe. Am Bartelskrug ist noch in neuester Zeit mit Erfolg gegraben. Auf dem Schwarzenbrink weist sowohl die Tappesche Gräberkarte aus dem Jahre 1820 als auch das Meßtischblatt Hünengräber auf. Ich fand oben auf dem Hügel, auf dem das Mal gestanden haben wird, ein sonst unerkläriches Loch, bei dem man wieder an eine herausgerissene Grundmauer denken kann.

Die christliche Sitte, sich bei der Kirche, oder wenn man vornehm genug war, in der Kirche begraben zu lassen, dürfte eine direkte Fortsetzung einer altgermanischen Vorliebe sein. Auch die Pharaonen in Ägypten usw. suchten ihre letzte Ruhe bei der Gottheit in deren Heiligtum.

Den gleichen Erfolg wie auf dem Stöckerberge bei Langenholzhausen (Beispiel Nr. 30) hatte ich auf dem Saalberge bei Alverdissen (vgl. Beispiel Nr. 3), wo wir auf meine Anweisung nach den Spuren eines vorhanden gewesenen Orientierungsmals suchten. Im Ackerlande, welches sich jetzt auf dem Berge befindet, war nichts mehr zu entdecken und der eigentliche Brandstapel, der hier gestanden haben muß, scheint restlos verschwunden zu sein; aber auf der Linie liegend, versteckt im Gehölz, wurde ein teils geschichteter, teils aufgehäufter Steinhügel gefunden, der den Eindruck eines Steinhügelgrabes machte; seine Bedeutung ist noch zu untersuchen.

Nach alledem dürfte es eine irrige Annahme sein, daß die Entwicklung von der Grabstätte zur Kultstätte gegangen sei, eher war es umgekehrt. Aber das wahrscheinlichste ist, daß beides miteinander geboren ist, als sich vor dem Geiste des Menschen eine jenseitige Welt offenbarte. Gräber können unter Umständen die Wegweiser zu den Stellen werden, wo die Kultstätten gewesen sind! Mit der Preisgabe jenes Irrtums gewinnen so wunderbare altgermanische Denkmäler, wie wir sie z. B. in der Glaner und Visbecker Braut und dem Visbecker Bräutigam vor uns haben, ihre volle hohe Bedeutung. Wir lernen sie als das ansehen, was sie in Wirklichkeit waren, als gewaltig umhegte Malstätten, die schon um der Opfer und um der Gerichtsbarkeit willen als religiöse Kultstätten geheiligt waren; eben darum finden sich in und bei ihnen auch bie Gräber! So gewinnen meine Ausführungen über das Hügelheiligtum in der Oesterholzer Mark auch durch die beim Studium der Ortungserscheinungen gemachten Erfahrungen ihre Bestätigung. Die Stonehenge-Frage und alle ähnlichen Fragen sollten unter diesem Gesichtspunkte betrachtet und beantwortet werden. Wir müssen lernen wieder mehr daran zu denken, daß unsere Vorfahren in erster Linie gelebt, gewaltet und gewirkt, geglaubt, geopfert und gebetet haben und dann erst gestorben sind. (Vgl. Prof. Hahne, Totenehre.)

Die rollenden Jahrhunderte, dazu die unerhörte Ungunst nahezu aller in Betracht kommenden Verhältnisse, darunter in erster Linie der Wille derer, die in der Vernichtung der germanischen Kultur die Vorbedingung für eine gründliche Romanisierung und Christianisierung sahen, haben uns zur Erkundung unserer germanischen Vergangenheit freilich fast nichts Greifbares hinterlassen, als nur Gräber und immer wieder Gräber und kümmerliche Reste von Wallburgen und Siedlungen. Kümmerlich sind diese letzteren, weil wir in dem, was wir finden, im Allgemeinen nur die Siedlungen der unfreien und kleinen Leute zu sehen haben, während die stattlichen Wohnstätten des eigentlichen freien Volks – wie bereits oben besprochen worden ist – von den folgenden Geschlechtern überbaut wurden und darum für uns nichts mehr zu bieten haben.

So kommt es, daß es ein großes Erstaunen auslöst, wenn einmal ein Zufallsfund uns die Augen öffnet und den wirklichen Kulturzustand der Alten zeigt.

Auf unserer Tönsberglinie taucht mit großer Bestimmtheit der auch in hiesiger Gegend in Vergessenheit geratene Mossenberger Himmel auf. Nur bei den nächsten Anwohnern ist die Stätte noch Gegenstand der Sage. Vorstellungen von Himmel und Hölle (Hölle nur als Unterwelt, nicht als Strafort gedacht) waren, wenn auch in mannigfacher Abwandlung, Gemeingut der alten Völker.

Ich habe die Stätte besucht und glaube, daß sie ihren Eindruck auf niemand verfehlen wird, der versucht hat, sich in die Gedankenwelt der Alten einzuleben. Mit erheblicher Arbeit hat man hier ein kleines Tal horizontal etwa 40 m breit und 150 m lang aus dem Berge herausgearbeitet, den Lauf der Quelle ausweitend. Diese sprudelt am Ende des hochumrandeten, gebüschumwachsenen Tälchens und ist dort zu einem Teich erweitert. Die horizontale Fläche am Berghange wird von dem jetzigen Besitzer trotz der dumpfen Lage als Acker ausgenutzt.

Das war also eine der Stellen, wo sich unsere Vorfahren den Eingang der Seelen ins Jenseits symbolisch vorstellten! Ob die übrigen drei bis vier ähnlich benannten Stellen in hiesiger Gegend auch noch einen solchen Eindruck machen, wie der Mossenberger Himmel, will ich noch in Erfahrung zu bringen suchen. Die heilige Ortungslinie läuft über den oberen Teil des Mossenberger Himmels. Ähnliche Stätten mit ähnlichen Namen sind in ganz Germanien zu finden.

Preuß, der sich im Anfang der 90er Jahre des vorigen Jahrhunderts durch Sammlung der lippischen Flurnamen ein großes Verdienst erworben hat, war umgeben von der materialistisch bestimmten Geistesrichtung der Wissenschaft seiner Zeit. Auch er hat von einem germanischen Geistesleben in der vorchristlichen Zeit, welches mit den Ortsnamen der hiesigen Gegend einen Zusammenhang gehabt haben könnte, nichts, aber auch gar nichts gewußt. Da es nun jedoch tatsächlich hier von solchen Zusammenhängen wimmelt, ist es erstaunlich und manchmal ergötzlich zu lesen, wie man damals die Anerkennung solcher Zusammenhänge zu vermeiden suchte. Zu den Namen mit Himmel weiß P. nichts anderes zu bemerken als: „bei einzelnen dieser Namen ist vielleicht die Annahme einer Umdeutung aus ´Himbeere` gestattet"!

Dies Mossenberg hieß noch 1488 „tom Ossenberge". Selbst P. sieht sich hier zu dem Zugeständnis gezwungen, daß er den Familiennamen Osing, von dem er den Bergnamen ableitet, mit ans, as os = deus zusammenbringt. Es gibt in hiesiger Gegend auch noch einen Asenberg, ein Asemissen und Assemissen, ein Teil vom Teutoburger Waldgebirge heißt „Osning" = Asenegge. Zum „Ösenberge" mit der gleichen etymologischen Bedeutung meint P.: „Wohl von seiner ´oesenförmigen` Gestalt!" Erstaunlich! Das dürfte der Gipfel krampfhafter, unmöglicher Hohldeutungen sein.

Man möchte fragen: glaubte man denn, daß unsere Vorfahren stumme Hunde gewesen seien, die ihren Bergen und Stätten keinen Namen gegeben haben? oder daß das Volk mit der Einführung des Christentums plötzlich alle seine altgewohnten Ortsbenennungen über Bord geworfen und sie durch neue ersetzt hätte? Das ist einfach unmöglich, obgleich damals von den Priestern und Mönchen alles geschehen ist, was an Verstümmelung und Austilgung der auf den Götterkult zurückführenden Namen geleistet werden konnte. Das lag in der Methode begründet, mit der von Karl dem Großen ab das Christentum in Germanien eingeführt wurde. Unermüdlich müssen und wollen wir von ihr reden. In schroffem Gegensätze zu dem ursprünglichen Geist und der Lehre Jesu Christi war die damalige römische Kirche in allen den Stücken, die ihr zur Stärkung und Ausbreitung ihrer Macht nützlich erschienen, zu der Anschauungsweise des Alten Testaments zurückgekehrt. Bei der Unterwerfung Germaniens unter die Kirche war man bis auf den Buchstaben gehorsam einer Anordnung und deckte sich mit ihr, die 5. Mose 12, 2 und 3 geschrieben steht:

„Zerstört alle Orte, da die Heiden ihren Göttern gedient haben, sei es auf hohen Bergen, auf Hügeln oder unter Bäumen; und reißt um ihre Altäre und zerbrecht ihre Säulen und verbrennt mit Feuer ihre Haine und die Bilder ihrer Götter tut ab und vertilgt ihren Namen aus demselben Ort."

Ja, so steht's geschrieben: Es sollten auch die Namen ausgetilgt werden! Massenweise werden da, wo man Kirchen, Klöster und Kapellen auf die alten Heiligtümer gesetzt hatte, die bisherigen Ortsnamen verdrängt sein! An ihre Stelle traten mit Vorliebe die auf Heilige bezüglichen Namen. Wo es aber nicht anging, den Orten ein christliches Gepräge zu geben, und wo auch die bereits oben erwähnte Satanisierung nicht gelang oder nicht angängig war, da suchte man mit der Zeit die Namen oder ihren Sinn zu verändern. Es ist zu verwundern, daß doch noch so viele Namen übriggeblieben sind, in denen wir Beziehungen zu der germanischen Vergangenheit wieder erkennen können.

Wenn die beibehaltenen alten Namen, deren kultische Bedeutung allmählich in Vergessenheit versunken war, von den Schrift-

Abb. 75. Die Hünenkirche bei Derlinghausen

kundigen anders geschrieben oder sonstwie geändert wurden, dann hat das Volk nach und nach angefangen zu glauben, daß die gelehrten Leute es wohl besser wissen müßten und mit ihrer Schreibweise recht hätten, und daß es selbst mit seiner gewohnten Sprechweise unrecht hätte. Wie es z. B. einem „Hühnerberg", der „Hünenberg" geheißen haben wird, ergangen ist, oder dem erwähnten „Köterberge", so dürfte es noch unzähligen anderen Namen ergangen sein, und das umso mehr, als der bewußte Veränderungswille der ersten Zeit in den späteren Zeiten von der nicht mehr überbietbaren Verständnislosigkeit des Humanismus der Gebildeten abgelöst wurde und unbewußt einen Bundesgenossen erhielt.

Einer aus der neueren Zeit stammenden Unterdrückung eines alten Namens, die wahrscheinlich auf ein Besserwissenwollen wissenschaftlicher Herren zurückzuführen ist, bin ich vor kurzem begegnet, als ich die auf dem Meßtischblatt Rinteln als „Frankenburg" verzeichneten mächtigen und wohlerhaltenen Grundmauern der Burgruine Todemann besuchte. Als ich den wenige 100 m abseits wohnenden Bauern nach dem Wege zur „Frankenburg" fragte, sah er mich eine Weile unsicher an und sagte: „Sie meinen wohl die Hünenburg?" – Das ist Verfälschung der Überlieferung! Ich habe mich geschämt, da ich vielleicht dazu beigetragen habe, den Bauer glauben zu machen, es wäre wirklich eine „Franken"burg, sie hieße auch so, und er müsse sie nun so nennen. Das bedauere ich umso mehr, als ich – oben angelangt und vor diesem prächtigen, sauber ausgegrabenen und nahezu lückenlosen Grundriß stehend – mich an die Ausgrabung der Burg durch den mir wohlbekannten † Sanitätsrat Weiß erinnerte und an die völlig unzureichenden Gründe denken mußte, die diese Burg zu einer Frankenburg umgestempelt hatten – hauptsächlich auf Grund der keramischen und sonstigen Funde, deren Ebenbilder in unsern Museen eben als „fränkisch" ausgezeichnet sind.

Schuchhardt läßt der Hünenburg ihren guten alten Namen. Großen Wert scheint er auf einen kleinen an der Burgmauer hängenden Raum von noch nicht 15 qm Größe mit einer 1½ m breiten „Apsis" zu legen. Eine seitlich daranliegende zylindrische Grube erklärt er als piscina sacra (heiliger Fischteich) „für die Abfälle des Altars", und nennt die Erscheinung eine selten frühe. Wenn dies überhaupt eine christliche Kapelle hat sein können, dann wird sie durch die Annahme, daß sie nachträglich eingebaut wurde, noch am ehesten erklärlich. Auf keinen Fall liefern weder die Funde, noch der Bau als solcher einen Beweis, daß diese Hünenburg nicht schon in vorchristlicher Zeit entstanden ist. Insbesondere muß natürlich der Hinweis auf den Kalkmörtel als Beweis gegen vorkarolingische Entstehung zurückgewiesen werden. Wie lähmend eine solche auf unzutreffenden Voraussetzungen und unsicheren Funddatierungen rein negativ aufgebaute Annahme auf die Erforschung der germanischen Vergangenheit wirken mußte, haben wir bereits in dem Abschnitt über die Kohlstädter Ruine besprochen.

Ähnlich steht`s um die auf unserer Linie liegenden „Hünenkirche" im Tönsberglager. Der Name ist ihr unbestritten gelassen, aber sie ist mit Kalkmörtel errichtet und soll durchaus als christliche Kapelle entstanden sein, trotzdem ihre Bauart eine solche Annahme ausschließt und man gezwungen war, die Entstehung des Lagers mindestens auf die Grenze der sächsischen und fränkischen Zeit zu setzen. Man sehe sich Abb. 75 an, welche die Altarwand darstellt. Das nachträglich zugemauerte große Türloch ist eine für einen Altarraum völlig unmögliche Erscheinung. Dazu fehlt die notwendige Symmetrie der Choranlage. Auswärts sind Strebepfeiler; aber sie sind nachträglich angeklebt, um das Aussehen einer christlichen Kapelle zu schaffen. Beachtenswert ist der Ansatz eines Gewölbebogens als ein Zeugnis des ordnungsmäßigen, notwendigen Entwicklungsganges, der nach wenigen Jahrhunderten bis zu den Großleistungen der Domgewölbe führte. Vor diesem Raum liegt ein zweiter gleichgroßer Raum – ein für eine christliche Kultstätte nicht erträglicher Grundriß.

Natürlich beruht die Spätdatierung der Hünenkirche wiederum auf einigen Fundstücken. Als ob nicht auf germanischem Boden in einer germanischen Völkerschaft infolge des zwischenvolklichen Ausgleichs der Herstellungskenntnisse oder infolge des Handelsverkehrs in Bezug auf manche Gebrauchsgegenstände eine gleiche Entwicklung wie auf gallischem Boden vor sich gegangen sein könne! Und wenn die fränkischen oder merowingischen Formen usw. wiederum römische Einflüsse zeigen, so bleibt die Sache genau dieselbe. Diesem Gedanken steht nichts, aber auch gar nichts entgegen, als das von Kossinna so trefflich gegeißelte „Widerstreben der Kulturgeschichte", dem Matthias Koch zu jenem klassischen Ausdruck verholfen hat (Seite 17). Es gibt für die Archäologen keine dringendere Notwendigkeit, als das Unkraut dieses „Widerstrebens" bis auf die letzte Wurzelfaser auszurotten und an dessen Stelle eine vertrauenswürdige Objektivität zu setzen. Wenn nicht, dann wird es gar nicht ausbleiben können, daß sich neben unserer Facharchäologie, die bei ihren „merowingischen" oder „fränkischen" Scherben bleibt, eine andere Archäologie erhebt, die des „Widerstrebens" überdrüssig ist und nicht vergessen will, daß es außer den Dingen, die man in der Erde finden kann, auch noch manches andere in der Welt gibt und gegeben hat.

Es mag sein, daß ich deswegen von gewisser Seite übel traktiert werde, aber ich wiederhole: Es ist hohe Zeit, daß die üblichen Datierungsgrundsätze der Archäologie einmal durch ihre Vertreter von anderen Gesichtspunkten aus einer Revision unterzogen werden. Man bescheide sich damit, die Funde vorläufig rein sachlich nach ihrem Wesen, ihren charakteristischen Eigenschaften, ihrer Zusammengehörigkeit zu werten, zu bestimmen, zu ordnen, in Gruppen mit sachlichen, möglichst neutralen Namen zu bringen und zu registrieren – was ja bei einigen Gruppen auch geschehen ist. Vor allem befreie man gerade die Gruppen, deren Datierung für uns am wichtigsten ist (die für die Zeit von Christi Geburt bis ins hohe Mittelalter in Betracht kommen), von voreiligen geschichtlichen Namen! Denn damit sind Präjudizien für die Kulturgeschichte dieser Zeit geschaffen, die auf unhaltbarer, jedenfalls unerhört schmaler Grundlage stehen und auf die Kulturgeschichte einen irreführenden, direkt schädlichen Einfluß ausüben.

Zu meiner Genugtuung ist auch in den „Grundfragen der Urgeschichtsforschung" von Jakob-Friesen eine warnende Stimme in diesem Sinne deutlich zu hören. Ich befinde mich also in guter fachmännischer Gesellschaft.

Und die vorangehenden Zeiten? Für den engen Fachkreis mögen so engbrüstige Namen wie „Latene" und „Hallstatt" noch ihren Dienst tun; sollen aber weitere Kreise sich wirklich endgültig mit ihnen abfinden? Man sagt „römisch"; es ist Zeit, germanische Kulturerscheinungen auch „germanisch" zu nennen.

Gerade in der sprungweise fortschreitenden Archäologie sollte das Einrosten in einem überlebten Gefüge sorgfältig vermieden werden. Zunftmäßige Hemmungen und Bindungen sollten zerrissen werden, wie es Kossinna einst getan hat. Das ist aber schon lange her. Wir möchten gern den folgenden Schritt noch erleben.

Ein höchst auffälliger Name ist auf der Tönsberglinie noch die „Flötepfeife" als Bezeichnung eines Geländepunktes, an dem sich jetzt zwei Häuser befinden. Wenn es uns als selbstverständlich erscheint, daß von den für die Feuerzeichen bestimmten Warten zugleich auch Hörsignale für die nahwohnende Bevölkerung ausgegeben wurden, dann ist es keine gewagte Vermutung mehr, daß die Wärter dieser Station einst auch durch Pfeifen ihre Leute zu benachrichtigen pflegten.

Bei der Flötepfeife erinnern wir uns an das Beispiel Nr. 17 mit seiner Sackpfeife. Kein Zweifel, daß allerlei Erklärungen dieses für einen der höchsten Berge (674 m) des Sauerlandes doch recht seltsamen Namens im Schwange gehen. Aber die richtige Erklärung, die mit der alten Bedeutung des Berges als Kult- und Signalstätte zusammenhängt, wird schon vor vielen Jahrhunderten mit Sorgfalt beseitigt sein. Wir aber denken daran, daß die findigen Signalwärter dieser Stätte, um von dem hohen Berge auch Hörsignale abgeben zu können, zu dem Hilfsmittel des Blasebalgs gegriffen haben, wodurch sie Sirenentöne mit sehr großer Tragweite abgeben konnten. – Über die bisherige Erklärung des Namens Sackpfeife ist auch bei Heßler und Schneider nichts in Erfahrung zu bringen.

Dann ist auf die beiden Punkte „Hohenwart" und „Alt-Blomberg" aufmerksam zu machen, wo in der Natur jetzt nichts mehr, auch nicht einmal die Löcher der einstigen Male zu finden sind. Aber der Name „Hohenwart" – jetzt die Bezeichnung für einige Häuser – spricht für sich selber. Was Alt-Blomberg anbelangt, so haben wir unzweifelhaft in diesem alten, jetzt lediglich eine beackerte Bergnase bezeichnenden Flurnamen ein Stück erstarrter Geschichte zu erblicken. Es leuchtet im Blick auf diesen so benannten Platz ein, warum das jetzige Städtchen Blomberg mit seiner Burg im alten Orientierungsnetz keine Stelle hat. Der Umstand, daß in dem Bereich Alt-Blombergs ein Steinbeil gefunden worden ist, dient ebenfalls zur Bestätigung der uralten Besiedelung des Platzes.

Außer den Namen, wodurch die Orte in Verruf gebracht werden sollten, wohin alle Teufels- und Hexenorte gehören, vielleicht auch manche „Lause"berge u. dgl., haben wir die Namen zu beachten, die, wie mir scheint, sich auf die Gestaltung der Male bezogen haben, wie Kruke, Stucken, Pahl u. dgl. sowie, meinen obigen Darlegungen gemäß, Thören, Dören = Turm; weiter die mit den alten Göttern zusammenhängenden Namen Köter, Asen, Donner, Goden oder Guden, Frigg oder Frei. Köterberg kann sprachlich nicht aus Götterberg entstanden sein, aber es ist eine mehrfache absichtliche Umbiegung aus „God" oder „Wod" zu vermuten.

Daß die unzähligen Oster-Orte nur zu einem Teile mit der bloßen Himmelsrichtung Osten etwas zu tun haben, zum anderen Teile dagegen entweder mit dem in der letzten germanischen Zeit herrschenden Osterakultus zusammenhängen, oder doch mit den Osterfeuern und Osterfeiern, die als ein Überbleibsel des Osterakultus anzusehen sind, darüber dürfte wohl eine Meinungsverschiedenheit nicht mehr bestehen. Aber diese Osterorte sind so zahlreich, daß sie uns in unserer Orientierungsfrage nur ausnahmsweise nützen können.

Als Beispiele von Linien, die beachtenswerte, sowohl sachlich wichtige Punkte als auch Namen darbieten, möchte ich hier noch zwei aus dem oldenburgischen Lande bringen, wo sich auch sonst dem Archäologen ein überreiches Arbeitsfeld darbietet. Herbeigerufen durch den verdienten, mittlerweile uns durch den Tod entrissenen Bremer Kaufmann Adolf Held, fand ich vor 3 Jahren im „Loh", 1½ km westlich von Dötlingen, und zwar im Poggenpohlsland nördlich der Goldberge ein großes Feld mit den Trümmern zahlreicher Steinkreise (Trojaburgen), deren Bestand noch der Aufnahme harrt, ehe er als Baumaterial ganz verschwindet.

    32. Wachtberg T.P. 50,0 – 10 km – Aw 0,05° Kirche Dötlingen – Gerichtsstätte – Aschenstedt – 9 km – Aw 0,1° Wunderburg (Ringwälle) – Schule bei dem kirchenlosen Seelte – 11 km – Aw 0,2° Kirche Barrien – Ostpunkt.

    33. Kirche Goldenstedt, Osterhorn – 16 km – Hünenburg (Ringwälle) südöstlich Twistringen – Wehrenberg – Klageholz – Lichtenberg – Friedh. Bücken – Horst zwischen Altenburg und Donnerhorst – Klotzeburg – zusammen 50 km – Aw 0,3° Kirchwalingen – 6½ km – Aw 0,15° Kirche Bierde – Karlsberg – Ostpunkt.

Meine Untersuchungen hatten sich bis dahin auf beschränkte Gebiete des westlichen Deutschlands, besonders Niedersachsens bezogen. Aber einige Ausblicke in andere Gegenden Deutschlands ergeben, daß die alte Ortung auch auf Gebieten des östlichen Deutschlands noch nachzuweisen ist. Es zeigt sich auch hier, daß die slavischen Einbrüche ins östliche Deutschland, durch die die Beurteilung der alten germanischen Besiedelungsverhältnisse so außerordentlich erschwert worden ist, die Spuren einer Ortung, die der Ortung im westlichen Deutschland völlig gleich gewesen ist, nicht ganz haben verwischen können.

Mit besonderer Freude liest man bei Max Leichsenring[114] so manchen unwiderleglichen Beweis für die rein germanische Grundlage der Kultur im Königreich Sachsen, bei deren Beurteilung bisher bis zum Überdruß den nichtgermanischen Völkerschaften die Urheberschaft zugesprochen wurde.

Unter gleichem Gesichtswinkel angesehen, werden auch die überaus bedeutsamen Forschungen Erich Jungs[115] über die in die christliche Zeit hineinragenden Zeugnisse von germanischen Göttern und

---

[114] Leichsenring, „Opfersteine und heilige Haine Westsachsens".
[115] E. Jung, Germanische Götter und Helden in christlicher Zeit, I. F. Lehmann, München 1922.

Helden dazu beitragen, aus den gut germanischen Gegenden, auf die sich seine Forschungen hauptsächlich beziehen, die so gern heraufbeschworenen Gespenster fremder Kultureinflüsse zu vertreiben.

Zwischen den Ortschaften Schlesiens mit ihrer gänzlich anderen Anlage, als wir sie im westlichen Deutschland sehen, und mit den slavischen Namen, zeugen die vielen, zum großen Teile alten deutschen Namen von einer Kultur, die von Haus aus germanisch ist. Überall erinnern uns die Haine, aber auch die Wein- und Lichtenberge, die Brand-, Teufels- und Höllenorte und dann die Wacht- und Wartberge (sofern diese letzteren wegen ihrer Lage in den mittelalterlichen und späteren Zuständen keine ausreichende Erklärung finden) an eine vorchristliche germanische Vergangenheit.

Der Umstand, daß meines Wissens weder die Reste von germanischen Lagerburgen vorhanden sind, an die angeknüpft werden könnte, noch auch unverkennbare Thingplatzkirchen, weil zur Zeit der Bekehrung Schlesiens dort ganz andere Bevölkerungs- und Kulturverhältnisse geherrscht haben, konnte die Untersuchung wohl erschweren, aber nicht mehr von ihr zurückhalten, als mir in der Grafschaft Glatz zwei Wachtberge auffielen mit astronomischer Einstellung auf der Nordlinie. Eine Erklärung des Namens dieser Wartberge an diesen Stellen lediglich durch mittelalterliche Bedürfnisse, Vorgänge oder Gepflogenheiten war unerfindlich. Ruinen sind nicht vermerkt. Im Übrigen würde ja auch eine spätere Verwendung die Verwendung in der vorhergehenden Zeit keineswegs ausschließen. Nach Beschaffung der Meßtischblätter jener Gegend zeigte sich, um einen Zweifel auszuschließen, auf eben dieser Nordlinie zwischen den beiden anderen Wachtbergen noch ein dritter Wachtberg! Die bisherige Ansicht über die Wachtberge war nicht in Erfahrung zu bringen.

    34. Wachtberg bei Droschkau – 3½ km – Wachberg südöstl. Neudeck – 15 km – Wachtberg bei Grochau – Nordpunkt.

Auf dem Wachtberge bei Grochau muß die Warte für die zahlreichen „alten Schanzen" umher, einerlei aus welcher Zeit sie stammen, auf dem T.P. 417,8 gestanden haben. Noch fünf trigonometrische Punkte bezeichnen uns als Zwischenstationen sehr scharf den Weg der Nordsüdlinie bis zu dem mittleren Wachberge oberhalb des „Hains" am prinzlichen Forst Camenz. (Altes Zisterzienser-Kloster aus dem Jahre 1094.)

Wird die Linie so als richtig angesehen, dann hat der Brandstapel des mittleren Wachberges auf der 125 m südwestlich des T.P. 510,6 gelegenen etwas höheren Kuppe des Berges gestanden (Aw 0,1°), Hier befindet sich, wie mir mitgeteilt ist, eine halbkreisförmige, mit Steinen eingefaßte Wiese und in ihrer Mitte ein grober Block. Dann kommt nach 3½ km der südlichste der drei Wachtberge über Oberhannsdorf, über dessen Sattel, wo die Warte gestanden haben muß, mir interessante Nachrichten zugekommen sind. Die Fortsetzung der Linie geht in auffälliger Weise durch die trigonometrischen Punkte von Rosenbergen und Sauerberg und scheint bis zu dem Wallfahrtsort Maria-Schnee zu reichen. Sie berührt auch den Scheibenbusch des uralten Scheibenhofs bei Kunzendorf.

Vor der Untersuchung dieser Gegend hatte ich bloßen Höhenzahlen und trigonometrischen Punkten keine besondere Aufmerksamkeit geschenkt. Aber diese letzte, schon ohnedem durch ihre 3 Wachtberge auf der kurzen Strecke von 19 km überaus einleuchtende Linie bringt, wie wir sahen, außerdem noch 9 trigonometrische Höhenzahlen mit auffälliger Genauigkeit. Sie soll mir deswegen Gelegenheit geben, ein Wort über die den Höhenzahlen zuzumessende Rolle zu sagen, wenn sie auf den Linien auftauchen.

Die Menge der Höhenzahlen auf unsern Karten ist unzählig, jede beliebige Linie berührt ihrer mehrere, manchmal auch viele, so daß ich sie anfangs als Zeugen modernster Kultur grundsätzlich unbeachtet ließ. Aber es war mir doch auffällig, daß sie hier und da geradezu aufdringlich waren, nicht nur bei den Nordlinien, was ich noch allenfalls verstanden hätte, sondern auch bei den Ostlinien. Auf meine Anfrage im Reichsamt für Landesaufnahme wurde mir von den beiden unabhängig voneinander befragten Vermessungsdirigenten die nahezu gleichlautende Antwort zuteil: „Haben trigonometrische Punkte gleiche Länge oder Breite, so ist das der reine Zufall, absichtlich geschieht es nie."

Daraufhin habe ich solche Erscheinungen nicht mehr grundsätzlich unbeachtet gelassen. Wenn auch wegen ihrer großen Zahl immer erst der Zufall anzunehmen ist, so gibt es doch Lagen genug, die ihre Beachtung erfordern. Bei einigem Nachdenken ist der innere Zusammenhang des modernen Tuns unserer Geometer mit den alten Stätten, um die es sich für uns ausschließlich handelt, wohl einzusehen. Es ist im Kleinen dasselbe, was wir schon bei den Aussichtstürmen bedacht haben. Wenn sich der praktische Geometer, der seinen Stein setzt, in keiner Weise um die Herstellung einer Nord- oder Ostlinie kümmert, so ist es ihm doch bequemer, Stellen auszuwählen, die einen gewissen Umblick gewähren und womöglich bequem an einem Wege liegen, anstatt abseits in den Wald zu gehen, oder gar ins Gebüsch zu kriechen. So treffen denn die Geometer beim Ausschauen nach einem geeigneten Punkte ganz unwillkürlich in erster Linie auf die Stellen der alten Mäler, die ja sämtlich auch unter dem Gesichtspunkte der freien Sicht ausgewählt waren, und die sich oft durch die Jahrhunderte hindurch ihre Aussonderung aus dem umgebenden Gelände nebst Zuwegung bewahrt haben. So kann uns manchmal eine Höhenzahl die Stelle des alten Orientierungsmals angeben.

Wachtberge gibt es sonst auch noch mehrere in Schlesien.

> 35. Der Wachtberg bei Eichau hat in 3 km Entfernung auf seiner Ostlinie auf der Paßhöhe die „Aspenwiese" und 2 km weiter eine Klapperkapelle (Aw 0,1°).

Die Aspenwiese zog noch aus anderen Gründen, deren Besprechung hier zu weit führen würde, meine Aufmerksamkeit auf sich. Sie erwies sich dann auch als ein Knotenpunkt der Orientierung. Der Gipfel des Wachtberges bei Eichau ist künstlich abgeplattet; eigenartige Löcher erinnern vielleicht an einstige Bauten.

> 36. Die Aspenwiese hat nicht nur auf ihrer Westostlinie, sondern auch auf ihrer Nordsüdlinie einen Warthberg, nämlich den Warthberg südlich des Städtchens Wartha, der seine germanische Bedeutung noch handgreiflich durch seine Wallfahrtskapelle zeigt; dann kommt nördlich Wartha die ausgedehnte Anlage der Rosenkranzkapellen, innerhalb deren der T.P. 380,2 als die Stelle eines germanisch georteten Males anzusehen sein dürfte. Ob dann der 7 km südlich der Aspenwiese gelegene Klapperberg auch noch als dieser Linie zugehörig anzusehen ist, wäre zu prüfen; sein T.P. liegt 125 m westlich unserer Linie

und weist nichts Bemerkenswertes auf. Aber sein Name deutet vielleicht auf die Hörsignale hin.

Die westlich dieses Klapperberges gelegene Annakapelle kommt, wie mir scheint, für eine Ostlinie in Betracht. Für eine Orientierung der Annawarte im Forst Doym auf Nordsüd und Ostwest spricht kartenmäßig zwar nur eine Anzahl von T.P., aber ihr Besuch könnte sich um ihres Namens willen vielleicht doch lohnen. Unser Vorhaben erfordert Besuche über Besuche, auch wenn die Mehrzahl aus den bekannten Gründen vergeblich sein muß.

Da alle Orte mit Leuchtnamen unser Interesse erwecken, so möchte ich Lichtenwalde in der Glatzer Grafschaft nicht übergehen. Die Erklärung mit „Lichtung im Walde" ist so nichtssagend und unwahrscheinlich, daß wir uns mit ihr nur im Notfalle begnügen wollen. Ein Eigenname will individualisieren und unterscheiden. Ein Name, der lediglich einen Begriff zum Ausdruck bringt, der auch ähnlichen Plätzen der Umgebung im gleichen Maße zukommt, ist kein Eigenname. In solchen Fällen ist ein Erklärer stets auf falscher Spur. Sehen wir, ob Lichtenwalde nicht eine andere Bedeutung hat.

37. Die durch 4 Bildstöcke auf der Karte gekennzeichnete Höhe 640 über dem Forsthause Lichtenwalde, wo wir das weithin leuchtende Feuer in der Germanenzeit anzunehmen haben, hat dem Orte den Namen gegeben! Im Westen ist auf dem Berghange nichts zu bemerken, aber darüber hinweg liegt die Kirche von Stuhlseifen scharf auf der Linie; im Norden müssen auf der großen Gebirgslehne mehrere Zwischenstationen gewesen sein, und zwar schon nach 1 km, da wo die beiden Fußwege an der Gemeindegrenze zusammenlaufen, dann nicht weit von der Mandelfichte und Höhe 681,4 über Eilenburg und Stephansberg; wenn wir dann 4 km nördlicher die Kirche von Neuweistritz auf dieser Linie finden, so könnte hier – wie in Stuhlseifen – auch mal die Lage von schlesischen Kirchen zu einem Fingerzeige werden. In der Ostrichtung ist nichts zu bemerken.

Ehe wir Schlesien verlassen und auf weitere Leuchtnamen achten, möchte ich auf die Verhältnisse im Breslauer Bezirk hinweisen, über die ich mich nur mit starkem Vorbehalt äußern kann. Daß auf dem Zobten mit seiner Bergkirche und Quelle ein germanisches Bergheiligtum stand, liegt wohl außer allem Zweifel. Erinnern wir uns daran, daß die alttestamentlich beeinflußte alte christliche Kirche von Haus aus durchaus gegen den Höhendienst eingestellt war, der in Palästina zu den zu bekämpfenden Greueln gehörte. Ob nun die Wilhelmshöhe im Westen, Großburg mit seinem hier durchaus beachtenswerten Kirchplatz im Osten, der Wachtberg bei Cauth im Norden und der Geiersberg im Süden zur Ortung des Zobten gerechnet werden darf, wird von Kundigen[116] bestätigt.

Die Lage des Wartberges bei Keulendorf, 28 km westlich der, wie mir scheint, ältesten Siedlungsstätte in Breslau, hat ebenfalls zur Annahme einer Ortungslinie geführt; es wäre auch zu fragen, ob nicht Pohlanwitz und Hochkirch im Norden und Mandelau im Süden dieses Punktes einen Anhalt für eine Nordsüdlinie darbieten. –

Unter den Leuchtnamen ziehen Lichtenrade, Lichtenberg und Lichterfelde bei Berlin die Aufmerksamkeit auf sich.

> 38. Der Kirchplatz von St. Nikolai hinter dem Schloß wird als der älteste Siedlungsplatz Berlins angegeben. Bei einem Versuch, ob sich auch in Berlin Ortungserscheinungen zeigen würden, war es mir im hohen Grade auffällig, daß die Nordsüdlinie der Nikolaikirche im Süden auf Lichtenrade trifft; unterwegs wird als Zwischenstation ein kleiner alter Friedhof in Betracht kommen. Die Linie hat nach Norden im Schloß Schönhausen noch einen beachtenswerten Punkt. (Entfernung 7 km, Aw 0,1 °.) Daß 2 km weiter die südliche Friedhofskapelle am Rollberge auf der Linie liegt, mag zufällig sein, was durch Einsicht in die Geschichte des Friedhofs klarzustellen wäre. Zu beachten sind ferner die T.P. 59, 60, 56 und die Dammsmühle. Alle Punkte haben kleinste Abweichungswinkel von der Nordlinie der Nikolaikirche, soweit es sich aus der „Karte der Umgebung von Berlin (Landesaufnahme)" feststellen läßt. – In Lichtenrade dürfte als Stelle des Leuchtmals noch eher die Höhe südlich der Kirche, als die Kirche in Betracht kommen; die Aw sind in beiden Fällen sehr klein (0,05° und 0,25°) bei einer Entfernung von 14 km von St. Nikolai. Jedenfalls haben wir hier eine beachtenswerte Erscheinung.

---

[116] Neuerliche Untersuchungen durch Dr. Jarmer-Stettin und stud. theol. Hirsch-Strehlen. Letzterem sind die örtlichen Untersuchungen in der Grafschaft Glatz zu danken.

39. Nun aber wird unsere Aufmerksamkeit verdoppelt. Auf der Ostlinie eben dieser Nikolaikirche liegt Lichtenberg (Friedhofskapelle), die Kirche Wuhlgarten und die Kirche Fredersdorf!

Die Friedhofskapelle in Lichtenberg steht auf dem Windmühlenberg, auf dem ihr Platz aus irgendeinem Grunde sich besonders empfohlen haben dürfte. Nach Westen wird, wie mir scheint, eine ganze Reihe von Punkten mit öffentlicher Bedeutung, z. T. auch mit interessanten Namen bis hin zur Kirche von Priort berührt; eine Beurteilung derselben muß ich den mit der Berliner Geschichte Vertrauten überlassen.

Hierbei darf ich empfehlen, auch die beliebtesten und altgewohnten Erklärungen erneut unter die Lupe zu nehmen, ob sie auch ausreichend haltbar sind. Man wolle niemals die Erwägung vergessen, daß auch schon in der vorchristlichen Zeit in der Mark Menschen gewohnt haben, die sprechen konnten, religiöse Bedürfnisse hatten und allerlei ausgerichtet haben. Sollten davon nicht noch manche Namen Zeugnis ablegen können?

40. Auch der behauptete Zusammenhang des Namens Lichterfelde mit einer belgischen Stadt Lichtervelde (infolge flämischer Einwanderung) und des belgischen Namens seinerseits mit den Leichterschiffen bedarf der Nachprüfung. Jedenfalls ist nichts an der Tatsache zu ändern, daß der Hauptplatz von Lichterfelde (Kirche) auf derselben Nordsüdlinie zu finden ist, wie der Kirchplatz der uralten Siedlung in Hermsdorf und der alte Friedhof in Charlottenburg.

Die Karte der Umgebung von Berlin stellt noch eine große Fülle interessanter Ortungserscheinungen in Aussicht, wobei Potsdam, Römerschanze, Babelsberg und eine ganze Anzahl von Aussichtstürmen nicht unbeachtet bleiben dürfen. Soweit ich jetzt sehe, ist die Umgebung von Berlin auch in der Zeit, als die Ortung begann, der Schauplatz einer mit der westgermanischen Kultur eng verwachsenen Kultur gewesen.

Ich führe einige Beispiele aus andern Gegenden an, auf die ich gestoßen bin, wenn mir zufällig das Kartenmaterial zur Hand kam.

41. Wilhelmshöhe-Herkules – 1¾ km – Aw 0,05° Auss.T. Elfbuchen ½ km – Hühnerberg – 3¾ km – Aw 0,05° Kirche Weimar – Nordpunkt.

42. Kirche Westerkappeln – 2 km – Aw 0,05° Gabelin (Judenfriedhof) – 2½ km – Kirche Wersen – 26½ km – Aw 0,05° Auss.T. Sonnenbrink (südwestlich Bad Essen). Wie auch die vorhergehende ist dies eine im hohen Grade beachtenswerte Linie.

43. Lichtenscheid (Birken) bei Barmen – 5 km – Auss.T. Kiesberg – 8 km – Wilhelmshöhe – Westpunkt.
44. Auss.T. Königshöhe bei Elberfeld – 1 km Auss.T. Kiesberg – 1 km – Aw 1,0° Auss.T. Nützenberg – 4 km – Alte Kirche Langenberg (Rheinland) – Nordpunkt.
45. Kirche Beienburg a. d. Wupper – 4 km – Aw 0,05° Kirche Schwelm – Nordpunkt, Kirche Schwelm – 6 km – Friedh. Klingelholl, Barmen – Westpunkt.

Auch die Wartburg bei Eisenach hat Verhältnisse, die der Nachforschung wert sind.

46. Osnabrück, Dom (Denkmal) – 13½ km – Aw 0,05 ° – Thieplatz Iburg – Südpunkt.

Ich war schwankend, ob ich die Iburg oder die Kirche des Städtchens als Ortungspunkt ansehen müsse, und entschied mich in der ersten Auflage dieses Buches für die Kirche. Bei einem Besuche an Ort und Stelle zeigte sich mir aber zu meiner freudigen Überraschung zwischen der Burg und der Kirche der wunderbar gelegene, noch jetzt „Thieplatz" benannte Ortungspunkt! Auf der Höhe liegt als eindrucksvolle Vermittlungsstation zwischen Domplatz in Osnabrück und Thieplatz in Iburg die Bardenburg. Unter der Iburg befindet sich die „Rennbahn".

Abb. 76. Mordkreuz bei Meerbeck

Noch ein mir persönlich wertvolles Beispiel, weil es meine Heimat betrifft.

47. In tiefster Einsamkeit des Schaumburger Waldes, nordöstlich vom Jagdschloß Baum, wohin sich niemand als der Förster und seine Holzhauer verlieren, bemerkte ich auf der Karte ein Kreuzchen; einige Kilometer ostwärts in erhöhter Lage südlich Meerbeck zeigt sich ein gleiches Kreuzchen. Hier steht jetzt noch ein mir bekanntes grobes, aus Stein gehauenes Kreuz an der Straße nach Hobbensen. Die Gegend ist ganz und gar evangelisch; da sind solche Kreuze selten und auffällig. Man pflegt sie „Mordkreuze" oder „Sühnekreuze" zu nennen. Der Volksmund

erzählt sich, daß an der Stelle ein Jude erschlagen sei. Aber der Acker, der sich hier anschließt, heißt bis zum heutigen Tage „Tiestёe" = Thingstelle. Dann findet man 10 km westwärts des Waldkreuzes den Namen „Thoren" einer Häusergruppe bei Totenhausen auf dem linken Weserufer, der wir bereits als einer Station auf der Mindener Domlinie begegnet sind. Der Kartograph hätte den Namen Thoren mit gleichem Recht neben die Schule setzen können, aber auf einen Meßpunkt müssen wir in solchen Fällen sowieso verzichten. Vom Tiestёe -Kreuz ostwärts: 1. der herrschaftliche Schäferhof bei Probsthagen, 2. das auch von Schuchhardt erwähnte alte „Hünenschloß" über Beckedorf, 3. die Kirche „Dörener Turm" bei Hannover.

Vom Meerbecker Kreuz ostwärts steht in gleicher Entfernung (5 km), wie vom Kreuzchen im Schaumburger Walde, südwestlich des Schäferhofs ein gleiches altes Steinkreuz. Es ist jetzt gut aufgerichtet an der Landstraße nach Stadthagen in einem kleinen Wiesenstück neben einem zur Gemeinheit der Stadt gehörigen Ackerfeld (Abb. 69). Von letzterem, wo es bei der Umwandlung in Ackerland unbequem wurde, ist es wahrscheinlich nach dem Wiesenstück, wo es nicht lästig war, versetzt worden, so daß seine ursprüngliche Stelle – wohl an der Abzweigung des Weges bei T.P. 68,1 – nicht mehr genau festzustellen ist. Sein jetziger Platz liegt etwa 300 m südlich der Ostlinie des Hünenschlosses (höchster Punkt), während eine Abweichung der beiden andern Stellen von dieser Linie kartenmäßig überhaupt nicht mehr feststellbar ist.

Das Mal im Schaumburger Walde lag am „Hain"holz. Diese Stelle hat sich im Jahre 1830 der Oberforstmeister v. Kaas für sein Grab ausgesucht. Eine gewaltige, auf 500 Jahre geschätzte Eiche, ist jetzt das Wahrzeichen des alten Heiligtums. Sie hat in ihrer Jugend wohl noch das Malkreuz an der zusammenbrechenden heiligen Eiche neben sich gesehen. Eine jetzt als „Hudegrenze" gedeutete Erdumwallung dürfte zur Erkennung des Umfangs der einstigen Malstatt dienen können.

Auf jeden Fall haben wir in dieser Linie eine so eindrückliche Erscheinung, daß eine Erklärung durch Zufall schwer möglich ist. Die beiden Mordkreuze dieser Linie zeige ich ebenfalls im Bilde. Wer vermag über diese auch in ihrer vorliegenden Ausführung recht auffälligen Kreuze etwas zu dem beizutragen, was Kuhfahl a. a. O. in ausführlicher, eindrücklicher Weise über die Steinkreuze bringt?

Wer davon überzeugt ist, daß jede größere Siedlung unserer religiös veranlagten Vorfahren ihr Ortsheiligtum, ihren Hain nebst Spielplatz und ihre orientierten Bergheiligtümer gehabt hat, der wird nunmehr in seiner Heimat erneute Umschau zu halten gebeten. Vor allem sind die Fragen zu stellen: 1. Wo werden unsere Vorfahren hier ihren Thingplatz gehabt haben? Zu achten ist auf die Gestaltung der Wege, Kirchplatz, Friedhof, Kapelle; Höhenlage; Quelle oder Teich. 2. Geben die Haupthimmelsrichtungen am Horizont oder auf der Linie zum Horizont Anhaltspunkte, daß dort Orientierungsmäler gewesen sein könnten, die dann auch die Richtigkeit der Thingplatzannahme bestätigen würden? Wenn es durch Irrungen hindurch gehen sollte, so wolle man sich des ersten Ediktes von Nanzig erinnern, um deswillen wir nur Aussicht haben, einen winzigen Prozentsatz der alten Stätten wiederzufinden. Aber manchmal kann das Zusammentreffen ganz kleiner Anzeichen zu Verrätern dessen werden, was man aus der Erinnerung austilgen wollte.

48. Nehmen wir die alte Siedlung Hameln a. d. Weser zum Beispiel. Darüber, daß die in der großen Straßenkreuzung gelegene Nikolaikirche am Markt auf dem Thingplatz der alten Siedlung steht, dürfte ein Zweifel nicht obwalten. Die 2½ km westlich gelegene Bismarckkanzel, ein, wie es scheint, von altersher ausgesonderter Platz, legt gegen Sonnenuntergang die Tag- und Nachtgleiche des Hamelner Thingplatzes fest. Gegen Sonnenaufgang ergibt sich daraus als Ostpunkt die westliche Kuppe des „Dütberges", dessen Name auf einen alten Volksberg hinweist. Der Nordpunkt am roten Berge ist jetzt durch das Tempelchen, welches nicht umsonst gerade an dieser Stelle steht, scharf markiert. Auf dem Mittagspunkt steht der Wanderer, wenn er den noch jetzt zur Volkserholung dienenden Ohrberg besucht und aus dem Park heraustretend die herrliche Aussicht genießt.

Aber die alten Hamelner waren fromme und praktische Leute; sie wollten zur Feier ihres Sommerfestes das Herannahen und den Eintritt der Sommersonnenwende rechtzeitig wissen und hatten da, wo jetzt das Forsthaus „Heisenküche" steht, und darüber auf dem „Schweineberge" (Kreuzung der Fußwege Höhe 258) einen festen Anhalt für das Auge vom Thingplatze aus. Sollte der Name Heisenküche etwa aus Hexenküche entstanden, also erst satanisiert dann wieder salonfähig gemacht sein? Daß der Name Schweineberg seinen Grund lediglich in dem Vorkommen von Schwarzwild, welches einst auf allen bewaldeten Bergen zu finden war, haben sollte, oder im besonderen Maße als Weide für die Schweine gedient hat, ist weniger glaubhaft, als der Gedanke an die öffentliche Haltung der heiligen Eber in germanischer Zeit, die im besonderen Maße den Anlaß zur Verächtlichmachung gegeben hat.

Ergebnis

Die bisherigen Studien zur Ortungsfrage sind ein Anfangsversuch, der zwar in vielen Einzelheiten dem Irrtum unterworfen ist, sowohl hinsichtlich der grundsätzlichen Auffassung und Erklärungsversuche, als auch hinsichtlich der herangezogenen Orte, der aber doch, wie ich glaube, die Ortungstatsache sichergestellt hat. Das Ergebnis kann wie folgt zusammengefaßt werden:

1. Die Annahme einer allgemeinen Neigung im alten Germanien zur Ortung beruht auf so zahlreichen auffälligen Einzelerscheinungen, daß auch unter Berücksichtigung der zunächst unvermeidlichen Irrtümer eine Erklärung durch zufällige Entstehung der Erscheinungen nicht angeht. Die Anerkennung auch nur einer einzigen Erscheinung als absichtliche Ortung bedingt die Anerkennung der Ortung als solche und ihrer sämtlichen Voraussetzungen, die vor allem in einer astronomischen Betätigung bestehen.

2. Die als eine bedeutsame Volksgewohnheit anzusehende Ortung bestand darin, daß sich die Thingplätze, Lager, Siedlungen usw. am Horizont Merkmale für die wichtigen Himmelsrichtungen verschafft haben, daß diese Merkmale den Charakter religiöser Stätten annahmen und nun selbst wieder Ortungsmale in der gleichen Richtung erhielten.

3. Der Uranfang der Ortung dürfte als Befriedigung eines religiösen Empfindens anzusehen sein. Dazu gesellte sich das praktische Bedürfnis der Zeiteinteilung, besonders seit Beginn des Ackerbaues: und schließlich kam die Ausnutzung des vorhandenen Ortungsnetzes zum Signalwesen im Krieg und Frieden durch Rauch-, Licht- und Hörsignale hinzu.

4. Die Ortungserscheinungen erklären sich am einfachsten, wenn ihr Anfang bereits für die älteste Zeit der Inbesitznahme des Landes angenommen wird, als man sich noch unbeengt einrichten konnte, wie man wollte. Hier ist jedoch der Irrtum zu vermeiden, als ob die ersten Siedlungen, Lager usw. selbst bereits unter dem Gesichtspunkte einer georteten Einstellung aufeinander angelegt

seien; vielmehr ist anzunehmen, daß zunächst für diese ältesten Plätze Male geschaffen waren, an die sich dann vielfach die Weiterbesiedelung angelehnt hat.

5. Die Ortung ist in germanischen Landen allgemein, und ihre wichtigsten Grundsätze sind gleichartig und stetig gewesen, so daß auch der Wandel der Zeiten und etwaige Verschiebungen der Völkerschaften einen merkbaren Einfluß nicht ausgeübt haben. Die Zeit ihres Verfalls trat mit dem Zeitalter Karls des Großen ein[117].

6. Die Beschaffenheit und Dauerhaftigkeit der Maler ist eine sehr verschiedene gewesen, je nachdem, ob ein Mal auch als festlicher Versammlungsplatz oder als Kristallisationspunkt einer Ortschaft eine Bedeutung gewonnen hatte, oder nicht. Es konnte ein einfacher, seiner Äste beraubter Baumstamm (truncus) oder ein aufgerichteter Stein sein, mit einer Feuerstelle daneben – bis hin zum feierlich als Brandstapel errichteten Turm oder sonstigen Gebäude.

7. Man hatte ursprünglich wohl nur die religiös wichtigste und grundlegende Nordortung. Dazu kam dann die praktisch noch wertvollere, durch Errichtung der Senkrechten gewonnene Westostlinie, die in der spätgermanischen Zeit für das Osterfest und als wichtigste Kalenderlinie die größere Bedeutung und häufigere praktische Verwertung gehabt haben dürfte. Auch die Zahl der von uns noch auffindbaren Westostlinien scheint größer zu sein, als die der Nordlinien. – Wegen der strengen Scheidung der Kulte für die verschiedenen Gottheiten ist ein Nebeneinander der kultischen Ortungsmäler auch da anzunehmen, wo das Ortungsnetz Knotenpunkte der beiden Linien aufweist.

8. Die hier und da in Erscheinung tretenden Sonnenwend- und Mondwendlinien können wegen der Beschränktheit ihrer astronomischen Geltung nur lokale Bedeutung gehabt haben, im Unterschied

---

[117] Über den Versuch Karls, das Signalwesen für sich auszunutzen, habe ich im Zusammenhang mit der Nieheimer Warte schon vor meinen Ortungsstudien eine Notiz gelesen. Ich wäre dankbar, wenn mir die betreffende Stelle mitgeteilt würde, da sie meinem Gedächtnis entfallen ist.

von den Nord- und Ostlinien, die auch bei weitester Durchführung astronomisch richtig bleiben.

9. Die astronomisch-geometrische Meßkunst der Alten über Berg und Tal hinweg war eine hochentwickelte, die ohne Schulung gar nicht zu denken ist. Der Durchschnitt der Meßfehler hält sich, wie es scheint, unter ½ Grad und die größten Meßfehler scheinen 1 Grad selten zu übersteigen. Die Annahme einer Astronomenschule im Gutshofe Oesterholz gewinnt durch das Vorhandensein der Ortung und durch den Zusammenhang des Gutshofs mit dem Ortungsnetz eine neue bedeutsame Stütze.

10. In Ansehung der religiösen Veranlagung des Volkes und der vielseitigen Bedeutung und Verwendung georteter Mäler, auch als Andachtsstätten, muß gefolgert werden, daß das ganze Land mit ihnen reich besetzt gewesen ist, bis hin zu kleinen und kleinsten Mälern in den Feldern zur Erfüllung der religiösen Bedürfnisse der Einzelnen und der Sippen.

11. Bei der Vielgestaltigkeit der Religion und der kultischen Gebräuche der Alten ist jedoch anzunehmen, daß nur ein Bruchteil der Kultstätten geortet war, und zwar diejenigen, die entweder einen unmittelbaren Bezug auf den Gestirndienst hatten, oder bei denen ein praktisches Bedürfnis nach Ortung vorlag.

12. In den kleinen Feldheiligtümern sind die Vorgänger der Kreuze, Bildstöcke und Kapellchen der nachfolgenden christlichen Zeit zu erblicken. Entsprechend einer Gepflogenheit der christlichen Kirche sind in der Bekehrungszeit die letzteren genau auf den Stellen der ersteren errichtet und können, sofern sie sich auf der gleichen Stelle erhalten haben, zu Wegweisern für die Erforschung der Orientation dienen. Dazu gesellen sich zahlreiche andere Anhaltspunkte, so daß die Forschung in dieser Richtung als eine aussichtsreiche bezeichnet werden kann.

Zur Klärung der Zufallsfrage war ein Preisausschreiben bestimmt, welches zur Aufstellung von Linien in gleicher Bedeutung und Zahl nach einem beliebigen Ortungssystem aufforderte.

Der Termin des Preisausschreibens ist am 31. März 1930 abgelaufen, ohne den Nachweis, daß ein beliebiges Ortungssystem in Wettbewerb treten könnte. Die drei eingesandten Arbeiten haben die Erfüllung der gestellten Aufgabe gar nicht unternommen, sondern noch weitere Beispiele zu einer beabsichtigten Ortung der Alten gebracht. Siehe „Germanien", Folge 2, Heft 2.

Dies Ergebnis darf nicht unterschätzt werden. Es bedeutet das Scheitern der Bemühungen aller, die im Blick auf eine Vergütung der aufgewandten Mühe durch Gewinnung des Preises von Mk. 1000 nachzuweisen gedachten, daß bei Anwendung eines beliebigen Liniensystems eine archäologisch gleichwertige Beispielstafel dargeboten werden könne. Wäre eine solche Bemühung geglückt, dann brauchte auch die von mir gebotene Beispielstafel nicht auf beabsichtigter astronomischer Ortung der Alten zu beruhen, sondern konnte ebenfalls auf die sich ganz von selbst ergebenden Lageverhältnisse der archäologischen Plätze zwischen allen übrigen Plätzen zurückgeführt werden. Damit hätte natürlich die Unzulänglichkeit des Beispielbeweises meines Ortungssatzes als einwandfrei bewiesen angesehen werden können, – wenn das alles durch einen vertrauenswürdigen Schiedsspruch, wie er von der „Berliner Gesellschaft für Geschichte der Naturwissenschaft, Medizin und Technik" zu erwarten war, festgestellt wäre. Aber die Ortungsfrage selbst wäre auch dadurch nicht abgetan.

Der dargelegte, vom Preisausschreiben vorgeschlagene Weg hat sich bisher als der brauchbarste erwiesen. Ein Versuch, auf rein graphisch-mathematischem Wege zur Klarheit zu gelangen, ist von vorneherein zur Ergebnislosigkeit verurteilt, wenn die Entscheidung über die archäologischen Qualitäten der Plätze nicht in die Hand Unparteilicher gelegt wird, und wenn die Methode sich nicht in denselben Gedanken und Grenzen hält, wie sie in meiner Beispielstafel innegehalten sind. Schon eine Verdopplung des Genauigkeits-Spielraums muß zu einem ganz unbrauchbaren Vergleichbilde führen.

Das Ergebnis des Preisausschreibens soll auch nicht überschätzt werden. Es liegt auf der Hand, daß bei uferlosem Aufwande von Zeit und Mühe schließlich eine größere Anzahl ähnlicher Erscheinungen auf Grund eines beliebigen Liniensystems zusammengebracht werden kann. Die aufzuwendende Zeit und Mühe aber kann nicht in Paragraphen vorgeschrieben werden. So läßt es sich denn nicht ändern, daß auch hier, wie in so vielen Fällen der nicht in gewohnter Weise bezeugten Altertumsgeschichte, die letzte Entscheidung bei dem einzelnen liegt, der das Gewicht der Gründe und Gegengründe nach seinem Ermessen und Empfinden abzuwägen hat.

Ich hoffe, daß das Gewicht sowohl der aufgewiesenen Beispiele als auch der inneren Notwendigkeitsgründe den Leser zu einer klaren Entscheidung für unseren wichtigen Ortungssatz geführt hat.

16. Germanen in Germanien

In hervorragender Weise kann uns die Frage der germanischen Besiedelung Germaniens, und zwar zunächst des Gebietes, in dem sich die wichtigsten der in dieser Schrift behandelten germanischen Heiligtümer befinden, zu einem Beispiel dafür dienen, daß sich die Klarstellung hochbedeutsamer Fragen in der gegenwärtigen Lage der Beurteilung einer einzelnen wissenschaftlichen Disziplin entzieht, und daß es jetzt dringend ist, auch gewisse Voraussetzungen nachzuprüfen, die unser Geschlecht von den vorangegangenen Geschlechtern übernommen und beibehalten hat.

Wir gelangen dabei zu der Fragestellung: Sind die gewohnten Anschauungen über die Wanderungen und Verschiebungen ganzer Völkerschaften und Stämme – nicht nur der Bevölkerungsüberschüsse – auf germanischem Boden überhaupt noch haltbar?

Über die Besiedelung der Gegend an den Lippequellen äußerte sich Kossinna im Anschluß an meinen Artikel über die Pflegstätte der Astronomie in Oesterholz folgendermaßen: „Über die astronomischen Dinge mich auszusprechen, fühle ich nicht den Beruf. Wenn aber wirklich eine astronomische Pflegstätte zwar nicht schon während der frühen, aber während der älteren Bronzezeit zu Haus Gierken bestanden haben sollte, so kann es sich nicht um eine germanische Anstalt gehandelt haben."

Nun würde es zwar für die Anerkennung der Pflegstätte nichts ausmachen, wenn ich den Ausdruck änderte und statt von „Germanen" von „Bewohnern dieser Gegend in jener Zeit" spräche. Aber ich möchte das nicht tun; denn ich habe mich von einer ganz anderen Lage der Dinge überzeugt. Daß diese Gegend, nämlich das Sennegebiet, am Südwesthange des Osning zwischen Kohlstädt und Örlinghausen in vorgeschichtlicher Zeit entweder stark besiedelt oder ein bevorzugtes Begräbnisgebiet für die angrenzenden Stämme weit her gewesen ist, beweist die erstaunliche Menge von Hünengräbern, die gemäß einer alten Karte (von Tappe) vor 100 Jahren in noch weit größerer Zahl vorhanden waren. Es sind Hügelgräber (tumuli), da das vereiste Gebiet von Norden her nur bis zum Gebirge reichte und Findlinge, wie sie in Nordwestdeutschland zum Gräberbau dienten, hier nur selten und in geringer Größe zur Verfügung standen.

Die letztere der beiden Annahmen – bevorzugtes Begräbnisgebiet – ist die weitaus wahrscheinlichere, nicht nur wegen des kärglichen Sandbodens, der keine zahlreiche Bevölkerung nährt, sondern auch im Blick auf die alte Geschichte der Gegend nebst den in dieser Schrift aufgewiesenen Ergebnissen der Landschaftsforschung, mit denen wiederum der Name des Gebirges Osning übereinstimmt, der meines Wissens niemals anders als Asenegge = „Gebirge der Asen" gedeutet ist.

Die wie es scheint fast völlige Ausraubung der Hügelgräber hat alle Schlüsse auf ihre Entstehungszeit und die Stammeszugehörigkeit der Siedler unmöglich gemacht. Kossinna zieht daher Funde aus der Nachbarschaft bis auf erhebliche Entfernungen von 40 km zur Begründung seines Urteils heran – etwa 20 – und sagt, daß der Ertrag auf keltischer Seite ungleich reicher sei als auf germanischer Seite. Kossinna selbst hat durch seine köstliche Schilderung der Keltomanie sehr ernstliche Zweifelsfragen angeregt, ob denn nicht mit diesem merkwürdigen Treiben noch gründlicher aufgeräumt werden muß, als er selbst es tut. Das ist mittlerweile durch Gustav Neckel[118] geschehen. Wer seinen Ausführungen folgt, fragt sich, ob denn für den gesamten Zeitraum der Besiedelung Germaniens durch Germanen von einem Haufen keltischer Bewohner auf germanischem Boden überhaupt noch die Rede sein darf!! Es steht fest, „daß zutreffendes Wissen über Germanen im klassischen Süden ebenso alt ist, wie über Kelten". Dabei werden die beiden Völker mehrfach miteinander verwechselt, so daß Germanen gemeint sein können, wenn von Kelten geredet wird. Trotzdem ist ihre Unterschiedlichkeit unzweifelhaft und die Trennung ihrer Sprachen muß erheblich älter sein, als ihre Erwähnung. Dazu kommt die

---

[118] Neckel, Germanen und Kelten, Winter, Heidelberg 1929.

Bedeutungslosigkeit und Unsicherheit weniger keltischer Worte (Flußnamen), die man in Germanien zu finden glaubt. Zu denen, die an dem Keltenirrtum mitschuldig sind, gehört Mommsen. Nekkel kann diesem berühmten Geschichtsschreiber den Vorwurf nicht ersparen: „Unter allen Umständen liegt aber die Voreingenommenheit des Geschichtsschreibes auf der Hand." Also wieder Voreingenommenheit, immer zu ungunsten der Germanen!

Diese ist natürlich bei dem um die Germanenforschung hochverdienten Kossinna nicht vorhanden. Aber er hat sich tief verwickelt in die Überschätzung der Bodenfunde zur Bestimmung von Völkerschaften und ihrer Wohnsitzveränderungen. Wenn Gebrauchsgegenstände in gleicher Form im Germanenlande wie im Keltenlande auftreten, dann tritt Jakob-Friesens Wort in Geltung: „Nie dürfen wir uns auf den Standpunkt stellen, daß eine neue Kultur" – so nennt man in der Archäologie das Vorkommen anderer Gebrauchsgegenstände – „in einem Gebiete auch ein neues Volk bedingt."

Kossinnas Meinung, daß als Bewohner von Oesterholz in der älteren Bronzezeit eher Kelten als Germanen angenommen werden mußten, hat obendrein eine erstaunlich schmale fundarchäologische Grundlage. Wir müssen in seiner Beweisführung[119] hören, daß die wenigen Absatzbeile die hier zunächst „für die Kelten in Frage kommen" sich in unvorschriftsmäßiger Weise verhalten, weil sie „ziemlich erheblich auch in den Süden des germanischen Anteils der Provinz Hannover vorgedrungen sind", wo von einer keltischen Besiedelung gar nicht geredet werden kann, wir müssen hören, daß das „Tönsberger Stück, welches verziert ist", von Krebs für einen „Vertreter des nordischen Typus" gehalten wird, während Kossinna dafür keinen zwingenden Grund sieht und es nicht auf die germanische Seite buchen will; wir müssen hören, daß auch über eine Dolchform aus den Gräbern von Rodenberg zwischen Kossinna und Schwanold keine Einmütigkeit herrscht. Das ist bei den wenigen zum Beweise zur Verfügung stehenden Objekten reichlich

---

[119] Mannushefte, 19. Band, Heft 2 S. 162 ff.

viel Unsicherheit, zu der aber noch die bekannten schwerwiegenden allgemeinen Bedenken hinzukommen.

Wie, wenn der Tauschhandel, durch den die Gebrauchsgegenstände von einer Völkerschaft zur andern gingen, einen weit größeren Umfang gehabt hat, als der eine oder andere Archäologe jetzt annimmt, ohne für seine Annahme eine Beweisunterlage aufweisen zu können? Dann fällt sein ganzes Gebäude zusammen. Und woher nimmt er seine Ansicht über das Verfertigungsland? Wenn es sich nicht um massenhaft auftretende Stücke handelt, dann liegt geradezu die Gefahr der Verwechslung der Einfuhr- und Ausfuhrgegenstände vor! Die Tendenz der fortschreitenden Erkenntnisse geht in der Richtung, daß es zwischen den alten Völkern einen überaus lebhaften Handelsverkehr gegeben hat. Die Bedeutung der Marken liegt auch auf dem Gebiete des Warenaustauschs zwischen den anliegenden Völkerschaften und nicht umsonst haben die Plätze, wo dieser Verkehr vor sich ging, bis zum heutigen Tage den Namen „Markt" erhalten.

Wie ferner, wenn das geringe Fundmaterial aus einem so großen Gebiete – viele 100 qkm –, mit dem Kossinna rechnet, durch neuere Funde weit überboten wird, aus denen von ihm ganz andere Schlüsse gezogen werden könnten? Das ist bei dem Anwachsen der Funde in dieser früher vernachlässigten Gegend nicht nur möglich, sondern Tatsache, und viele neuerliche Funde waren Kossinna noch ganz unbekannt. Dazu gehören, außer dem Ertrag jahrlanger Ausgrabungstätigkeit Schwanolds, die bedeutsamen steinzeitlichen, bronzezeitlichen und eisenzeitlichen Siedlungsfunde des Herrn Lehrers H. Diekmann[120] in Örlinghausen, sowie die Auffindung großer Felder von Steinhügelgräbern durch W. Düstersiek bei der Ziegenbergwarte (Abb. 73) bis zu 100 Gräbern und im Leistruper Walde bis zu 50 Gräbern schon durch Scheppe. Auch die Gräberstätte am Kreuzkrug ist zu erwähnen. Das alles schließt eine starke Verschiebung der archäologischen Urteilsgrundlagen in sich

---

[120] „Germanien" 2. Folge, Heft 1 u. 2, u. sein Buch im Wittekindverlag, Bielefeld.

und mahnt zur äußersten Vorsicht gegen jedes einschränkende chronologische und ethnologische Urteil.

In der Archäologie sind solche Erwägungen stets angestellt, und es ist davor gewarnt worden, aus dem Vorkommen von Gebrauchsgegenständen in einer Gegend den Schluß auf ihre Besiedelung durch die Völkerschaft zu ziehen, der man die Herstellung zuschreibt. Aber nicht immer ist die gebotene Zurückhaltung geübt worden. Jakob-Friesen[121] schreibt: „Die grundsätzliche Frage, wieweit ein Volk mit einer bestimmten Kultur identisch ist, kann nur von der Wissenschaft der Völkerkunde gelöst werden", d. h. ein Volk läßt sich nicht allein durch Beile, Fibeln, Urnen und dergleichen bestimmen.

Die Annahme einer nichtgermanischen Besiedelung der Gegend der Lippequellen wegen der unzureichenden Beweise abzulehnen, hat umso mehr Berechtigung, als das Land mit germanischen Orts-, Flur- und Bergnamen ohne fremde Beimischung übersät ist und auch sonst jeglicher Grund fehlt, die dauernde Besiedelung durch Germanen zu bestreiten. Wo wir nicht vor einleuchtende Beweise gestellt werden, die uns eines anderen belehren, haben wir das Recht anzunehmen, daß die Bewohner eines Gebietes in Germanien Germanen gewesen sind. Ich glaube, daß dies ein guter und richtiger Standpunkt ist. Obendrein können wir uns auf Tacitus (Germania 2) berufen, nach dessen Kenntnis der Dinge die Bewohner Germaniens Eingeborene sind, „deren Rassenreinheit keineswegs durch gewaltsames Eindringen oder friedliche Aufnahme von Fremden gelitten hat". Aber wichtiger noch als Tacitus ist die schlichte Logik der Dinge.

Es sind sowohl die sprachwissenschaftlichen als auch die fundarchäologischen Gründe, die – unter Überschätzung ihrer Beweiskraft in Verbindung mit einer irrigen allgemeinen Anschauung über die Voraussetzungen von Völkerverschiebungen – ein verworrenes und erschreckendes Gesamtbild von den Besiedelungsverhältnissen des alten Germaniens zustande gebracht

---

[121] A. a. O. S. 138.

haben. Verworren, verwirrend und unglaubhaft auch um deswillen, weil man nicht entfernt zu einheitlichen Ergebnissen gekommen ist, sondern die Ansichten der einzelnen Forscher weit auseinanderklaffen. Erschreckend, weil Germanien nicht mehr das Land der Germanen bleibt, wie es uns Tacitus schildert, sondern zum Tummelplatz sich verdrängender Völkerschaften und Stämme wird.

Es ist nicht zu verwundern, daß diejenigen, die sich von dem Wirbel dieser Spekulationen gutgläubig mitreißen lassen, nur sehr schwer an eine stetige Kulturentwicklung auf germanischem Boden glauben können. Groß genug ist die Bedrängnis Germaniens besonders von Osten her oft gewesen, und das ganze ostelbische Gebiet weist die schweren Unterbrechungen der Germanenkultur auf. Aber selbst dort ist so viel positiv Germanisches zutage gefördert, daß ein Zurückfinden zu einer schlichteren und darum natürlicheren Auffassung der Dinge, auch für unseren Osten, vorbereitet ist.

Der Oesterholzer Sonderfall, dem sehr viele andere mehr oder weniger ähnliche an die Seite gestellt werden können, richtet unsere Aufmerksamkeit nunmehr auf die Gesamtfrage der Völkerwanderungen auf germanischem Boden.

Es ist eine unserer Archäologie zu dankende allgemein anerkannte Wahrheit, daß in Germanien mindestens seit der jüngeren Steinzeit der Ackerbau betrieben worden ist innerhalb der durch die sonstigen Verhältnisse gegebenen Grenzen. Das bedeutet, daß die Bewohner sich durch ihre Mühe und Arbeit den für ihren Ackerbau erforderlichen Grund und Boden aus dem Urzustande herausgewonnen haben.

Es gehört immerhin eine enge, wenn möglich von Geburt an vorhandene Fühlung mit der Ackerwirtschaft dazu, um begreifen zu können, was es bedeutet, aus Unland tragfähiges Kulturland zu machen und es dauernd als solches zu erhalten. Unzählige Städter, die sich die Sache so einfach dachten, sind sonst und auch jetzt bei den Siedlungsbestrebungen der Nachkriegszeit inmitten dieser Arbeit zusammengebrochen. Wenn über Wanderungen und

Verschiebungen von Völkerschaften die Rede ist, die nicht nur Jagd und Weidewirtschaft, sondern auch Ackerwirtschaft betrieben haben, so ist es offenbar ganz unerläßlich, daß der Urteilende das für einen Landmann wirtschaftlich und psychologisch Mögliche von dem wirtschaftlich und psychologisch Unmöglichen unterscheiden kann. Ich habe es nicht in Erfahrung bringen können, wer eigentlich die allerersten Urheber der herrschenden Anschauungen über die germanischen Völkerwanderungen, insbesondere auch über die sogenannte Völkerwanderung gewesen sind, dieser Anschaungen, die dann, wie es scheint ohne Bedenken, von Geschlecht zu Geschlecht sich bis auf uns verpflanzt haben. Aber die Anschauungen können nur in den Köpfen von Männern entstanden sein, die entweder auch noch den Germanen der Völkerwanderungszeit keinen Ackerbau zutrauten, oder deren Väter schon eine ackerbautreibende Bevölkerung nicht mehr kannten und verstanden, die also die Fühlung mit dem Bauer verloren hatten.

Ihre Völkerwanderungslehre erwies sich in der Geschichtswissenschaft freilich als ganz hervorragend brauchbar, um auch die schwierigsten ethnographischen Fragen zu lösen. Es machte danach keine Schwierigkeit, Länder auszuleeren und Länder zu füllen und staunenswerte Züge zu weit entfernten Zielen zu führen. Unter der Herrschaft dieser Lehre wurde Germanien nebst angrenzenden Ländern zum Schauplatz sich gegenseitig mit Kind und Kegel, mit Sack und Pack vertreibender Völker und Stämme gemacht.

Die ganzen Völker sollen ausgewandert sein, entweder von anderen andrängenden Völkern besiegt und vertrieben, oder freiwillig, von Wanderlust ergriffen. Nachher waren sie von ihren Wohnplätzen verschwunden und andere saßen da. Allenfalls ist davon die Rede, daß ein Rest Greise und Schwache dablieb, um dann in der neuen Bevölkerung aufzugehen.

Diese Ansichten mögen auch von Strabos Bericht (VII, 1–3) über die Nomadenhaftigkeit der Sueben beeinflußt sein, dem jedoch Cäsars Bericht (B. G. IV, I) über eben diese Sueben völlig entgegensteht. Cäsar hat wenigstens eine Ahnung von den wohlgeordneten Zügen des Bevölkerungsüberschusses gehabt, wenn er auch durch die Annahme jährlicher Rückkehr derselben gänzlich in den Mißverstand hineingerät.

Mit der üblichen Wanderungslehre verknüpfte sich die Vorstellung von der Gegensätzlichkeit und Feindseligkeit der germanischen Stämme untereinander überhaupt, obgleich die sich zeigende Einheitlichkeit des germanischen Volks in Sprache, Religion, Recht, Sitten und sonstiger Kultur solcher Vorstellung durchaus widersprach. Natürlich hatten die Stämme ihre Streitigkeiten und Kämpfe, aber die Zerrissenheit muß geringer gewesen sein, als im Mittelalter bis in die neuere Zeit hinein, geringer auch als die Zerrissenheit der Griechen.

Mir scheint, daß es an der Zeit ist, nach Erwägung aller Umstände insbesondere auch der Psyche eines ackerbautreibenden Volks und aller sonstigen neuen ethnographischen Erkenntnisse über Germanien den Satz aufzustellen:

Durch Waffengewalt kann ein ackerbautreibendes Volk gänzlich ausgerottet werden; aber es läßt sich eher dezimieren, unterwerfen und zu Knechten machen, als daß es von seinem Lande vertrieben werden kann; niemals aber faßt es freiwillig den Beschluß der Auswanderung, ohne unter dem Zwange von Naturgewalten (Klimawechsel, Überschwemmung u. a.) zu stehen.

Zuerst ganz, dann in den Ferien bin ich unter der Dorfjugend aufgewachsen und auch später habe ich Freude und Leid des Landmanns miterlebt, zuletzt und bis heute als Besitzer eines Bauernhofs. Wenn die Arbeit auf dem Acker, aus dessen Bebauung mein Vater den größten Teil seines Pfarrgehaltes gewinnen mußte, drängend war, half ich dem Knecht beim Pflügen und Ernten und lernte kennen, was der Schweiß des Landmanns und seine Verbundenheit mit der Scholle bedeutet. Schon damals habe ich über die Wanderung der Cimbern und Teutonen mit Vorliebe nachgedacht und nahm – wie ich noch glaube, mit vollem Recht – bei den alten Germanen etwa dieselben Empfindungen an, wie sie der deutsche Ackerbauer noch heute hat. Meine jetzige Beurteilung der Frage geht auf die damaligen Gedanken zurück.

Weder die Cimbern und Teutonen, noch die Goten, Vandalen, Langobarden und alle die andern als Eroberer auftretenden Stämme konnten als besiegte, landflüchtige, mit Feuer und Schwert verdrängte Menschen, weit in die Welt hinausgezogen sein. Schon der Durchzug durch die von andern Völkerschaften bewohnten Länder, wieviel mehr noch das kriegerische Auftreten gegen Roms Heere, bedurfte der inneren Ausrüstung mit starkem Selbstbewußtsein und einer äußeren

Ausrüstung mit allem notwendigen Kriegsgerät. Ebenso nötig waren Verpflegungsvorkehrungen, welche eine Dauerernährung der Massenheere, die obendrein von Weibern und Kindern des Stammes, den Alten, Schwachen und Kranken, von Knecht und Magd begleitet waren, vorsahen. Da die unterwegs sich zur Ernährung bietenden Möglichleiten: Jagd, Plünderung und Einsammeln von Wildfrüchten auf dem durchzogenen Landstreifen, mögen wir ihn uns auch sehr breit vorstellen, nicht entfernt ausreichten, so mußte die Verpflegung im wesentlichen auf den mitgeführten Herden beruhen. Aber der Viehstand eines auch nur in beschränitem Maße den Ackerbau treibenden Volkes mußte in einer mehrere Jahre währenden Vorbereitung schon vorher auf die für ein Nomadenvolk nötige Höhe gebracht werden, bei der von vornherein das Abschlachten in Rechnung zu setzen war. Auch sonst, was Gefährte, Zelte, Ausrüstung anlangt, mußte man sich völlig auf das Nomadenleben umstellen.

Das alles ist im Einzelnen gar nicht zu schildern und hat eine Tragweite, daß es sowohl wirtschaftlich wie psychologisch nur als ein umgekehrter Entwicklungsvorgang, nicht aber als Ausführung von Beschlüssen oder Befehlen vorstellbar ist. Schon die Fassung solcher Beschlüsse, die ja so ziemlich einstimmig gedacht werden müßten, wenn sie Sinn und Folge haben sollten, und erst recht die Ausgabe von Befehlen, wodurch ein Ackervolk veranlaßt werden soll, sich innerhalb einiger Zeit auf ein Leben als Nomadenvolk umzustellen, muß als etwas ganz Unmögliches angesehen werden.

Eine Ackerbau treibende Bevölkerung hat feste Wohnungen, Ställe, Scheunen, und selbst in den denkbar einfachsten Verhältnissen Hausrat, Werkzeug und Ackergeräte, kurz ein unbewegliches und bewegliches Eigentum, welches mit Fleiß und Sorgfalt und Mühe, mit Freude und Liebe zur Sache beschafft ist, das aber nicht mit auf die Wanderung genommen werden kann, sondern preisgegeben werden muß. Sie hat Garten und Feld, an dem der eigene und der Väter Schweiß klebt und zu dem ein starkes inneres Verhältnis besteht. Auch wenn wir den unmöglichen Wanderungsbeschluß eines Stammes doch als möglich, annehmen wollen – die letzten Tage, die Preisgabe, der Abschied, der wirkliche Fortgang – das alles gehört in das Gebiet völlig unhaltbarer Vorstellungen vom grünen Tisch aus.

Es würde zu weit führen, auch auf die ungezählten Schwierigkeiten einzugehen, die sich noch verschärfen, wenn z. B. an das allmähliche Eintreten der Lage oder an halbe Maßregeln, an das Daheimbleiben alter kranker und schwacher Familienglieder oder an das Zurücklassen der Unfreien und Knechte gedacht wird, oder an Gewalttätigkeit gegen die im Wege wohnenden Völkerschaften, oder an eine primitive Art der Leitung des Ganzen, oder an eine Sorglosigkeit hinsichtlich der Verpflegung und des Zieles. Ergebnis: Weder auf erzwungene Landflüchtigkeit noch auf freiwilligen Abzug können die Wanderzüge germanischer Stämme, die bereits Ackerbau hatten, zurückgeführt werden.

Es bleibt gar nichts anderes übrig, als die wohlbegründete sinnvolle Erklärung: Die streitbaren Söhne, die auf Hof und Acker ihrer Sippen entbehrlich und überflüssig waren mit ihren Frauen und Kindern, wurden, wenn in einem Stamm ihre Zahl ausreichend groß geworden war, aufs beste zu einem Wanderzuge zwecks Gewinnung eines Kolonisationsgebietes ausgerüstet und ausgeschickt. Ihre Verpflegung wurde auf lange hinaus durch ein sorgfältiges Versorgungssystem unter Benutzung eines mit den andern Stämmen vereinbarten Wanderweges oder der für Wanderungen frei gegebenen Markenstraßen, vorbedacht.

Mit dieser befriedigenden Annahme werden zugleich die archäologischen Rätsel gelöst, die sich aus dem gänzlichen Mangel an wirklichen Beweisen für einen Wechsel von Stammessitzen ergeben, wie sie uns aus der Völkerwanderungszeit doch wohl irgendwo und irgendwie entgegentreten müßten.

Die Unbeweglichkeit der Ackerbauer wird durch die Geschichte aller Völker in allen Zeiten bestätigt erscheinen, sobald wir kritisch die Berichte und Urteile Fernstehender auf ihren tatsächlichen Wert zurückführen, den sie für die Klarlegung solcher Geschehnisse haben können. Zur Bestätigung dienen auch solche geschichtlichen Fälle, wie der Zug der Salzburger, mehrere Ausfahrten griechischer Kolonisten, der Auszug der Kinder Israel oder gar die Elendszüge unter Karl d. Gr., weil sie einen ausgeprägten Sondercharakter tragen, während die Fälle sehr starker Auswanderung ins Ausland (Siebenbürgen, Südrußland, Amerika), bei denen die Hofbesitzer mit ihren Familien und Zubehör zurückbleiben, überhaupt nicht in Betracht kommen.

Ohne Einschränkung bleibt also die Folgerung gültig: Die vermeintlichen Wanderzüge bereits seßhaft gewordener ganzer germanischer Stämme sind in Wirklichkeit anzusehen als die durch die Landverhältnisse bedingten, ordnungsmäßig von dem seßhaft bleibenden Stamm ausgerüsteten Züge des Bevölkerungsüberschusses der in ein neues Siedlungsland zieht und es nötigenfalls erobert. Mitteilungen wie sie Tacitus Germania 29 über das Verhältnis der Bataver und Chatten bringt, können richtig gelesen hierfür als Bestätigung dienen.

Besonderes Interesse bietet die Geschichte der Goten und Sachsen. Die Meinung, daß die Goten, von den Alanen und Hunnen besiegt und getrieben, die Donau überschritten hätten und in solcher jämmerlichen Verfassung alsbald die Sieger über Kaiser Valens bei Adrianopel geworden seien, findet noch nicht einmal in dem Bericht des Ammianus Marcellinus ausreichende Stütze. Denn dieser unterscheidet diese „andern Völker der Goten" von den durch die Alanen und Hunnen besiegten Goten Ermanrichs; er spricht außerdem nur von dem „größten Teil des Volkes", wonach also der andere Teil in seinen Wohnsitzen geblieben ist. Auch die unterworfenen Ostgoten Ermanrichs verließen ihr Land nicht. Über den Hunnenstamm, seine völkische Abstammung und seine kulturelle Beschaffenheit werden wahrscheinlich die Akten der Forschung neu eröffnet werden müssen, während es mir, wie ich glaube, bereits gelungen ist, den Irrtum über die Vorgänger der Goten und Hunnen, über den Skythenstamm aufzudecken und ihn zu den edlen östlichen Germanenstämmen zuzurechnen[122], wie es bereits durch die Studien von Wilser[123] vorbereitet war. Über die Vandalen lese man Gustav Freytag[124] nach.

Was die Sachsen anlangt, so ist es erstaunlich, daß sich die unmögliche Auffassung hat halten können, als ob ein kleiner Stamm mit dem Namen Sachsen aus dem holsteinischen Lande heraus die Stämme Nordwestgermaniens bis hin nach Essen a. d. Ruhr „verdrängt" hätte, wie ich es noch in einem vor wenigen Jahren geschriebenen Artikel gelesen habe. Es ist sogar fraglich, ob ein Sachsen-„Stamm" jemals existiert hat, und ob nicht der Name von vornherein ein Sammelname, später der Bundesname gewesen ist, durch den sich das Verschwinden der alten Stammesnamen erklärt. Die Entwicklung des Sachsenlandes würde dann schon zu Ptolemäus Zeiten (Anfang des 2. Jahrhunderts n. Chr.) begonnen haben und gemäß einer Nachricht des Angelsachsen Beda Venerabilis um 700 n. Chr. durch zwangsweise Hereinbeziehung der Brukterer

---

[122] Germanien, Folge 2, Heft 1.
[123] L. Wilser, Die Germanen, Leipzig, Th. Weicher 1920.
[124] Freytag, Bilder aus der deutschen Vergangenheit.

seiner Vollendung entgegengegangen sein. Derselbe Lauf der Dinge ist denkbar, wenn's einen Sachsen„stamm" gegeben hat, – also ähnlich wie Preußen entstanden ist.

„Verdrängung" der Chauken, Cherusker, Angrivarier, Brukterer, Marser, Sugambrer, nördlichen Chatten und aller der kleinen Stämme, die zusammen das Sachsenland Wittekinds bewohnten, hat ebenso wenig stattgefunden, wie die Preußen die übrigen Deutschen des Preußischen Staates verdrängt haben.

Gewiß sind im Laufe der Zeit germanische Stämme von anderen Völkerschaften überwältigt und allmählich im Siegervolk aufgegangen, und auch im Übrigen haben sich Vermischungsvorgänge mannigfacher Art und aus mannigfachen Gründen ereignet. Aber sofern solche Verhältnisse nicht geschichtlich nachzuweisen sind oder nicht in unmittelbare Erscheinung treten, muß angenommen werden, daß in ganz Germanien alle Teile dauernd von denselben germanischen Stämmen besiedelt geblieben sind, die sich einst auf ihnen seßhaft gemacht haben. Schuchhardt trifft den Nagel auf den Kopf, wenn er sagt, die Sachsen Wittekinds seien die unverfälschten Nachkommen der Steinzeitleute, die die Megalithgräber gebaut haben. Mit gewisser Einschränkung kann dasselbe von allen germanischen Stämmen gesagt werden.

Das trifft zu, wenn auch ihre Namen gewechselt oder sich verschoben haben, wenn auch infolge politischer Herrschaftsänderungen, religiöser Spaltungen oder verschiedenartiger Handelsbeziehungen die Kultur der Bewohner sich verschiedenartig entwickelt hat bis hin zur Sprache, zu den Volkssitten und zur Verwendung von Gebrauchsgegenständen.

Wenn später in den Städten eine nicht mehr bestimmbare Masse sich angesammelt hat, – auf dem Lande ist der Stamm der seßhaften Bauernbevölkerung seinem Blute nach stets derselbe geblieben. Daß in manchen Gegenden die durch den modernen Verkehr, die Freizügigkeit und Industrialisierung entstandene Volksmischung vorweg in Rechnung genommen werden muß, wenn wir an die jetzige Bevölkerung denken, braucht nicht besonders dargelegt zu werden.

Wer es unternimmt, auf Grund der mannigfachen Mitteilungen der römischen und griechischen Schriftsteller sich ein Bild von den Wohnsitzen der germanischen Stämme in jenen Zeiten zu machen, der sieht sich vor eine unlösbare Aufgabe gestellt. Es liegt gar kein Grund vor, in diesen Dingen an der Gutgläubigkeit und Zuverlässigkeit der Schriftsteller zu zweifeln, und doch kann die Verworrenheit ihrer widerspruchsvollen Berichte gar nicht schlimm genug geschildert werden. Auch wenn die schwierige Aufgabe, die verschiedenen Zeiten auseinander zu halten, von denen die Schriftsteller berichten, aufs sorgfältigste erfüllt ist, bleibt Verwirrung übrig.

Die Verwirrung wird sofort erklärlich, wenn wir annehmen, daß die alten Schriftsteller – ebenso wie die ihnen folgenden späteren Geschichtsschreiber – die eigentlichen Stammessitze nicht von den Sitzen der ausgewanderten Stammesteile zu unterscheiden wußten. Daraus entstand bei ihnen selbst und bei den späteren der Irrtum von der Nomadenart der Germanen mit den sich anschließenden Irrtümern in der Kulturbeurteilung. Um die Verwirrung auf den Höhepunkt zu bringen, kam dann noch die fortwährende Verwechslung von Stammes-, Gau- und Ortsbezeichnungen hinzu, wodurch die Zahl der vermeintlichen germanischen Stämme ins Ungemessene stieg. Davon gibt Detmer-Kassel in einer noch ungedruckten fleißigen Zusammenstellung aller Nachrichten ein eindrückliches Bild.

Es ist wahrscheinlich, daß die Wandertrupps nur in den selteneren Fällen über die Grenzen Germaniens hinaus in fremde Länder gekommen sind und dort eine politische Rolle gespielt haben. In den häufigeren Fällen haben sie noch in den weiten, nicht von vornherein besiedelten Gebieten Germaniens, die gleichzeitig als Marken zwischen den Stämmen dienten, Platz gefunden. Dort, wo man sie als willkommene Verstärkung gern aufnahm, werden sie im Allgemeinen in dem aufnehmenden Stamme aufgegangen und verschwunden sein. Wo sie aber zahlreich, stark und geschlossen genug waren, um in der Eigenart ihres Heimatstammes weiterleben zu können, da behielten sie ihren Namen und wurden zur Ursache der Irrtümer über die Stammsitze.

Zur Vervollständigung unserer, wie ich glaube, einleuchtenden und als Arbeitshypothese brauchbaren Vorstellung von den Wandervorgängen jener Zeiten haben wir die breiten Markengebiete zwischen den Stämmen auch als die gegebenen Wanderwege dieser Trupps anzusehen. Die vielfach noch heute aufweisbaren alten Straßen und Hohlwege, die sich innerhalb der Marken in ihrer Längsrichtung hinziehen, dürften ihre Entstehung weniger den Angehörigen der anwohnenden Stämme, sondern in erster Linie den das Land durchziehenden Händlern, dann aber auch diesen Wanderzügen zu verdanken haben. Auf diese Weise fällt die Belästigung der seßhaften Bevölkerung fort und es kommt Ordnung in unsere Vorstellungen.

Der Verlauf der Dinge ist gewiß auch manchmal ein anderer gewesen. Stämme, deren Marken auch bei Abgabe eines Strichs an den Wandertrupp noch breit genug geblieben wäre, wollten keine Angehörigen eines anderen Stammes bei sich dulden; oder es kam mit anmaßend auftretenden Zügen zu blutigen Händeln. Wenn dabei der Wandertrupp – vielleicht verstärkt von der Heimat aus – die Oberhand behielt, dann waren immer noch solche Verhältnisse unglaublich, wie sie z. B. in Cäsars Bellum gallicum (IV, 1–19) hinsichtlich der von den Sueben bedrängten Usipeten und Tenkterer berichtet werden, die dann ihrerseits wieder auf ihre nordwestlichen Nachbarn gedrückt hätten. Hier gilt unser „unmöglich".

Gerade diese ziemlich ausführlich erzählte Geschichte bietet zahlreiche Handhaben, um sowohl die Verständnislosigkeit und Verdrehungskunst der römischen Geschichtsschreibung, als auch die Niedertracht der römischen Politik gegenüber den Germanen aufzudecken. Ein solches ernstliches Vorgehen gegen einen so gefeierten römischen Klassiker, wie es Julius Cäsar ist, würde bei unseren Nomisten Entrüstung wachrufen, wenn wir uns in diesem Falle nicht in der Lage befänden, durch zwei Stellen aus Plutarch (Leben Cäsars, Kap. 22) kräftige Unterstützung zu haben. Aus der einen Stelle erfahren wir, daß man sogar in Rom über die Vertragsbrüchigkeit Cäsars gegen die Germanen entsetzt war, so daß Cato, als Cäsar ein Dankfest für die Vernichtung der Usipeten und

Tenkterer bewilligt werden sollte, seine Meinung dahin äußerte, Cäsar müsse zur Sühne seines Vertragsbruchs an die Germanen ausgeliefert werden! Cäsars Tat an den germanischen Führern, die sich in sein Lager begaben, muß daher noch eine Nummer schändlicher gewesen sein, als das schärfste kritische Auge es hätte aus dem Geschichtsbericht herauslesen können.

Blauer Dunst, daß am Zusammenfluß der Maas und des Rheins die ganzen Stämme der Usipeten und Tenkterer – 430 000 Menschen – bis auf die fouragierenshalber abwesende Reiterei vernichtet seien; und als blauer Dunst wird auch der ganze Suebenschrekken der Usipeten und Tenkterer anzusehen sein. Denn unmittelbar darauf finden wir die Usipeten und Tenkterer (nicht nur die entkommenen Reiter) in ihrer alten Heimat zugleich mit den Sugambrern im Bunde mit eben jenen Sueben, durch die sie verdrängt gewesen sein sollen! Als dann Cäsar seine berühmte Brücke über den Rhein geschlagen hatte, genügte die an ihn gelangte Nachricht von einer allgemeinen Mobilmachung der Sueben, um ihn nach 18tägigem Aufenthalt zum schleunigen Rückmarsch zu veranlassen. „Er glaubte, der Ehre und dem Vorteil des römischen Volks genug getan zu haben." Plutarch aber meint in der zweiten Stelle, der Zug gegen die Sugambrer (der sich ja dann auf nur 18 Tage beschränkte) sei nur ein Vorwand gewesen, „ruhmgierig, wie er war, habe er als erster mit einem Heere den Rhein überschreiten wollen".

Wenn wir mit solchen Schlaglichtern, wie sie uns Plutarch in diesen beiden Stellen gibt, und wie sie ja auch sonst nicht ganz fehlen, die Geschichte der Beziehungen Roms zu Germanien kritisch ableuchten, und dabei auch auf die vielen teils auf Unkenntnis beruhenden, teils erlogenen Berichte über die kulturlichen Verhältnisse Germaniens achtgeben, werden wir der Wahrheit ein Stück näher kommen.

Hinsichtlich der Wanderzüge haben wir zu lernen, daß sie von Haus aus auf guten Gründen beruhten, nach friedlichen, völkerrechtlich einwandfreien Grundsätzen unternommen wurden und auch im Allgemeinen mit dem redlichen Willen der Befolgung dieser Grundsätze ausgeführt sein werden. Erst die im gleichen Schritt mit der Vermehrung der Menschen gewachsenen Schwierigkeiten, unvorhergesehene fremde Verhältnisse, das Mißtrauen der anderen Völker und das Auftreffen auf festergefügte Staatsgebilde führte in den uns bekannt gewordenen geschichtlichen Fällen auch da zu nichtgewollten kriegerischen Verwicklungen, wo die vorausgesandten Kundschafter ausreichendes freies Siedlungsland gefunden hatten.

Daß die über die Grenzen Germaniens hinaus in den Osten, Süden, Westen und Nordwesten gelangenden starken germanischen Wanderzüge am neuen Orte zur Oberschicht über die bleibenden Eingeborenen wurden, ist ein Kapitel für sich, welches in ganz hervorragender Weise zur Bestätigung unserer Gesamtanschauung von den Völkerwanderungen dient. Davon sagt Kossinna[125]:

„Vom nördlichen Mitteleuropa von der Ostsee her und weiter dann von der oberen und mittleren Donau sind damals, im 3. Jahrtausend vor Chr., die großen Völkerbewegungen ausgegangen, die ganz Europa, vor allem Südeuropa und Vorderasien mit derjenigen Bevölkerung erfüllt haben, die unsere Sprache spricht, die Sprache der Indogermanen. Überall dort wurde mitteleuropäisches Blut die herrschende Klasse und hat, auch wie es allmählich in ein Nichts oder fast in ein Nichts verflüchtigt worden ist, zum ewigen Angedenken des weltgeschichtlichen Berufes unserer Stämme, wenigstens unserer Sprache, dort untilgbar den Ländern eingeprägt."

Werden unsere Folgerungen als richtig anerkannt, dann wird Ruhe und Zuversicht in die germanische Forschung einkehren und wir werden nicht mehr von jedem unvermutet gefundenen ½ Dutzend Topfscherben, deren Dasein in Wirklichkeit der Tüchtigkeit des Commis voyageurs seiner Firma vor 1500 oder 2000 Jahren zu verdanken ist, in die Unruhe versetzt werden, daß dessen Brüder und Vettern die Bewohner dieser Gegend sengend und mordend vor sich hergetrieben hätten.

---

[125] Kossinna, Die deutsche Vorgeschichte, Kabitzsch, Leipzig 1925, S. 232.

Auch an den Lippequellen haben zur Bronzezeit die germanischen Nachkommen der ersten dortigen germanischen Ansiedler gesessen und geschafft und sind dort begraben, ganz einerlei, ob der Germanenname früher oder erst später zur Geltung gekommen und den Römern ins Ohr geklungen ist.

17. Der Zerstörer der Heiligtümer

Karl, Westfrankenkönig, römischer Kaiser

In unseren Ausführungen über die germanischen Heiligtümer sind wir mehrfach Karl dem Großen begegnet. Sein Verhältnis zu ihnen ist damit zur Genüge geklärt, aber wir wollen es noch einmal zusammenfassen. Es ist anzunehmen, daß kein einziges zerstörbares Heiligtum, Denkmal oder Zeugnis des alten Glaubens, wenn es überhaupt als solches Beachtung fand und in seine Gewalt geriet, von Karl unzerstört gelassen ist. Die folgenden Zeiten haben dann die Nachlese gehalten, mehr und mehr unter Mithilfe des bekehrten und sich bekehrenden Volks selbst. Da war auch das letzte Runentäfelchen und verdächtige Symbol im geheimsten Versteck im Schlafraum des nächsten Blutsverwandten nicht sicher und wird den Priestern auf Verheißung des Gotteslohns überbracht sein, mit oder ohne Zustimmung des Besitzers. Wehe ihm, wenn er die Herausgabe verweigerte. Ewiges Leben und zeitliches Leben hing von der Herausgabe ab.

Schon seit dem Kaiser Theodosius (382) war die Todesstrafe gegen Ketzer vorgekommen; Papst Leo der Große billigte deren Hinrichtung (Leonis Opp. Epist. 15 ad Turribium). Dann waren auf Beschluß des Concilium Tarraconense (516) die „Sendgerichte" gekommen, so daß die Kapitularien Karls bereits als ein Ausfluß der in der römischen Kirche herrschend gewordenen Denkweise anzusehen sind, längst ehe Innozenz III. die systematische Aufspürung und Bestrafung der Ketzer unter dem Namen „Inquisition" einführte, die dann vor allem in Spanien und Deutschland den christlichen Namen mit Schmach und Schande bedeckt hat.

Karls zuerst gegen die Sachsen angewendete Bekehrungs-Methode gelangte auf der ganzen Linie zum Sieg. Eine plötzliche Umwandlung der Vorstellungen und Gebräuche war unmöglich und ist erst in Jahrhunderten erreicht. Aber was greifbar war und als heidnisch erklärt wurde, war unrettbar dem Untergang verfallen, vor allem die Bauten und das Schriftwerk. Wer wundert sich, daß uns nichts überkommen ist?

Die Zahl der auf Karls persönliche Anordnung geschehenen Zerstörungen von Volksheiligtümern muß bei seinen zahlreichen Kreuz- und Querzügen durch Germanien von 772 bis einige Jahre vor seinem Tode eine ungeheuer große gewesen sein. Nur wenn er etwas für geeignet hielt[126], unzerstört seiner eignen Schatzkammer einverleibt zu werden, machte er eine Ausnahme. Aurum et argentum abstulit, quod ibi reperit. „Das dort (bei der Irminsul) gefundene Gold und Silber nahm er mit."

Abgesehen von diesem im 3. Kapitel mitgeteilten Bericht können wir aus den zeitgenössischen Schriftstellern meines Wissens nichts Näheres zu unserer Frage in Erfahrung bringen. Der Grund solcher Zurückhaltung der oft so wortreichen karolingischen Historiker ist teils darin zu suchen, daß man eine Erinnerung an die Art eines Heiligtums, an seinen Ort und an die Vorgänge bei seiner Zerstörung nicht wachhalten wollte, wegen der möglichen unerwünschten Wirkungen auf die Volksseele. Teils aber liegt der

---

[126] Zu denken ist dabei auch an zwei von den vier wertvollen Tischen aus Silber und Gold, über die in Karls Testament ausdrücklich verfügt worden ist. Die beiden ersten, der Peterskirche in Rom und dem Bischof von Ravenna vermachten Tische, auf denen die Städte Konstanz und Rom abgebildet waren, werden frei von Ärgernis für das christliche Empfinden jener Zeit gewesen sein und eine dementsprechende Herkunft gehabt haben. Aber der dritte und vierte Tisch sind hochverdächtig, daß sie aus den geraubten germanischen Kultschätzen stammten. Denn bei Einhard wir lesen über sie folgendes:

„Der dritte, welcher die andern an Schönheit der Arbeit und an Gewicht bedeutend übertrifft, und welcher, aus drei Ringen zusammengeschmiedet, in sorgfältiger und feiner Nachbildung eine Darstellung des Weltalls zeigt, sowie jener goldene, als vierter genannte, sollen zur Vergrößerung jener dritten Gruppe dienen, die zur Verteilung unter seine Erben und zu milden Gaben bestimmt ist."

Zur Verteilung unter Karls zahlreiche Erben, die, wie wir noch hören werden, im Übrigen nahezu enterbt worden sind, sowie zu milden Gaben konnten die Tische nicht verwandt werden, wenn nicht ihre Einschmelzung vorgesehen war. Einschmelzung trotz des hochgepriesenen Kunstwertes des einen Tisches! Karl selbst hat sich offenbar von der „sorgfältigen und feinen" Nachbildung des Weltalls durch die drei Ringe nicht trennen mögen; aber nach seinem Tode sollte das heidnische Kunstwerk, dessen Sinn an den verbotenen Gestirndienst erinnerte, den Seelen nicht zur Gefahr oder zum Ärgernis werden. So wird die sonst unerklärliche Sache erklärlich.

Grund auch wohl darin, daß man sich der rohen Gewaltmaßregeln gegen die vorgefundene Volksreligion, die im Namen eines sanftmütigen Weltheilands geschahen, schämte, so sehr man auch in der Praxis wegen des schnellen Tempos der Bekehrung das Vorgehen Karls billigte und förderte.

Karls Wirksamkeit in Germanien = Deutschland im Ganzen richtig zu beurteilen, ist Voraussetzung für ein verständnisvolles Eindringen in die germanische Vergangenheit. Unter den neuen, unseren jetzigen Kenntnissen entsprechenden Gesichtspunkten seiner Regierung und seiner Person die Aufmerksamkeit zuzuwenden, ist eine Pflicht im Dienste der Wahrheit.

Karl hat unter die germanische Vergangenheit den großen Abschlußstrich gemacht. Vorher Germanien, nachher ein auf Grund des gemeinsamen Blutes sich allmählich findendes Deutschland. Vorher freie germanische Stämme, die nach Bedürfnis und Neigung, dem politischen Entwicklungsgange entsprechend, zu großen Bünden zusammengeschlossen waren, nachher ein unterworfenes Volk als Bestandteil eines römischen Reichs. Vorher eine germanische Kultur, von der die Erinnerung ausgelöscht ist, deren Zeugen von uns mühsam aus kleinen Trümmerresten und aus den Gräbern herausgewühlt werden muß, nachher eine romanisch eingestellte Kultur und Volksentwicklung, die sich mit dem ihr gebrachten Fremden abfinden mußte und noch abfinden muß.

Rückwärts gerechnet beginnt mit Karl die Geschichtslosigkeit des deutschen Volks. Mit der Epoche Karls ist ein Schleier vor die vorausgegangenen Zeiten gezogen, der nahezu undurchdringlich erscheint, hinter den wir auf allerlei Umwegen zu blicken versuchen, um noch hier und da etwas zu erspähen und dann die erspähten Fetzen – natürlich unter allerlei Irrungen – zu einem Bilde zusammenzufügen.

Wer war dieser Karl? Welche Rolle ist ihm in der deutschen Geschichte zugewiesen und zuzuweisen?

Es kann sich für mich hier nicht entfernt darum handeln, ein wenn auch noch so kurzes Lebensbild Karls zu entwerfen. Aber es ist erwünscht, einige Hauptgesichtspunkte darzulegen, die zur Gewinnung eines Standpunktes zur Beantwortung unserer Fragen erforderlich sind.

Dennoch soll etwas Abgerundetes nicht fehlen. Wie Karls Leben und Wirken in unserer Zeit der deutschen Jugend und dem deutschen Volke dargestellt wird, will ich einer ausgezeichneten „Geschichte des Mittelalters für höhere Lehranstalten"[127] entnehmen. Karl wird darin mit größerer Zurückhaltung und Vorsicht behandelt, als üblich. Ich schreibe die Darstellung wörtlich aus und bemühe mich, keinen Satz und kein Wort fortzulassen, welches für die Beurteilung der Geschichtsdarstellung mitbestimmend sein könnte. Es ist zugleich eine manchem Leser willkommene Auffrischung des Geschichtsbildes.

Schon 772 wendet sich Karl gegen die Sachsen, deren Einfälle die fränkische Nordostgrenze bedrohen. Erst nach 30 Jahren gelingt die Unterwerfung ... Durch die Unterwerfung der Sachsen war die Christianisierung der festländischen Germanen vollendet. Gleichzeitig waren diese nunmehr sämtlich unter fränkischer Herrschaft vereinigt ... Die engeren Grenzen wurden durch Marken gesichert ... Militärstraßen werden vom Rhein an Ruhr oder Lippe aufwärts zur Weser geführt. An ihnen liegen feste fränkische Königshöfe ... Franken und ergebene Sachsen werden in ihnen angesiedelt. Dafür werden aufständige Sachsen in fränkisches Gebiet überführt, Klöster und Kirchen werden gebaut ... Drückend lastet der ungewohnte Kirchenzehnte auf den Sachsen. Zur Durchführung dieser Maßnahme dient ein hartes Kriegsrecht. Er setzt die Todesstrafe auf: Beschädigung einer Kirche, Mißachtung der Fastenzeit, Verbrennung der Leichen, Versäumnis der Taufe. Nach der Unterwerfung läßt Karl das eigene Recht der Sachsen aufzeichnen. Die Bestimmungen zum Schutze der Kirche entsprechen den sächsischen Anschauungen über Vergehen an religiösen Heiligtümern. Aus dem Kriegsrecht ist das Blutbad von Verden zu verstehen, eine grausame Strafe für eine geplante Verschwörung. Nach der Unterwerfung haben sich die Sachsen verhältnismäßig schnell, wenn auch zunächst mehr äußerlich, Christentum und fränkische Kultur angeeignet. „Die Sachsen begriffen, daß die fränkische Kraft nachdrücklich und das fränkische Christentum im

---

[127] B. G. Teubner Verlag, Leipzig 1927.

Grunde eine gütige Macht war" (Brandt, Deutsche Geschichte). – (Über die Begründung des Kaisertums heißt es nach einigen berichtenden Sätzen:) Er hat die Kaiserkrone nicht als Machtsteigerung, sondern als Ehrentitel und Verpflichtung gegen Gott angesehen, aus der ihm und seinen Untertanen nur Pflichten zum Schutz der Kirche, der Schwachen und Unterdrückten und zur Pflege der Gerechtigkeit erwuchsen ... Kein Ereignis hat die Geschichte des Mittelalters in ähnlichem Maße bestimmt. – (Unter Verwaltung und Rechtspflege heißt es:) Da die Grafen mit Lehnsgut in ihrem Verwaltungsbezirke ausgestattet wurden, lag die Möglichkeit selbstsüchtiger Amtsführung nahe. Dem sollen die Königsboten vorbeugen. So war ein beständiger Zusammenhang zwischen Zentralbehörde und Lokalverwaltung hergestellt. (Unter Die sozialen Verhältnisse:) „Die Masse des Volkes bilden immer noch die freien Bauern. Aber ihre Zahl geht beständig zurück. Umso mehr wächst die Bedeutung der Großen (maiores) ... Immer mehr Freie entziehen sich dieser Belastung (Heerespflicht, Zehnpflicht an den Grafen) durch Anschluß an einen Immunitätsherrn (Preisgabe der Freiheit) ... So wuchs die Macht der Großen ständig. Doch lag, solange Karl lebte, die Entscheidung in allen Fragen allein beim König. (Unter Landwirtschaft:) Zwischen dem Großgrundbesitz liegen die Einzelhöfe der freien Bauern. Dadurch wird die Ausnutzung der Domänen erschwert. Den Unterhalt des königlichen Hofs liefern ausschließlich die Stammgüter der karolingischen Familie. (Unter „Die fränkische Kirche":) Die römische Meßordnung wird durchgeführt. (Unter „Bildung und Kunst":) Hier (in den Kloster- und Domschulen) wird Unterricht im Lesen, Schreiben, Gesang und lateinischer Sprache erteilt ... (In Tours und Aachen:) Lehrbücher sind die römischen Schriftsteller ... Aber auch deutsche Heldenlieder werden gesammelt und aufgeschrieben. (Nach Aufzählung einiger Lehrer:) Alle diese Männer verbindet die unerschöpfliche Aufnahmefähigkeit für antike Bildung und die Freude am wissenschaftlichen Denken ... Das Ziel aller Bildungsbestrebungen Karls des Großen war, seinem Volk die Bildung des Altertums näherzubringen. Da diese Bildung durch die Kirche vermittelt war, ... so wurde auch die karolingische Bildung völlig klerikal ... Der nationale Untergrund fehlte ihr. Karls Versuche, durch die Sammlung von Volksliedern ... eine nationale Literatur zu begründen, scheitert an der Verachtung seiner Gelehrten, die in heimischer Dichtung nur bäuerisches und heidnisches Wesen fanden, und selbst z. T. nicht bodenständig waren." (Was schließlich über Karls Persönlichkeit gesagt wird, gebe ich vollständig:) „Seine (Einhards) Schilderung zeigt Karl als echten Franken. Fränkisch war seine politische Begabung, seine Neigung zu Gewalttätigkeit, aber auch seine kriegerische Tatkraft, seine Empfänglichkeit für geistige Anregung und seine Lernbegier. Als Kind seiner Zeit zeigte er sich in ausgesprochen kirchlicher Frömmigkeit. Andererseits griffen seine wirtschaftlichen und kulturellen Ideen weit über die Bedürfnisse und Fähigkeiten seiner Zeitgenossen hinaus. Aber es bleibt immer bewunderswert, wie sich in seiner überragenden Persönlichkeit Anregungen und Aufgaben seines vielgestaltigen Reichs zusammenschlossen. Die Vereinigung germanischer Kraft und römisch-christlicher Bildung war sein staatliches Ideal. Es fand in der Überführung Theoderichs des Großen von Ravenna nach Aachen einen symbolischen Ausdruck. Mit Recht hat die Sage sein Bild unermüdlich ausgeschmückt."

Abb. 77. Zerstörter Grotteneingang an den Externsteinen

Das ist eine kurze und gute Aufweisung des Bildes Karls, wie wir es schulmäßig aus den Händen der deutschen Geschichtswissenschaft entgegenzunehmen gewohnt sind. An den einzelnen Sätzen habe ich auch bis auf wenige, die ein Werturteil enthalten, nichts auszusetzen. Der Schlußabschnitt ist ziemlich farblos gehalten, um den Schlußfolgerungen des Lehrers – die hier für das Verständnis des Schülers allerdings unbedingt noch erforderlich sind, nicht zu sehr vorzugreifen; er enthält keine Rechtfertigung der bisherigen Anerkennung Karls als deutscher Nationalheld; aber er enthält eine Handreichung für den, der Karl zu einem solchen machen will.

Ich habe nicht die Absicht, die Darstellung des mir befreundeten Verfassers, der ja nur das zu beurteilende Bild wiederzugeben hatte, zu kritisieren. Aber ich gedenke, das Bild selbst anzutasten, es durch wichtige Züge zu ergänzen und ihm sowohl unter dem Gesichtspunkte der geschichtlichen Wahrheit als auch vom deutschen Standpunkte aus eine andere Deutung und eine andere Unterschrift zu geben.

Ein Herrscher muß unter dem Gesichtspunkte seiner Bedeutung für sein Volk nach seinen Taten und ihrem Einfluß auf die Entwicklung des Volkes beurteilt werden. Es hat hochstehende Persönlichkeiten unter den Herrschern gegeben, von denen in sittlicher Hinsicht nur Gutes berichtet wird, deren Regierung aber trotzdem als ein Unheil für das Volk angesehen werden muß. Und andererseits sind sittlich tiefstehende Persönlichkeiten durch ihre richtigen und rechtzeitigen Taten zu Nationalhelden geworden, denen ihr Volk zu dauerndem Dank verpflichtet ist. Das ist festzuhalten. Dann aber kommt zum Verständnis der Taten eines Herrschers sein persönliches Charakterbild in Betracht.

Wir wollen uns wahrheitsgemäße Gedanken über Karl machen. Das ist angesichts der Quellen, die ausnahmslos unter dem Verdacht einseitiger Begünstigung stehen, eine schwierige Aufgabe. Auch in der Folgezeit, bis in unsere Tage hinein, begegnen wir einer auffälligen, sonst nicht, oder jedenfalls nicht immer geübten Milde des Urteils über Karl und seine Taten. Es ist, als ob man – bewußt oder unbewußt – ihm als dem verdienstvollen Bringer des Christentums, als dem Bringer einer höheren Kultur, als dem Begründer eines geordneten deutschen Staatswesens auf jeden Fall einen durch dunkle

Schatten nicht allzu beeinträchtigten Platz unter den deutschen Nationalhelden hätte bewahren wollen. Das rücksichtsvolle Hinweggleiten über die Kehrseite ist zu einer Verschleierung der geschichtlichen Wahrheit und in seiner Wirkung zu einem Gift für die innere deutsche Volkskraft geworden.

Zur Erkennung des wirklichen Wertes der Herrschaft Karls muß auch an ihn und seine Taten der sittliche Maßstab angelegt werden, und zwar erst recht um deswillen, weil sein auf Einführung des Christentums und christlicher Sittlichkeit hingerichtetes Wirken einen Hauptteil, ja einen für einen politischen Mann ganz außergewöhnlich großen Teil seines Lebenswerks ausmacht. Dabei ist er zu beurteilen im Lichte und nach dem Maße der christlichen Anschauungen seiner Zeit.

Die Sachsen

Alles in der Welt ist relativ und wird erst abschätzbar durch Vergleiche. Auf dem schwarzen Hintergrunde eines wilden, räuberischen, kulturlosen Sachsenvolks erscheint die Gestalt ihres Christianisators nebst dem von ihm gebrachten verdorbenen Christentum und den zu seiner Einführung angewandten Greueltaten günstiger. Darum ist der Ruf, in den man damals die Sachsen gebracht, zunächst nachzuprüfen, ehe wir an Karl herantreten.

Die Quellen aus jener Zeit, von denen nicht eine einzige vom sächsischen Standpunkte aus oder von neutraler Seite geschrieben ist, sind längst ausgeschöpft, aber doch im Einzelnen nur von wenigen gekannt; und dann kommt es darauf an, wie sie gelesen werden.

Die obige Darstellung des Lehrbuches enthält keine Beurteilung des sächsischen Volks. Die große Kirchengeschichte von Hauck, die auf die innersten Gründe des Geschehens am ausgiebigsten und feinsinnig eingeht, wird allseitig unbedingt als geeignete Grundlage unserer Nachprüfung anerkannt werden. Hauck sagt Band I, S. 372:

„Das fränkische (gemeint ist das westfränkische) Volk wechselt seinen Glauben so leichthin ... Die Sachsen dagegen setzten ihre Existenz daran, sich der neuen Religion zu wehren, die ihnen mit Gewalt aufgedrängt wurde ... ihr zäher Widerstand ist doch nur dann begreiflich, wenn man annimmt, daß die nationale Religion bei ihnen weit mehr Kraft und Leben besaß, als bei den Franken. Es stimmt damit überein, daß die Energie ihrer Religiösität fränkischen Beobachtern wie Eigil und Rudolf von Fulda auffiel. Wenn die Angaben des letzteren ein der Wahrheit entsprechendes Bild gewähren, so war das religiöse Interesse des Volks vor allem darauf gerichtet, nichts wider den Willen der Götter zu unternehmen ... Es liegt etwas Großartiges darin, daß man unweigerlich auf jedes Unternehmen verzichtete, dem die Götter den Segen versagten ... Dieser Art der Religiösität entspricht, was wir über die sittlichen Zustände des Stammes wissen. Wieder ist es ein fränkisches Zeugnis, welches die sittliche Tüchtigkeit der Sachsen rühmt."

Aus Salvian führt Hauck nunmehr den Ausdruck „castitate mirandi" an, d. h. um ihrer sittlichen Reinheit willen zu bewundern; aus Rudolfi Transl. Alex. 1 Scr. II, S. 675: Erant ... domi pacati et civium utilitatibus placida benignitate consulentes; c. 2: Legibus etiam ad vindictam malefactorum optimis utebantur. Et multa utilia atque secundum legem naturae honesta in morum probitate habere studerunt. Zu deutsch: „Sie (die Sachsen) waren daheim friedlich und in gütiger Freundlichkeit auf das allgemeine Beste bedacht; c. 2: Auch wandten sie vortreffliche Gesetze zur Bestrafung der Übeltäter an. Dazu bemühten sie sich eifrig, viel Nützliches und nach natürlicher Auffassung Schönes sich zu beschaffen, und zwar auf redliche Weise."

Wir danken es Rudolf von Fulda, daß er es gewagt hat, im Gegensatz zu dem üblichen Herabsetzen der Zustände des heidnischen Sachsenvolkes und seiner Hinstellung als „die wilden Sachsen" seiner Meinung über das unterdrückte Volk und seinen Erfahrungen in diesem Volke einen offenen Ausdruck zu geben und ihm ein solches Zeugnis edler und vortrefflicher Gesittung und eines so eifrigen Kultursinnes auszustellen, ein Zeugnis, wie wir es uns glänzender kaum denken können. Dabei wollen wir es dann mit in Kauf nehmen, daß Rudolf die Sachsen in ihrem Verhältnis zu den Nachbargebieten inquieti und infesti (unruhig und gefährlich) nennt. Denn von wem die Grenzstreitigkeiten, wenigstens mit den westlichen Nachbarn, ursprünglich ausgegangen sind, ob von den westfälischen Sachsen oder den merowingischen und karolingischen Franken, darüber werden wir nach dem Studium der politischen Bestrebungen jener Zeit nicht in Zweifel sein.

Wanderzüge der Sachsen waren damals nicht nach Westen gerichtet, wo das feste merowingische Reich etwaigen Kolonisationsabsichten entgegenstand, sondern noch immer nach den britischen Inseln. Nach Westen waren die Sachsen vielmehr auf friedliche Handelsbeziehungen mit dem großen damaligen Messeplatz in St. Denis bedacht[128].

Das ist also Hauck als ehrlicher, nichts Zugehöriges verschweigender Geschichtsschreiber. Dann aber kommt Hauck als der die Christianisierung der Sachsen anerkennende Christ, der zum Verteidiger des Christianisators wird, weil er es nicht fassen kann und nicht glauben möchte, daß der christliche Kaiser ein sittlich, religiös und kulturlich so hochstehendes Volk, wie es selbst in der Schilderung seiner Feinde erscheint, mit solcher brutalen Grausamkeit zertreten, unter das Joch gebracht und zu seinem Christentum gezwungen hat. Hauck ringt nach Erklärung, nach Rechtfertigung, nach Entschuldigung der Taten Karls. Er beschreitet den Weg willkürlicher Herabsetzung. Er wird ungerecht und gelangt dahin, die Treue zur Treulosigkeit umzustempeln. Man höre!

„Wenn es wahr ist, daß die Sachsen keine Götterbilder kannten, so wird man darin nicht den Gedanken des geistigen Wesens der Gottheit ausgedrückt finden dürfen: es ist das Gefühl der unnahbaren Furchtbarkeit der Götter, das die Hand fesselte, die ein Abbild derselben herstellen sollte."

Wir haben hier das durch nichts als durch das eigene Vorurteil begründete Unternehmen, ein hoch dastehendes wesentliches Moment sächsischer Religion ihres Wertes zu berauben. Wohin will Hauck kommen, wenn er die gleiche Weise der Bezweiflung des Wertes und der Echtheit auch auf die höchsten Gedanken der anderen Religionen, einschließlich der christlichen, anwenden wollte? Wenn irgendwo, so ist es auf religiösem Gebiete angebracht, auch durch etwa vorhandene Schalen hindurch den geistigen Kern zu

---

[128] Schaumann, Gesch. d. sächs. Volks, Dieterichs, Göttingen 1839.

sehen und zu achten (Heiligen-, Reliquien- und Bilderdienst bei den Christen – Wodan-, Donar- und Freiadienst bei den Germanen), nicht aber aus den anerkannten und betonten Glaubenssätzen den höchsten Wahrheitskern herauszubrechen, zumal wenn die tatsächliche Befolgung einer Lehre einem Volke selbst von seinen Feinden bescheinigt wird. Weiter sagt Hauck:

"Was die Volkssitte heiligte, das wurde beobachtet. Aber sittlich durchgebildete Charaktere mangelten, wie sie bei den Barbaren (sic!) überhaupt fehlen: Die Kultur, welche Individualitäten bildet, ist die Voraussetzung für den sittlichen Charakter ... Und zeigte sich nicht in den Kriegen mit den Franken, daß die sächsische Treulosigkeit der berüchtigten fränkischen Treulosigkeit mindestens gewachsen war?"

Die letzten Worte sind eine unbegreifliche Entgleisung oder ein Beispiel parteilicher Befangenheit des hochangesehenen Kirchengeschichtlers. Wenn ein Volk die Unterschrift seiner Vertreter unter grausam erzwungene, knechtende und entehrende Verträge nicht mehr anerkennen will, wenn es – wie die Sachsen taten – in heldenhaftem Entschluß die gestellten Geiseln (mit deren Zustimmung) der Hinrichtung preisgibt, um seine heiligsten Güter wiederzugewinnen und alles dafür einsetzt, dann ist das Treulosigkeit? Wird es treulos sein, wenn das deutsche Volk die Beschlüsse der Nationalversammlung und die Unterschriften Müllers und Erzbergers, als Vertreter der schon 1919 erledigten Revolutionsregierung, nicht mehr anerkennt und das Versailler Diktat hinfällig wird? Treulos gegen wen?

Taten, die unter sittlichem Gesichtspunkte noch ganz anders zu beurteilen sind, wofür als Beispiel nur der Name Wilhelm Tell genannt zu werden braucht, sind von der Weltgeschichte, vor dem christlichen Gewissen und vor dem Menschheitsgewissen gerechtfertigt. Was Hauck hier Treulosigkeit nennt, das heißt sonst höchste Treue, Treue dem Erbe der Väter, Treue dem eigenen Volkstum, Treue der Gottheit.

Und nun noch von dem erdichteten Mangel an sittlichen Charakteren unter den mit dem Barbarentitel belegten Sachsen! Auch nicht der Schatten eines Beweises kann für diese Behauptung erbracht werden. Wer vermag die Geister der in Verden und sonst

Stummgemachten zu zitieren? Wenn jemand in schroff entgegengesetztem Sinne die Meinung vertritt, daß damals in dem Sachsenvolke eine Fülle fester sittlicher Charaktere war, ja daß das ganze Volk damit stark durchsetzt gewesen sein muß, so sind für diese Meinung weitaus triftigere sachliche Gründe vorhanden, als sie in der allgemeinen Phrase Haucks erblickt werden können.

Oder dachte Hauck an Wittekind und Abbio? Aber es herrscht ja die Auffassung von ihrem überzeugten Übertritt. Das ist dann nach Haucks Auffassung doch wohl keine Treulosigkeit. Für ihr Volk besser und auch edler wäre es freilich gewesen, wenn sie ihre Bekehrung im Kämmerlein vollzogen hätten; denn sie mußten es wissen, daß ihr Vorbild seine Bedeutung nicht nur für die Religion, sondern auch für die Freiheit ihres Volkes hatte. Die genannte Auffassung kann richtig sein. Daneben läuft jedoch eine andere Auffassung, die sich auf das merkwürdige Dunkel aller weiteren Nachrichten über Wittekind, nachdem er sich freiwillig in Karls Gewalt hatte locken lassen, beruft. Es ist der Verdacht seiner Beseitigung in Attigni, einerlei, ob er bereits getauft war, oder ob er die Taufe bis zum Schluß verweigert hat. Hauck entzieht sich der ganzen Wittekindfrage mit dem kurzen Satz: „Sichere Nachrichten über den Ausgang Wittekinds fehlen."

Das Urteil Haucks und aller Geschichtsschreiber krankt auch an der noch völligen Nichtbeachtung der Vererbungsgrundsätze und -Tatsachen. Wir aber wollen uns hier daran erinnern, daß die geistige Führung der Christenheit in der Bekehrungszeit sofort in die Hand der Männer germanischen Blutes gelangte, die die Romanen an gelehrter Arbeit übertrafen; der Verfasser des Heliand und Ottfried u. a. waren gar aus sächsischem Stamm. Es ist vererbungsmäßig unmöglich, daß es Söhne von solchen Vätern und Vorvätern gewesen sein könnten, die durch die rollenden Jahrhunderte in dem geistigen Stumpfsinn des Barbarentums dahingelebt hätten. Vielmehr umgekehrt: das sofortige Auftreten dieser Männer ist ein Beweis dafür, daß sich die geistige Entwicklung des germanischen Volkes auch in den Bahnen gelehrter Bestrebungen bewegt habe. Niemals erstehen im Handumdrehen aus primitiven Völkern Führer und Leuchten der Wissenschaft.

Gegen unseren Satz, daß das von Karl bezwungene Sachsenvolk nicht nur ein wehrhaftes und sittlich hochstehendes, sondern auch ein wissenschaftlich und kulturlich regsames Volk gewesen sein muß, kann auch nicht mit dem Schein des Rechtes eingewendet werden, daß uns mehr davon überliefert sein müßte. Wenn wir es aber wissen, daß die Kultur dieses Volkes in einem 32jährigem Kriege und der Folgezeit mit Stumpf und Stiel ausgerottet ist, dann muß das Festhalten an diesem Einwande als eine Ungerechtigkeit, als eine geschichtliche Gefühllosigkeit angesehen werden.

Wie urteilt doch Salvian und Rudolf von Fulda über die Sachsen? Bewundernswert wegen ihrer sittlichen Reinheit! Friedsam und aufs Gemeinwohl bedacht in ihren Gauen! Hüter der Ordnung mit vortrefflichen Gesetzen! Fleißig, mit Freude am eigenen Schaffen! Ausgestattet mit lebhaftem Sinn für das Nützliche und Schöne! Das alles sind Grundlagen und Beweise für Charakterbildung. Dazu religiöser Ernst und Treue!

Bonifatius-Wynfried hat demgegenüber das Wort von den wilden Sachsen geprägt. Mit merowingischen und karolingischen Waffen ist seine kirchliche Richtung und auch sein verächtliches Urteil über die Sachsen zum Siege gebracht und ist herrschend geblieben bis zum heutigen Tage. Kein Wunder, daß Bonifatius mit diesem Volke auf schlechtestem Fuße stand: aus Furcht vor ihm hat er das erste Kloster in Hersfeld von der sächsischen Grenze weiter zurückgezogen nach Fulda.

Im ganzen Germanentum herrschte vollendete Duldsamkeit in Glaubenssachen als selbstverständlicher Grundsatz. Nach Kummer (Midgards Untergang) waren die nordischen Germanenvölker maßlos erstaunt, daß in Glaubensdingen ein Mensch dem anderen seine Meinung mit Gewalt aufzwingen wollte, während bis dahin jeder Stammesgenosse sich in freier Entscheidung die Form auswählte, in der er der Gottheit dienen wollte. Man lernte dann, den Glaubenszwang lediglich als ein politisches Mittel anzusehen und ließ sich taufen, wenn es der übermächtige politische Gegner verlangte. Schaumann wundert sich in seiner Geschichte des niedersächsischen

Volkes darüber, daß es eine Eigenschaft der „barbarischen" Völker zu sein scheine, jedem seine religiöse Meinung zu lassen.

Auch den Sachsen ist der Glaubenszwang zunächst ein Fremdes, ein ganz Unfaßbares gewesen. Eine eigenartige Beobachtung noch am heutigen niedersächsischen Landvolk hat in mir den Verdacht erweckt, daß der ganze Begriff „Glaube" vorher gar nicht dagewesen, sondern erst damals, und zwar in der Folge der „Unterwerfung unter den Zwang" = „Gelöbnis" bei ihnen entstanden ist. Wenn jetzt noch ein Vater seinen Jungen prügelt, so ruft er ihm dabei wiederholt zu: „Wutt du glöben?", d. h. „willst du mir jetzt gehorsam sein?" Ebenso machen`s die Jungen untereinander. Stammt diese merkwürdige Verbindung des Sinnes glauben = geloben nicht aus der Bekehrungszeit, als der Glaube aus dem Geloben geboren werden sollte? Sprachlich ist es jedenfalls möglich; denn beides kommt aus derselben Wurzel. Daraus würde sich dann erklären, daß der Begriff des Glaubens = Vertrauen (fides, πιςτις) dem niedersächsischen Volk trotz aller Bemühung schlechterdings nicht eingehen will und daß man es nach 1100jähriger Erziehung nur bis zu dem Glauben = Fürwahrhalten bringt, so, wie das Wort in der alltäglichen deutschen Sprechweise allgemein üblich geworden ist. Aber „ich glaube an" heißt noch immer „ich gelobe Gehorsam".

Die alten Sachsen werden nichts Feindliches gegen die friedliche Arbeit der iroschottischen Sendboten unternommen haben. Aber als die Ausrichter der Wynfriedschen Unduldsamkeit ins Land kamen, ihre Götter beschimpften, Hand anlegten an ihre Heiligtümer und ihnen sagten, daß der oberste Priester, dem sie alle sich beugen müßten, in Rom säße, da war`s mit ihrer Langmut zu Ende. Deswegen mußten sie von nun ab die „wilden Sachsen" heißen. Als Karl sie im Bunde mit dieser Richtung ihrer Freiheit berauben wollte, da ist es, wie Einhard sagt, kein Volk gewesen, welches dem Eroberer so viel kraftvollen und hartnäckigen Widerstand entgegensetzte als das Sachsenvolk.

Unser Empfinden ist auf Seiten der Unterdrückten. Aber wir müssen uns hüten, ungerecht gegen den Unterdrücker zu werden, einen Schüler der in der damaligen Kirche vorherrschend gewordenen rohen Sitten und Anschauungen. Wenn das Bild ein düsteres wird, so bedeutet das Erkennen und Zeichnen desselben für mich den Verlust des Helden, den ich trotz Bedenken als deutschen Kaiser mit Verdiensten für unser Volk angesehen hatte. Bei jedem Striche war meine Überlegung, ob der Pinsel nicht zu tief in die dunkle Farbe geriete. Aber ich kann nicht gegen erkannte Wahrheit; ich kann auch nicht gegen meine Überzeugung, daß der Irrtum keinen Anspruch auf Schonung hat, zumal wenn seine Pflege verhängnisvolle Wirkungen auf die deutsche Seele nach sich gezogen hat und noch nach sich zieht.

Karl

Karl gilt seiner Abstammung nach auch als ein Glied der merowingischen Sippe. Wieweit er noch als fränkischer Germane gerechnet werden kann, also wieweit sein mit Recht angezweifelter schöner und vollständiger Stammbaum der Wahrheit entspricht, wissen wir nicht. Neckel (Altgermanische Kultur, 1925)[129] zweifelt sogar, ob die Karolinger aus Adelbauernstamm waren, ob sie nicht doch auf einen Freigelassenen aus dem Knechtestand zurückgehen und möchte ein Anzeichen dafür auch darin sehen, daß Karl der Große ein so auffallend gelehriger Schüler seiner römischen Lehrmeister wurde. „Dann könnte ja auch in seinem abscheulichen und eine Gegenauslese edelsten nordischen Blutes bedeutenden Bluturteil über die 4500 sächsischen Edlen, die er im Jahre 782 zu Verden an einem Tage enthaupten ließ, ein Ausdruck knechtischer Gehässigkeit gegen ihm an Herkunft Überlegene erblickt werden. Die kirchliche Geschichtsschreibung des Mittelalters hat es doch nicht erreichen können, daß Karl „der Große" uns wirklich als ein Edeling erscheine."

Jedenfalls hat Karl seinem ganzen Wesen nach das Gepräge nicht eines Franken, sondern eines Westfranken. Seit etwa 250 n. Chr.

---

[129] Günther – Adel und Rasse – I. F. Lehmanns Verlag, München. Seite 31.

Geb., also ein halbes Jahrtausend lang, war jener Bevölkerungsschub, den einst die germanischen Franken über den Rhein ins Gallierland ziehen ließen, der germanischen Art entfremdet, hatten sich – wie es ja das Verhängnis fast aller den germanischen Boden Verlassender gewesen und geblieben ist – mit der Bevölkerung des Landes vermischt, hatten sich hemmungslos der romanischen Kultur in die Arme geworfen und waren die regelrechten Stammväter der heutigen Franzosen geworden. Es liegt kein sachlicher, geschichtlicher Hinderungsgrund vor, schon die Westfranken Karls mit dem Namen Franzosen zu belegen, da in späterer Zeit keine Welle fremden Volks derartig über das eigentliche Frankreich gekommen ist, daß eine solche Benennung als falsch bezeichnet werden könnte. Im Charakter gleicht Karl in vielen Stücken den Merowingern, mit deren Namen zwar die Annahme des Christentums seitens der Westfranken verknüpft ist, von deren dem Christentum hohnsprechenden Tun und Lassen und ungezähmter Roheit jedoch behauptet wird, daß die Weltgeschichte ihresgleichen sucht. Es ist genügend, in dem Folgenden einige Stücke aus seinem Leben herauszugreifen, um die Wahrheit dieses Satzes, zugleich aber auch sein Verhältnis zum deutschen Volke zu erweisen.

Was in unserem Schulbuche bei Karl „Neigung zur Gewalttätigkeit" genannt wird, ist die rücksichtslose, oft mit Grausamkeit verknüpfte Unterordnung der Interessen anderer, ob nahestehend oder fernstehend, unter seine persönlichen Interessen und seine Herrschaftsinteressen, ohne jede Einschränkung in der Wahl der Mittel. Das mag großen Herrschernaturen naheliegen, immerhin hätte der Bringer der Religion Jesu Christi in etwa eine Zügelung für angebracht ansehen müssen. In weitherziger Weise wollen wir den Herrschern eine Sonderstellung in Bezug auf Besitz und Reichtum zubilligen. Wir wollen ihnen sogar in schwierigen Rechtsfragen, die Mein und Dein betreffen, das höhere Urteil und die letzte Entscheidung unter dem Gesichtspunkte des allgemeinen Wohls anvertrauen – aber im Charakterbilde Karls springt denn doch eine völlige Hintansetzung aller Begriffe der Gerechtigkeit, des Rechts und der christlichen Gebote hinsichtlich Mein und Dein ins Auge, und zwar noch nicht einmal immer zugunsten seiner Hausmacht, geschweige denn des öffentlichen Wohls, sondern zugunsten seines persönlichen Besitzes, Glanzes und Ruhmes.

Was zunächst Landbesitz, Güter und alle Art von Grund und Boden anbelangt, so muß ich dem, der sich gut unterrichten will, empfehlen, die oft genannte Monographie über die Markenverteilung von Rübel[130], unter diesem Gesichtspunkte zu studieren. Bei Rübel bemerkt man weder Interesse noch Verständnis für die germanische Vergangenheit. Er ist kühl sachlich, ganz alte Schule und kann daher wirklich als unverfänglich gelten, auch wenn er einige Male sein Erstaunen über die brutalen Vorgänge und ihre spätere Nichtbeachtung zum Ausdruck bringt. Es ist verständlich, daß man z. B. in Fulda[131] von den Aufdeckungen Rübels empfindlich berührt war und ihm Unwissenschaftlichkeit nachzuweisen suchte; aber für ihn spricht immer das nackte Tatsachenmaterial und die nächstliegende Erklärung der Dinge, die dann allerdings auch nicht auf einen Bonifacius Rücksicht nehmen kann.

Karl hat den ungeheuren Besitz an Marken und Einöden, den die germanischen Stämme wohlbedacht zu allen möglichen sehr vernünftigen Zwecken zwischen sich als Volksland liegen gelassen hatten, als causa regis zu schrankenloser eigener Verfügung beschlagnahmt. Davon hat er zunächst für sich persönlich alles genommen, was er wollte und irgendwie als persönlichen Besitz bewältigen konnte, dann für seine westfränkischen Landsleute, die er als Zwingherrn zur Aufrechterhaltung seiner Herrschaft in Germanien brauchte, dann in großem Umfange für die Kirchen, und schließlich – das war geradezu ein satanisches Mittel in seiner Hand – zur Erkaufung der sich ihm unterwerfenden Führer des beraubten Volks, zwecks ihrer Trennung vom

---

[130] Rübel, Die Franken, ihr Eroberungs- und Siedlungssystem im deutschen Volkslande, Leipzig, 1904.
[131] Fuldaer Geschichtsblätter 1909 Nr. 5.

Volke. Dies letztere ist nicht nur im Sachsenlande, sondern in Thüringen und Bayern und überall, wo es ihm beliebte, geschehen.

Aber Karl begnügte sich nicht mit der Beschlagnahme aller Marken und wie man sonst das von ihm als herrenlos erklärte Volksland nannte (solitudo, confinium, desertum, vastum, eremus) und mit den eingezogenen Gütern aller derer, die sich ihm nicht willfährig zeigten, oder die er sonst aus irgendeinem Grunde einzeln oder dorfweise von Haus und Hof vertrieb – er setzte seiner Willkürherrschaft und der Vergewaltigung eines rechtlos gemachten Volkes dadurch die Krone auf, daß er auch ohne Heranschaffung eines Grundes alles Land, was er selbst haben oder verschenken wollte, erst gewaltmäßig durch Vertreibung der Bewohner zur solitudo, zu einem desertum oder dgl. machte, um es dann als causa regis (königliches Eigentum) zu erklären!

Wegen Übersättigung der Großen westfränkischer und deutscher Abkunft mit Landbesitz begann damals das einige Jahrhunderte während Zeitalter, in dem wahre Orgien der Schenkungen gefeiert wurden, hauptsächlich an die Kirchen durch Vermächtnisse für den Todesfall, aber auch sonst an Verwandte und jedermann, Orgien der Schenkungen, deren Urkunden einen großen Prozentsatz aller Nachrichten ausmachen, die wir aus jenen dunklen Jahrhunderten haben. Auf die Wirkungen des Verfahrens Karls mit dem deutschen Grund und Boden kommen wir zurück.

Daß es sich bei Karl nicht um fränkisches Staats- oder gar sächsisches Volkswohl handelte, geht noch deutlicher für das schlichte Rechtsempfinden aus der Zusammenbringung und schließlichen Verwertung seines ungeheuerlichen beweglichen Besitzes an Gold und Silber und Edelsteinen hervor.

Mit diesen Schätzen hat Karl sich jahrelang vor seinem Tode beschäftigt und ist mit ihrer Ordnung und Verteilung auch dann noch nicht fertig geworden. Einhard schreibt: „Er nahm sich vor, letztwillige Verfügungen zu treffen, durch welche er auch seine Töchter und unehelichen Kinder mit gewissen Anteilen als seine

Erben einsetzen wollte; nur hat er zu spät damit begonnen und konnte die Sache nicht zum Schluß bringen. Jedoch nahm er drei (811) Jahre vor seinem Tode eine Teilung seiner Schätze, seines baren Geldes, sowie seiner Kleidung und sonstigen Gebrauchsgegenstände in Gegenwart seiner Freunde und Diener vor, und bat sie feierlich, daß nach seinem Heimgange die von ihm vorgenommene Verteilung auf Grund ihres Zeugnisses in Kraft bliebe."

Um seine testamentarischen Verfügungen über seine beweglichen Schätze sicherzustellen, rief der Kaiser 11 Bischöfe, 4 Äbte und 15 Grafen, von Einhard mit Namen aufgezählt, in Aachen zusammen, die seine Festsetzungen mit anhören und deren Ausführung garantieren mußten – Festsetzungen, „die der ruhmvolle und allerfrömmste Herrscher, der erhabene Kaiser Karl vorgenommen hat im Jahre der Fleischwerdung unseres Herrn Jesu Christi 811, seiner Regierung im Frankenreich 43, in Italien 36, seiner Kaiserwürde im 11. Jahr, 4. Indikation; so geschehen nach frommer und weiser Erwägung und mit Gottes Willen verordnet in betreff seiner Schätze und seines Geldes, das sich an diesem Tage in seiner Schatzkammer befand." Und nun die Festsetzungen selbst. Sie lassen einen tiefen und wahren Blick in Wesen, Gemüt und Lebensziele Karls tun – wie ja auch sonst die Testamente der Menschen nicht selten zur Entschleierung ihres Wesens dienen können.

Zunächst wurde der in der Schatzkammer befindliche Besitz in drei Teile geteilt, aus 2 Teilen derselben 21 weitere Teile gemacht, der dritte aber ganz gelassen. Die 21 Teile waren bestimmt für 21 Mutterkirchen, und zwar für 11 französische, 5 italienische, 3 linksrheinische, einer für Salzburg und einer für Wien. Dagegen gingen gerade die Länder, aus denen diese ungeheuren Schätze an Gold, Silber und Edelsteinen stammten, vor allem Thüringen, Sachsenland und Ungarland, ganz leer aus. Sie waren ausgeraubt, aber in seinem Testament hat Karl ihrer Kirchen nicht gedacht.

Ganz besonders muß folgender Satz mit Aufmerksamkeit gelesen werden: „Der Erzbischof, welcher zur Zeit das Haupt jener Kirche ist, soll den auf seine Kirche entfallenden Anteil in Empfang nehmen und mit seinen Suffraganen teilen in der Weise, daß ein Drittel seiner Kirche verbleibe, zwei Drittel aber an die Suffraganen verteilt werde!" Ich gestehe, daß dieser Satz auf meine Beurteilung der letzten Beweggründe in Karls Leben einen starken Einfluß ausgeübt hat.

Denn aus dieser Bestimmung geht mit großer Deutlichkeit hervor, daß es Karl nicht in erster Linie um die Kirche als solche und ihren Bestand zu tun war, sondern daß Angst und Sorge um sein persönliches Seelenheil ihn veranlaßte, die zur Zeit seines Todes amtierende Geistlichkeit durch die Aussicht auf persönliche Bereicherung in die allerbeste Stimmung zu versetzen, damit sie willig wären, recht viele Seelenmessen für ihn zu lesen. Um deswillen wurden auch die Suffraganen der Bischöfe nicht vergessen.

Um diesen kirchlichen Heerbann noch mehr zu dieser ihm wichtigsten Aufgabe anzuspornen, wurde 1. das der Kirche und dem Klerus vermachte Erbteil schon zu Karls Lebzeiten vor den Augen der Bischöfe für jeden andern Gebrauch gesperrt, damit sie sich nicht der Befürchtung hingeben sollten, beim Eintritt des Todes doch die Betrogenen zu sein; denn der gute Wille zum Messelesen mußte ja sofort bei der Todesnachricht vorhanden sein, noch ehe das Erbteil in die Hände der Bischöfe und ihrer Suffraganen gelangen konnte; 2. wurden die guten Aussichten dieser Männer noch dadurch verbessert, daß von dem nicht gesperrten dritten großen Hauptteile des Schatzes ihnen nach dem Todesfalle noch außerdem ¼ zufallen sollte.

Von dem Rest des Schatzes, der also nur noch ¾ von ⅓ = $\frac{3}{12}$ des Ganzen betrug, wurde des Weiteren $\frac{1}{12}$ „nach der bei Christen üblichen Sitte zur Armenpflege ausgesondert", wobei der Gedanke an die Nützlichkeit für das eigene Seelenheil ebenfalls mitgesprochen haben wird – das zweite Zwölftel sollte als Almosen zur Unterstützung der im Palast beschäftigten Diener und Dienerinnen ausgeteilt werden und nur das letzte Zwölftel war bestimmt, von seinen Söhnen und Töchtern (einschließlich des Thronerben), Enkeln und Enkelinnen „gerecht und richtig" geteilt zu werden.

Daraus ergibt sich, daß für einen Kronschatz seines ihm in der Herrschaft folgenden Sohnes Ludwig fast nichts übrigblieb. Das einzige Interesse, was der Staat als solcher oder das Volk wegen der erwünschten Repräsentationspflichten seines Herrschers an dem Reichtum Karls nehmen konnte, war völlig hintenangestellt! Freilich war es dann Ludwigs erste Regierungstat, daß er das Testament über den Haufen warf und 2 Drittel für sich und seine beiden leiblichen Schwestern nahm. Diese mußten sich alsbald in ein Kloster zurückziehen[132].

Es ist in hohem Grade befremdend und kann unser Mißtrauen gegen die bisherige Beurteilung Karls als Herrscher, als Christ, als Deutscher und als Mensch nur steigern, daß die Lehren unberücksichtigt geblieben sind, die aus einer so wichtigen Handlung, wie es ein Testament ist, gezogen werden müssen.

Ein Kronschatz ist eine untergeordnete Sache. Aber daß Karl auch in allen andern wichtigen Sachen nicht an den Bestand und an das Wohl seines Reiches gedacht hat, sondern ausschließlich an den Glanz seiner Person und an seine persönliche Herrschaft, das geht aus dem trostlosen, chaotischen Zustande hervor, in welchem Karl sein Reich hinterließ, in dem Augenblick, als er die Augen schloß. Wie ein Kartenhaus fiel das Lebenswerk Karls äußerlich auseinander, und was Deutschland und Italien anbelangte, auch innerlich zusammen, so daß selbst die als Karls Lobrednerin auftretende deutsche Geschichtsschreibung hier und da ihr Staunen über ein derartiges Ergebnis der 46jährigen Regierung des großen Karl nicht ganz unterdrücken kann.

Ludwigs des Frommen Tätigkeit als Christianisator und Romanisator in den Fußstapfen seines Vaters und als gehorsamer Sohn der römischen Kirche ist hier nicht zu besprechen. Aber das soll doch gesagt werden: es war keineswegs nur Ludwigs Unfähigkeit – er hat manchmal kräftig und verhältnismäßig vernünftig einzugreifen gewußt –, die

---

[132] Nidhards 4 Bücher, Gesch. I, 2.

auch seine 27jährige Regierung zu einer der dunkelsten Perioden der deutschen Geschichte gemacht hat. Es war vielmehr die vernichtete Kultur und der unheilschwangere, hoffnungslos verworrene Zustand, in den Karl das deutsche Volk hineinregiert hatte, ein Zustand, in dem nur ein ebenso veranlagter brutaler Tyrann, wie Karl es war, einen Schein der Ordnung hätte aufrechterhalten können. Man muß fragen: hat es je einen Herrscher gegeben, der so unverantwortlich sein Reich und sein Volk dem Chaos überantwortet hat, als Karl? Gibt es überhaupt einen Lichtschein, der uns aus der dunklen, von Karl heraufgeführten Zeit, die doch nun eine geschichtliche geworden war, entgegenschimmerte? Man spricht von dem schrecklichen Zustande Deutschlands, den der 30jährige Krieg heraufgeführt hat. Weitaus verhängnisvoller war der Zustand nach den 32jährigen Verwüstungen des von der Ostsee bis zur Maingegend, vom Rhein bis zur Elbe und Thüringer Wald reichenden Gebietes. Auch von der Verwüstung Thüringens und Bayerns wird uns mehrfach berichtet. Weder Ludwig dem Frommen, noch seinen Nachfolgern ist es während der 147jährigen westfränkischen Fremdherrschaft gelungen, einigermaßen erträgliche Zustände herzustellen, so daß der letzte Vertreter derselben keinen anderen Ausweg mehr wußte, als einen Einheimischen, den Sachsen Heinrich I., für die Kaiserwahl zu empfehlen.

Wir haben bisher nur von der Handhabung der Eigentumsverhältnisse durch Karl zu seinem persönlichen Vorteil gesprochen. Das ist zwar ein unerfreuliches, aber es war doch nur ein kleines Kapitel in dem Gesamtunheil, womit Karl die elementarsten Lebensbedingungen des germanischen Volks dauernd geschädigt hat. Das schlimmste war die mit der Markenverteilung Hand in Hand gehende Beseitigung des germanischen Allodialsystems und seine Ersetzung durch das westfränkisch-römische Feudalsystem. Dieses brachte den Grundsatz, daß jedes Stück Land Eigentum einer Person oder einer juristischen Person sein müsse, und die damit eng verbundene Einführung des römischen Rechts.

Bis dahin galt in Germanien der umgekehrte Grundsatz, daß der Grund und Boden Eigentum des Gesamtvolks sei und dauernd bleibe. Das Land, wenigstens das Ackerland, wurde dem Einzelnen, sowohl den Führern wie den sonstigen Freien, zur Bewirtschaftung und Ausnutzung überlassen, während die Gemeinde das Eigentums- und Verfügungsrecht behielt. „Niemand hat ein bestimmt abgegrenztes Maß an Acker oder eigenen Feldfluren" (Caesar, De bello gallico 22). „Das zum Ackerbau bestimmte Land wird unter Berücksichtigung des Ranges und der Würde des Einzelnen aufgeteilt." (Tac. Germ. 26.)

Was Tacitus weiter über die jährliche Auswechselung des Akkers zwischen den Inhabern schreibt, ist zwar ein mit dem jährlichen Fruchtwechsel zusammenhängendes Mißverständnis. Aber im Übrigen werden die Mitteilungen der beiden römischen Schriftsteller bestätigt durch den von Rübel festgestellten Stand der Dinge zur Zeit der karolingischen Markenverteilung: In Germanien gab es nirgend abgesteckte Eigentumsgrenzen.

Das war das Allodialsystem. Es wird angesichts der menschlichen Unvollkommenheit auch seine Schattenseiten gehabt haben. Aber niemand kann auch nur entfernt den Beweis antreten, daß im Sinne des Wohls des Germanenvolks ein vernünftiger Grund zu seiner Beseitigung vorgelegen hat. Der Grund hat ausschließlich in den Interessen Karls und seiner Fremdherrschaft gelegen. Wir haben aber anzunehmen, daß es eine dem germanischen Volk angemessene, ja vielleicht die ideale Form des Verhältnisses eines freien Volks zu seinem Heimatboden gewesen ist, und daß seine Beseitigung eine der schlimmsten Ursachen des nachherigen Elends im Mittelalter und bis in unsere Tage hinein wurde.

Als Karl einbrach, war das Allodialsystem da. Es war da mit allen seinen Wirkungen auf das praktische Rechtsleben und auf die sozialen Beziehungen der Menschen zueinander. Es war da als die Grundlage der sittlichen Eigentumsbegriffe. Wir müssen versuchen, uns eine Vorstellung davon zu machen, was es bedeutete, daß in den wenigen Jahrzehnten der Herrschaft Karls und seiner nächsten Nachfolger diese rechtliche, soziale und sittliche Grundlage zerschlagen und statt dessen ein fremdes Recht auf den Hals des Volks gelegt wurde und damit der Unterschied und Gegensatz zwischen den Herren und dem übrigen Volk geschaffen wurde. In der ersten Generation mag die Wirkung nicht so schroff bemerkbar gewesen sein, weil ja alle, die sich unterwarfen, in ihrer bisherigen Besitzlage bestätigt wurden und sich wahrscheinlich freuten, daß sie sich nun als Eigentümer fühlen durften. Aber schon in der folgenden Generation kam das Unheil allen Entrechteten zum Bewußtsein. Der Bauern- und Litenaufstand flackerte auf, aber an einen ernstlichen Erfolg des betrogenen Volks war nicht mehr zu denken; der Aufstand wurde unter Mithilfe der sächsischen Herren mühelos niedergeschlagen. Um ein – natürlich unvollkommenes – Gleichnis zu sagen: Es war, als ob in unseren Tagen alle Staatsämter, hauptsächlich aber die am höchsten besoldeten, für erbliches Eigentum der jetzigen Inhaber erklärt würden. Das würde auch in vollem Umfange nicht sofort, sondern erst in den folgenden Generationen als ein ungeheures Unheil empfunden werden.

Eine der furchtbarsten Folgen der durch Karl eingeführten neuen Verhältnisse war auch die Leibeigenschaft. „Freilich war anfänglich der Wehrgenosse ein freier Mann. Nachdem der Heerbann dem Lohndienste weichen mußte, kam die Hörigkeit und Leibeigenschaft über unser Volk. Aus den ´pactis` entstand das Leibeigentum als Ritterrecht."[133]

Ist es zu verwundern, daß das religiös entwurzelte, nach jeder Richtung vergewaltigte Volk mit dem schändlichen Beispiel seines Herrschers, der neuen Gewalthaber und auch der eigenen Herrn vor Augen, den völligen moralischen Zusammenbruch erlebte, den die Verhältnisse des Mittelalters aufweisen? Ist es zu verwundern, daß das Gut überlegener Sittenreinheit des sächsischen Volks[134] den auch westfränkische Schriftsteller anerkennen mußten, infolge der Eigentumsmaßnahmen und des übrigen Vorbildes Karls schnellstens verbraucht war? daß alle sittlichen Bande zerrissen? Auf Karl ruht die Schuld des Rückganges des

---

[133] Führer, Meierrechtliche Verfassung, Lemgo 1807.
[134] Hauck, Kgesch. I, 372.

freien Bauerntums, des Übermächtigwerdens der Herren und der territorialen Zerrissenheit Deutschlands! Er war der Vater des Faustrechts, welches einige Jahrhunderte später dem Leben in deutschen Landen das Gepräge gab!

Daß Karl durch seine römische Kaiserpolitik, der seine kirchlichen Maßnahmen dienen mußten, einer fremden Macht die Möglichkeit gegeben hat, in die deutschen Dinge hineinzureden und dem deutschen Volke sein Eigenleben zu nehmen, daß er die unheilvolle Italiensucht seiner Nachfolger auf dem Kaiserthron eingeleitet hat, die von da ab auf dem deutschen Volke lastete, wird noch am ehesten von der Geschichtsschreibung ausgesprochen. Ich brauche daher auf dieses Kapitel nicht näher einzugehen. Aber man vermißt den unumwundenen Ausdruck für die Schlußfolgerungen, die aus der Gesamtstellung Karls als römischer Kaiser zu ziehen sind. Wohl klingt es fast überall einmal durch, aber es müßte doch mit klaren, dürren Worten der Wahrheit gemäß ausgesprochen werden: Karl wollte gar nicht ein deutscher Herrscher sein. Er wollte als römischer Kaiser ein möglichst einheitlich sich dem Rahmen eines römischen Reichs einordnendes, seiner Herrschaft sich fügendes, romanisiertes Gesamtvolk regieren. Darum war das eine große Thema seiner gesamten Kulturpolitik auf dem Boden unseres Vaterlandes eben die Romanisierung Germaniens, in dem Sinne, wie sein Westfrankenvolk bereits romanisiert war.

Unter diesem Gesichtspunkte sind seine sämtlichen Regierungshandlungen ohne jede Ausnahme zu verstehen, und erst, wenn wir die aus ihm gewonnenen Maßstäbe rückhaltslos, d. h. unter Zerreißung der uns anerzogenen Anschauungen anlegen, kommt in das geschichtliche Bild des ersten Karolingers volle Klarheit. Andernfalls bleibt es ein jeder Folgerichtigkeit entbehrendes Zerrbild.

So erst kommt ein Sinn in die Struktur und den Geist der Schulen, die nach Karls Zielen an seinem Hof und an einigen anderen Orten begründet waren. Ihre Lehrer waren „durch eine unerschöpfliche Aufnahmefähigkeit für antike Bildung" verbunden. Es waren durchweg solche, die „in der heimischen Dichtung nur bäurisches und heidnisches Wesen fanden". Warum wird aus der Anerkennung dieser Tatsache nicht die Schlußfolgerung gezogen?

So erst erkennen wir die Irrigkeit der Auffassung, als ob Karl durch seine „Sammlung der Lieder und Sagen" eine nationale Tat im Sinne ihrer Erhaltung zu tun im Begriff gewesen wäre. Das ist ja die – nicht einmal zur Ausführung gelangte – Tat Karls, mit der der Beweis, und zwar nahezu der einzige Beweis, für ein deutsches Empfinden Karls geliefert werden soll!

Mit solcher, man möchte fast sagen naiven Auffassung wird Karl eine gänzlich aus dem Rahmen fallende Inkonsequenz zugetraut, die unglaubhaft ist. Seine Absichten können logischerweise nur darin bestanden haben, die Lieder und Sagen, in denen sein klarer Blick mit Recht eine Stütze des germanischen Nationalbewußtseins und seines Widerstandes gegen ihn erkannt hatte, unschädlich zu machen. Er mag die Unschädlichmachung vielleicht anfangs von der Umgestaltung der Sagen und Lieder, von ihrer Christianisierung erwartet haben. Aber da der Stoff auch den geschickten Fingern seines Alkuin und Genossen spottete, hat man von dieser denkwürdigen Sammlung nichts mehr gehört. Es bleibt nur der Verdacht, daß die Sammlung stillschweigend durch die Scheiterhaufen geendet habe, die sein Sohn Ludwig der Fromme dann ohne alle Scheu öffentlich, verordnungsmäßig, angezündet hat. Von diesem Zeitpunkte an werden alle, die mittlerweile gelernt hatten, in der Zerstörung alles Geächteten ein Gott wohlgefälliges Werk zu sehen, gewetteifert haben, der von Karl eingeleiteten Sammlung zu dem durchschlagenden Erfolge zu verhelfen, wie wir ihn vor Augen haben.

Aber das nicht allein. Wir müssen auch annehmen, daß den Sängern dieser Lieder der Mund verstopft und ihren Abschreibern der Prozeß auf Leben und Tod gemacht wurde, müssen annehmen, daß die gesamte mit der Schrift vertraute Schicht der germanischen Intelligenz, der Priester und sonstigen Führer des sächsischen Volkes, sofern sie nicht gänzlich zu Karls Parteigängern wurden, schon zu Karls Zeiten beseitigt worden ist; es liegt kein Grund vor, zu bezweifeln, daß in Alemannien, Bayern und Thüringen zwar weniger brutal und plötzlich, aber ebenso gründlich das gleiche vor sich gegangen ist, wie im Sachsenlande.

Wie die berüchtigten Paderborner Kapitularien (785) bestimmten, mußten alle, die es noch wagten, die heiligen Handlungen des alten Glaubens zu verrichten – und das waren in erster Linie die Schriftkundigen – von der Bevölkerung ausgeliefert werden. Als Strafe für Ungehorsam stand den Dörfern die Vertreibung von Haus und Hof, die Verpflanzung in weit entfernte Fremde bevor. „Keine Maßregel", urteilt Abel, „habe eine solche Wirkung ausgeübt als diese." Da brach der Widerstand zusammen. Die Dichter, Sänger und Schreiber der Lieder und Sagen waren vogelfrei. Die Abgesandten des Königs holten sie aus ihren Häusern und niemand wagte, ihnen beizustehen. Das waren die „Ausgelieferten". Aber schon vor den Kapitularien, von 777 an, war der Paderborner Beschluß in Kraft, daß alle, die sich nicht unterwarfen, der Freiheit und des Vaterlandes verlustig sein sollten. Er hatte die Auslieferung nach sich gezogen, wenn er nicht wirkungslos sein sollte. In Verden, wo Karl seinen Stützpunkt von der Seeseite her gehabt haben muß, waren die Zuwiderhandelnden gesammelt.

Nun öffnete sich kein Mund mehr und keine Feder rührte sich mehr zu Lied und Sage alter Art, außer im verborgenen Winkel. Das Monopol des Sanges, der Dichtung und der Geschichtsschreibung, ja der Schreibkunst und jeglicher Gelehrsamkeit lag nunmehr für einige Jahrhunderte in den Klöstern, bei den Mönchen und Priestern, in deren damaliger Auffassung die Christianisierung des Volks von seiner Romanisierung nicht minder abhängig war, als in Karls und seiner Nachfolger Augen die Romanisierung von der Christianisierung. Das Aufbäumen vereinzelter deutscher Mönche konnte die Richtung nicht ändern.

Mit der so vortrefflich zu Karls Absichten passenden Meinung Roms, daß die eigentliche heilige Sprache, mit der man Gott am besten dienen könne, die lateinische Sprache sei, begann schon unter Karl die durchs ganze Mittelalter hindurchgehende allmähliche Herabdrückung der deutschen Sprache zur Sprache der Ungebildeten.

Karl selbst bemühte sich, lateinisch zu beten. Die Rettung der deutschen Sprache von ihrem Untergange kann erst im 16. Jahrhundert als gesichert angesehen werden, als sie von den deutschen Kanzeln ertönte. Da folgte trotz der bedenklichen Gesichter und des Widerspruchs in Rom zögernd auch der Teil des deutschen Volks, der durch die Gegenreformation in seiner Abhängigkeit von dem vermeintlich unentbehrlichen Oberhaupt in Rom festgehalten wurde. Und mit der Rettung der deutschen Sprache war der volle Sieg der Romanisierung Deutschlands verhindert. Aber daß wir die regelrechten Objekte der anfangs bewußten, später unbewußten, selbst von den Humanisten eifrig beförderten Romanisierung jahrhundertelang gewesen sind, darf nie vergessen werden.

Was im Empfinden und Sinnen kerndeutscher Männer angerichtet werden konnte, ist in der Jenaischen akademischen Rede unseres Schiller 1789 zum Ausdruck gekommen. Er schildert den Urzustand menschlicher Kultur: „Sein roher Geschmack sucht Fröhlichkeit in der Betäubung, Schönheit in der Verzerrung, Ruhm in der Übertreibung; Entsetzen erweckt uns selbst seine Tugend, – und das, was er seine Glückseligkeit nennt, kann uns nur Ekel oder Mitleid erregen. – So waren wir. Nicht viel besser befanden uns Cäsar und Tacitus vor 1800 Jahren." „Als wilde Barbaren", so fügt Jakob-Friesen dieser Äußerung hinzu, „wie sie das Altertum, oder als rohe Heiden, wie sie das mönchische Mittelalter zeichnete, erschienen uns demnach die Germanen aus der Zeit um Christi Geburt (und so wurden sie uns ja noch im Anfange dieses Jahrhunderts auf den Schulen hingestellt), wenn nicht die Wissenschaft des Spatens eine geradezu erstaunliche Kulturhöhe dieser Völker ans Licht gebracht und damit die alten Anschauungen von der primitiven Kultur der urgeschichtlichen Völker über den Haufen geworfen hätte."

Das Rad der Weltgeschichte läßt sich nicht zurückdrehen. Wir müssen uns damit abfinden, daß ein ganz erheblicher Teil germanischen Erbguts auf den verschiedensten Gebieten unseres Volkslebens auf diesem durch Karl zielbewußt und erbarmungslos eingeleiteten Wege der Romanisierung endgültig verlorengegangen ist.

Mag vieles davon des Untergangs wert gewesen sein. Aber daß in der Erkennung und Würdigung des Wertvollen, was uns genommen ist, und in der Ausscheidung des Fremden, wodurch die Disharmonien in das deutsche Wesen hineingetragen worden sind, eine der großen Zukunftsaufgaben für unser Volk liegt, ist eine Einsicht, die uns die neue Betrachtungsweise der germanischen Vergangenheit bringen soll und bringen wird.

Die Beurteilung Karls und seiner Taten unter sittlichem und unter deutschem Gesichtspunkte würde unvollständig sein, wenn ich nicht auch die Blätter seines Lebens aufschlüge, um derentwillen nach meinem Gefühl noch mehr, als durch das bereits Gesagte, zwischen ihm persönlich und dem deutschen Volke das Tischtuch endgültig zerschnitten werden sollte. Es ist der Mangel ehrenhafter deutscher Gesinnung, wie sie – wenigstens grundsätzlich – in der deutschen Seele lebt, den Karl gegen jedermann, nicht etwa nur in einzelnen Zornesausbrüchen, sondern während seiner 43jährigen Regierung immer und immer wieder gezeigt hat, sobald er eine ehrlose Handlung als in seinem Vorteile gelegen ansah, gegen jedermann, insbesondere aber gegen die Frauen und gegen das germanische Volk als solches.

Was seine Frauen und Kebsweiber anlangt, von denen sein Lobredner Einhard, ohne eine Bemerkung dazu zu machen, allein namentlich nicht weniger als neun erwähnt, so will ich dieses schmachvolle Kapitel, in dem unter anderen die bordellartigen Zustände in seinem engeren Familienkreise eine Rolle spielen, hier nur mit diesem einen Satze streifen. Uns interessiert ja mehr sein Tun in öffentlichen Dingen.

Die Weltgeschichte bietet uns zu allen Zeiten und bei allen Völkern schmähliche Beispiele des Wortbruchs und ehrloser Greuel zwecks Vernichtung des Feindes, die dann mit der harten Kriegsnotwendigkeit entschuldigt werden, wenn eine Entschuldigung überhaupt für nötig gehalten wird. Aber was Karl andauernd an Täuschung der auf sein Wort Vertrauenden und an unmenschlicher Grausamkeit gegen die auf diese Weise in seine Hände fallenden politischen Gegner mit seiner Stellung als Christianisator und unermüdlich den Gottesdienst besuchender Christ vereinbar hielt, das findet nicht oft seinesgleichen. Es ruft den Vergleich mit den Taten eines Cortez in Mexiko wach, – wie es ja überhaupt berechtigt ist, die Menschenvernichtung und Kulturvernichtung, mit der Karl das Sachsenvolk zertreten hat, mit dem Wüten des spanischen Eroberers auf die gleiche Stufe zu stellen. Hier wie dort verfiel das wehrlose Volk in Erstarrung und stumpfe Hinnahme von allem, was kam, nur mit dem Unterschiede, daß die Mexikaner durch die Tötung der gesamten führenden Schicht für alle Zeiten erledigt waren, während das kräftigere Sachsenvolk bereits nach 147jähriger westfränkischer Fremdherrschaft wieder so weit war, ein Eigenleben unter einem Herrscher aus eigenem Stamme aufkeimen lassen zu können.

Die einzige, freilich fruchtbarste von den ungezählten Schandtaten Karls, die sich einigermaßen gegenüber dem Vertuschungssystem der geschichtsschreibenden Zeitgenossen in dem Bewußtsein des deutschen Volks erhalten hat, ist das sogenannte Blutbad von Verden. Aber auch hier ist die volle Wahrheit hintangehalten. Es heißt Protest erheben gegen die beschönigende, den geschichtlichen Tatsachen nicht gerecht werdende Art und Weise, wie unserem Volk das Verdener Geschehnis dargestellt wird.

Der Kirchengeschichtler Hauck schreibt: „Die ohne vorhergehenden Kampf erfolgte Auslieferung von mehr als viertausend Aufständischen durch die sächsischen Großen ist nur verständlich, wenn man in ihr den Versuch der fränkischen Partei unter den Sachsen sieht, das Stärkeverhältnis dauernd zu verschieben. Man wollte die Partei des Widerstandes mit einem Schlage vernichten. Karl ging auf diesen Gedanken ein: zu Verden an der Aller ließ er die ihm Überlieferten alle an einem Tage niedermachen. Keine Tat Karls wird so allgemein getadelt als diese. Wer möchte sie verteidigen? Sie ist grausig. Daß die Sachsen nun viermal das Vertrauen des Königs getäuscht, Zusagen und Eidschwüre gebrochen hatten, erweckte in ihm eine Gewalt des Hasses, durch welche die Gegner zermalmt wurden. Das Dämonische in der Natur Karls ist hier furchtbar deutlich. Wer sich ihm in den Weg warf, der unternahm einen Kampf auf Tod und Leben; die Sachsen waren unterlegen, so sollten sie sterben, wie sie die Getreuen des Königs getötet hatten. Daß dabei das Blut von Tausenden floß, daß mochte die Schwachen rühren: Karl war für diese Empfindung unnahbar."

In anderen Geschichtsdarstellungen wird die Bluttat mit dem Kriegsrecht erklärt, von Kriegsgefangenen geredet und das Ganze als ein hartes Strafgericht für den Aufstand oder einen geplanten Aufstand hingestellt. Ja, wenn es so wäre! Da mit dieser Entschuldigung die meisten Geschichtsschreiber mit kargen, allzu kargen Worten über das furchtbare Ereignis hinweggehen und ihre Verlegenheit verraten, so haben wir erst recht Veranlassung, Halt zu machen und die Zusammenhänge zu prüfen.

Der grundlegende Bericht Einhards (Ann. laur. maj. SSI 261) dessen lakonische Kürze umso auffälliger ist, je geschwätziger ganz unwichtige Dinge behandelt werden, lautet: Omnes Saxones iterum convenientes (sc. in Verden) subsiderunt se sub postestate supradicti regis et reddiderunt omnes malefactores illos qui ipsud rebellium maxime terminaverunt ad occidendum, quator millia quingentos.

Zu deutsch: Alle Sachsen, die wiederum zusammengekommen waren, unterwarfen sich der Macht des Königs und lieferten alle jene Übeltäter aus, die am meisten auf diese Empörung hingewirkt hatten, daß sie getötet würden, viertausendfünfhundert.

Die kriegerische Lage war folgende: Ein Heer Karls war in das schon unterworfen geglaubte, aber wieder aufständisch gewordene Sachsen eingefallen, hatte keinen Widerstand gefunden und war bis zur Elbe vorgerückt, während ein anderes Heer in die Gegend des Süntels vordrang. Dieses Heer wurde dort von den Sachsen vernichtet, seine Führer fielen. Karl eilte sofort herbei, fand wiederum keinen Widerstand. Er begab sich nach Verden, wo wenige Wochen später das Blutbad stattfand.

Hieraus ergibt sich, daß die Einhardsche Darstellung des Verdener Vorganges erlogen ist. Die Sieger vom Süntel konnten weder Kriegsgefangene Karls geworden sein, noch haben sie sich sofort nach ihrem Siege von ihren Stammesgenossen in die Hände Karls ausliefern lassen. Noch unsinniger wäre es, zu glauben, daß es andere, nicht an der Süntelschlacht beteiligte Sachsen gewesen seien, die –4500 an der Zahl – von ihren anders gesonnenen Stammesgenossen schleunigst aus dem ganzen Lande zusammengeholt wären, „daß sie getötet würden". Der ganze Gedanke der Auslieferung in dieser Weise und in diesem Zusammenhange, auf den leider auch Hauck in seinem unberechtigten Vertrauen auf die Wahrhaftigkeit der Quellen und in seinem Widerstreben, dem Christianisator eine ungeheuerliche Schandtat zuzutrauen, eingeht, muß als eine Erfindung der Männer um Karl angesehen werden, wodurch die Schuld an dem Blutbad obendrein auf die Schultern der Sachsen selbst geladen werden sollte!

Nein, die 4500 Hingeschlachteten können, was die Hauptmasse anbelangt, nur die Zivilgefangenen gewesen sein, die seit der Paderborner Entrechtung aller Vertreter und Anhänger des alten Glaubens ergriffen und im ständigen Gefangenenlager zu Verden allmählich zusammengebracht waren. An ihnen hat Karl seinen Rachedurst für seine Niederlage am Süntel gekühlt, aber die Tat entsprach auch dem uns von Einhard ausdrücklich mitgeteilten Haß gegen das ganze um seine Freiheit ringende Volk. Im Bericht über das Jahr 775 heißt es: „Während seines Winteraufenthaltes in Carisiakus beschloß der König, das treulose und bundesbrüchige Volk der Sachsen mit Krieg zu überziehen und nicht zu ruhen, bis sie besiegt und zum Christentum bekehrt, oder ganz ausgerottet wären".

Dazu sagt mit Recht einer unserer Geschichtsschreiber[135]: „Und damit begann eins der scheußlichsten Kapitel der europäischen Geschichte, die Zertrümmerung, der Versuch der Ausrottung eines der besten Germanenvölker durch z. T. romanisierte Stammesgenossen im Dienst des Papstes. Das Heer, welches wir 755 von Düren ausziehen sehen, war von einer Menge von Priestern begleitet." Es ist eine bis heute ungesühnte Schuld der christlichen Kirchen beider

---

[135] A. v. Hofmann, Politische Geschichte der Deutschen I, 312, Deutsche Verlags-Anstalt, Stuttgart 1921.

Konfessionen, daß sie nicht unmißverständlich und mit aller Schärfe die Trennung vorgenommen haben zwischen sich und Karl.

Durch die Hinrichtung der 4500 hat Karl mit einem Schlage den wesentlichsten Teil der Intelligenz des Landes für immer stumm gemacht. Zu einem Teil können es die „„Convenientes" (Leute der Friedenspartei) gewesen sein, die im Vertrauen auf Karls Zusagen gekommen waren, um mit ihm einen erträglichen Frieden zu schließen.

Wir haben keinen Grund, das anzuzweifeln, was Tacitus über Treu und Glauben bei den Germanen berichtet, und das umso weniger, als uns eben diese von den Römern angestaunte ritterliche, gutmütige, manchmal etwas allzu harmlos anmutende Gesinnung aus den Reden germanischer Führer, die uns besonders auch von Cäsar offenbar möglichst sorgfältig berichtet werden, aufs deutlichste hervorleuchtet. Seit der Zeit, als die Cimbern und Teutonen mit den Römern in Berührung kamen, ist dann das germanische Vertrauen so oft schmählich getäuscht worden, daß wir uns nicht wundern können, wenn die Übertölpelten es allmählich lernten, mit gleicher Münze zu zahlen. Aber in ungezählten Fällen zeigt die deutsche Geschichte den Rückfall in eine unbegründete Vertrauensseligkeit bis in die neueste Neuzeit hinein. Eine solche Naturanlage ist nicht tot zu kriegen.

Nun gar einem Mann wie Karl gegenüber konnte diese Naturanlage dem Germanentum nur zum Verderben gereichen. Karl hatte ja bereits die Überlegenheit durch die einheitliche staatliche Zusammenfassung und straffe persönliche Führung seines Reichs, sowie durch seine geschulten stetigen Heere voraus, während ihm nur Stammesbünde und schnell zusammengerufene Volkswehren gegenüberstanden. Dazu trat nun die welsche Verschlagenheit und der Wortbruch, das alles in unentwirrbarer Verquickung mit einem ebenfalls überlegenen Ansturm auf die bereits erschütterten religiösen Grundlagen der inneren Widerstandskraft des Sachsenvolks.

Was die religiöse Seite anlangt, so bezieht sich unsere Erwägung in vollem Umfange nur auf die Sachsen, da die Bayern und

Thüringer, erst recht natürlich die Stämme des Südwestens und Westens schon längst in dem schwierigen religiösen Übergangszustande begriffen waren. Sie standen ratlos und hilflos einer Lage gegenüber, in der ihr politischer Feind zugleich der innigst verbundene Freund ihres kirchlichen Oberhauptes war, so innig verbunden, daß die Maßnahmen Karls überhaupt nicht mehr von kirchlichen Maßnahmen zu unterscheiden waren und in allen Punkten sich gegenseitig deckten oder unterstützten. Die quälenden, lichtlosen Gewissensnöte müssen wir zu begreifen suchen, die damals die Seele der thüringischen und bayerischen, noch germanisch empfindenden Führer durchwühlt haben müssen. Ihre einzige trostlose Lösung werden diese bedauernswürdigen Männer in einem Satze gefunden haben, der in ihrem alten Glauben einen gewissen Anhalt fand. Der Satz lautet etwa so: Wer in der Schlacht siegt, oder auch, wer ohne sofortige Strafe eine religiöse Freveltat tun kann, auf dessen Seite ist der stärkere Gott, dem man sich unterwerfen muß. Der nahe Zusammenhang dieses Satzes mit dem alten Brauch der Gottesgerichte leuchtet ein. Aber der Brauch war sorgfältig umhegt mit sittlichen Voraussetzungen, Einschränkungen und feierlichen Handlungen. Daß in diesem Religionskriege mit einem fremden Feindvolke eine völlig neue Lage geschaffen war, und eine willkürliche Verzerrung des alten Gedankens des Gottesgerichtes vorlag, wurde auf der einen Seite verwischt und auf der andern Seite schließlich als praktisch wirkungsloser Einwand in stumpfer Entsagung fallengelassen. Was würde es genützt haben, wenn man ein Schiedsgericht zur Festsetzung gerechter Kampfbedingungen oder Ähnliches gefordert hätte? Der Unfug, den damals auch die gepriesensten Missionare mit dem „stärkeren Gott" getrieben haben, und der Betrug, der mit erfundenen Wundergeschichten zugunsten des neuen Glaubens angewendet wurde, ist leider die beschämende Weise gewesen, mit der sich das damalige Christentum seinen „inneren" Eingang verschafft hat. Von ihr wurden die wirklichen Vorzüge des wirklichen Christentums völlig überwuchert.

Das furchtbare Schicksal Sachsens hatte ums Jahr 786 endlich den thüringischen Großen und ihrem Führer Hordrat die Augen darüber geöffnet, was auch ihrem Lande blühen würde. Sie bereiteten sich zum Widerstande vor. Von den zeitgenössischen Schriftstellern wird das natürlich eine Verschwörung gegen Karl genannt, um im Voraus die an ihnen verübten ehrlosen Verbrechen zu entschuldigen. Zunächst wurden sie – schreibt Abel a. a. O. – in Sicherheit eingewiegt, dann kamen die nur gegen die Führer persönlich gerichteten Schläge, wie Karl ja auch in Sachsen dadurch den Sieg errungen hatte, daß er das Volk führerlos machte.

Karl wollte Hordrat zwingen, seine Tochter nach fränkischem Recht zu vermählen, was Hordrat verweigerte. Jetzt hatte Karl Veranlassung zum Einschreiten, schickte Truppen in die „aufständischen" Gegenden und ließ dieselben verwüsten. Die zum Widerstande noch unvorbereiteten Führer, die bereits Christen waren, suchten Zuflucht beim Bischof Baogolf in Fulda. Auf dessen Fürsprache bewilligte Karl ihnen eine Zusammenkunft, mit dem Ergebnis: die Thüringer sollten in Aquitanien (!) in besonders feierlicher Weise über den Gebeinen der Heiligen den Eid der Treue leisten! Das taten sie und gaben sich vertrauend in Karls Hand. Aber schon auf dem Rückwege wurden die einen geblendet, die andern erhielten ihre Verurteilung auf der Reichsversammlung in Worms, die sich auch noch mit der Bestrafung anderer Aufständischer zu beschäftigen hatte. Welch eine Unsumme ehrlosen Verhaltens gegen die Thüringer steckt in diesen wenigen Zeilen! Man muß sich den Verlauf der Dinge einmal im Einzelnen vorstellen.

Nun kam Bayern an die Reihe, welches bereits noch mehr als Thüringen ein christianisiertes Land war. Tassilo, der Bayernherzog, war offenbar ein dem Christentum mit Ernst ergebener Herrscher. Er wird von vielen, auch von Hauck, als ein unentschlossener, unfähiger Herrscher hingestellt. Mit Unrecht, aber sein Fehler war, daß er in den Sachsen das heidnische Volk und in Karl den christlichen König gesehen hatte, bis es zu spät war, bis sein Paktieren mit Karl ihn in ein unzerreißbares Netz verwickelt hatte.

Nachdem die Bischofssitze von Salzburg und Würzburg in fränkisch-römischem Sinne besetzt waren, ließ sein mit dem Bannfluch bedrohtes Volk ihn im Stich, als er die Waffen zur Verteidigung der Freiheit Bayerns ergreifen wollte. Er unterwarf sich, leistete den Treueid und nahm die Einladung Karls nach Ingelheim, die freies Geleit und Sicherheit in sich schloß, an.

In Ingelheim triumphierte wiederum Karls Wortbruch über das Vertrauen germanischer Fürsten. Tassilo wurde festgenommen und seiner Waffen beraubt. Gleichzeitig sandte Karl eine Gesandtschaft nach Bayern, um des Herzogs Gemahlin und Kinder (!), seinen Schatz (!) und sein Gesinde (!) in seine Hand zu bekommen und herbeizuholen. Darauf erst begann gegen ihn die „Untersuchung", – eine Gerichtskomödie, wie wir sie uns widerwärtiger kaum vorstellen können! Sie endete denn auch mit der einmütigen Verurteilung des Herzogs zum Tode. Aber das Heuchelspiel Karls durfte dabei ja nicht fehlen. Vielleicht in einem Rest von Scham suchte er die Verantwortung für seine Tat auf die Versammlung abzuschieben. Von hier an will ich Abels, dieses ruhigen, keineswegs gegen Karl eingenommen Chronisten Bericht wörtlich anführen:

„Von Mitleid ergriffen, sagen die Annalen, und weil Tassilo sein Blutsverwandter war, erwirkte er von der Versammlung, daß die Todesstrafe nicht vollzogen wurde; es ist augenscheinlich die Absicht, die Verurteilung lediglich als das Werk der Reichsversammlung erscheinen und Karl erst eingreifen zu lassen, um durch seine Gnade das strenge Recht zu mildern. Er richtete, heißt es, an Tassilo die Frage, was er wünsche, worauf dieser um die Erlaubnis bat, sich scheren lassen zu dürfen und ins Kloster zu gehen, um für seine vielen Sünden Buße zu tun und seine Seele zu retten; und diese Bitte ward ihm gewährt. – Genauer erzählt den Hergang ein Annalist des Klosters Lorsch. Tassilo sollte sogleich an Ort und Stelle geschoren werden, aber er bat den König flehentlich, daß es nicht in der Pfalz zu Ingelheim selbst geschehen möchte, wegen der Schmach und Schande vor den Franken. Auch dieses gestand Karl zu; er schickte ihn nach St. Goar und ließ dort, am 6. Juli, die Tonsur an ihm vollziehen. Aber seinen dauernden Aufenthalt durfte er hier im Herzen des Reiches nicht behalten, sondern er wurde in das Kloster Gemodium (Junièyres an der Seine) unterhalb Rouen, verbannt, welches er erst später mit Lorsch vertauschte. Der König war aber nicht damit zufrieden, Tassilos selbst sich entledigt zu haben; er fand es nötig, auch seine Angehörigen, seine Anhänger unschädlich zu machen. Auch Tassilos Söhne Theodo und

Theobert wurden zu Mönchen geschoren, Theodo ins Kloster St. Maximin in Trier geschickt, Theobert ohne Zweifel in ein anderes, das aber nirgends angegeben ist. Des Herzogs Gemahlin, Liutberga, nahm ebenfalls den Schleier, man hört aber nicht, welches Kloster Karl ihr anwies; und auch die Töchter, deren Namen übrigens nicht genannt sind, teilten das Schicksal der Eltern. Aber auch sie durften nicht beisammen bleiben." –

Es wird unnötig sein, allen diesen gegen das Germanentum als solches gerichteten romanischen Knechtungs- und Greueltaten eine Besprechung hinzuzufügen. Die übrigen deutschen Stämme, einschließlich unserer deutschen Franken haben nicht minder Veranlassung, als die Sachsenbündischen, in Karl den Fremdherrscher, den Verderber und den unheilbringenden Störer ihrer Entwicklung zu sehen. Im Vergleich zu seinem Wirken muß die napoleonische Zeit überaus harmlos erscheinen.

Karls Charakterbild haben wir hier mit zeichnen müssen, weil es zum Verständnis seines Lebenswerkes, insbesondere seiner Herrschaft über Deutschland, seiner Wirksamkeit und seines Einflusses in Deutschland sowie seiner Bedeutung für Deutschland erforderlich war.

Was uns bis dahin entgegentrat, waren ausschließlich düstere Züge auf allen für uns in Betracht kommenden Gebieten seiner Betätigung, wohin wir auch blickten. Umso sorgfältiger wollen wir noch einmal Umschau halten nach sympathischen Zügen, edlen Taten und erfreulichen Auswirkungen seiner Herrschaft, um alle Gerechtigkeit zu erfüllen. Die Geschichtsschreiber jener Zeit, Einhard, Notker usw., werden ja kaum etwas Derartiges vergessen haben, so daß uns nichts entgehen kann. Ich will möglichst mit deren eigenen Worten anführen, was sie noch für lobenswert halten.

Karl verabscheute die Trunkenheit an andern und sich. Im Essen vermochte er nicht gleiche Enthaltsamkeit zu üben und klagte oft, wie schädlich das Fasten seinem Körper wäre. Er pflegte die christliche Religion mit der größten Frömmigkeit, besuchte unermüdlich die Kirche, auch zu den nächtlichen Horen, soweit es seine Gesundheit erlaubte. Er trug eifrig Sorge, daß alles mit der größten Feierlichkeit geschehe. Er baute und beschenkte die Kirchen. Aus innerstem Bedürfnis widmete er sich der Unterstützung der Armen und jener uneigennützigen Freigebigkeit, für welche die Griechen das Wort Almosen haben, daheim und besonders im Ausland. Vor allem aber bedachte er die Peterskirche in Rom mit einer Menge von Wertgegenständen in Gold, wie in Silber und Edelsteinen. Viele und ungezählte Geschenke erhielten die dortigen Bischöfe; denn in seiner ganzen Regierungszeit hielt er nichts für so erstrebenswert, als daß die Stadt Rom durch seine Bemühungen und seine Tätigkeit des einstigen Ansehens sich erfreute.

Das war Einhard. Wenn wir von Notker, der ausdrücklich von seinem Kaiser, Karl dem Dicken, mit einer solchen Niederschrift beauftragt war, etwas mehr erwarten, so werden wir freilich enttäuscht. Dieser St. Gallener Mönch (der sich im Übrigen ein Verdienst auf musikalischem Gebiete erworben hat) verrät einen erschreckenden Tiefstand der Denkweise in der Klosterluft seiner Zeit – 100 Jahre nach Karl dem Großen. Notker bemüht sich besonders, Taten königlicher Großmut zu erzählen, aber was er bringt, dient eher zur Herabminderung, als zur Erhöhung Karls. Das lag vielleicht auch an dem Blickfeld des 10. Jahrhunderts, hauptsächlich aber doch wohl daran, daß er nichts Besseres zu berichten wußte. Es ist nichts Gutes in dem Schriftchen[136], was sich der Wiedergabe lohnte, und Niederdrückendes haben wir genug gehört.

Außer seiner Mäßigkeit im Trinken, seinem Sinn für Schicklichkeit in der Kirche und seiner Wohltätigkeit auch an heimischen Notleidenden ist aus den ältesten Schriften an erfreulichen Taten und Charakterzügen Karls nichts zu holen. Unser Ertrag ist größer, wenn wir die späteren und auch noch die jetzigen Geschichtsschreiber durchmustern. Das hat auch mehr heutige Bedeutung. Wir halten uns an den oben mitgeteilten Auszug aus dem Buche für höhere Schulen.

Da treffen wir noch auf die Mitteilung, Karl habe das eigene Recht der Sachsen aufzeichnen lassen. Es ist vollkommen unerfindlich, wie

---

[136] Notker, Der Stammler, Geschichte von Karl, Inselbücherei Nr. 114, Leipzig.

es möglich ist, daß dies hie und da von Harmlosen als ein aus Verständnis und gutem Willen gegenüber dem germanischen Volkstum hervorgegangenes Tun verstanden wird. Es geschah im Jahre 782 in demselben Augenblicke, als Karl durch die Übertragung uneingeschränktter Regierungsgewalt an seine Grafen die alte sächsische Volksverfassung umstieß! Es geschah, um die strengen Strafen, die die Germanen zum Schutze der aus ihrem eigenen Volkstum geborenen heiligen Güter bestimmt hatten, zu erkunden und sie auf die Verletzung der aufgezwungenen fremden Ordnung der Dinge anzuwenden. Mit Hohn sollte den Sachsen zugerufen werden: Seht, ihr werdet nach euren eigenen Gesetzen gerichtet! Übrigens wurde wenige Jahre später, ohne auch nur die geringste Rücksicht auf Bestehendes zu nehmen, das westfränkische Recht eingeführt – natürlich, sofern nicht bisherige Rechtsverhältnisse der neuen Herrschaft noch günstiger waren. So, und nicht anders ist der Satz unseres Auszuges aus dem Geschichtsbuche zu verstehen: „Die Bestimmungen zum Schutz der Kirche entsprechen den sächsischen Anschauungen über Vergehen an religiösen Heiligtümern."

Wenn dort (nach Brandt, Deutsche Geschichte) das „fränkische Christentum" als eine im Grunde gütige Macht bezeichnet wird, also Karl der Bringer einer gütigen Macht gewesen ist, so wird dem mit gewichtigen Gründen entgegengehalten werden können, daß es für das deutsche Volk unendlich viel besser gewesen sein würde, wenn ihm nicht das westfränkische Christentum, sondern das Christentum in einer weniger verderbten und unheilvoll politisch verquickten Gestalt gebracht worden wäre.

Das weitere Lob Karls, er habe die „Kaiserkrone nicht als Machtsteigerung, sondern als Ehrentitel und Verpflichtung gegen Gott angesehen, aus dem ihm und seinen Untertanen nur Pflichten zum Schutz der Kirche, der Schwachen und Unterdrückten und zur Pflege der Gerechtigkeit erwuchsen", muß im Rahmen des Gesamtbildes Karls aus psychologischen Gründen als unglaubhaft zurückgewiesen werden. Die Taten Karls lassen auf das Gegenteil schließen.

Karls Empfänglichkeit für geistige Anregung und seine Lernbegier soll mit Anerkennung und Zustimmung verzeichnet werden. Aber nicht die „Vereinigung germanischer Kraft und römisch-christlicher Bildung" war sein staatliches Ideal, sondern ein westfränkisch-römisches Einheitsvolk mit römisch-christlicher Bildung nach Unschädlichmachung germanischer Kraft und germanischen Wesens.

Für mich ist, wie schon gesagt, die Erkennung Karls in seiner Bedeutung für Christentum, Menschentum und Deutschtum der schmerzliche Zusammenbruch eines durch ein Leben – wenn auch mit innerer Beklemmung – festgehaltenen Ideals. Aber am längsten habe ich an der vertrauten Ansicht festgehalten, daß Karl durch die Zusammenfassung der deutschen Stämme zu einem Staatswesen eine verdienstvolle Tat unter deutschem Gesichtspunkte getan habe, und daß ihm eine Sicherung der Grenzen gegen die Slawen zu danken sei. Von der Regierung dieses zweifellos gewaltigen, zumeist auf deutschem Boden sich aufhaltenden Kaisers mußte doch wohl etwas Gutes für unser Volk herausgekommen sein! Aber in dem gleichen Maße, als die von den Merowingern und Karl vernichteten großen germanischen Staatenbünde der Sachsen, Thüringer, Bayern, Alemannen und Langobarden als lebensfähige kulturtragende Staatengebilde mir aus dem Dunkel heraustraten, deren Nebeneinander der Entwicklung des deutschen Volkstums weniger abträglich gewesen ist, als es die von Karl geschaffenen politischen und religiösen Zustände waren, in dem gleichen Maße mußte auch dies eine Ruhmesblatt Karls dahinsinken.

Was aber die Sicherung gegen die Slawen anlangt, so habe ich mich geradezu als ein Opfer geschichtlicher Irreführung gefühlt, als mich erst mein eigenes Quellenstudium auf folgende Stellen in Einhards Annalen für das Jahr 804 und ihre Ergänzung durch die Lorscher Annalen stoßen ließ[137]: „Im Sommer aber zog er (Karl, 804) mit einem Heere nach Sachsen und führte alle Sachsen, welche jenseits

---

[137] Geschichtsschreiber der deutschen Vorzeit, Berlin, F. Dunker 1850, IX. Jahrh., I, S. 99, herausgegeben von Pertz, I. Grimm, Lachmann, Ranke und Ritter.

der Elbe und in Wichmodi (die Gegend um Bremen!) wohnten, mit Weib und Kind ins Frankenland und gab ihre Gaue den Obotriten." Das war ein slawischer Stamm! Aus einer zugefügten Handschrift des Lorscher erfahren wir a. a. O., daß Trasiko zum Könige über dies slawische Volk gesetzt wurde, daß die Vertriebenen „mit Gottes Beistand nach weisem Ratschluß auf verschiedenen Wegen aus Sachsen gebracht und durch Gallien und andere Teile des Reichs verteilt wurden, so daß die durch die verschiedenen Gegenden geschickten Heeresabteilungen nicht die geringsten Verluste erlitten." (Unter Ludwig d. Fr., vielleicht auch später, hat eine Rückwanderung der Vertriebenen stattgefunden.)

Dies war eine Tat Karls ein Jahr nach dem sogenannten Friedensschluß von Salza, als das zertretene Volk nun glaubte Ruhe zu haben. Damit das ganze Maß des Elends dem übrigen Volke nicht voll zum Bewußtsein käme und zu erneutem verzweifeltem Widerstande Anlaß gäbe, geschah die Abführung der landesverwiesenen Bevölkerung in geteilten Zügen und auf verschiedenen Wegen. So konnte diese schon so oft und so erfolgreich begangene Schandtat an einem schweigend duldenden Volke geschehen. Es waren nach den 32jährigen Kämpfen auch wohl kaum noch Männer da, die im Zorn über den Anblick dieser Elendszüge hätten zu den Waffen greifen können. Uns geht an dieser Stelle vor allem die Tatsache an, daß Karl nicht Deutschlands Grenzen gegen die Slawen gesichert, sondern umgekehrt in großem Umfange deutschen Boden den Slawen preisgegeben hat. Man wird einwenden, daß Karl und seiner Umwelt eben das Verständnis für solche nationalen Gesichtspunkte gefehlt habe. Das ist richtig. Aber das ist auch gerade das, was ich beweisen wollte: Karl nicht ein Einiger, Förderer und Schützer des deutschen Wesens und eines deutschen Staates, sondern ein Verderber und Unheilbringer in jeder Beziehung.

Zu einer Dauererbschaft für das deutsche Volk aus Karls Regierung sind seine beiden großen Werke geworden: die Unterwerfung unter Rom[138] mit allen ihren Folgen und die Einführung des Feudalsystems mit allen seinen Folgen.

Was schließlich die Sagenbildung anlangt, so hat die Sage das Bild Karls im Wesentlichen nur auf westfränkischem Boden, und zwar in einer dem deutschen Empfinden wenig zusagenden Weise ausgeschmückt. Nicht nur in den Ländern des einstigen Sachsenbundes, sondern in ganz Deutschland ist das Verhältnis zu ihm ein frostiges und angelerntes stets gewesen und bis heute geblieben. Überaus bezeichnend ist, daß die Heiligsprechung Karls in Deutschland auf stärkste Abneigung stieß; infolgedessen ist ihre kirchliche Beachtung nur in Belgien und Frankreich Vorschrift geworden.

Wenn Geschichtswissenschaft und Schule auch die hier dargelegten Tatsachen reden läßt, dann wird Volk und Jugend ganz von selbst seine Stellung zu Karl als Westfrankenkönig und römischer Kaiser gewinnen. Dazu bedarf es nicht einmal eines angekündigten Frontwechsels.

Hermann Löns hat in seiner dichterischen Schilderung des Verdener Ereignisses die damals vorhandene Lage gemäß den Empfindungen

---

[138] Alle meine katholischen Freunde mit ihrem warmen deutschen Herzen wissen, daß ich hier nicht den katholischen Gedanken in seinem religiös-idealen Sinn treffen will – auch wenn er sich mir, als Evangelischem, anders gestaltet hat – sondern ausschließlich seine nun einmal vorhandene und geschichtlich in ungezählten Fällen in Erscheinung getretene Belastung mit politisch antideutsch wirkenden Begleiterscheinungen. Es ist nicht ein einziger unter ihnen, der nicht grundsätzlich solche Begleiterscheinungen verurteilte. Auch dürfte es keinen deutschfühlenden Priester geben, dem nicht die um diesen Punkt sich bewegenden Erwägungen zur Gewissensnot geworden wären, in dem die Stimme des Blutes mit dem kirchlichen Gehorsam in Konflikt liegt.

Die neue Erkenntnis der germanischen Vergangenheit, die auch zu einer neuen Beurteilung der Taten Kaiser Karls zwingt, tritt auch an die deutschen Katholiken heran. Es gibt nicht nur eine unerschütterliche Beharrlichkeit, mit der sich die Kirche mehr wie manche anderen geistigen Mächte so mancher Wandlung entzogen hat. Es gibt in ihr auch ein Einsehen und eine Anpassung, wie auf naturwissenschaftlichem Gebiete zutage liegt. Geschichtlichen Erkenntnissen wird nicht die Kraft abgesprochen werden dürfen, ihre notwendigen Folgerungen auf dem Boden der katholischen Kirche schließlich durchzusetzen, wenn auch Weg und Schrittmaß nicht vorherzusehen ist. Das lehrt die katholische Kirchengeschichte.

des Niedersachsen dargestellt. Grausig starrt uns das Schicksal, die äußere und innere Qual des unter den Füßen eines unmenschlich-erbarmungslosen Eroberers – seines Christianisators – liegenden Sachsenvolkes an. Wenn wir bei dem völligen Mangel auch nur einer einzigen geschichtlichen Notiz, die aus sachsenfreundlicher oder neutraler Feder stammt, bisher wesentlich auf unsere empfindungsmäßige Zustimmung zu der gleichen Auffassung der Dinge angewiesen waren, so ist dieser Zustand überwunden. Jeder neue Lichtstrahl, der in die germanische Kultur vor Karl dem Großen fällt, bringt eine weitere Rechtfertigung des Empfindens. Aber jeder Lichtstrahl muß erst errungen werden im Kampfe gegen das in unserer Volksseele erzielte Ergebnis der 1100jährigen romanisierenden Erziehung.

Gegenüber unbequemen neuen Wahrheiten pflegt man schnell mit dem Vorwurf der Unwissenschaftlichkeit bei der Hand zu sein, wenn man glaubt, auf einem durch die Autorität der herrschenden Meinung gesicherten Boden zu stehen. Nun aber gleitet die Waffe dieses Vorwurfs den Verfechtern des germanischen Barbarentums auf allen in Betracht kommenden Wissensgebieten, infolge der Fülle des bisher noch gar nicht berücksichtigten Materials, mehr und mehr aus der Hand und kehrt sich gegen sie selbst.

Ich begrüße hier die ganze Schar derer, die den Weg der Befreiung des deutschen Geistes beschritten haben. Ihre wachsende Zahl ist ein erfreuliches Zeichen dafür, daß auch die grundlegende Bedeutung unseres vorgeschichtlichen Wissens für den gesamten Freiheitskampf nicht mehr verkannt wird.

Die vorliegende Schrift in allen ihren Teilen soll ein Beitrag sein zur deutschen Volkserneuerung, zu der, wie ich glaube, folgende Vorstufen durchschritten werden müssen:

Freudige Erkennung einer hohen eigenartigen Germanenkultur aus den mannigfachen Ergebnissen der Altertumsforschung.

Zorniger Einblick in das vor 1150 Jahren am deutschen Volke verübte Verbrechen und die noch bis heute fortwirkenden

Romanisierungsbestrebungen, die von geschichtlicher Irreführung und Entehrung des deutschen Wesens begleitet sind.

Erstarkendes Streben nach Ausscheidung alles dem deutschen Wesen Fremden und nach Wiedergewinnung des Teils des verlorenen Erbguts, der auch noch für unsere Zeit wertvoll und brauchbar ist.

18. Objektivität und germanische Kultur

Objektivität ist nach Eisler[139] „Sachgemäßheit, Freisein von subjektiven (individuellen) Stimmungen, Tendenzen, Ansichten, Betrachtungsweisen, Stellungnahmen". Wer das liest, wird die grundsätzliche Richtigkeit des Satzes anerkennen, aber fragen, ob es überhaupt einen Menschen gibt, der in diesem Sinne wirklich objektiv ist. Auch ohne in dem Lehrstreit zwischen den philosophischen Realisten und Idealisten nach der einen oder anderen Seite zu einer Entscheidung gelangt zu sein, müssen wir Schopenhauer volle Zustimmung geben, wenn er sagt: „Die ganze Welt der Objekte ist und bleibt Vorstellung, und eben deswegen und in alle Ewigkeit durch das Subjekt bedingt."

Niemand ist objektiv. Auch in der Wissenschaft gibt es nur ein Streben nach der zur Erkennung der Dinge erforderlichen inneren Freiheit mit sehr verschiedenem Erfolge.

Abb. 78. Germane in Pelzmantel an der Markussäule in Rom

---

[139] Eisler, Philosophisches Wörterbuch.

Darum wandelt die Objektivität, die die Menschen sich errungen zu haben glauben, in merkwürdig verschiedener Ausprägung einher. Sie kann auch wohl in einem einzelnen Punkte zu einer Art Wahn ausarten (Idiosynkrasie) und dabei vermeinen, gerade hier in besonderem Maße objektiv zu sein.

Die nordischen Völker sind im Allgemeinen mehr für Objektivität, Sachgemäßheit und Sachsamkeit veranlagt, als die übrigen Völker. Insbesondere der Deutsche vermag am ehesten die Dinge nach ihrem innersten Wesen zu erkennen und zu behandeln, also nicht so, wie sie scheinen, oder wie er sie haben möchte. „Deutschsein heißt eine Sache um ihrer selbst willen betreiben" hat R. Wagner gesagt. So ist der Deutsche zum Lehrmeister der Welt geworden, wie es z. B. durch seine überragende Literatur und durch die Überschwemmung der deutschen Universitäten mit Lernbegierigen aus allen Völkern sich kund tat, bis der Weltkrieg zunächst eine Störung der Völkerbeziehungen gebracht hat. Ob er der geschickteste ist, das von ihm Erdachte auszunutzen, ist eine andere Frage. Und auf die Seelen anderer Menschen, des eigenen Volks und anderer Völker bezieht sich seine Begabung für sachgemäße Erkenntnis und Behandlung ganz und gar nicht. Das hat ihm mit Recht den Ruf eines unpolitischen Volks eingetragen. Ein der Selbstzucht vergessender Selbständigkeitssinn, wenn er der Zügelung ledig ist, macht dann in dieser Richtung das Maß voll.

Es ist merkwürdig, daß sich die Entwicklung des deutschen politischen Denktriebs in entgegengesetzter Richtung bewegt hat, wie z. B. die Entwicklung des angelsächsischen Geistes. In das Wesen des regelrechten Engländers ist ein Empfindungs- und Denkzwang übergegangen, der mit dem unübersetzbaren Worte „Cant" bezeichnet wird. Cant beruht auf der Verwechslung und Gleichsetzung der Weltordnung Gottes mit dem Wohlergehen der englischen Nation. „Right or wrong – my country" ist nicht nur eine Redensart, sondern liegt tief in der Struktur des englischen Denkvorgangs begründet. Hier findet die englische Objektivität ihre völkisch-subjekiv bestimmte Grenze.

Beim Deutschen ist's umgekehrt. Er neigt dazu, sich in den luftleeren Raum zu versteigen, wo der Begriff eines gottgegebenen Vaterlandes nicht mehr vorhanden ist. Seine Objektivität sucht zwecks Gewinnung des wissenschaftlichen Standpunktes den weitesten Abstand von den Interessen des eigenen Volks, verliert den Boden unter den Füßen und überschlägt sich selbst. Es fehlt der gesunde Sinn für die Grenze der Wirklichkeiten, wo die Objektivität in die Krankheit intellektueller Michelei übergeht.

Bei der Beurteilung der Dinge gibt es Scheidewege, an denen die Wegweiser erfaßbarer Tatsachen und lesbarer Paragraphen sittlicher oder wissenschaftlicher Art aufhören. Wenn der auf wissenschaftliche Objektivität pochende Deutsche an einem solchen Scheidewege angelangt ist, entscheidet er sich gegen sein Volkstum, aus Furcht, sonst nicht objektiv genug zu sein.

Das ist eine der Hauptursachen unseres nationalen Elends, bis hin zur Vaterlandslosigkeit und zum Landesverrat. Natürlich reden wir hier nicht von den Fällen, wenn ehrlose Motive wie das Trachten nach persönlichen Vorteilen mitspielen, oder wo persönliche Verbitterung oder Parteiinteresse die vaterländische Vernunft erstickt hat. Aber die Michelei aus vermeintlicher wissenschaftlicher Objektivität ist für den Bestand unseres Volkes nicht weniger gefährlich; eher noch gefährlicher, weil die Krankheit sich vor einem sich vor der Wissenschaft gern beugenden Volke als „die" wissenschaftlichere Stellung dünkt und ausgibt. Auf sie trifft das Wort Schelers[140] zu: „Je größer solche Abhängigkeit, sagt ein Gesetz der Seele, desto geringer das Wissen um sie."

Den Hauptgrund für die volkspsychologische Entwicklung dieser Geistesart des Deutschen haben wir zwar zunächst in der uralten Veranlagung zur Sachlichkeit zu erblicken, dann aber in ihrer krankhaften Endrichtung durch 1000jährige romanisierenden Erziehung des deutschen Volks innerhalb eines römischen Reiches deutscher Nation, die darauf hinauslief, die deutsche Seele von den

---

[140] M. Scheler, Der Genius des Krieges, Verlag der Weißen Bücher, Leipzig 1915, S. 352.

Wurzeln ihres germanischen Wesens zu trennen. Anfangs, unter Karl, dem Westfrankenkönig, ist der leitende Grundgedanke dieser Erziehung zweifellos ein bewußter gewesen, wie stets in ähnlichen Fällen. Dann wurde er bald mehr oder weniger unbewußt durch Kirche und Humanismus fortgesetzt und funktionierte von selbst.

Die von fast allen, auch den deutschesten Führern oder maßgebenden Herren ahnungslos beförderte Romanisierung war nahe daran, unserem Volke auch seine Sprache zu nehmen und damit den vollen Sieg zu erringen. Schon war das Lateinische zur Kirchensprache, zur Behördensprache, zur Dichtersprache geworden und begann sich zur Sprache der Gebildeten zu erheben, während die deutsche Sprache zur Mundart der Ungebildeten herabsank. Da vollbrachte die Lutherbibel die Rettungstat. Alles andere Aufbäumen der deutschen Volksseele gegen die Romanisierung ist zwar auch nicht vergeblich gewesen, aber äußerlich endete es stets mit Niederlagen.

Wie sich auch sonst derartige Entwicklungen durch die Jahrhunderte hinziehen, so arbeiten unbemerkt noch bis zum heutigen Tage Kräfte der Romanisierung in unserm Volke. Ihre Träger haben in der Tat keine Ahnung davon, wie es um sie bestellt ist, und eine persönliche Schuld kann ihnen nicht beigemessen werden. Aber das darf uns nicht hindern, auf das hier besprochene gefährlichste Ergebnis der Romanisierungsbestrebungen hinzuweisen. Es setzt uns gegen die andern Völker ins Hintertreffen und bedroht den Bestand unseres Volkes, worüber uns die Erlebnisse des letzten Jahrzehnts die Augen öffnen sollten.

Wenn durch die vielhundertjährige Erziehung im Deutschen eine Neigung zu einer überschraubten Objektivität, die sich gegen das eigene Volkstum richtet, groß gezüchtet ist, so konnte die entsprechende Ergänzung dazu, nämlich eine in der Kritik der anderen Völker, insbesondere der klassischen Völker, versagende Stellung, nicht ausbleiben. So unentbehrlich der theoretische Hinweis auf diese psychologischen Verkettungen ist, so wird eine Überwindung der Krankheit doch nur schrittweise durch den Einfluß der sachlichen neuen Erkenntnisse zu erhoffen sein.

Man sträubt sich gegen den Vergleich germanischer Astronomen mit den Astronomen der südlicheren Länder. Mir scheint, daß man in einer Zeit, wo die Einblicke in die Majakultur Mittelamerikas vor 3500 Jahren die bisherigen Anschauungen über die kulturlichen Fähigkeiten der alten Völker, auch der nichtklassischen Völker, ad absurdum führen, vorsichtiger sein sollte, einem germanischen Volke jener Zeit die Fähigkeit zu astronomischen Berechnungen abzusprechen.

Zur Zeit des Hipparch oder des Ptolemäus standen der alten Astronomie ebenso wenig moderne technische Hilfsmittel und naturwissenschaftliche Kenntnisse zur Verfügung wie zur Zeit der Oesterholzer Astronomen in der älteren Bronzezeit. In der alten Zeit kam es lediglich auf die Begabung und Neigung der Menschen, auf ihre Gründlichkeit und Beharrlichkeit sowie auf die so gewonnenen Vorkenntnisse an. Wie erklärt sich nun die Meinung, daß in diesen Stücken den Germanen weniger zugetraut werden dürfe als den Orientalen und Griechen?

Die Meinung über das Germanentum, die allmählich die normalen, noch im 17. Jahrhundert sich harmlos bemerkbar machenden Anschauungen über die eigenen Vorfahren verdrängte, ist aufs stärkste beeinflußt von der Germania des Tacitus, deren überaus hoher Wert für unsere alte Geschichte vergessen ließ, an zahlreiche von ihr gebrachte Einzelheiten die Sonde der Kritik zu legen. Es wurde versäumt zu unterscheiden, was dieser römische, für römische Leser schreibende Schriftsteller beurteilen und was er aus Mangel an eigener Anschauung nicht beurteilen konnte. Es wurde nicht beachtet, daß er zur Zeichnung des Germanenbildes seinen Pinsel geführt hat, je nachdem es ihm für seine römischen Leser passend oder heilsam erschien. Neben einem Verständnis für die sittliche Beschaffenheit des Germanenvolks und der erkennbaren Absicht, sie den Römern als Spiegel vorzuhalten, finden wir auch eine weitgehende Verständnislosigkeit und mangelhafte Unterrichtung, wenn es sich um kulturliche Einzelheiten handelt. Andere spätere, weniger wertvolle Schriftsteller bieten hier und da einen

Brocken aus ihren mangelhaften, mit Mißverständnis und Abneigung belasteten Kenntnissen oder Meinungen über das Germanentum, die willig mit der besprochenen „Objektivität" hingenommen sind. Dadurch ist in Studentenliedern und sonst das Zerrbild entstanden von den alten Germanen, die im Großen und Ganzen ein armseliges Volk waren, die faul auf Bärenhäuten lagen, soffen, jagten, sich gegenseitig und anderen die Schädel einschlugen und im Übrigen stumpfsinnig als „Barbaren" dahinlebten. – Die Babylonier, Ägypter und Griechen dagegen waren „gebildete Europäer".

Kossinna führt in seinem Buche „Die deutsche Vorgeschichte", S. 43–48, einen heftigen Kampf gegen die ungläubigen Zweifler, die den Germanen ihre großen Leistungen in der vorgeschichtlichen Zeit absprechen und z. B. die Erfindung der Bronze den Orientalen zuschreiben, die – z. T. in Keltomanie und Phönizierwahn verrannt – nichts von den großen Verdiensten der Steinzeitgermanen um die Pferdezucht (S. 16) und um die Erfindung der Runen wissen wollen. Schon S. 8 spottet er über gewisse klassische Philologen und Archäologen: „für sie beginnt das Kulturleben der Germanen erst mit dem Augenblick, wo, dank einer uns gnädigen Himmelsfügung, Rom seinen Fuß an den Rhein und über den Rhein setzt und damit für die armseligen wilden Barbaren, die unsere Vorväter doch nun einmal gewesen sein sollen, das neue segenvolle Dasein beginnt, wo sie von einem Strahl südlich klassischer Kultursonne berührt und durchwärmt werden, so daß sie nun aus dem ewigen Einerlei eines stumpfsinnigen Räuberlebens ohne Fortschrittsmöglichkeit endlich hinauszutreten vermögen – wo nicht nur alles Schöne, was nunmehr bei den Germanen zu finden ist, sei es an Stoffen, sei es an Kunst und Technik, sondern überhaupt alles und jedes, das irgendwie mit dem Kulturleben in Zusammenhang steht – angeblich sogar der erste Getreidebau – erst aus römischer Hand in die germanische gelegt worden sei, – wo selbst die Sprache einen ganz neuen Wortschatz erhalten habe, in dessen Mittelpunkt die lateinischen Lehnworte stehen: also daß man mit Recht diese ersten Jahrhunderte nach Chr. im germanischen Kulturleben die „römische" Zeit nenne (usf. bis S. 12).

Heute muß man sich nun schon daran gewöhnen, daß diese Bilder, auch in der wesentlichen Abschwächung, wie ich sie bei der Mehrzahl unserer Gebildeten voraussetze, nicht überall mehr Glauben finden, sondern als das angesehen werden, was sie auch nach meiner Meinung in Wirklichkeit sind, als ein ungeheurer Irrtum, der, durchsetzt mit Tendenz, sich als Schwindel darstellt. Ein Schwindel, den zu befördern gewisse Zeiten und Richtungen ein lebhaftes Interesse hatten. Was sind das für Richtungen? Ihre Einzelaufzählung erübrigt sich durch das eine Wort Internationalismus.

Die Notwendigkeit internationaler Verkehrs- und Handelsunternehmungen, wissenschaftlicher Zusammenarbeit und gegenseitiger Unterstützung bei manchen praktischen Aufgaben Verbrecherverfolgung u. dgl.) leuchtet ein. Aber alles, was darüber hinausgeht, muß mit mißtrauischer Vorsicht darauf angesehen werden, ob die Bestrebungen nicht von den gegen den Aufstieg des Germanentums eingestellten fremdvölkischen Führern gegen unser Volk ausgenutzt werden, und zwar je klüger von ihnen vorgegangen wird, umso weniger bemerkt vom deutschen Michel. Auf jeden Fall gibt es für alle Interessenten an der Niederhaltung des deutschen Volkes und Geistes außerhalb und innerhalb der deutschen Grenzen kaum ein wirksameres Mittel, als die Aufrechterhaltung des Schwindels vom barbarischen Germanentum.

Trotz empfindungsmäßigen Widerstrebens meiner Knabenseele habe ich ihn in mich aufgenommen. Durch das Schwergewicht aller Autoritäten, weniger im Haus, als in der Schule und im akademischen Studium, in den Geschichtswerken und in der gesamten Kulturbeurteilung, soweit sie uns in der Literatur und im Leben entgegenzutreten pflegt, wurde das natürliche Gefühl zum Schweigen gebracht. Nur bei vereinzelten Erlebnissen machte es sich stoßweise wieder bemerkbar, so

 wenn in der Prima ein sonst vortrefflicher Lehrer die Hosentracht der Germanen, diese vernünftige, praktische, der Sauberkeit dienende Tracht gegenüber der Toga der Römer lächerlich zu machen suchte und dabei mit verzückter Gebärde seinen Havelock um sich schlug,

oder wenn ich ein neues Geschichtswerk aufschlug und immer wieder die gänzliche Ausschaltung des Germanentums aus der alten Geschichte antraf, selbst wenn andere nichtklassische Völker wenigstens mit einigen Sätzen behandelt waren – trotz fortgeschrittener germanischer Forschungen,

oder wenn der deutsche Historiker die Welt romazentrisch betrachtet und nachdem er soeben die verrotteten Zustände des Kaiserreichs geschildert hat, unwillig ist, daß die immer wieder mit dem Barbarentitel belegten Germanen die Oberhand über das verrottete, ihm aber doch so teure Reich früherer klassischer Herrlichkeit gewinnen, wie z. B. der gute Schlosser,

oder wenn die offensichtliche Verunstaltung und Verhöhnung des Sagenstoffes der Edda an vielen Stellen, wie sie von den christlichen Bearbeitern des 13. Jahrhunderts erwartet werden muß und geschehen ist, von keiner der mir damals bekannten Edda-Übersetzungen und -Auslegungen eindrücklich besprochen wird, also wahrscheinlich auch gar nicht bemerkt ist, auch wenn es sich um faustdicke Rüpeleien, Gemeinheiten und Ehrlosigkeiten handelt, weil man eben glaubt, das alles den barbarischen vorchristlichen Germanen zutrauen zu müssen,

oder wenn noch neuerdings im Deutschen Museum zu München in dem Saale für die Schreibkunst der alten Völker alles zu finden ist, nur nicht ein einziges germanisches Runenzeichen[141], während doch genügend Material vorhanden ist, und die Runenschrift als die Grundlage aller Schrift ernstlich in Betracht kommt.

Schmackhaft und glaubhaft soll uns die in dem Schwindel zugleich liegende Torheit durch die Redensart gemacht werden, daß die Germanen als ein unverbrauchtes, kräftiges Naturvolk das Erbe der alten Kulturvölker angetreten hätten. Welch eine Hohlheit liegt allein schon in dem Worte „unverbraucht" von einem

---

[141] Desgleichen noch in der „Pressa" zu Köln 1928.

Volke, welches seit Jahrtausenden sein Leben gelebt hat, in dessen Geschlechtern sich die Leidenschaft und die Mäßigung der Leidenschaft ausgewirkt hat, so wie es jedem Einzelnen gegeben war.

Diese Ausrede, die sicherlich auch manchem ihrer Verkünder mit Unbehagen aus der Feder geflossen ist, muß man in ihrer verhängnisvollen Wirkung auf die Geschichtsforschung, auf das Selbstbewußtsein und auf das Nationalgefühl der Deutschen erkannt haben, um mit einem gerechten Zorn erfüllt zu werden gegen alle, die schuldmäßig das Martyrium nicht nur der Geschichtslosigkeit, sondern auch der durch die Geschichtsfälschung gebrachten Entehrung über unser Volk heraufbeschworen haben.

Wenn es überhaupt erlaubt ist, ein geschichtliches Verhängnis mit dem Namen eines Einzelnen zu verknüpfen, so muß die Fülle und Überfülle des über das germanische Volk gekommenen Unheils in seinen wesentlichsten Zügen mit einem Namen verknüpft werden, den unser betrogenes Volk als einen seiner Großen zu verehren gelehrt ist und zum Teil noch gelehrt wird. Das ist der Name Karls des Großen, dessen Taten dazu herausfordern, und dessen Name dazu bestimmt ist, uns an die Notwendigkeit der Abkehr von den Irrwegen der Vergangenheit zu erinnern.

Nunmehr haben wir noch als Ergänzung zu dem in Kapitel 5 gegebenen Ausschnitt ein anderes Bild vom Germanentum zu zeichnen, dessen Erhebung über das bisherige Bild der Erfüllung entgegengeht. Kein Idealbild. Aber die verzerrten Umrißlinien wollen wir zurechtrücken. Wollte ich zugleich die Schattenseiten, Lücken und Unzulänglichkeiten aufweisen, so müßte ich um der Gerechtigkeit willen auch die Lichtseiten loben. Beides ist hier nicht meine Aufgabe.

In Germanien saß von alters her, d. h. mindestens von der Zeit des Übergangs zum Ackerbau her, ein hochbegabtes Volk, jedenfalls nicht geringer begabt, als die heutigen Deutschen im Verhältnis zu der Begabung der anderen Völker. Das ist eine der unverrückbaren Erkenntnisse der Vererbungslehre.

Die Väter unserer Väter nennen wir Germanen, ganz gleichgültig, wann irgendeinem klassischen Schreiber die Ahnung von ihrem Dasein und die Kenntnis ihres Namens gekommen ist, und wann er Anlaß genommen hat, seine Kunde niederzuschreiben, die uns zufällig erhalten ist. Ihre Wohnsitze erstreckten sich vom Rhein aus gerechnet weithin nordostwärts und ostwärts.

Diese Germanen wurden zeitweise mehr oder weniger bedrängt, auch wohl in ihrem Landbesitz zurückgedrängt von anderen anflutenden Völkerschaften; sie hatten ihre Streitigkeiten und Kämpfe untereinander, sie hatten Krieg und Frieden wie die anderen Völker auch. Sie lebten und waren ihres Lebens froh; sie schafften und machten Fortschritte; sie waren ein Kulturvolk wie die anderen Völker auch.

Nur daß ihre Kultur ein wesentlich anderes Angesicht hatte, als die Kultur der Mittelmeervölker. Das lag schon am Klima und an der Beschaffenheit ihres Landes, und daß sie weit mehr arbeiten und ringen mußten, um sich dies Land wohnlich und einträglich zu machen. Sie hatten die Erziehungsvorteile, die in der Nötigung zur Überwindung von Schwierigkeiten liegen.

Ein Unterschied der Kultur war auch durch den Waldreichtum

Abb. 79. Inneres eines alten Bauernhauses

ihres Landes begründet. Darauf beruhte die Vorliebe für den Holzbau im Gegensatz zu dem Steinbau der Mittelmeervölker sowohl in Bezug auf die Wohnhäuser, als auch auf kultische und andere öffentliche Gebäude, sofern sie die letzteren nicht lieber überhaupt entbehrten zugunsten ihrer Zusammenkünfte in freier Natur. Fachwerkbauten wie die heutigen, nur mit Lehmfüllung hatten sie schon zur Römerzeit und wahrscheinlich viel früher. Andeutungen in der „Germania" lassen darauf schließen, daß an den Häusern ihr farbenfroher Sinn zur Geltung kam. Holzschnitzwerk in der Art, wie es sich jetzt noch an älteren ländlichen und städtischen Häusern und in der wenig unterbrochenen Entwicklung des nordischen Holzbaus zeigt, und wie es durch das Oseberger Schiff als uralt bezeugt ist, fehlte dem germanischen Hause nicht, – reich, weniger reich und schlicht, je nach Ansehen, Geschmack und Reichtum des Besitzers.

Der Unterschied lag auch an ihrer Abneigung gegen bildliche Darstellungen der Gottheit, einer Abneigung, die einer Entwicklung der bildenden Künste von vornherein den starken Antrieb raubte, dem die Bildhauerkunst der klassischen Völker ihre Entstehung und ihren Aufschwung verdankte. Tacitus, dem wir zu glauben gelehrt sind, schreibt darüber Germania 9: „Übrigens verträgt es sich nach Ansicht der Germanen nicht mit der Erhabenheit der Himmlischen, sie in Tempel einzuschließen und menschenähnlich darzustellen. Wälder und Haine weihen sie ihnen und mit Namen von Göttern rufen sie jenes geheimnisvolle Wesen an, das sie nur in frommer Andacht schauen." Es war also eine vergeistigte Religion. Das Fehlen der Tempel und Götterbilder fiel den Beobachtern, die den klassischen Völkern angehörten, als eine augenfällige Erscheinung ganz besonders auf. Sie berichten es auch von mehreren andern Völkern, für deren Zugehörigkeit zum großen germanischen Stamme darin ein wichtiger Beweis liegen kann. Jedenfalls gehören diese Berichte zu dem Glaubwürdigsten, was uns über das religiöse Leben der alten Völker überliefert ist. (Ob es sich bei Berichten über Götterbilder aus den letzten germanischen Jahrhunderten um Mißverständnisse, symbolische Bilder oder wirkliche Verfallserscheinungen handelt, ist nicht klargestellt.)

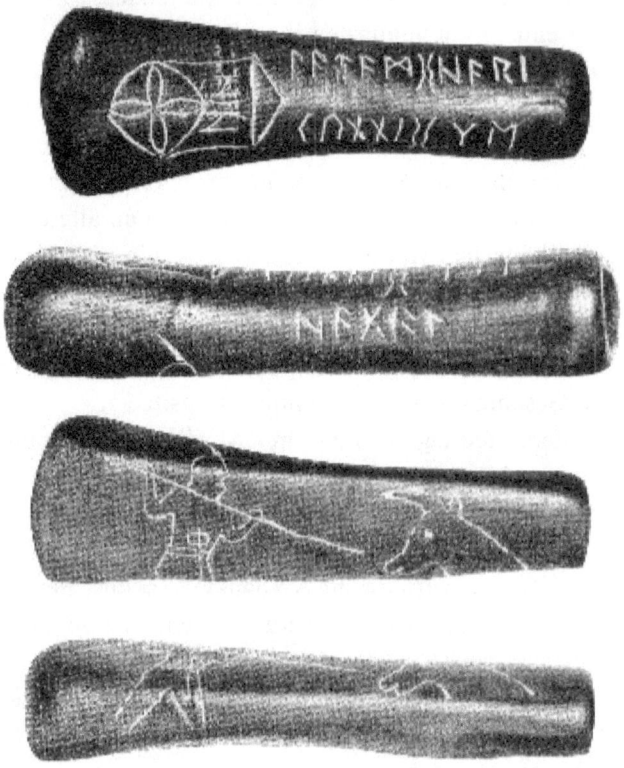

Abb. 80. Dolchgriff mit Runen (Fund aus der Unterweser)

Der Unterschied der Kulturen lag weiter an der ganz anderen Rolle, die in Germanien dem Schriftwesen zugewiesen war. Während man in Germanien wie es scheint grundsätzlich, die Festhaltung der Gedanken durch die Schrift ablehnte und ihren Goden oder Priestern (wie auch den Druiden Galliens) die schriftliche Überlieferung ihres Wissens verboten war, bestand nach Tacitus, Germania 2, die germanische Art geschichtlicher Überlieferung in den „uralten Liedern". Die Runenschrift aber, diese eigenste Erfindung der Germanen, erweist sich mehr und mehr als die Erfindung der Schrift überhaupt. Die Runen dienten ursprünglich nur der Zeichendeutung, der Wahrsagung und dem Losen. So geriet man im Schriftwesen gegen die weniger konservativen südlichen Völker um Jahrhunderte ins Hintertreffen. Erst um die Wende unserer Zeitrechnung zeigt es sich, daß das praktische Bedürfnis eine Wandlung der Anschauungen, die Verwendung der griechischen Schrift und eine Umgestaltung der Runen-„Buchstaben" auch zu anderen als mystischen Zwecken herbeigeführt hat. (Tacitus Annalen; Germania 3.) Der Westfrankenkönig Karl hat es für nötig befunden, den Nonnen in Klöstern durch ein Capitulare zu verbieten, „Freundlieder aufzuschreiben oder zu versenden"; „winileodos scribere vel mittere"[142]. Also auch außerhalb der Klöster, wohin die Lieder versandt wurden, konnte man lesen! Die Entwicklung des germanischen Schriftwesens wurde durch die denkwürdige „Sammlung" der Lieder und Sagen durch Karl und Ludwig d. Fr. sowie durch den Befehl der Auslieferung aller noch dem alten Glauben Dienenden, also der Schriftkundigen, in die Hände Karls jäh unterbrochen.

Die vierfältige Aufnahme des bei Baggerarbeiten in der Unterweser aufgefundenen Dolchgriffs mit Runen und Bildnis (Abb. 80) hat mir Prof. v. Buttel-Reepen[143] in Oldenburg freundlichst überlassen – ein Beweis für den Runengebrauch auf niedersächsischem Gebiete.

Der Unterschied lag aber noch an einem tieferen Grunde. Die Germanen waren schwerblütiger als die anderen Völker. Sie hielten nicht soviel von gefälliger Form und äußerem Schliff und ergötzlichen Dingen. Noch lieber wollten sie, wenn sie etwas sahen, wissen, was sich geheimnisvoll dahinter verbarg. Denn sie waren ein Volk der Grübler und Gottsucher, der Dichter und Denker, wie man das später nannte.

Dem entsprach auch die Pflege der Musik, getragen und gefördert von einer durchschnittlich guten Begabung. Auf den Äckern

---

[142] Du Gange`s Glossarium, Cap. M. de. diversis rebus 789 cap. 3.
[143] v. Buttel-Reepen, Funde von Runen mit bildlichen Darstellungen usw., Verlag Stalling, Oldenburg i. O. 1930.

und in den Wäldern, auf den einsamen Höfen und in den Städten klangen die deutschen Volksweisen und Melodien, deren beste den großen Wandel der karolingischen Zeit überdauert haben und unter dem Namen „alte Volksweise" oder auch mit falschem, aufs Mittelalter bezogenem Kennwort, als wertvolles, unerkanntes Erbteil des Germanentums bis auf unsere Zeit gekommen sind. Auch ihr ursprünglicher Text ist oft noch aus der mittelalterlichen Vertarnung deutlich herauszuerkennen. Zur Begleitung hatte man eine reiche Auswahl fein erdachter und fein gearbeiteter Musikinstrumente; nachahmende Herstellung der Luren, dieser klangreichen, uns in einigen Stücken überlieferten alten Blashörner, ist kaum der Technik der neueren Zeit gelungen. Wenn der Sänger an den ritterlichen Höfen des Mittelalters den Bogen führte oder in die Saiten griff, dann war seine Geige oder Zupfgeige das Erbe seiner Vorgänger in germanischer Zeit. Venantius Fortunatus (600 n. Chr.) nennt die Harfe (harpa) ausdrücklich ein barbarisches, d. h. germanisches Tonwerkzeug[144]. Mit den Klängen des Gesanges, vor allem des Heldenliedes, wurde die Geschichte des Germanenvolks von Geschlecht zu Geschlecht überliefert und war, wie es scheint, im Besitze aller.

Was unsere Väter ergrübelten und erfanden auf allen möglichen, auch praktischen Gebieten, davon drangen Klänge, Gerüchte und Erzeugnisse über die Grenzen, wie auch das, was die anderen Völker hatten, zu ihnen herüber kam durch den Handel und auch durch religiöse Beziehungen, die sich von alters her erhalten haben mögen, oder neu angeknüpft waren. Aber sonst lebte man hüben und drüben für sich, hielt Distanz und verstand sich wenig, weil die Kultur und die Lebensauffassung eine so sehr verschiedene war. Fremdes Kulturgut, welches zu ihnen ins Land kam, oder welches sie irgendwo vorfanden, haben sie stets geistig erfaßt, gemeistert, und den eigenen Kulturgütern hinzugefügt, sofern es mit ihrer Eigenart in Einklang zu bringen war, manchmal aber – und je länger je mehr – über das berechtigte Maß hinaus.

---

[144] Schmitthenner, Deutsches Wörterbuch, Ricker, Gießen 1857, I S. 480.

Unsere Väter waren ein wehrhaftes Volk von hervorragender Körperkraft, in den Waffen und körperlichen Leistungen geübt, mit Freude am Kampf und Spiel. Das Baden war Lust, Waschen Gewohnheit. Die Seife ist eine germanische Erfindung[145].

Kampf- und Rauflust, Zuchtlosigkeit und verbrecherische Neigungen fanden ihre Zügelung sowohl durch die religiösen Auffassungen als auch durch Rechtsordnungen, über deren Innehaltung die Gemeindeversammlung mit ihren selbstgewählten Richtern und Führern wachte. In erster Linie aber war das ganze Leben getragen von tiefeingewurzelten Ehrbegriffen und von der Sitte. In der Blutrache zeigte sich eine, wenn auch unter Aufsicht der Gemeinde stehende, so doch für unser Empfinden furchtbare Form des Selbstschutzes der Sippe. Die festgefügte Sippe gewährleistete das Wohlergehen des Einzelnen.

Dem Freiheitssinn des Volks und seinem hohen Verständnis für das Gemeinwohl entsprach sowohl die Landordnung, die den Grund und Boden als Eigentum der Volksgemeinschaft sicherte, als auch die Ordnung der Marken zwischen den Stämmen und innerhalb der Stammesgebiete, durch die wichtige Aufgaben des Gemeinschaftslebens erfüllt wurden.

Gewerbe und Handel, Kunst und Wissenschaft, wie überhaupt die Erfüllung aller wirtschaftlichen und geistigen Bedürfnisse befand sich in einer Entwicklung, wie sie der guten Begabung des Volks für alle diese Dinge, seinen Neigungen und dem jeweiligen allgemeinen Stande der Kultur in der alten Völkerwelt entsprach. Die uns durch Bodenfunde und sonst überkommene kunstgewerblichen Gegenstände legen Zeugnis ab von einem technischen Können, von stilgerechtem künstlerischen Geschmack und von einem dementsprechenden Kulturbedürfnis in der gesamten Lebenshaltung, die das Germanenvolk im Wettbewerb mit den andern gleichzeitigen Völkern in die erste Linie rückt. Das Gesamtvolk hatte offenbar Freude daran, sich seinen

---

[145] Neuburger, Technik des Altertums, S. 119.

Bedarf nach Möglichkeit durch eigene Arbeit und aus selbst erzeugten Stoffen zu beschaffen. Soweit dies nicht möglich war, gab es Handwerker und Kaufleute, Wissende und Beauftragte, die in den größeren Ortschaften, in Märkten und Städten beieinanderwohnten, ohne daß jedoch eine Notwendigkeit oder Neigung zu einer engen Zusammenpferchung der Menschen vorgelegen hätte, wie in den Städten des Südens.

Zu der Eigenart der Germanen gehörte ihr Widerwille gegen das geprägte Geld, welches erst um 700 v. Chr. bei den Lydern (Krösus!) aufkam und sich recht langsam in der alten Völkerwelt einführte. Die technische Frage spielte bei den Verfertigern metallener Kunstwerke natürlich keine Rolle. Man sträubte sich in einem unbewußt richtigen Empfinden gegen die sittliche Gefahr des geldlich organisierten Machtunterschiedes und Machtmaßstabes der Menschen. Herodot weist darauf hin, daß die (von den übrigen Griechen in geradezu rührender Selbsterkenntnis und Unterordnung anerkannte) sittliche Überlegenheit und Herrschaftsbefugnis der Lakodämoner von der Zeit ab dahingesunken sei, als auch sie, wie die andern, der Geldliebe verfallen seien. Noch in der Völkerwanderungszeit sammelte der Germane seine Schätze nicht in geprägter Münze, sondern in Kunstgeschmeide. Nur notgedrungen und gastweise ging römisches Geld in Germanien um. Erst Karl d. Gr. Zwang die Sachsen durch die in „Soldi" ausgedrückten Abgaben und Strafen sich mit geprägtem Gelde zu versehen. Der Widerwille zog sich noch durchs Mittelalter bis tief in die neuere Zeit hinein, zumal der Betrug mit minderwertiger Münze im Schwange war und blieb.

Die Germanen waren ein Herrenvolk, aber keine Eroberer aus Lust, andere zu unterjochen und zu beherrschen, wie wir es bei den orientalischen Despoten, bei Alexander dem Großen, bei den Römern und Westfranken sehen. Solche bloße Erobererlust lag weder einst, noch liegt sie jetzt in der Linie der Veranlagung des eigentlichen Germanentums. Es waren andere Ursachen, aus denen die Germanen ihren Helden zur Bekriegung anderer Völker

Heeresfolge leisteten, – selbst bei den Normannen und Wikingern, die in überschäumender Kraft sich Land, Siegesruhm und Siegesgewinnste holen wollten. Im Allgemeinen belästigte man seine Nachbarn nicht.

Wenn jedoch ein Stamm seinen Bevölkerungsüberschuß hinaussandte, um sich neues Siedlungsland zu verschaffen, gab es Konflikte, die von ihm ausgingen. Freies Siedlungsland wurde erbeten. Wenn es den Bittenden verweigert wurde, dann nahmen sie es sich, weil sie stark und wehrhaft und meist den andern Völkern überlegen waren.

Von weltgeschichtlicher Bedeutung wurde für beide Völker das Auftreffen der Germanen auf das mächtige Römerreich. Für das völkerbezwingende Rom war die Stetigkeit des Siegeslaufs dahin. Man fürchtete und haßte, man achtete und verachtete, man mied und suchte die hohen blonden Gestalten und bildete sie nach in Erz und Stein. Was uns die römische Literatur über das Germanenvolk berichtet hat, spiegelt das widerspruchsvolle Verhältnis der beiden Völker zueinander wieder. Von der ersten Begegnung mit den Cimbern und Teutonen an hat Jahrhunderte lang der Blick und die Rücksicht auf das Germanenvolk die römische Politik beherrscht. Man brauchte sie als Söldner um ihrer Zuverlässigkeit und Kraft willen, wenn sie sich gebrauchen ließen; aber wenn man sie beherrschen wollte, so fanden alle Gelüste jenseits des Limes und des Rheins ihre Grenze. Schließlich sank das römische Weltreich unter der Kraft einzelner Germanenstämme zusammen. Und dennoch kam das Verhängnis, daß ein germanisch-römisches Mischvolk eine romanische Welle mit dauernden Folgen über Germanien brachte!

Dies Volk setzte sich aus vielen selbständigen Stämmen zusammen, aber nach Sprache und Religion, nach Sitte und Recht nach Lebensart und sonstiger Kultur war es ein Volk wie auch im Mittelalter und in der Neuzeit trotz politischer Zersplitterung und trotz der Bruderkämpfe die Einheitlichkeit des deutschen Volkes und seiner Kultur bewahrt geblieben ist.

Über die Einheitlichkeit des germanischen Volkes ist den Römern erst spät ein Licht aufgegangen[146]. Im Allgemeinen, von Urzeiten her und bis in die sogenannte Völkerwanderungszeit hinein, waren es ja auch nur die einzelnen Stämme, die ihre überschießende Kraft zur Landnahme hinausgehen ließen, wenn die Heimat für die gewohnten Lebensbedingungen zu eng wurde.

Wo auch immer diese Männer und Frauen aus germanischem Blute sich seßhaft machen konnten, sei es geschlossen, wie der Skythentrupp im Mederlande[147], sei es über das Land verstreut, wie die Bezwinger der pelasgischen Urbevölkerung Griechenlands, da wurden sie zunächst die herrschende Klasse. Sie brachten den überwundenen Völkern an Kultur und Wissen, was sie voraus hatten, glichen sich ihren Gewohnheiten und ihrem Wesen, manchmal auch ihrer Sprache an, vermischten sich mit ihnen und gingen in ihnen unter, – sofern nicht nach den Vererbungsgesetzen noch nach Jahrhunderten ihre Gestalt, ihr Geist, ihre Art sich in Einzelpersonen, besonders in der führenden Schicht, bemerkbar machte. Nur auf germanischem Boden hält sich germanisches Wesen auf die Dauer, geringe Ausnahmen abgerechnet.

So ist`s ihnen auch in Babylon, Ägypten und den anderen Mittelmeerländern ergangen. Unter dem, was sie gebracht haben, befindet sich wahrscheinlich auch die Astronomie, deren astral-mythologische

---

[146] Tacitus, Germania 2, gibt die Meinung wieder, „zunächst seien alle von dem Sieger aus Angst Germanen genannt worden, später aber hätten sie sich selbst mit diesem ihnen damals gegebenen Namen so bezeichnet". Prof. Dr. Muchau (Brandenburg, Havel), der Verfasser der Bücher „Pfahlhausbau und Griechentempel" und „das 4000jährige Alter des Volkes der Hermunduringer = Thüringer" (Jena 1909 und 1910), vertritt die Ansicht, das Germani eine im Munde der Gallier und Römer vollzogene bequeme Kürzung des uralten Namens Tungermanstribotchi darstellt, daß am Niederrhein in die drei Namen: Tunger – Mani (d. h. Manapii und Manimi) – Trimbotchi (Strombaudengau) zerlegt wurde. Über die Entstehung dieses langen Namens, der die zweite Hälfte eines germanischen Schlachtrufes bildet und aus dem steinzeitlichen Anruf des donnernden Thunar (Thunhar thumuthurudugus!) hervorgegangen ist, gedenkt Professor Muchau demnächst eine umfassende Schrift zu veröffentlichen, worin die zahlreichen Nebenformen dieses Namens z. B. Thinghermunduri boji usw. besprochen werden sollen.

[147] Herodot, 4. Buch. Mein Nachweis der germanischen Herkunft der Skythen in „Germanien". 2. Folge, Heft 1.

Beziehungen den Weg, den diese Wissenschaft genommen hat, aufs stärkste bestätigen. Zu diesem Schluß kommen, soweit ich sehe, sämtliche neuerlichen Bearbeiter dieses Stoffs, auch Arthur Drews in dem Kapitel über den Sternhimmel in der germanischen Mythologie[148], wo es heißt: „Lassen sie es doch immer zweifelhafter erscheinen, ob wirklich die Astronomie in Babylon entstanden, und ob nicht vielmehr umgekehrt die babylonische Sternkunde in vorgeschichtlicher (vorsumerischer) Zeit aus Anregungen nordeuropäischer Wandervölker hervorgegangen ist, denen auch die ägyptischen Pyramiden ihren astronomischen Charakter verdanken."

Für dieses Bild wird von mir in Anspruch genommen, daß es nach einem leider im anerzogenen Irrtum verbrachten Leben mit ehrlich erstrebter Objektivität unter dem logischen Zwange der Schlußfolgerungen entstanden ist, die wir aus dem zu ziehen haben, was uns die Archäologie, die Germanistik, die vergleichende Mythologie und was uns die Vererbungslehre gelehrt hat, in Verbindung mit der Erkennung der germanischen Heiligtümer in der Osningmark und an den Lippequellen.

Abb. 81. Findling

---

[148] A. Drews, Der Sternhimmel, Eugen Diederichs Verlag, Jena 1923.

Für einen erheblichen Teil des Stoffes dieses Buches ist Ausbau und Läuterung seiner Begründung, Auswertung und fließende Erörterung erwünscht oder erforderlich, um ihn in den geistigen Besitzstand des deutschen Volks überzuführen. Zur Erfüllung soll die Zweimonatsschrift „Germanien"[149] dienlich sein. Die Beachtung dieser Zeitschrift empfehle ich allen, die den Fortgang der Forschung im Sinne dieses Buches für wertvoll halten und darüber unterrichtet sein wollen.

Der Verfasser

---

[149] „Germanien", Blätter für Freunde germanischer Vorgeschichte. (Zweimonatsschrift) Anregungen, Fragen und Beiträge an den Schriftleiter Studienrat Suffert Detmold, Hermannstr. 11.

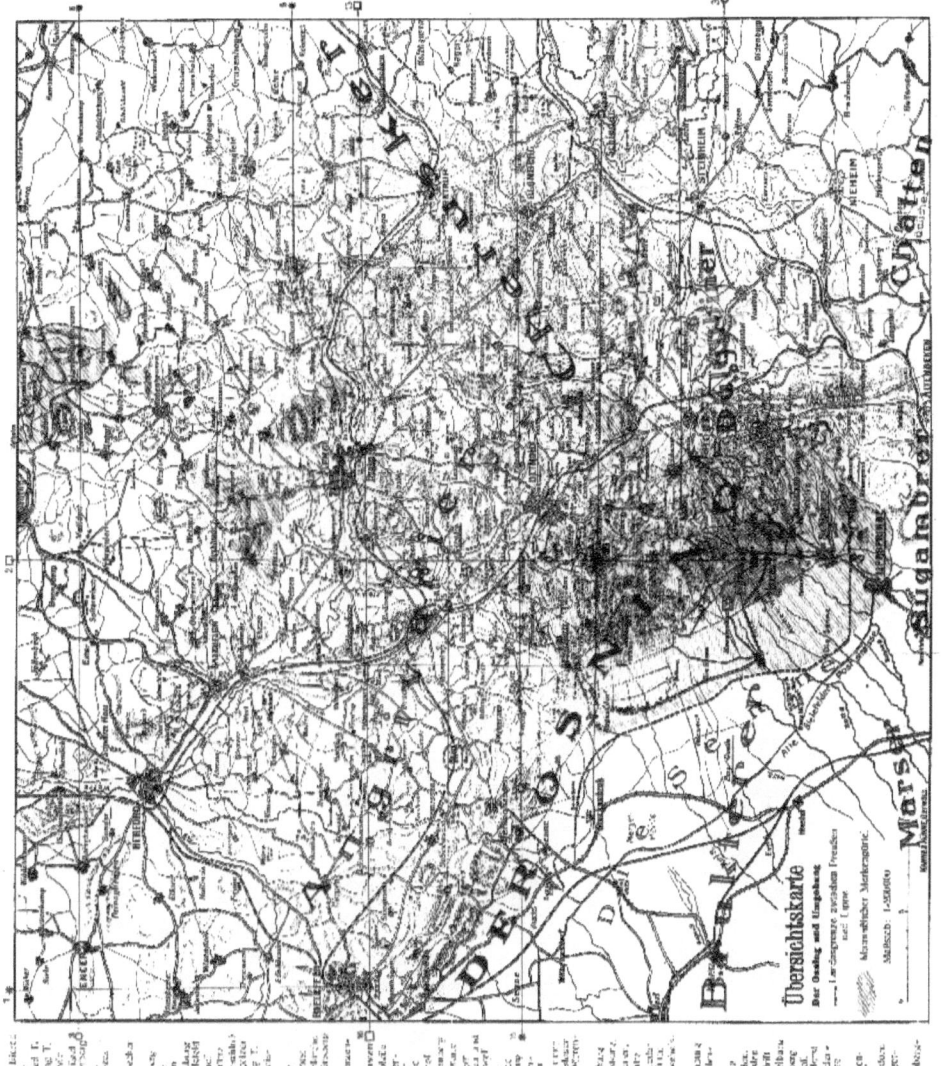

www.ingramcontent.com/pod-product-compliance
Lightning Source LLC
Chambersburg PA
CBHW021231300426
44111CB00007B/509